湘語蔡橋方言の研究
The Study of Cai-Qiao Xiang Dialect

王振宇
Wang Zhenyu

好文出版

本書の出版にあたり、立命館アジア太平洋大学学術出版助成を受けている。

序文

　王振宇君は，2002 年 4 月に鹿児島大学大学院人文社会科学研究科修士課程に入学しました。そのときの彼の研究テーマは，日本語と中国語のアスペクト表現の対照研究でした。日本語の「ている」は，多くの外国人学習者にとって大変，習得が難しい表現です。おそらく，自らの日本語学習の経験からアスペクト表現を修士論文のテーマとして選んだのではないかと思います。このときの研究は，本書の第 3 章に活かされています。ただし，このときの研究対象は日本語の共通語と中国語の普通語が中心で，方言は視野に入っていませんでした。

　王君の研究対象が共通語，普通語から自らの出身地の方言，蔡橋方言へと移っていったのは，彼が博士後期課程に進学してからのことです。指導教員がフィールドワークを基盤とする研究を行っていたということが多少は影響したかもしれませんが，それよりも，消滅の危機にある母方言を記録しておくことが如何に重要であるか，また，言語の一部分だけでなく言語全体を記述することが如何に重要であるかということに彼自身，気づいたことが，研究スタイルの変化のいちばんの要因だったと思います。

　消滅危機言語（方言）の調査と記録は，大変，根気のいる作業です。年配の話者の方へ調査を依頼し，そのかたとできるだけよい関係を築いて方言や昔話を語っていただき，調査後は録音資料の文字起こしを行って分析を加える。そのような地道な作業の積み重ねの上に本書は成り立っています。内容的には未熟な部分もあると思いますが，それは今後のフィールド調査で補われていくものと思います。本書により研究者としての第一歩を踏み出したことを頼もしく思うと同時に，今後のますますの研鑽に期待したいと思います。

　　　　　　　　　　　　　　　　　　　　　　　　　　　　2013 年 3 月
　　　　　　　　　　　　　　　　　　　　　　　　　　国立国語研究所　木部　暢子

凡例・略語

一　第2章では、IPA の前に付した「*」は中古推定音価のことを示す。第3章では、用例番号の後に付した「＊」はそのような表現が存在しないことを示す。

二　第 2 章の例字は多音字の場合、出現環境などを小さいフォントで右下に示す。例：釘_{名词}tiaŋ⁵⁵、釘_{动词}tiaŋ³⁵。文白異読を有する字に対し、白話音の場合は一重線、文言音の場合は二重線を引いて示す。例：[tɕʰia⁵⁵] 赤 、[tɕʰiɨ⁵⁵] 赤。

三　第3章における蔡橋方言の例文に対し、逐語日本語訳、日本語訳文、北京語訳文の三段解釈を行う。

四　本書の略語については次のとおりである。

略語	英語用語	日本語用語
ASP	Aspect	アスペクト助詞
COMP	Complement	補語
MOD	Modality	語気助詞
N	Noun	名詞
NP	Noun phrase	名詞句
NEG	Negative	否定詞
O	Object	目的語
PART	Particle	助詞
PERF	Perfective	完成相
PREP	Preposition	前置詞
S	Subject	主語
V	Verb	動詞
VP	Verb phrase	動詞句

目　　次

序文 i

凡例・略語 iii

第 1 章　序論 1

 1.1　蔡橋郷の概況 1

 1.2　蔡橋方言の位置づけ 2

 1.3　研究方法 8

  1.3.1　方言調査 8

  1.3.2　本書の構成 10

第 2 章　蔡橋方言の音韻 11

 2.1　分析の枠組 11

 2.2　蔡橋方言の音韻体系 12

  2.2.1　子音 12

  2.2.2　母音 15

  2.2.3　声調 18

  2.2.4　軽声変調 19

 2.3　中古音と蔡橋方言との対照 33

  2.3.1　中古声母と蔡橋方言の子音との対照 33

   2.3.1.1　全濁声母 34

   2.3.1.2　幫組、非組字 39

   2.3.1.3　端系字 40

   2.3.1.4　知組、庄組、章組字 42

   2.3.1.5　日母字 47

   2.3.1.6　見組字 47

   2.3.1.7　暁組字 53

   2.3.1.8　影組字 55

   2.3.1.9　まとめ 57

  2.3.2　中古韻母と蔡橋方言の母音との対照 63

   2.3.2.1　開音節韻母字 63

	2.3.2.2	鼻音韻母字		80
	2.3.2.3	入声韻母字		94
	2.3.2.4	蔡橋方言における「陰陽入対転」		103
	2.3.2.5	まとめ		104
2.3.3		中古声調と蔡橋方言の声調との対照		113
	2.3.3.1	平声字		113
	2.3.3.2	上声字		116
	2.3.3.3	去声字		119
	2.3.3.4	入声字		121
	2.3.3.5	まとめ		124

第3章　蔡橋方言の文法 ... 127

3.1　分析の枠組 ... 127

3.2　助詞——アスペクトの枠組 ... 127

3.2.1　北京語のアスペクト表現 ... 129
- 3.2.1.1　北京語の動詞分類 ... 129
- 3.2.1.2　北京語における動詞とアスペクト助詞の関係 ... 134
- 3.2.1.3　まとめ ... 147

3.2.2　蔡橋方言のアスペクト表現 ... 150
- 3.2.2.1　蔡橋方言の動詞分類 ... 151
- 3.2.2.2　蔡橋方言における動詞とアスペクト助詞の関係 ... 153
- 3.2.2.3　湘語のアスペクト表現について ... 192
- 3.2.2.4　まとめ ... 215

第4章　結語 ... 219

参考文献 ... 223

資料篇 ... 227
- Ⅰ　蔡橋方言同音字表 ... 229
- Ⅱ　蔡橋方言基礎語彙 ... 243
- Ⅲ　蔡橋方言調査例文 ... 289

あとがき ... 309

第1章

序　論

1.1　蔡橋郷の概況

　本書は邵陽県蔡橋郷の方言について記述するものである。邵陽県は中国湖南省の西南部にあり、邵陽市に属する。南北距離64.3km、東西距離66.7km、総面積は1996.89平方km、東は邵陽市区、邵東県、祁東県、南は新寧県、東安県、西は武岡市、北は隆回県、新邵県と境を接する[1]。行政管轄下には塘渡口鎮、黄塘郷、霞塘雲郷、小渓市郷、黄亭市鎮、蔡橋郷、長楽郷、金称市鎮、塘田市鎮、河伯郷、白倉鎮、五峰舗鎮、金江郷、羅城郷、郦家坪郷、諸甲亭郷、下花橋郷、谷洲鎮、黄荊郷、九公橋鎮、長陽舗鎮、岩口舗鎮といった22の鎮・郷、631の村がある。『邵陽県統計年鑑・2006』によると、2005年現在の常住人口は976,750人である。

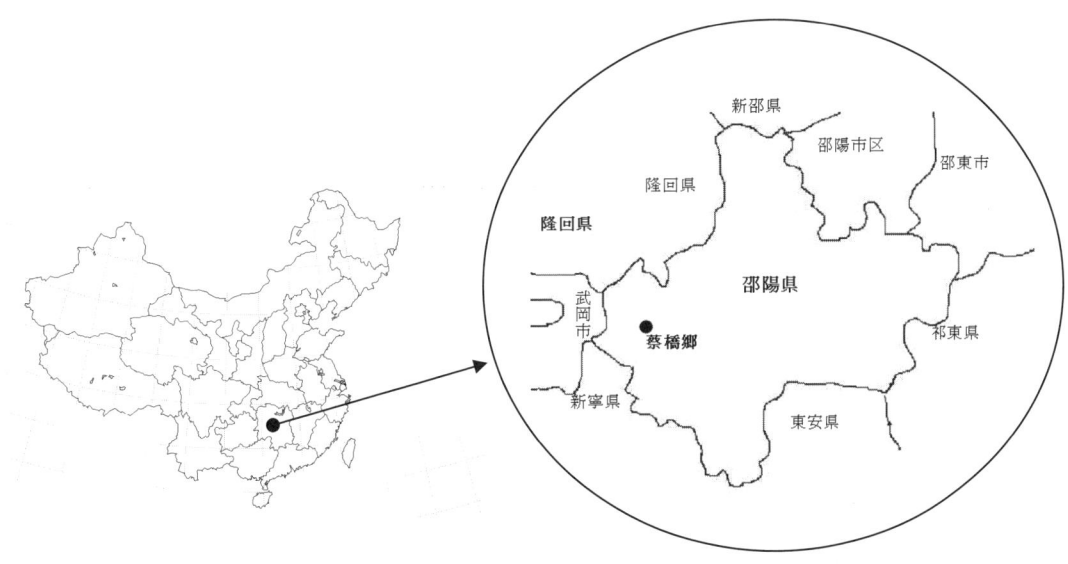

図1-1　邵陽県蔡橋郷の位置

---

[1] 本節にあげたデータは特にことわらない限り、『邵陽県志（1978～2002）送審稿』によるものである。

蔡橋郷は邵陽県の西部に位置し、西には武岡市、南には新寧県が境界を接する。1950 年までは武岡県（現武岡市）惟一郷に属したが、その後、邵陽県の行政区画に入り、1956 年に郷治が置かれ、人民公社（1961 年蔡橋柘桑公社、1965 年蔡橋公社）を経て現在に至っている。2002 年現在では農科、南林、立華、桂華、楽山、楊橋、双龍、陡山、石河、雲豊、龍口、稠山、崑崙、五龍、徳雲、城塘、回龍、柘双、落馬、福林、水口など 21 の行政村を有しており、面積は 69.92 平方km、人口は 26,300 人である。蔡橋郷の中心産業は農業である。主要農産物として稲、麦、油茶、落花生、唐辛子、ミカン、サトウキビなどが栽培品目となっている。郷内は石炭の埋蔵量が豊富で、多くの採炭場が開設され、郷の主な財政源となっている。近年、郷内の道路整備が進み、各行政村の間は殆ど簡易道路でつながっている。また、1990 年代の初めに電気が開通され、後半になってテレビも普及しはじめた。2007 年夏、筆者が実地調査を行った時には、多くの家庭でケーブルテレビや衛星テレビも見られるようになっていた。

1.2　蔡橋方言の位置づけ

本節では、先行研究を参照しながら、蔡橋方言の漢語方言における位置づけを明らかにし、本研究の目的と意義について説明する。

鮑厚星（1989）によると、蔡橋郷を含め、邵陽県境内の方言は中国の十大の漢語方言（図 1-2 参照）の一つ、湘語に入っている。

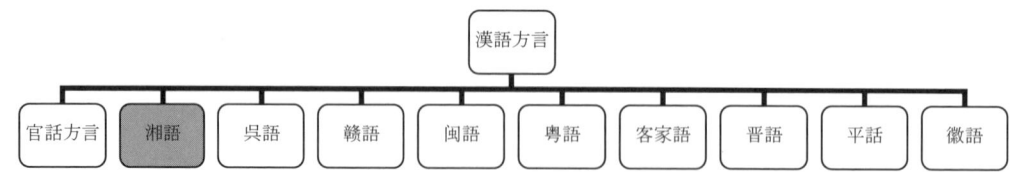

図1-2　漢語十大方言（游汝杰 2004 をもとに筆者作成）

湘語は主に湖南省、及び広西省の一部で使われる方言であり、使用人口がおよそ 3,438 万人である（陈晖、鮑厚星（2007）参照）。漢語方言地図における湘語の分布地域について、図 1-3 を参照されたい。

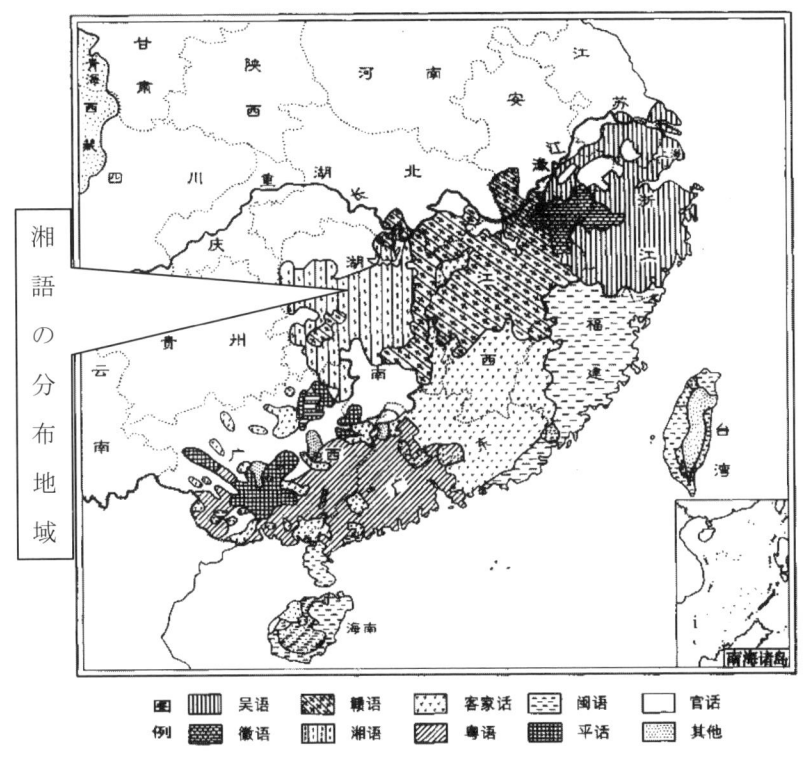

図1-3　方言地図における湘語の分布（游汝杰 2004 より引用）

　湘語の研究は他方言に比べて遅れている。最初に湘語を漢語の一大方言と認めたのは、1937年に公表された李方桂の論文 language and dialects （『中国年報』: 121〜128）である（鮑厚星（2006：总序）参照）。そして、現代言語学理論を用いて湖南省内の方言を調査したものとして、最も早いのは趙元任、丁声樹などを中心に中央研究院歴史語言研究所が1935年に行った湖南方言の調査である。その後、湖南師範学院の『湖南省漢語方言普查総結報告』(1960)、中嶋幹起の『湘方言調査報告』(1987-1990) などの研究成果が相次いで公表された。

　とくに、1996年から2009年にかけて出版された『湖南方言研究丛书』、『湖南方言语法系列』、『湘方言研究丛书』という3つの叢書は湘語の研究を大いに促進した。

　『湖南方言研究丛书』は10地点の湘語を取り上げ、音韻、語彙、文法の特徴を記述している。『湖南方言语法系列』は項目別に、アスペクト助詞、介詞、代詞、語気助詞、副詞の5つの文法項目を1冊ずつにまとめ、各項目に15地点前後の方言データをあげている。『湘方言研究丛书』は総論の『湘方言概要』を除き、他の4冊がそれぞれ音韻、語彙、アスペクト、ヴォイスといったテーマを取り上げている。

表1-1　湘語に関する先行研究（叢書）

叢書名	書名	対象地域・研究項目
湖南方言研究叢書（湖南教育出版社）	崔振华(1998)『益阳方言研究』	益阳市区
	储泽祥(1998)『邵阳方言研究』	邵阳市区
	罗昕如(1998)『新化方言研究』	新化県城関
	李维琦(1998)『祁阳方言研究』	祁阳県城関
	陈晖(1999)『涟源方言研究』	长沙市区
	曾毓美(1999)『韶山方言研究』	橋頭河
	彭泽润(1999)『衡山方言研究』	韶山市区
	贺凯林(1999)『溆浦方言研究』	衡山県城関
	鲍厚星ほか(1999)『长沙方言研究』	溆浦県城関
湖南方言研究叢書（中南大学出版社）	刘丽华(2001)『娄底方言研究』	娄底市区
湖南方言语法系列（湖南師範大学出版社）	伍云姬編(1996)『湖南方言的动态助词』	アスペクト
	伍云姬編(1998)『湖南方言的介词』	前置詞
	伍云姬編(2009)『湖南方言的代词』	代詞
	伍云姬編(2009)『湖南方言的语气词』	語気助詞
	伍云姬編(2009)『湖南方言的副词』	副詞
湘方言研究丛书（湖南師範大学出版社）	鲍厚星(2006)『湘方言概要』	総論
	陈晖(2006)『湘方言语音研究』	音韻
	罗昕如(2006)『湘方言词汇研究』	語彙
	伍云姬(2006)『湘方言动态助词的系统及其演变』	アスペクト
	丁加勇(2006)『湘方言动词句式的配价研究』	ヴォイス

　叢書のほかに、『湘语语法研究』、『益阳方言语法研究』などの単行本や、『湘方言音韵比較研究』、『湘语音韵历史层次研究』などの学術論文もたくさん公表された。こうして、20世紀90年代から盛んになってきた研究によって、湘語データが多く蓄積された。
　一方、多くの課題も残されている。その一つとして、前掲した表1-1のようにこれまでの調査、研究が殆ど城関（県の政治中心）の方言を記述対象とする一方、辺境地域に位置する県、郷の方言に関する考察は十分に行われていない、という点が挙げられる。

そして、図1-4から分かるように、湘語は複雑さを極めた環境に置かれている。北面、西面、南面には西南官話、東面には贛語に取り囲まれている。それにくわえて、西部には贛語の方言島、南部には現在でも全貌が明らかにされていない「湘南土話」がある。

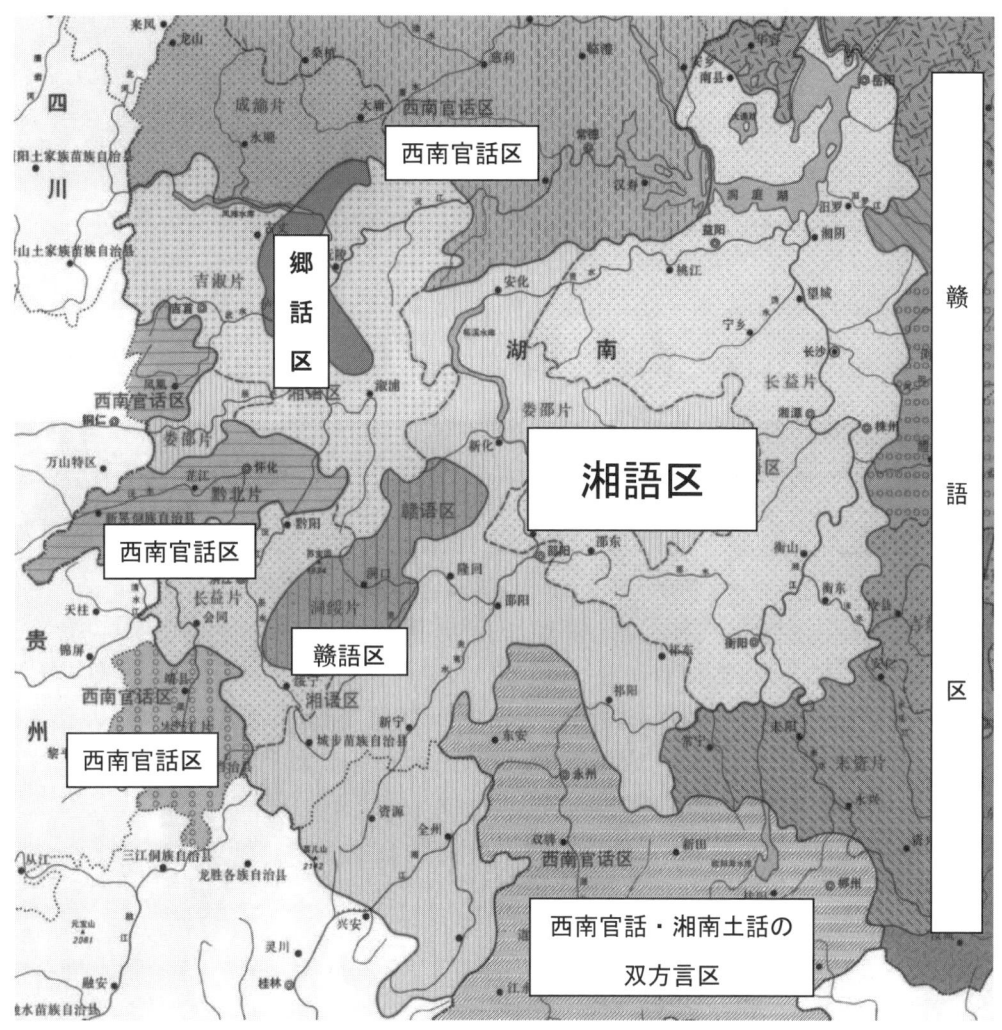

図1-4　湘語と周辺方言（中国社会科学院ほか（1987-1989）：B11をもとに作成）

このような環境に取り込まれた湘語は官話方言の影響を受けて大きく変容した「新湘語」と、古い特徴を多く保持している「老湘語」の2つに分けられている。前者は都市部に使用されるのに対して、後者は山間部などの辺境地域に使われる。「新湘語」では、中古全濁声母が無気無声音子音として現れている。それに対して、「老湘語」では、有声音子音の残存や狭母音前における舌尖音と舌面音の対立（尖音と団音の区分）など、北京語などの他

第1章　序論

方言では失われた古い特徴が数多く残されている。

ところが、近年、北京語などの影響を受け、一部の「老湘語」にも大きな変容が起こっている。たとえば、「老湘語」としての邵陽市方言では舌尖音が拗音の前で口蓋音化し、「尖音と団音の区分」が持たれなくなっている。

このような衰退、消滅の危機にさらされている「老湘語」を調査、記述し、湘語データを補強することが本書の目的である。

以下、蔡橋方言の湘語における位置づけについて見てみる。

鮑厚星・陳暉（2005）は他の方言から区別できる、湘語の特徴について次の4点を挙げている。

① 中古の全濁舒声字は湘語では破裂音・破擦音の場合、無気音になっている。
② 湘語には入声韻尾［-p、-t、-k］と［-ʔ］韻尾がいずれも存在しない。
③ 一部の下位方言では蟹摂、仮摂、果摂の主母音がそれぞれ［a］、［o］、［u］になる。
④ 声調の種類は方言によって5個から7個がある。多くの方言では去声が陰調と陽調に分かれる。

湘語の下位分類については、中国社会科学院ほか（1987−1989）が「長益片」、「婁邵片」、「吉漵片」の3つに分けているが、鮑厚星・陳暉（2005；2007）ではより詳しく分類し、湘語を5つの「片」、14の「小片」に下位分類している（表1-2参照）。「片」は下位グループのことであり、「小片」は「片」のさらなる下位分類である。

表1-2　湘語の下位区画

下位区画	片	長益片		婁邵片					衡州片		辰漵片	永全片		
	小片	長株潭小片	益沅小片	岳陽小片	湘双小片	涟梅小片	新化小片	武邵小片	綏会小片	衡陽小片	衡山小片		東祁小片	道江小片	全資小片

（鮑厚星・陳暉（2005）をもとに作成）

邵陽県内の方言は表1-2の分類によると、湘語の「婁邵片」の「武邵小片」に属する。

同じ「武邵小片」に属する地域はほかに邵陽市、武岡市、邵東県、新邵県、隆回県（南部）、洞口県（黄橋鎮）、金田、楊林、高沙、新寧県、城歩苗族自治県などの周辺の県・市がある。これらの方言は、次のような音韻的特徴をもっているといわれる。

① 中古全濁入声の一部は有気音もしくは無気音と無声音化されているが、一部は無声音化されておらず、有声音として現れている。これに対して、同じ「婁邵片」に入る他の「小片」では、中古全濁入声字はほぼ全部有気音と無声音化されている。
② 中古の入声は子音韻尾を落とし独立した声調として現れず、殆ど陽去に合流している。
③ 去声は陰・陽去に分かれており、いずれも上昇のパターンである。調値について、陰去は 35 か 45、陽去は 13 となっている。
④ 多くの漢語方言では、有声か無声かにより、声調の種類が陽・陰調と分かれる。この下位グループの方言では、有・無声だけではなく、有・無気も調類が決まる重要な条件となっている。たとえば、邵陽方言では去声の場合、有気音と有声音が同じ陽去となり、陰去の無気音と対立する。

　邵陽県方言に関する文献資料は概説的なものとして『邵陽県志（1993）』がある。同書は「第二十五編　方言」という章（pp.587-606）で邵陽県方言の記述が行われている。対象とする方言は県城（県役所の所在地）の方言を主とし、他の県内方言との差異についても述べてある。ただし、いくつかの特徴を挙げるに留まり、体系的な記述研究はなされていない。

　このような未開拓点が多く残された邵陽県の方言を体系的に記述するために、筆者は 2006 年から、7 回にわたって邵陽県の各鎮、郷に赴き、方言調査を行ってきた。そのうち、蔡橋方言の調査が 2007 年 8 月から 9 月にかけて行われた。本書に使用した蔡橋方言のデータはすべてこの調査に基づいたものである。次節では調査の詳細について説明する。

1.3 研究方法

1.3.1 方言調査

調査は調査票調査と自然談話の録音の2つの方法で行った。調査票調査は音声、語彙、文法の3項目からなっている。

調査方法について、音韻調査では事前に準備した調査票をインフォーマントに見せながら、蔡橋方言で発音してもらい、国際音声記号（IPA）で記入していく方法を取っている。語彙調査と文法調査では、北京語の語彙、例文を載せた調査票をインフォーマントに見せながら、「北京語のこの単語（文）は蔡橋方言で表現しますか」と、一つ一つ回答してもらう方法を取っている。

使用した調査票、及び調査データの整理結果については、次のとおりである。

音声調査では、中国社会科学院語言研究所編の『方言調査字表』(1981) を使用した。調査票の例字は中国古代の韻書『広韻』における声母・韻母・声調の順序で並べられているため、中古音との対応関係を容易に見出すことができる利点がある。音声調査を通して、3500個の単字音を集めることができた。これらの単字音を韻母ごとに整理し、「資料篇Ⅰ」の「蔡橋方言の同音字表」にまとめている。

語彙調査は『汉语方言词汇调查手册』(Richard VanNess Simmons ほか 2006) に基づき、作成した調査票を使った。調査語彙は天文地理、方向場所、時間季節、農事農具、住居器具、植物農産物、動物、親族呼称、身体部位など16項目、2000余りの語彙数からなっている。語彙調査で得られたデータを整理し、「資料篇Ⅱ」の「蔡橋方言基礎語彙」にまとめている。

文法項目の調査票は『汉语方言及方言调查』（詹伯慧主編（1991:472-478）所収の例文に基づいて作成した。これらの例文は漢語方言調査で最も広範に使用されている。ほかに、先行文献を参考した上で、一部の例文を自作した。こうして調査に使用した用例は全部で358文である。文法調査で得られたデータを整理し、「資料篇Ⅲ」の「蔡橋方言文法調査項目」にまとめている。

蔡橋方言のインフォーマントについては表1-3のとおりである。調査票調査は、高い教育を受けた7番、8番、11番の話者に限って行った。9番（村長）は時間の都合で自然談話のみを録音した。その他の話者は識字能力が低いため、自然談話や山歌などの調査で協力してもらうことにした。そして、調査票調査の協力者のうち、8番（教師）は発音に標準語の音韻特徴が多く混入していると観察されたため、詳細な調査は行わなかった。11番

は若年層に属しており、他の協力者との年齢差が存在すると考えられるが、それについては別稿にゆずる。以下では、調査票調査を最も詳しく行った7番話者の発音に基づくものである。

表1-3　蔡橋方言のインフォーマント（年齢順）

番号	話者記号	年齢	性別	職業	出身地	長期外住歴	調査内容	調査日付
1	王知春	73	男	農業	双龍村	なし	山歌・民話・談話	2007/8/19～20
2	王了任	71	男	農業	双龍村	なし	談話	2007/8/20
3	钟绍雨	70	男	農業	落馬村	なし	山歌	2007/9/14～15
4	钟国华	70	男	農業	落馬村	なし	山歌	2007/8/17
5	王凤彩	58	女	農業	落馬村	なし	談話	2007/8/14～17　2007/9/14～20
6	王自然	56	男	農業	落馬村	なし	山歌	2007/9/15
7	王三定	55	男	教師	落馬村	なし	調査票調査　談話	2007/8/14～17　2007/9/14～20
8	钟国和	52	男	教師	双龍村	なし	調査票調査	2007/8/18
9	王步平	50	男	村長	落馬村	なし	談話	2007/8/14
10	王老黑	30	男	農業	落馬村	なし	談話	2007/8/14
11	王华彬	20	男	農業	双龍村	邵陽市5年	調査票調査	2007/8/18～19

調査票調査は調査項目を事前に把握して調査の目的に合わせて、効率よく調査を進める利点があるが、次のような問題点も存在する。

① 音韻調査ではインフォーマントの識字能力が要求される。そのため、一般に教育を受けた話者に依頼する。しかし、こういったインフォーマントは標準語の影響を受けた「読書音」になりやすい。

② 語彙調査や文法調査の場合では、インフォーマントが調査票を見せられると、標準語の言い方のほうへ引きつかれて、方言における固有の言い方をなかなか思い出せない場合もある。

これらの欠点を補うために、筆者は蔡橋方言話者の協力を得て、話者間の自然談話や民

第1章　序論

話、山歌などを録音した。これらの録音資料に基づいて、漢字とIPAを使って文字化の作業を行い、蔡橋方言の口語コーパスを作成した。口語コーパスは自然談話、民話、山歌という3つの部分からなっており、総量が約2万字である。ただし、本書で使用する調査データは、基本的に調査票調査で得られたものであり、調査票に載せなかった項目や、調査票で調べられなかった表現についてのみ、口語コーパスのデータを参照する。なお、コーパスの添付は割愛する。

1.3.2　本書の構成

本書は次のような構成になっている。

第1章　序論
第2章　蔡橋方言の音韻
第3章　蔡橋方言の文法
第4章　結語

　第1章（本章）では、蔡橋郷の概況や先行研究をまとめ、漢語方言及び湘語における蔡橋方言の位置づけを行う。また、本書のデータの来源や研究方法などについて説明する。
　第2章では、蔡橋方言の音韻について記述する。まず、単字音節を構成する子音、母音、声調の3部分に対して音韻論的な解釈を行う。次に、単音節を超えた2字組のアクセント素で起こる軽声変調の現象を取り上げる。さらに、中古漢語との対照の視点から、現代蔡橋方言の子音、母音、声調について考察する。
　第3章では、蔡橋方言の文法について考察する。研究対象は蔡橋方言のアスペクト表現に絞ることにする。
　第4章では、本書の結論をまとめる。

第 2 章

蔡橋方言の音韻

2.1 分析の枠組

　中国語の音節構造については、IMVF/T を用いて説明することが多い。I (Initial) は子音、M (Medial) は介音、V (Principal Vowel) は主母音、F (Final) は韻尾、T (Tone) は音節全体にかかる声調をあらわす。また VF をまとめて韻基と呼ぶこともある。これらを図式で表すと次のようになる。

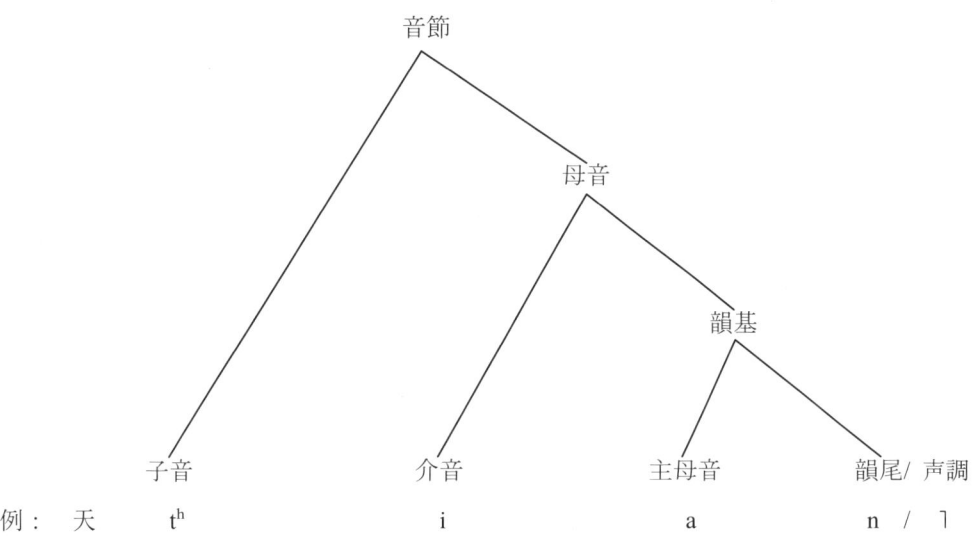

図2-1　中国語の音節構造

　蔡橋方言の子音、母音、声調については、2 つの表にまとめている。1 つは、蔡橋方言の単字音を同じ音節ごとに分類する、「蔡橋方言　同音字表」(「資料篇Ⅰ」参照) である。もう 1 つは、子音、母音、声調の結合関係を示す「蔡橋方言単字音節表」(pp. 24-32：表 2-2-16～表 2-2-24 参照) である。

本章では、以上の音韻資料に基づき、次のような手順で蔡橋方言の音韻体系を考察する。2.2 では、蔡橋方言の子音、母音、声調を整理したうえ、相互の配合関係を考慮しながら、音韻論的な解釈を行う。2.3 では、中古音との対照の視点から、蔡橋方言の子音、母音、声調の特徴について論じる。

2.2 蔡橋方言の音韻体系

2.2.1 子音

蔡橋方言の子音は表 2-2-1 のような 26 種類の子音音素にまとめることができる。

表2-2-1　蔡橋方言の子音

	唇音	舌尖音	舌端音	舌面音	舌根音
破裂音	p、pʰ、b	t、tʰ、d			k、kʰ、g
摩擦音	f、v		s、z	ɕ、ʑ	x、ɣ
破擦音			ts、tsʰ、ʥ	tɕ、tɕʰ、ʥ	
鼻　音	m	n			ŋ

1) 調音方法について

まず、子音の調音法について見る。蔡橋方言の破裂音、破擦音には、[p、pʰ、b]、[t、tʰ、d]、[k、kʰ、g]、[ts、tsʰ、ʥ]、[tɕ、tɕʰ、ʥ] のような無声無気音、無声有気音、有声音という3項対立が観察されている。ただし、この3項対立を成している破裂音・破擦音を音韻論的に解釈する場合、声調の要素を考慮に入れねばならない。蔡橋方言には陰平（55（数字は調値））、陽平（11）、上声（53）、陰去（35）、陽去（13）という5つの声調がある。そのうち、陰平には無声無気音と無声有気音、陽去には有気音と有声音の2項対立がある。陽平と陰去はいずれも1つの調音方法しかない。調音法の3項対立を持っているのは上声のみである。（表 2-2-2 参照）。

2.2 蔡橋方言の音韻体系

表2-2-2　蔡橋方言における破裂音・破擦音の調音法と声調との関係

声調＼調音方法	無声音 無気音	無声音 有気音	有声音
陰平（55）	○	○	×
陽平（11）	×	×	○
陰去（35）	○	×	×
陽去（13）	×	○	○
上声（53）	○	○	○

（注）「○」は当該の声調における調音法が存在すること、「×」はそれが存在しないことを表す。

ここでは、上声における調音法の3項対立の例字を少しばかり挙げておく。

表2-2-3　上声における無声無気音、無声有気音、有声無気音の対立

無声音		有声音
無声無気音	無声有気音	有声無気音
[pi⁵³]（比）	[pʰi⁵³]（痞）	[bi⁵³]（被）
[tã⁵³]（胆）	[tʰã⁵³]（坦）	[dã⁵³]（淡）
[kʊ⁵³]（果）	[kʰʊ⁵³]（可）	[gʊ⁵³]（我）
[tsa⁵³]（宰）	[tsʰa⁵³]（采）	[dza⁵³]（在）
[tɕi⁵³]（几）	[tɕʰi⁵³]（起）	[dʑi⁵³]（□站立）
[fɯ⁵³]（虎）		[vɯ⁵³]（武）
[ɕie⁵³]（閃）		[zie⁵³]（染）
[xɑ⁵³]（傻）		[ɣɑ⁵³]（下）

2）舌面音・舌尖音・舌根音

蔡橋方言の舌面音、舌尖音、舌根音の3つの子音グループ、および母音との共起関係は表 2-2-4 のとおりである。舌面音子音 /tɕ、tɕʰ、ɕ、z̡、dʑ/ は拗音母音（/i/、/y/）の前にしか現れないが、一方、舌尖音子音 /ts、tsʰ、s、z、dz/ と舌根音 /k、kʰ、g、x、ɣ、ŋ/ はいずれも直音母音と拗音母音の双方に現れる。従って、舌面音、舌尖音、舌根音をそれぞれ異なった音素と認めざるを得ない。/tɕ、tɕʰ、ɕ、z̡、dʑ/ は /ɿ/ が後にくる場合、そり舌音 [tʂ、tʂʰ、ʂ、ʐ、dʐ] として実現される。

第2章　蔡橋方言の音韻

表2-2-4　舌面音・舌尖音・舌根音と直音母音・拗音母音の結合関係

子音 母音	舌面音 /tɕ、tɕʰ、ɕ、ʑ、ʥ/	舌尖音 /ts、tsʰ、s、z、ʣ/	舌根音 /k、kʰ、g、x、ɣ、ŋ/
直音母音	／、／、／、／、／	桌、错、索、是、坐	哥、科、我、火、和、饿
拗音母音	久、抽、晓、厚、仇	走、搊、小、／、愁	狗、口、／、吼、猴、呕

（注）結合関係がある場合は例字を挙げる。結合関係がない場合は「／」で示す。/g/ は /o/ の前に、/z/ は /i/ の前にしか現れない。

3）鼻音子音について

蔡橋方言の鼻音子音は音声的に [m]、[ŋ]、[n] という3つが観察される。

表2-2-5　蔡橋方言における鼻音子音の出現位置

	[m]	[ŋ]	[n]
音節頭	○	○	○

まず、音節頭において [m]、[ŋ]、[n] は互いに音韻論的対立を成しており、それぞれが音素 /m/、/ŋ/、/n/ として捉えられる。

表2-2-6　鼻音子音の対立例

[m-]	[ŋ-]	[n-]
[ma³⁵]（卖）	[ŋa³⁵]（爱）	[na³⁵]（癞）
[ma⁵⁵]（妈）	[ŋa⁵⁵]（额）	[na⁵⁵]（腊）
[ma¹¹]（麻）	[ŋa¹¹]（牙）	[na¹¹]（爬）
[mʊ¹¹]（魔）	[ŋʊ¹¹]（鹅）	[nʊ⁵³]（锣）
[mʊ³⁵]（莫）	[ŋʊ³⁵]（卧）	[nʊ³⁵]（乐）
[mie³⁵]（墨）	[ŋie³⁵]（扼）	[nie³⁵]（猎）
[məɯ⁵³]（卯）	[ŋəɯ⁵³]（咬）	[nəɯ⁵³]（脑）
[mã⁵³]（晚）	[ŋã⁵³]（眼）	[nã⁵³]（懒）
[mei⁵³]（米）	[ŋei⁵³]（㧐）	[nei⁵³]（领）

2.2.2 母音

蔡橋方言の母音は次のような28種類にまとめることができる。このうち、主母音となるものは /i、u、y、ɨ、o、e、a、ɑ/ の8つである。

表2-2-7　蔡橋方言の母音

韻尾＼介音	開口呼	斉歯呼	合口呼	撮口呼
韻尾なし		i	u	y
	ɨ	iɨ		
	o	io		
	e	ie		ye
	a		ua	
	ɑ	iɑ	uɑ	
韻尾 -i、-u	ei	iei	uei	yei
	au	iau		
韻尾 -n	an	in	un	
韻尾 -ŋ	ɑŋ	iɑŋ		
		iuŋ	uŋ	

1）狭母音

まず、後舌の狭母音には /u/ がある。/u/ は介音になる場合、音声的に［u］となる。たとえば、［kua⁵³］（拐）、［ɣua¹³］（坏）、［kuɑ⁵⁵］（瓜）、［kʰuɑ⁵⁵］（夸）、［xuɑ⁵⁵］（花）、［ɣuɑ¹¹］（华）、［kuei³⁵］（棍）、［tuei⁵⁵］（堆）、［suei⁵⁵］（孙）、［nuei¹¹］（雷）、［dʑuei¹³］（罪）などがある。単母音の場合や韻尾に立つ場合は非円唇性の［ɯ］として実現される。たとえば、［fɯ⁵³］（虎）、［tʰɯ⁵³］（土）、［pɯ⁵³］（补）、［kʰɯ¹³］（裤）などである。また、/ŋ/ の前では、［əŋ］、［iəŋ］のように中舌性のあいまい母音［ə］に弱化する。たとえば、［bəŋ¹¹］（朋）、［fəŋ⁵⁵］（风）、［təŋ⁵⁵］（冬）、［tsəŋ⁵³］（总）、［gəŋ¹³］（共）、［ɣəŋ¹¹］（红）などである。

前舌の狭母音には平唇母音の /i/ と円唇母音の /y/ がある。/i/ は単独で音節主母音となるほか、［ei］、［iei］、［uei］、［yei］のように、音節韻尾ともなる。また、子音と他の母音（/ɨ/、/a/、/ɑ/、/o/、/e/）との間に入り、介音として［iɨ］、［iɑ］、［io］、［ie］、［iei］、［iau］などの母音を作る。/y/は単独で音節主母音となるほか、介音として［ye］、［yei］などの母音を作る。

最後に、中舌の狭母音には /ɨ/ がある。/ɨ/ は舌尖音の後ろに現れ、舌の位置が子音の形を

保つ中舌寄りの母音である。

以上の3つの母音は次のように最小対をなしている。

表2-2-8　蔡橋方言における狭母音の対立関係

/i/	/y/	/ɨ/
[tsi⁵³]姉	[tsy⁵³]走	[tsɨ⁵³]紫
[tsʰi⁵⁵]妻	[tsʰy⁵⁵]抽	[tsʰɨ⁵⁵]疵
[si⁵⁵]西	[sy⁵⁵]修	[sɨ⁵⁵]丝
[dʑi¹¹]齐	[dʑy¹¹]愁	[dʑɨ¹¹]磁

2）半狭母音

半狭母音には前舌性の /e/ と後舌性の /o/ がある。/e/ は単独で音節をなすこともできれば、介音 /i/ の後に現れることもできる。いずれも [e] として実現される。たとえば、[e⁵⁵]"二"、[e¹¹]"儿"、[e⁵³]"耳"、[ie⁵⁵]"噎"、[sie⁵⁵]"色"、[tsʰie⁵⁵]"切"、[kʰie⁵⁵]"刻"などがある。/o/ は単独で単母音の場合と介音 /i/ の後では、開口の広さが [o] と [u] との間にある、円唇性母音の [ʊ] として実現される。たとえば、[ʊ⁵⁵]"窝"、[pʊ⁵⁵]"剥"、[tʊ³⁵]"刹"、[tsʊ⁵⁵]"捉"、[kʊ³⁵]"过"、[ŋʊ⁵⁵]"饿"、[ɣʊ¹¹]"河"などである。

3）広母音

北京語では、広母音 [a] と [ɑ] は相補的な関係にあり、音素 /a/ に統一できる。それに対して、蔡橋方言における [a] と [ɑ] は単母音などの場合には有意味の対立をなしている（表2-2-9参照）。したがって、両者は別個の音素 /a/、/ɑ/ とせざるを得ない。ただし、介音 /i/ の後、もしくは /ŋ/ の前には /ɑ/ が現れるが、/a/ は現れない。/n/ の前には /a/ は現れるが、/ɑ/ は現れない（表2-2-9参照、括弧内は例字）。最後に、/a/ は /u/ の前では [əɯ]、[ieɯ] のように、中舌性のあいまい母音 [ə] として現れる。

表2-2-9　蔡橋方言における広母音 [a] と [ɑ] の関係

音声環境	[a]	[ɑ]	音韻対立の有無
単母音	[da¹³]（代） [pʰa¹³]（派） [ka³⁵]（盖）	[dɑ¹³]（大） [pʰɑ¹³]（怕） [kɑ³⁵]（嫁）	対立あり
u-	[ɣua¹³]（坏） [kua⁵³]（拐）	[ɣuɑ¹³]（画） [kuɑ⁵³]（寡）	

2.2 蔡橋方言の音韻体系

音声環境	[a]	[ɑ]	音韻対立の有無
-n	[tã⁵³]（胆） [kã⁵⁵]（干）	—	
-ŋ	—	[tɑŋ⁵³]（党） [kɑŋ⁵⁵]（江）	
i-	—	[iɑ⁵³]（野） [ɕiɑ³⁵]（石） [piɑ⁵⁵]（壁）	対立なし

以上、単独で音節主母音となる 8 個の母音音素 /a、ɑ、o、i、ɨ、u、e、y/ を図に示すと次のとおりである。

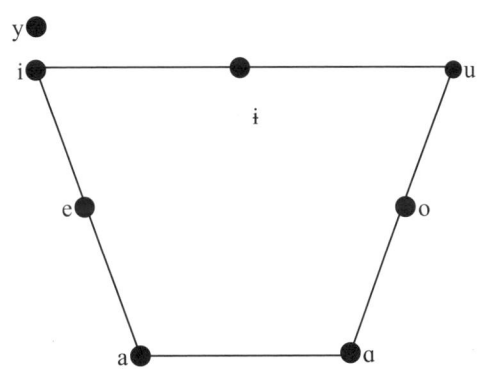

図2-2　蔡橋方言の主母音図

4）韻尾

韻尾には、/-i/、/-u/、/-n/、/-ŋ/ の 4 種類がある。/-i/ は /e/ の後ろに現れ、母音 [ei]、[iei]、[uei]、[yei] を作る。/-u/ は /a/ の後ろで非円唇性の [ɯ] として実現され、母音 [əɯ]、[iəɯ] を作る（/a/ があいまい母音 [ə] に弱化する）。/-n/ は /a/、/u/、/i/ の後ろで [ã]、[ũ]、[ĩ] のような鼻化音として実現される。/-ŋ/ は /ɑ/ と /u/ の後ろに現れ、[ɑŋ]、[iɑŋ]、[əŋ]、[iəŋ] を作る（/u/ があいまい母音 [ə] に弱化する）。

表 2-2-10 に蔡橋方言における韻尾を持つ音節を少しばかり挙げる。

第 2 章　蔡橋方言の音韻

表2-2-10　韻尾をもつ音節

韻尾	例
/-i/	[pei⁵⁵] "兵"、[dei¹³] "定"、[kʰei⁵³] "肯"、[iei⁵⁵] "音"、[tɕiei³⁵] "正"、[ziei¹³] "任"、[uei⁵⁵] "温"、[tuei⁵⁵] "堆"、[kʰuei¹³] "困"、[yei⁵⁵] "晕"、[tɕyei⁵⁵] "军"、[dʑyei¹³] "菌"
/-u/	[ɯ³⁵] "坳"、[pəɯ⁵⁵] "包"、[tsəɯ⁵⁵] "糟"、[gəɯ⁵³] "咬"、[iəɯ³⁵] "要"、[tɕiɯ⁵³] "狡"、[ɕiəɯ⁵⁵] "烧"、[ziəɯ¹³] "校"
/-n/	[pã⁵⁵] "班"、[tã²⁴] "担子"、[tsʰã⁵³] "产"、[ɣã¹³] "汗"、[ĩ⁵⁵] "烟"、[pĩ⁵⁵] "边"、[tĩ⁵³] "点"、[dʑĩ¹¹] "钱"、[ɕĩ⁵³] "险"、[ũ⁵⁵] "豌"、[bũ¹¹] "盘"、[dũ¹¹] "团"、[dʑũ¹³] "赚"、[kʰũ¹³] "矿"
/-ŋ/	[aŋ⁵⁵] "瓮"、[naŋ¹¹] "郎"、[tsʰaŋ⁵⁵] "疮"、[ɣaŋ¹³] "巷"、[iaŋ⁵⁵] "秧"、[biaŋ¹¹] "平"、[tsiaŋ⁵³] "井"、[ziaŋ¹¹] "羊"、[pʰəŋ⁵⁵] "蜂"、[fəŋ⁵⁵] "风"、[dəŋ¹¹] "同"、[dʑəŋ¹¹] "从"、[gəŋ¹³] "共"、[iəŋ⁵⁵] "用"、[tɕiəŋ⁵⁵] "中"、[dʑiəŋ¹¹] "虫"、[ziəŋ¹¹] "熊"

2.2.3　声調

　声調の調値は五度式で示される。数字の 1、2、3、4、5 はそれぞれ「低・半低・中・半高・高」を表し、「ti⁵³」のように、各音節の右肩に表記する。蔡橋方言の単音節声調は 5 つある。

表2-2-11　蔡橋方言の声調

調類	陰平	陽平	上声	陰去	陽去
調値	55	11	53	35	13

　蔡橋方言の声調と子音の関係は表 2-2-12 のとおりである。
　上声はすべての子音と結びつくことができるが、陰平、陽平、陰去、陽去は子音により、結びつくものと結びつかないものがある。表 2-2-12 に示したとおり、陰平は無声無気音、無声有気音および鼻音子音を持つ音節に現れ、有声音を持つ音節には現れない。一方、陽平は鼻音子音を含む有声音子音の音節に現れ、無声無気音、無声有気音を持つ音節には現れない。両者は鼻音子音の場合に対立しているので、別の声調と認めることができる。陰

去と陽去に関しては、陰去は無声無気音と鼻音子音の場合に現れるのに対して、陽去は無声有気音と有声音子音の場合に現れる。つまり、この2つは相補分布を示している。しかし、両者には明らかに調値の差があり、陰去は35、陽去は13である。従って、陰去と陽去は別の声調と考えることができる。以上から、蔡橋方言の声調素は /陰平/、/陽平/、/上声/、/陰去/、/陽去/ の5つと考えることができる。

表2-2-12　蔡橋方言の声調と子音の関係

子音 \ 声調（調値）		陰平(55)	陽平(11)	上声(53)	陰去(35)	陽去(13)
無声無気音	p、f、t、s、ts、ç、tɕ、k、x、#	○	×	○	○	×
無声有気音	pʰ、tʰ、tsʰ、tɕʰ、kʰ	○	×	○	×	○
有声音	b、v、d、z、ʥ、ʐ、ʑ、g、ɣ	×	○	○	×	○
鼻音	m、n、ŋ	○	○	○	○	×

（注）「#」はゼロ子音のことを示す。

以上、蔡橋方言単字音を構成する3つの要素、子音、母音、声調を相互関係の中で考察した。次節では、単音節を超えた2字組を対象に、蔡橋方言の軽声変調の現象を見てみよう。

2.2.4　軽声変調

本節では蔡橋方言における2字組の変調について考察する。多くの漢語方言では2字組や3字組など多音節語において、元々の単字声調が変わる場合がある。たとえば、北京語では、2つの上声が連なる場合、最初の上声が陽平に変わる。"土 tu^{53}" + "改 kai^{53}" → "土 tu^{35}改 kai^{53}"。このような現象は連続変調とよばれる。

インフォーマント王三定の発音によると、蔡橋方言の2字組の声調には次の2種のパターンがある[2]。

　　a 型 {○○̀}
　　b 型 {○̀○⁰}（「0」は軽声を表す。具体的な調値ではない。）

---

[2] ここの表記方法は遠藤光暁（1980：37）を参考としている。つまり、{ } はアクセント素の境界、○は音節、「˙」はアクセント核、「0」は軽声を表す。

第2章　蔡橋方言の音韻

　　a型は普通、"動賓結構"(「動詞＋目的語」の語構造)の2字組に見られるパターンである。第2音節が第1音節よりやや強く発音されるが、声調の変化を伴わないタイプである。一方、b型は第2音節が第1音節より軽く短く発音されるパターンである。このパターンでは、第2音節だけ、もしくは2つの音節がともに変調する。これは蔡橋方言で最も多く見られる2字組の変調の型であり、「軽声変調」と呼ばれる。

　軽声変調は第2字が独立性を失ったため、音節の境目を超えて先行音節(第1字)の声調と一体になった変化である。2字組の場合、アクセント核は第1字にあり、第2字は弱まって、短く軽く発音される。その調値は先行音節に決められることが多い。

　　　　軽声语音词中前字的重读声调已超越了音节间的界限,把轻声后字也包容在其声调曲线范围内。因而轻声只是这一声调曲线的一个组成部分,其音高当然就是这一曲线的末尾的音高。说轻声的音高是由前字声调决定的,其实质也就在这儿。
　　　(軽声変調の起きた語において、前の字のトーンは音節の境目を超え、後ろの軽声字をそれのピッチ線内に含める。よって、軽声はピッチ線の一部であり、その音高が当然ピッチ線の末尾の高さとなる。軽声の音高が先行音節に決められるという理由もここにある。)

　　　　　　　　　　　　　　　(石汝杰(1988：99)より引用。日本語訳は筆者)

　蔡橋方言の軽声変調は第2字の來源により、さらにⅰ類、ⅱ類と下位分類することができる(表2-2-13(p.21)参照)。ⅰ類は第2字が陰平、陽平、上声の大部分に由来する場合に起こり、ⅱ類は第2字が陰去、陽去、および陰平、陽平、上声の一部分に由来する場合に起こる。ⅰ類は、第1字が変調せず、元の単字調を保持し、第2字が下降調［21］に変わるタイプである。ⅱ類は、第1字が単字調の発端高度と同じ高さの平板調となり、第2字が［5］と変調するタイプである。

　2字組の変調例を表2-2-14、表2-2-15(pp.22-23)に挙げる。2つのパターンの相違を際立たせるために、ⅱ類変調の欄を灰色で塗りつぶしている。

　第2字が陰平・陽平・上声を來源とする2字組では、一部分がⅱ類の変調パターンになっている。その中、多数を占めているのは、第1字が上声に由来する重畳形名詞である(表2-2-14の□で囲んだ語)。重畳は蔡橋方言の名詞の語形成における重要な手段である。重畳形名詞を構成する形態素は一般に、名詞として単独で使えないか、もしくは動詞や形容詞など他の品詞として使われるが、重畳形式を取ることによって単独でも名詞として使えるようになる。したがって、重畳形名詞の第2字は実際の意味を持たず、語形成の文法

的な役割を担っている。このような音節は一般に、高平調に変調する傾向がある。たとえば、呉方言における"小称変調"（指小辞変調）もこれに近い。曹志耘（2002：158）によると、多くの呉方言では、第2字（2字組の場合）は高平調、高昇調、高降調などの高い声調に変わることによって、指小的な意味をもたらすという。

表2-2-13　蔡橋方言における軽声変調のパターン

第1字＼第2字	ⅰ類 陰平55 陽平11 上声53	ⅱ類 陰平55 陽平11 上声53 陰去35 陽去13
陰平55	55　21	55　5
陽平11	11　21	11　5
上声53	53　21	55　5
陰去35	35　21	33　5
陽去13	13　21	11　5

　以上のまとめとして、表2-2-16～表2-2-24（pp.24-32）に蔡橋方言の単字音節表をあげておく。

表2-2-14　湘語蔡橋方言の2字組変調（1/2）

	陰平(55)	陽平(11)	上声(53)
陰平(55)	冬瓜 təŋ⁵⁵ kua²¹,西瓜 si⁵⁵ kua²¹,风箱 fəŋ⁵⁵ siaŋ²¹,蜂窠 pʰəŋ⁵⁵ kʊ²¹,坑坑 kʰaŋ⁵⁵kʰaŋ²¹,渣渣 tsa⁵⁵ tsa²¹,桌桌 tsʊ⁵⁵ tsʊ²¹,山歌 sã⁵⁵ kʊ²¹,蓑衣 sʊ⁵⁵ i²¹,乌龟 vɯ⁵⁵ kuei²¹	猪娘 tɕii⁵⁵ niaŋ²¹,姑爷 ku⁵⁵ ia²¹,脚盆 tɕiʊ⁵⁵ bei²¹,雪糖 sye⁵⁵ daŋ²¹,香油 ɕiaŋ⁵⁵y²¹,用场 iaŋ⁵⁵ dʑiaŋ²¹ 衣橱 i⁵⁵ dʑii⁵,飞蛾 fi⁵⁵ ŋʊ⁵,高粱 kəɯ⁵⁵ niaŋ⁵	脚板 tɕiʊ⁵⁵ pã²¹,开水 kʰa⁵⁵ ɕii²¹,露水 nʊ⁵⁵ ɕii²¹,砧板 tei⁵⁵ pã²¹,面股 mĩ⁵⁵ kʊ²¹,家伙 tɕia⁵⁵ xʊ²¹,竹竿 ty⁵⁵ kã²¹,烟肉 ĩ⁵⁵ tsʰəŋ²¹,烟瘾 ĩ⁵⁵ iei²¹,恩恩 ŋei⁵⁵ tsa²¹
陽平(11)	黄瓜 ɣũ¹¹ kua²¹,南瓜 nã¹¹ kua²¹,甜瓜 dy¹¹ kua²¹,围巾 ɣuei¹¹ tɕiei²¹,荷包 ɣʊ¹¹ pəɯ²¹,南方 nã¹¹ xũ²¹,调羹 dy¹¹ kei²¹,皮箱 bi¹¹ siaŋ²¹,平方 bei¹¹ xũ²¹,前脚 dʑĩ¹¹tɕiʊ²¹,蛔虫 ɣuei¹¹dʑiəŋ²¹,阳坑 iaŋ¹¹kʰaŋ²¹	糊涂 vʊ¹¹ du²¹,姨爷 zi¹¹ ia²¹,姨娘 zi¹¹ niaŋ²¹,油麻 zy¹¹ ma²¹,荷花 ɣʊ¹¹ xua²¹ 葫芦 vʊ¹¹ nɯ⁵,藤藤 dei¹¹ dei⁵,盆盆 bei¹¹ bei⁵,头前 dy¹¹ dʑĩ⁵,田螺 dĩ¹¹ nʊ⁵,鹅梨 gʊ¹¹ ni⁵	洋火 ziaŋ¹¹ xʊ²¹,楼上 ny¹¹dʑiaŋ²¹,船上 dʑye¹¹dʑiaŋ²¹,棉被 mĩ¹¹bi²¹,毛雨 məɯ¹¹zii²¹
上声(53)	姐夫 tsia⁵³ fu²¹,水车 ɕii⁵³ tɕʰia²¹,祖宗 tsʊ⁵³ tsəŋ²¹,普通 pʰʊ⁵³ tʰəŋ²¹,脑筋 nəɯ⁵³ tɕiei²¹,裹脚 kʊ⁵³ tɕiʊ²¹,水缸 ɕii⁵³ kaŋ²¹,纸烟 tsɿ⁵³ ĩ²¹,手巾 ɕy⁵³ tɕiei²¹ 颈骨 tɕiaŋ⁵⁵ kye⁵,脑壳 nəŋ⁵⁵ kʰəŋ⁵,剪刀 tsĩ⁵⁵ təɯ⁵,近路 dʑiei⁵⁵ nɯ⁵	狗娘 ky⁵³ niaŋ²¹,后年 zy⁵³ nĩ²¹,老材 nəɯ⁵³ dza²¹,水牛 ɕii⁵³ niəŋ²¹,指纹 tsɿ⁵³ vei²¹,老成 nəɯ⁵³ dʑiei²¹ 草鞋 tsʰəɯ⁵⁵ ɣa⁵,里头 i⁵⁵di⁵,下头 ɣa⁵⁵di⁵,斧头 fu⁵⁵di⁵,吵烦 tsʰəɯ⁵⁵vã⁵	井水 tsiaŋ⁵³ ɕii²¹,老虎 nəɯ⁵³ fu²¹,海口 xa⁵³ kʰy²¹,走狗 tsy⁵³ ky²¹,手板 ɕy⁵³ pã²¹,起子 tɕʰi⁵³ tsɿ²¹ 口水 kʰy⁵⁵ ɕii⁵,耳朵 e⁵⁵ tʊ⁵,老鼠 nəɯ⁵⁵ ɕii⁵,桶桶 tʰəŋ⁵⁵ tʰəŋ⁵,孔孔 kʰəŋ⁵⁵ kʰəŋ⁵,眼眼 ŋã⁵⁵ ŋã⁵,岭岭 niaŋ⁵⁵ niaŋ⁵,丘丘 kʰy⁵⁵ kʰy⁵,嘴嘴 tsi⁵⁵ tsi⁵,傻傻 xa⁵ xa⁵,顶顶 tei⁵⁵ tei⁵,本本 pei⁵⁵ pei⁵,底底 ti⁵⁵ ti⁵
陰去(35)	桂花 kuei³⁵ xua²¹,外交 uei³⁵ tɕiəɯ²¹,背心 pa³⁵ sei²¹,线瓜 sɿ³⁵ kua²¹,石灰 ɕia³⁵ xuei²¹,石山 ɕia³⁵ sã²¹	证明 tɕiei³⁵ mei²¹,蜜糖 mei³⁵ daŋ²¹,酱油 tsiaŋ³⁵ y²¹,少年 ɕiəɯ³⁵ nĩ²¹	月饼 ye³⁵ pei²¹,帐本 tɕiaŋ³⁵ pei²¹,涮水 səɯ³⁵ ɕii⁵,絮被 si³⁵ bi²¹,盖被 ka³⁵ bi²¹,糯米 nʊ³⁵ mei²¹
陽去(13)	电灯 dĩ¹³ tei²¹,汗衣 ɣã¹³ i²¹,亲家 tsʰei¹³ ka²¹ 昨日 dzʊ¹¹ ŋ⁵,造孽 dzəɯ¹¹ ĩ⁵	大糖 da¹³ daŋ²¹,汗毛 ɣã¹³ məɯ²¹,舅娘 dzy¹³ niaŋ²¹,去年 kʰei¹³ nĩ²¹	次品 tsʰi¹³ pʰei²¹,套被 tʰəɯ¹³ bi²¹,垫被 dĩ¹³ bi²¹,饭碗 vã¹³ ũ²¹,兔毛 tʰu¹³ məɯ²¹

表2-2-15　湘語蔡橋方言の2字組変調 (2/2)

	陰去(35)	陽去(13)
陰平 (55)	鸡冠 tɕi⁵⁵ kũ⁵, 鸡粪 tɕi⁵⁵ fei⁵, 抽盒 tɕʰy⁵⁵ xʋ⁵, 锅盖 kʋ⁵⁵ ka⁵, 脚印 tɕiʋ⁵⁵ iei⁵, 针线 tɕiei⁵⁵ sĩ⁵, 相信 siaŋ⁵⁵ sei⁵, 膏药 kɤɯ⁵⁵ iʋ⁵, 西药 si⁵⁵ iʋ⁵, 中药 tɕiaŋ⁵⁵ iʋ⁵, 称赞 tɕʰiei⁵⁵ tsã⁵, 纱线 sa⁵⁵ sĩ⁵, 粗线 tsʰʋ⁵⁵ sĩ⁵, 粗布 tsʰʋ⁵⁵ pʋ⁵, 班把 pã⁵⁵ pa⁵, 工作 kəŋ⁵⁵ tsʋ⁵, 冬至 təŋ⁵⁵ tsi⁵, 霜降 saŋ⁵⁵ ka⁵, 瓮罐 aŋ⁵⁵ kũ⁵, 高兴 kɤɯ⁵⁵ ɕiei⁵, 衣袖 i⁵⁵ sy⁵	息静 si⁵⁵ dzei⁵, 夜饭 ia⁵⁵ vã⁵, 荤菜 xuei⁵⁵ tsʰa⁵, 家具 tɕia⁵⁵ dzi⁵, 机器 tɕi⁵⁵ tɕʰi⁵, 车票 tɕʰie⁵⁵ pʰy⁵, 特务 tʰie⁵⁵ vɯ⁵, 针线 tɕiei⁵⁵ sĩ⁵, 冰棒 pei⁵⁵ bũ⁵, 杂碎 tsa⁵⁵ suei⁵, 鸡蛋 tɕi⁵⁵ dã⁵, 鸭蛋 a⁵⁵ dã⁵, 寡蛋 kua⁵⁵ dã⁵, 包菜 pəɯ⁵⁵ tsʰa⁵, 血泡 ɕye⁵⁵ pʰəɯ⁵, 灯泡 tei⁵⁵ pʰəɯ⁵, 天气 tʰĩ⁵⁵ tɕʰi⁵, 节气 tsie⁵⁵ tɕʰi⁵
陽平 (11)	禾线 ɣʋ¹¹ sĩ⁵, 红线 ɣəŋ¹¹ sĩ⁵, 玩笑 ɣũ¹¹ sy⁵, 长凳 dziaŋ¹¹ tei⁵, 虫线 dziaŋ¹¹ sĩ⁵, 麻将 ma¹¹ tsiaŋ⁵, 棉絮 mĩ¹¹ si⁵, 饭勺 vã¹¹ ɕiʋ⁵, 牛粪 niəŋ¹¹ fei⁵	松树 dzəŋ¹¹ zii⁵, 油菜 zy¹¹ tsʰa⁵, 芹菜 dzei¹¹ tsʰa⁵, 回去 ɣua¹¹ tɕʰi⁵, 皇帝 ɣũ¹¹ di⁵, 流畅 ny¹¹ tɕʰiaŋ⁵, 情况 dzei¹¹ kʰũ⁵, 大炮 da¹¹ pʰəɯ⁵, 徒弟 dɯ¹¹ di⁵, 肥皂 vi¹¹ dzəɯ⁵, 煤炭 ma¹¹ tʰã⁵, 强盗 dziaŋ¹¹ dəɯ⁵, 和尚 ɣʋ¹¹ ziaŋ⁵, 蝴蝶 vɯ¹¹ tʰie⁵, 勤快 dzei¹¹ kʰua⁵, 河矿 ɣʋ¹¹ kʰũ⁵, 煤矿 ma¹¹ kʰũ⁵
上声 (53)	扁担 pĩ⁵⁵ tã⁵, 酒席 tsy⁵⁵ si⁵, 保障 pəɯ⁵⁵ tɕiaŋ⁵, 解放 ka⁵⁵ xũ⁵, 板凳 pã⁵⁵ tei⁵, 打扮 ta⁵⁵ pã⁵, 手艺 ɕy⁵⁵ ŋ⁵, 把戏 pa⁵⁵ ɕi⁵, 铺盖 pʰɯ⁵⁵ ka⁵, 眼泪 ŋã⁵⁵ ni⁵, 古怪 kɯ⁵⁵ kua⁵, 马粪 ma⁵⁵ fei⁵	本事 pei⁵⁵ zɿ⁵, 短裤 tũ⁵⁵ kʰɯ⁵, 手套 ɕy⁵⁵ tʰəɯ⁵, 老弟 nəɯ⁵⁵ di⁵, 冷饭 naŋ⁵⁵ vã⁵, 两次 niaŋ⁵⁵ tsʰɿ⁵, 土地 tʰɯ⁵⁵ di⁵, 瓦片 ua⁵⁵ pʰĩ⁵, 晚稻 vã⁵⁵ dəɯ⁵, 小菜 sy⁵⁵ tsʰa⁵, 小气 sy⁵⁵ tɕʰi⁵, 早饭 tsəɯ⁵⁵ vã⁵, 早稻 tsəɯ⁵⁵ dəɯ⁵, 锁匙 sʋ⁵⁵ zi⁵
陰去 (35)	棍棍 kuei³³ kuei⁵, 盒盒 xʋ³³ xʋ⁵, 叶叶 ie³³ ie⁵, 勺勺 ɕiʋ³³ ɕiʋ⁵, 盖盖 ka³³ ka⁵, 把把 pa³³ pa⁵, 妹妹 ma³³ ma⁵, 麦线 ma³³ sĩ⁵, 毒药 nəɯ³³ iʋ⁵, 按照 ŋã³³ tɕiəɯ⁵, 变化 pĩ³³ xua⁵, 建筑 tɕĩ³³ tsɯ⁵, 相貌 siaŋ³³ məɯ⁵	半饭 pũ³³ vã⁵, 干部 kã³³ bɯ⁵, 秀气 sy³³ tɕi⁵, 故事 kɯ³³ zɿ⁵, 税务 suei³³ vɯ⁵, 炸弹 tsa³³ dã⁵, 口号 ky³³ ɣəɯ⁵, 相片 siaŋ³³ pʰĩ⁵, 学校 ɕiʋ³³ ziəɯ⁵
陽去 (13)	白线 bie¹¹ sĩ⁵, 大蒜 da¹¹ sũ⁵, 限制 ɣã¹¹ tsɿ⁵, 劝告 tɕʰye¹¹ kəɯ⁵, 控制 kʰəŋ¹¹ tsɿ⁵, 代替 da¹¹ tʰi⁵, 树叶 zii¹¹ ie⁵, 回去 yuei¹¹ tɕʰi⁵, 棒棒 bũ¹¹ bũ⁵, 泡泡 pʰəɯ¹¹ pʰəɯ⁵, 兔凳 tʰɯ¹¹ tei⁵	创造 tsʰũ¹¹ tsʰəɯ⁵, 臭味 tɕʰy¹¹ vi⁵, 任务 dzyei¹¹ vɯ⁵, 动静 dəŋ¹¹ dzei⁵, 舅舅 dzy¹¹ dzy⁵, 部队 bɯ¹¹ duei⁵, 大大 da¹¹ da⁵, 强盗 dziaŋ¹¹ dəɯ⁵

第2章 蔡橋方言の音韻

表2-2-16 蔡橋方言単字音節表（1/9）

子音 \ 母音・声調	開口呼（非円唇性直音母音）														
	a					ɑ					e				
	55	11	53	35	13	55	11	53	35	13	55	11	53	35	13
#			矮	隘		鸭		哑			二	儿	耳		
p	杯		摆	拜		疤		爸	霸						
pʰ	坯		1	派		3		4	怕						
b		陪	背	败			爬		5						
m	没	煤	买	卖		妈	麻	马	麦						
f						法			伐						
v															
t	呆		逮	带		搭		打	6						
tʰ	胎			太		塔			踏						
d		台	袋	代					大						
n	奈	泥	奶	氖		腊	爬	哪	辣						
ts	栽		崽	再		渣		扎	炸						
tsʰ	差		彩	菜		叉			择						
dz		才	在	寨			茶								
s	筛		洒	晒		杀		耍	萨						
z															
tɕ															
tɕʰ															
dʑ															
ɕ															
ʑ															
k	街		解	盖		家		7	架						
kʰ	开		凯	概		客		卡	胯						
g								8							
ŋ	哀	呆		爱											
x	2		海	狭		虾		傻							
ɣ		鞋		害		蛤	下		夏						

（注）(1) [pʰa⁵³] 倚仗。(2) [xa⁵⁵] 玩耍。(3) [pʰɑ⁵⁵] 面条煮过头，糊在一起的样子。(4) [pʰɑ⁵³] ～门：用劲儿关门。(5) [bɑ⁵³] 趴。(6) [tɑ³⁵] 耷拉。(7) [kɑ⁵³] 不通融。(8) [gɑ¹¹] 螃蟹。

24

表2-2-17　蔡橋方言単字音節表（2/9）

子音＼声調＼母音	開口呼（非円唇性直音母音） ʊ 55	11	53	35	13	ɨ 55	11	53	35	13	ei 55	11	53	35	13
#	窝													应	
p	玻			9							兵		饼	并	
pʰ	坡			破							拼		品	聘	
b		婆		薄								贫		笨	病
m	摸	磨		莫								门	米	谜	
f											分		粉	粪	
v												文	吻		份
t	多		朵	剁							灯		等	凳	
tʰ	脱		妥	唾							厅		挺		10
d		驼		惰								停			邓
n	罗	箩	裸	糯							11	林	12	另	
ts	桌		左	作		资		紫	制		津		尽	进	
tsʰ	错			戳		雌		此	刺		亲			衬	
dz		坐		昨			词		字			寻		净	
s	索		锁	塑		丝		死	世		心		省	信	
z							时		是						
tɕ															
tɕʰ															
dʑ															
ɕ															
ʑ															
k	哥		果	过							根		埂	更	
kʰ	科		可	课									垦		13
g			我									14			
ŋ	饿	鹅		鄂							恩		摁	硬	
x	喝		火	货							亨		很	15	
ɣ		禾		祸								痕		恨	

（注）（9）［pʊ³⁵］亲嘴。（10）［tei¹³］攀比。（11）［nei⁵⁵］唠叨。（12）［nei⁵³］领取。（13）［kʰei¹³］去：去年。（14）［gei¹¹］压。（15）［xei³⁵］〜气:争气。

表2-2-18　蔡橋方言単字音節表（3/9）

母音 声調 子音	開口呼（非円唇性直音母音）															
	əɯ					ã					aŋ				
	55	11	53	35	13	55	11	53	35	13	55	11	53	35	13
#		袄	坳								瓮				
p	包		宝		报	班		板		绊					
pʰ	抛		跑		炮	攀				盼					
b		浮		16	抱					办					
m	帽	毛	卯		冒	慢	蛮	晚		瓣					
f						翻		反		泛					
v							烦	挽		饭					
t	刀		岛		到	担		胆		旦	19		党		20
tʰ	涛		讨		套	摊		毯		炭	汤		躺		烫
d		桃			道		坛			蛋		堂			荡
n	牢	老			闹	烂	拦	懒		18	21	狼	冷		浪
ts	遭		早		灶	沾		盏		站	争				葬
tsʰ	抄		草		造	参		产		灿	窗				
dz		曹			皂		蚕			暂		藏			撞
s	骚		嫂		扫	三		伞		散	生		嗓		丧
z															
tɕ															
tɕʰ															
dʑ															
ɕ															
ʑ															
k	高		搞		告	干		敢		监	钢		讲		杠
kʰ	敲		考		靠	刊		砍		看	康		22		抗
g		17	咬												
ŋ		熬	傲			安		眼		暗	肮				
x	蒿		好		孝	鼾		喊		汉					23
ɣ		毫			号		寒			限		行			项

（注）(16) [bəɯ⁵³] 水面上的泡泡。(17) [gəɯ¹¹] 搞。(18) [nã³⁵] 马蜂叮。(19) [taŋ⁵⁵] 当：担任。(20) [taŋ³⁵] 当：地方。(21) [naŋ⁵⁵] 晾。(22) [kʰaŋ⁵³] 咳嗽。(23) [xaŋ³⁵] 嗓子嘶哑的样子。

26

表2-2-19　蔡橋方言単字音節表（4/9）

子音 \ 声調 \ 母音	開口呼（非円唇性直音母音） əŋ					齐歯呼（-i,-ì-） i					ia				
	55	11	53	35	13	55	11	53	35	13	55	11	53	35	13
#						一		椅	亿		夜		也		
p	崩			迸		笔		比	币		壁				
pʰ	蜂		捧			批		痞	屁		劈				
b		朋					皮		被	鼻					
m	梦	模	母	孟											
f	风					飞		匪	废						
v		逢	缝		凤		肥			味					
t	东		懂	冻		低		底	敌		爹				滴
tʰ	通		桶	痛		梯		体	笛		踢				
d		同		动	洞		题		弟			提			
n	聋	农	拢	弄		粒	犁	李	历					29	
ts	棕		总	粽		鲫		挤	际				姐	借	
tsʰ	聪		24		25	七			砌						
dz	从			诵			齐				斜				谢
s	松			送		西		洗	细				写	泻	
z															
tɕ						鸡		几	计		加		假	价	
tɕʰ						欺		启	气		尺		扯	30	
dʑ							奇		28	技		蛇		惹	31
ɕ						希		喜	戏		畲		舍	石	
ʑ							姨					爷			夏
k	工		巩	供											
kʰ	空		孔	控											
g		26		共											
ŋ															
x	轰		哄	27											
ɣ		红													

（注）(24) [tsʰəŋ⁵³] 推搡。(25) [tsʰəŋ³⁵] 生闷气。(26) [gəŋ¹¹] 用拳头打。(27) [xəŋ³⁵] 瞧不起人的样子。牛皮～～。

(28) [dʑi⁵³] 站。(29) [nia⁵³] 领口太大往下掉的样子。(30) [tɕʰia¹³] 腿瘸。(31) [dʑia¹³] 跨。

表2-2-20　蔡橋方言単字音節表 (5/9)

子音 \ 母音 声調	齐齿呼 (-i,-i-)														
	iɨ					iʊ					ie				
	55	11	53	35	13	55	11	53	35	13	55	11	53	35	13
#						约		药			噎		腋		
p											北				
pʰ											拍		撇		
b															白
m											默		灭		
f															
v															
t											得				
tʰ											贴				蝶
d															
n	律		女			略					捏			猎	
ts	32	嘴	醉								接				则
tsʰ	蛆	取		趣							切		且		泽
dz	徐			聚							色		些		贼
s	须		岁								色		些		泄
z															
tɕ	猪		煮	菊		脚					结		者	占	
tɕʰ	区		处					却			车				杰
dʑ			除	竖	巨								缠		社
ɕ	书		水	十					学		奢		闪	扇	
ʑ	芋	鱼	雨	玉	树					弱			染		善
k											夹		33		
kʰ											刻				34
g															
ŋ											额			扼	
x											黑				
ɣ															

(注) (32) [tsiɨ⁵⁵] 塞。(33) [kie³⁵] 锯子。(34) [kʰie¹³] 夹在腋下。

表2-2-21　蔡橋方言単字音節表（6/9）

母音 声調 子音	齐齿呼 (-i,-i-)															
	iei					iɯ					ĩ				
	55	11	53	35	13	55	11	53	35	13	55	11	53	35	13
#	音		引	印		妖		舀	要		烟		掩	厌	
p											边		贬	变	
pʰ											篇			片	
b												便			辨
m											面	棉	免		
f															
v															
t											癫		点	店	
tʰ											天		腆		
d												田			电
n											35	帘	脸	练	
ts											煎		剪	箭	
tsʰ											千				36
dz												钱			
s											先		37	线	
z															
tɕ	针		枕	正		交		狡	照		兼		捡	剑	
tɕʰ	称		逞	趁		超		巧	翘		谦		遣	欠	
dʑ		陈	近	阵			桥		轿						
ɕ	身		婶	胜		烧		少	邵				险	献	
ʑ		形		幸		摇			校		盐			现	
k															
kʰ															
g															
ŋ															
x															
ɣ															

（注）(35)［nĩ⁵⁵］奶奶。(36)［tsʰĩ¹³］水冷。(37)［sĩ⁵³］小木刺。

表2-2-22 蔡橋方言単字音節表 (7/9)

母音\声調\子音	齐齿呼 (-i,-i-)											合口呼 (-u,-u-)				
	iɑŋ					iəŋ					ua				
	55	11	53	35	13	55	11	53	35	13	55	11	53	35	13
#	央		养	映		用		勇	扭		歪				
p															
pʰ															
b		平		病											
m	命														
f															
v															
t	钉		长	胀											
tʰ															
d															
n	38		凉	两	亮	肉		牛							
ts	精		奖	酱											
tsʰ	枪		抢		呛										
dz			墙		像										
s	箱		想	相											
z															
tɕ	张		掌	账		中		肿	众						
tɕʰ	昌		厂	唱		充		宠	铳						
dʑ			长	强	丈			虫	重						
ɕ	香		响	向		兄			嗅						
ʑ			羊	壤				容							
k											乖		拐	怪	
kʰ													块	快	
g															
ŋ															
x															
ɣ													怀	坏	

(注) (38) [niɑŋ⁵⁵] 娘：姑姑。

2.2 蔡橋方言の音韻体系

表2-2-23　蔡橋方言単字音節表（8/9）

母音 声調 子音	合口呼（-u,-u-）															
	uɑ					uei					ũ				
	55	11	53	35	13	55	11	53	35	13	55	11	53	35	13
#	挖		瓦			威		伟		卫	弯		网		望
p											帮		绑		半
pʰ											40				胖
b												盘			棒
m											忘	忙	满		
f															
v															
t						堆		39		对	端		短		锻
tʰ						推		腿		退					
d							臀			队		团	断		段
n						累	雷	垒		类		乱	41		暖
ts						追				最	42		撰		43
tsʰ						炊		忖		寸	44		闯		创
dz							谁			罪					赚
s						孙		笋		术	酸		算		
z															
tɕ															
tɕʰ															
dʑ															
ɕ															
ʑ															
k	瓜		寡		挂	规		鬼		贵	官		管		罐
kʰ	夸		垮		跨	亏		捆		困	宽		款		况
g							葵			柜		狂			逛
ŋ															
x	花		化			灰		毁		或	欢		纺		放
ɣ		华			画		为			会		王	往		换

（注）（39）[tuei⁵³] 堆积。（40）[pũ⁵⁵] 追赶。（41）[nũ¹¹] 圆。（42）钻:动词。（43）钻:名词。（44）[tsʰũ⁵⁵] 乱跑。

31

表2-2-24　蔡橋方言単字音節表（9/9）

母音 声調 子音	撮口呼（-y,-y-）											成音節子音				
	y					yei									
	55	11	53	35	13	55	11	53	35	13	55	11	53	35	13
#	优	有	诱			晕	永	韵							
p	标		表												
pʰ	飘		漂	票											
b		瓢	45												
m	庙	苗	秒	妙											
f			否												
v															
t	竹		抖	斗											
tʰ	偷			跳											
d		条		调											
n	料	辽	了	六											
ts	焦		走	皱											
tsʰ	秋			凑											
dz		愁													
s	消		小	笑											
z															
tɕ	周		九	救		军		准	郡						
tɕʰ	抽		丑	臭		春			蠢						
dʑ		绸		旧			裙		菌						
ɕ	收		手	熟		熏			迅						
ʑ		猴	后	寿			云		闰						
k	勾		狗	够											
kʰ	抠		口	扣											
g															
ŋ	欧		呕	沤											
x	46		吼								日	人	你	艺	
ɣ															

（注）（45）［bɣ⁵³］蚊虫咬的小疙瘩。（46）［xɣ⁵⁵］驼背。

2.3 中古音と蔡橋方言との対照

本章では、中古音との対照の観点から蔡橋方言の子音、母音、声調の特徴を考察する。

現代漢語の諸方言は一般的に、中古漢語から分裂してきたものであると考えられている。中古漢語は歴史的区分から言うと、大抵六朝から唐の時代まで、すなわち6〜10世紀の漢語をさす[3]。中古漢語の音韻の枠組みをよく反映している資料には、北宋時代の韻書『広韻』(1008年)がある。それに基づき、中古漢音の音価の再構築について、多くの先行研究が行われている。ただし、諸説の音価の推定には相違点が多々存在している。本書では特にことわらない限り、王力(1980)の推定音価による。

2.3.1 中古声母と蔡橋方言の子音との対照

声母については「36字母」(36個の声母)という伝統的な中国名が用いられている。本書は表2-3-1のような40種の声母を認める。これは従来の36字母とは次のような部分で相違している。1つは、本書では「照組」を「庄組」(庄母*tʃ、初母*tʃʰ、生母*ʃ、崇母*dʒʰ)と「章組」(「章母*tɕ、昌母*tɕʰ、書母*ɕ、船母*dʑʰ」)に分けているという点で、もう1つは、娘母(*ɳ)と泥母(*n)が補い合う分布をなしていると考えられるため、前者を後者に併せた点である。さらに、『切韻』では「喩母」が「雲母」、「余母(以母)」に分けられているが、王力(1980)などは雲母を匣母に合わせている。蔡橋方言においては雲母が余母とも近いという関係から、ここでは雲母と匣母を分ける立場をとる。雲母の推定音価は河野六郎(1979)によるものである。

表2-3-1　声母と推定音価

声母				グループ分け (調音部位が基準)	
全清	次清	全濁	次濁		
幫母*p	滂母*pʰ	並母*bʰ	明母*m	幫組	幫系
非母*f	敷母*fʰ	奉母*v	微母*ɱ	非組	
端母*t	透母*tʰ	定母*dʰ		端組	端系
精母*ts、心母*s	清母*tsʰ	從母*dzʰ、邪母*z		精組	
			泥母*n	泥組	
			來母*l		

---

[3]漢語史の年代区分については藤堂明保(1967)の説に拠る。

声母				グループ分け
全清	次清	全濁	次濁	(調音部位が基準)
知母*ʈ	徹母*ʈʰ	澄母*ɖʰ		知組 |知系
庄母*tʃ、生母*ʃ	初母*tʃʰ	崇母*dʒ		庄組
章母*tɕ、書母*ɕ	昌母*tɕʰ	船母*dʑʰ、禅母*ʑ		章組
			日母*nʑ	日組
見母*k	渓母*kʰ	群母*gʰ	疑母*ŋ	見組 |見系
暁母*x		匣母*ɣ		暁組
影母*ʔ			雲母*ɦ	影組
			余母*j	

2.3.1.1 全濁声母

全濁声母は11個があり、いずれも有声音と推定される（表2-3-1参照）。

これらの中古の有声音は今日、北京語をはじめ、ほとんどの漢語方言で無声音化している。一方、一部の湘方言と呉方言では有声音がなお保たれている。ただし、有声音の保持の状況は下位方言によって様々である。周賽紅（2005）によると、湘方言には次のような10パターンがあるという[4]。

① 祁陽型：古平・上・去声字は殆ど濁音を保持するが、古入声字の一部は清音化される。
② 新化型：古平・上・去声字は殆ど濁音を保持するが、古入声字はすべて清音化される。
③ 韶山型：古入声字はすべて清音化される。古平・上・去声字は、現在の発音で破裂・破擦音の場合殆ど濁音を保持するが、摩擦音の場合ほとんど清音化される。
④ 辰渓型：現在の発音で摩擦音の場合、すべて清音化される。一方、破裂・破擦音の場合、古平声字は濁音を保持するが、古上・去・入声字は清音化される。
⑤ 白馬型：古平・上・去声は現在の発音で破裂音の場合、濁音を保持する。それ以外の場合、清音化される。
⑥ 寧郷流沙河型：清音と濁音は自由変体の関係にある。
⑦ 益陽型：古濁音声母では、奉・匣母はゼロ子音に、他の声母は流音や[z]に変化する。
⑧ 三堂街型：古濁音声母の奉・匣母および澄・船・禅・並・群母の一部はゼロ子音になっている。

---

[4] 以下のまとめは本書の筆者によるものである。周賽紅（2005）のいう「濁音」は王力の中古復元音で有声音である。それが現在の方言で有声音として現れることは「濁音を保持する」といわれる。また、同稿における「清音化」という用語は本書の「無声音化」の言い方にあたる。

⑨　長沙型：古濁音声母は同じ調音位置の無気音に清音化されている。
⑩　藍田型：古濁音声母はすべて清音化されている。そのうち、古破裂・破擦音の一部は現在の発音で摩擦音に変化する。

　全濁声母が最も多く有声音子音として現れる湘方言は、「祁陽型」のパターンである。このパターンの方言は湖南省の西南部に集中している。
　蔡橋方言では、全濁声母の大部分が有声音で現れており（表2-3-2参照）、うえの「祁陽型」の方言に入ると考えられる。

表2-3-2　全濁声母と蔡橋方言子音の対応関係

全濁声母		蔡橋方言	
字母	推定音価	大部分の発音	一部分の発音
並母	*b^h	b	p^h、p
奉母	*v	v	f
定母	*d^h	d	t^h、t
従母	*dz^h	dz	z、ts^h、ts
邪母	*z	dz	z、s
澄母	*$ɖ^h$	dʑ	$tsʰ$
崇母	*$dʒ^h$	dʑ	z
船母	*$dʑ^h$	dʑ	z
禅母	*ʑ	dʑ	z、ɕ
群母	*g^h	dʑ	g、$tɕ^h$
匣母	*ɣ	ɣ	v、x、ɕ

　ただし、表2-3-2に示したように、全濁声母は蔡橋方言で無声音で現れることもある。それは声調の舒促（舒声[5]か入声か）と関係している。すなわち、全濁声母は舒声の場合、今日の蔡橋方言でほとんど有声音として現れるが、入声の場合、無声音として現れることが多い。入声は内破音韻尾 -p、-t、-k でおわる特有の声調であるので、頭子音が無声音の音節末子音に同化されたものと考えられる。
　蔡橋方言における全濁声母の無声音化と声調の関係を表 2-3-3 に示した。表の合計数

---

[5] 中古音には平声・上声・去声・入声という4種類の声調があったと推定される。このうち、平声・上声・去声をまとめて舒声と呼ぶことがある。

第2章　蔡橋方言の音韻

（855個）はインフォーマント（王三定）が読めた『方言調査字表』の中古全濁字の数である。その内、有声音に発音された字が583個あり、そのうち、舒声字が565個（8割弱）を占めている。一方、無声音に発音された字は272個あり、そのうち、113個（8割強）が入声字である。

表2-3-3　全濁字の声調と蔡橋方言の有声音・無声音子音の関係

全濁字 ＼ 蔡橋方言		有声音	無声音
平・上・去声	724個（100%）	565（78%）	159（22%）
入声	121個（100%）	18（15%）	113（85%）
合計	855個（100%）	583（68%）	272（32%）

　入声韻尾を持つ字の他にも、蔡橋方言には、全濁舒声字が無声音で現れる場合がある（表2-3-4参照）。その原因は次の2つであると考えられる。一つは、中古全濁舒声字がそもそも『広韻』で2つの反切を持っている場合である。たとえば、"跳 tʰy¹³"は「徒聊切、効開四平蕭<u>定</u>」と「他吊切、効開四去嘯<u>透</u>」という2つの反切を持っている。"挺 tʰei⁵³"は「徒鼎切、梗開四上迥<u>定</u>」と「他頂切、梗開四上迥<u>透</u>」という2つの反切を持っている（下線部は中古声母）。蔡橋方言は2種類の中古音のうち後者を受け継いだものと思われる（表2-3-4における太字）。もう一つの原因は、"导"、"涛"、"诞"など非日常用語の場合で、このような例は多数ある（表2-3-4における斜体文字）。これらが無声子音に発音される理由はおそらく、蔡橋方言における「内的変化」ではなく、北京語などの官話方言からの借用によるためではないかと考える。

表2-3-4　蔡橋方言における無声音化された全濁舒声字

全濁声母 （中古音）	例字
定母（*dʰ）	跳 tʰy¹³, 挺 tʰei⁵³, *导 təɯ⁵³, 涛 tʰəɯ⁵⁵, 艇 tʰer⁵³, 诞 tã³⁵, 但 tã³⁵, 掉 ty³⁵, 啼 tɿ⁵⁵*
並母（*b）	跑 pʰəɯ⁵³, 笨 pei⁵³, 毖 pi³⁵, 辫 pi⁵⁵, 币 pi³⁵, 叛 pʰɿ¹³, 避 pʰɿ³⁵, 背 pa³⁵
従母（*dz）	剂 tsi³⁵, 造 tsʰəɯ¹³, 赠 tsei³⁵
邪母（*z）	羨 sye³⁵, 续 sɯ³⁵, 遂 suei³⁵, 袖 sy³⁵, 序 tsʰiɿ¹³
澄母（*dʰ）	瞪 tei³⁵, 仗 tɕiaŋ³⁵, 箸 tɕiɿ³⁵, *宙 tɕy³⁵*

全濁声母 （中古音）	例字
崇母（*dʐʰ）	撰 tsũ⁵³, 乍 tsɑ³⁵
禅母（*ʑ）	紹 ɕiəuʳ³⁵, 邵 ɕiəuʳ³⁵, 侍 sɿ³⁵, 睡 suei³⁵, 腎 ɕiei³⁵
群母（*g）	圈 tɕʰye⁵⁵, 兢 tɕiei³⁵
匣母（*ɣ）	虹 kaŋ³⁵, 哄 xəŋ⁵³, 系 ɕi³⁵, 携 ɕi³⁵, 莖 tɕieʳ⁵⁵, 迴 tɕiəŋ⁵³, 溃 kʰuei¹³, 舰 kã³⁵, 械 ka³⁵, 晃 xũ⁵³, 缓 xũ⁵³, 很 xeʳ³, 话 ua⁵⁵

　破裂音、破擦音の場合、無声音化された全濁声母が有気音として現れるか、それとも無気音として現れるかは方言によって異なっている。たとえば、北方官話の場合、平声では有気音となり、上声・去声・入声では無気音となっている。一方、贛方言や客家方言の場合、有気音となっている。

　従来の研究によると、湘方言では中古全濁声母が無声音化された場合、一般に、無気の無声子音となる。これは湘方言が他の漢語方言と一線を画す重要な基準であるという。

　　　湘語的主要特点是：古全浊声母逢塞音，塞擦音时，不论今读清音还是浊音，也不论平仄，一律不送气。
　　　（湘語の主要な特徴は次のとおりである。古全濁声母は破裂・破擦音の場合、無声音であれ、有声音であれ、声調の種類が如何なるものであるにもかかわらず、すべて無気音になる。）
　　　　　　　　　　　　　　（中国社会科学院ほか（1988‐1989：B11）。日本語訳は筆者。）

　　　历来对湘语的确认，是以声母的发音方法作为标准，即古浊音声母今逢塞音和塞擦音时，无论保留浊音或是浊音清化，不管平仄，一般都念不送气音。
　　　（従来、湘語を確立するための基準は声母の調音方法である。すなわち、古濁音声母は現在破裂・破擦音の場合、有声音で現れる時でも、無声音で現れる時でも、声調とは関係せず、一般に無気音で発音される。）
　　　　　　　　　　　　　　　　　　　　（侯精一（2002：123）。日本語訳は筆者。）

　これらの説に対して、陈晖（2006）は反対の立場に立ち、次のように主張している。

　①　古全浊入声字清化后大多数读送气音，这一现象在湘方言中分布很广泛。……"湘

方言中古全浊声母清化后无论平仄都读不送气音"这一观点有失偏颇。

（古全濁入声字は無声音化した後、殆ど有気音として現れる。これは湘方言で広範にわたって見られる現象である。したがって、「湘方言の古全濁声母が声調の平仄に関わらず、すべて無気音に無声音化する」との説は厳密性を欠いている。）

② 从湘方言各地送气与不送气的比例数字来看，古全浊入声清化后不送气似乎与官话影响有一定关系。

（湘方言各地の有気音と無気音の比率から見ると、古全濁入声字が無気無声音化する現象は官話による影響である可能性がある。）

(陈晖 (2006：39-41)。日本語訳は筆者)

蔡橋方言においては、陈晖(2006)が主張している通り、無声音化された全濁入声字は破裂・破擦音の場合、多数が有気音となっている（表2-3-5参照）。

表2-3-5　蔡橋方言における無声音化された全濁入声字（破裂・破擦音）

全濁入声字（破裂・破擦音） ＼ インフォーマントの発音	有気音	無気音
44個（100%）	31個（76%）	10個（24%）
挙　　　例	（表2-3-6参照）	（表2-3-7参照）

表2-3-6　無声有気音化された全濁入声字（破裂・破擦音）

全濁声母（中古音）	例字と蔡橋方言の発音
定母（*dʰ）	沓 tʰa13, 笛 tʰi13, 狄 tʰi13, 突 tʰɯ55, 特 tʰie13, 碟 tʰie13, 牒 tʰie13, 谍 tʰie13
並母（*b）	拔 pʰa55, 白 pʰa13, 弼 pʰi55, 辟 pʰi55, 泊 pʰo55, 仆 pʰɯ55, 瀑 pʰɯ55, 雹 pʰəɯ55
從母（*dz）	族 tsʰɯ13, 凿 tsʰʊ13, 嚼 tsʰye13, 截 tsʰie13
澄母（*ɖʰ）	择 tsʰa13, 浊 tsʰʊ13, 泽 tsʰie55, 逐 tsʰɯ13, 軸 tsʰɯ13, 撤 tɕʰie53
崇母（*dʐʰ）	鍘 tsʰie13
群母（*g）	及 tɕʰi13, 极 tɕʰi13, 杰 tɕʰie13
匣母（*ɣ）	洽 tɕʰia13

無気音となった全濁入声字も少数ながら存在する（表2-3-7参照）が、これらの字は殆ど日常生活で使用頻度が低い字であり、北京語などの官話による影響である可能性が高い。彭建国（2006:55）によると、湘方言では入声全濁声母が有気音として発音されることは「固有層」であるが、無気音として発音されることは「外来層」（官話方言による影響の結果）であるという。

表2-3-7　無気無声音化された全濁入声字（破裂・破擦音）

全濁声母（中古音）	例字
従母（*dz）	雑 tsa35,集 tsi35,輯 tsi55,疾 tsi55,藉 tsi35,籍 tsi35,寂 tsi35
澄母（*ɖʰ）	宅 tsie55
崇母（*dʐʰ）	闸 tsa35,炸 tsa35

2.3.1.2　幫組、非組字

この節では、中古音の唇音系子音が蔡橋方言で起こした変化について考察する。

早期の中古音では、幫組声母は両唇音であった。唐代以降、一部の幫組声母には"軽唇音化"（唇歯音化）が起きて、唇歯音の非組声母が幫組から分立してきたといわれる。

蔡橋方言では、幫組声母はそれぞれ［p、pʰ、b、m］と発音されており、中古の音価をよく受けついでいる。非組声母の場合、非母と敷母、奉母と微母はそれぞれ合流しており、前者は主に［f］、後者は主に［v］となっている。

ただし、両唇音の特徴を持つ非組子音も今日の蔡橋方言にいくつか残されている（表2-3-8参照）。

表2-3-8　両唇音で発音される非組字

声母（中古音）	敷母（*fʰ）			奉母（*v）	微母（*ɱ）			
例字	赴	蜂	捧	浮	尾	晚晚:叔叔	蚊	忘
蔡橋方言	pʰɯ13	pʰəŋ55	pʰəŋ53	bəɯ11	mĩ53	mã53	mei35	mũ55

蔡橋方言では一部の非組声母が軟口蓋子音［x］、［ɣ］で現れている（表2-3-9参照）。このような現象は宕摂合口三等韻母の場合に限られている。

表2-3-9　軟口蓋音として現れた非組字の発音

声母（中古音）	非母（*f）			敷母（*fʰ）			
韻母（中古音）	宕摂合口三等（*iwaŋ）						
例字	方	放	访	纺	妨	房	亡
蔡橋方言	xũ⁵⁵	xũ³⁵	xũ⁵³	xũ⁵³	ɣũ¹¹	ɣũ¹¹	ɣũ¹¹

　このような現象は他の湘方言にも見られる（表 2-3-10 参照）。そのうち、婁底方言では合口三等韻母の場合、非組子音がすべて軟口蓋音 [x]、[ɣ] となっている。一方、他の方言では蔡橋方言と同様に、宕摂の合口三等韻母に限って、非組声母が軟口蓋子音 [x] として現れる。

表2-3-10　非組子音をもつ湘方言

韻母（中古音）	止摂合口三等 微韻（*iwəi）	宕摂合口三等 陽韻（*iwaŋ）	魚摂合口三等 虞韻（*ĩu）
例字	飞	访	符
婁底	xui⁵⁵	xɔŋ³¹	ɣu¹³
蔡橋	fi⁵⁵	xũ⁵³	vɯ¹¹
株州	fei³³	xoŋ⁴¹	fu¹³
湘潭	fei³³	xɔ̃⁴¹	fu¹³
益陽	fei³³	xɔ̃⁴¹	u¹³

（蔡橋方言以外は鮑厚星（2006）より引用）

2.3.1.3　端系字

　中古音の端系声母は主に舌尖を用いて調音する子音の系列であり、端組、精組、泥組という3つのグループに分類されている。以下、各組の子音が蔡橋方言で起こした変化について見ていく。

2.3.1.3.1　端組字

　蔡橋方言では、端母と透母子音は中古から変化がほとんどなく、中古音と同じ音価を保っている。定母は大部分が有声音で現れているが、一部分は [t]、[tʰ] のように無声音化している（表 2-3-11 参照）。無声音化している定母字は次のようなものである。これらの多くは、入声韻尾を持つ字である。

达 ta³⁵, 敌 ti³⁵, 笛 tʰi¹³, 啼 tʰi¹³, 毒 tɯ³⁵, 掉 tʏ³⁵, 突 tʰʊ⁵⁵, 夺 tʊ³⁵, 垛 tʊ³⁵, 蝶 tʰie¹³, 特 tʰie⁵⁵, 挺 tʰei⁵³, 诞 tã³⁵, 但 tã³⁵

表2-3-11　蔡橋方言における端組子音の発音

声母（中古音）	端母（*t）	透母（*tʰ）	定母（*dʰ）
蔡橋方言	t	tʰ	d, t, tʰ

2.3.1.3.2 泥組字

泥母と来母の中古音はそれぞれ鼻音 *n、接近音 *l と推定されている。蔡橋方言では、直音母音が後続する場合、泥母子音と来母子音の混同が起き、どちらも[n]に発音される。たとえば、

[nã¹¹]　：　拦（来母）＝男（泥母）　　　　[nəɯ⁵³]　：　老（来母）＝脑（泥母）

[nei¹¹]　：　林（来母）＝能（泥母）　　　　[nɯ¹¹]　：　鲁（来母）＝努（泥母）

[nəŋ¹¹]　：　隆（来母）＝农（泥母）　　　　[nʊ¹¹]　：　罗（来母）＝挪（泥母）

一方、拗音母音[i]が後続する場合、來母字の子音は[n]で発音される。たとえば、

[ni⁵⁵]　：　利，笠，粒，力　　　　　　　　[ni¹¹]　：　犁，梨，离，璃，厘，狸

[ni⁵³]　：　李，里，理，鲤，礼　　　　　　[ni³⁵]　：　丽，历，厉，励，例，栗

[nie⁵⁵]　：　猎　　　　　　　　　　　　　　[nie³⁵]　：　列，烈，裂

[niaŋ¹¹]　：　良，凉，量ₗ量长短，粮，梁，梁　　[niaŋ⁵³]　：　两，辆，岭，领

[niaŋ³⁵]　：　亮，谅，量数量

これに対して、泥母字子音は、一部が成音節子音[ŋ]で発音される（表2-3-12参照）、一部が鼻音子音を失っている（表2-3-13参照）。

表2-3-12　[ŋ]で発音される泥母字

例字	尼	你	泥	宁
蔡橋方言	ŋ¹¹	ŋ⁵³	ŋ¹¹	ŋ¹¹

表2-3-13　鼻音子音を失った泥母字

例字	念	尿	浓	扭	碾	酿
蔡橋方言	ĩ⁵⁵	iəɯ⁵⁵	ziəŋ¹¹	iəŋ³⁵	ĩ⁵³	iaŋ³⁵

2.3.1.3.3 精組字

精組声母は舌尖音（*ts、*tsʰ、*s、*z、*dz）と推定されている。北京語など多くの漢語方言では、精組子音は狭母音 i、y が後続する場合、ts＞tɕ のような変化、いわゆる口蓋化が起こっている。これに対して、蔡橋方言においては、精組子音は後続母音に関わらず、舌尖音で現れている（表 2-3-14 参照）。

表2-3-14　中古音と蔡橋方言の精組の対応関係

声母（中古音）		無声音			有声音	
		精母(*ts)	清母(*tsʰ)	心母(*s)	邪母(*z)	従母(*dz)
蔡橋方言	多数	ts	tsʰ	s	dz	z
	少数				ts、tsʰ、z	s、dz

上表からわかるように、精組字は無声音声母の場合、中古の発音が今日の蔡橋方言によく受けつがれている。一方、有声音声母の場合、一部は無声子音、もしくは、有声摩擦音に変わっている。このような変化を起こした字には、たとえば、次のようなものがある。

① *z ＞ [s]、[dz]

续 sɯ³⁵，遂 suei³⁵，习 si³⁵，羡 sye³⁵，席 si³⁵，夕 si³⁵，俗 sɯ³⁵

邪 dzia¹¹，斜 dzia¹¹，谢 dzie¹³，徐 dzi¹¹，词 dzɿ¹¹，祠 dzɿ¹¹，寻 dzei¹¹，循 dzuei¹¹，详 dziaŋ¹¹，像 dziaŋ¹³，松 dzəŋ¹¹，诵 dzəŋ¹³，颂 dzəŋ¹³

② *dz ＞ [ts]、[tsʰ]、[dz]

藉藉藉故 tsie³⁵，剂 tsi³⁵，杂 tsa³⁵，集 tsi³⁵，疾 tsi³⁵，赠 tsei³⁵，籍 tsi³⁵，藉 tsi³⁵，寂 tsi³⁵

造 tsʰəɯ¹³，凿 tsʰʊ¹³，嚼 tsʰye¹³，族 tsʰɯ¹³

自 dzi¹³，字 dzɿ¹³，绪 dzɿ¹³

2.3.1.4　知組、庄組、章組字

庄組、章組、知組は二等と三等の韻母を持つ子音グループである。二等と三等の違いは、前者には -i- 介音があるが、後者にはそれがないとされている。表 2-3-15 に庄組、章組、知組字の中古推定音価をあげる。

表2-3-15　庄組、章組、知組の等位と推定音価

二等	庄組 *tʃ、tʃʰ、ʃ、dʒʰ	知組 *ʈ、ʈʰ、ɖʰ
三等	章組 *tɕ、tɕʰ、ɕ、dʑʰ	

蔡橋方言では、庄組、章組子音は知組子音と合流している。すなわち、庄組は知組の二等（以下は「知組₂₌等」と表記）、章組は知組の三等（以下は「知組₃₌等」と表記）とそれぞれ合流している。

2.3.1.4.1　知組二等、庄組字

知組二等字と庄組字は中古音では異なった子音をもっていたが、蔡橋方言ではいずれも舌尖音となり、精組と合流している。表 2-3-16、表 2-3-17 にその例をあげる。

表2-3-16　蔡橋方言における知組二等字の子音の発音

声母（中古音）	清音		濁音
	知母（*ʈ）	徹母（*ʈʰ）	澄母（*ɖʰ）
蔡橋方言	ts	tsʰ	dz/tsʰ
例字	扎 tsa⁵³, 桌 tsʊ⁵⁵, 卓 tsʊ⁵⁵, 罩 tsəɯ³⁵, 站 tsã³⁵, 桩 tsaŋ⁵⁵	拆 tsʰa⁵⁵, 戳 tsʰʊ¹³, 撑 tsʰei¹³	茶 dza¹¹, 赚 dzaŋ¹³, 撞 dzaŋ¹³, 搽 dza¹¹/浊 tsʰʊ¹³, 泽 tsʰie¹³, 择 tsʰa¹³

表2-3-17　蔡橋方言における庄組字の子音の発音

声母（中古音）	清音			濁音
	庄母（*tʃ）	初母（*tʃʰ）	山母（*ʃ）	崇母（*dʒʰ）
蔡橋方言	ts	tsʰ	s	dz
例字	皱 tsy³⁵, 斋 tsa⁵⁵, 债 tsa³⁵, 眨 tsa⁵⁵, 渣 tsa⁵⁵, 榨 tsa³⁵, 炸 tsa³⁵, 捉 tsʊ⁵⁵, 阻 tsɯ⁵³, 找 tsəɯ⁵³, 斩 tsã⁵³, 盏 tsã⁵³, 装 tsaŋ⁵⁵, 壮 tsaŋ³⁵, 争 tsaŋ⁵⁵	插 tsʰa⁵⁵, 叉 tsʰa⁵⁵, 差 tsʰa⁵⁵, 岔 tsʰa³⁵, 初 tsʰɯ⁵⁵, 楚 tsʰɯ⁵³, 抄 tsʰəɯ⁵⁵, 炒 tsʰəɯ⁵³, 衬 tsʰei¹³, 铲 tsʰã⁵³, 疮 tsʰaŋ⁵⁵, 窗 tsʰaŋ⁵⁵	馊 sy⁵⁵, 瘦 sy³⁵, 师 si⁵⁵, 史 si⁵³, 洒 sa⁵³, 晒 sa³⁵, 沙 sa⁵⁵, 杀 sa⁵⁵, 刷 sa⁵⁵, 缩 sʊ⁵⁵, 梳 sɯ⁵⁵, 潲 səɯ³⁵, 涩 sie⁵⁵, 虱 sie⁵⁵, 色 sie⁵⁵, 山 sã⁵⁵, 霜 saŋ⁵⁵, 生 saŋ⁵⁵	柴 dza¹¹, 寨 dza¹³, 查 dza¹¹, 锄 dzɯ¹¹, 助 dzɯ¹³, 馋 dzã¹¹, 床 dzaŋ¹¹, 状 dzaŋ¹³, 崇 dzəŋ¹¹

2.3.1.4.2　知組₃₌等、章組字

知組三等字と章組字の子音は蔡橋方言では、いずれも舌面音、舌尖音の 2 種類の発音で現れる。以下では中古韻母の来源を提示しながら、蔡橋方言における知組三等と章組の子音変化をみていく。

43

2.3.1.4.2.1　知組₃₋等字

知組三等字の子音はほとんどの韻母の場合、中古音の舌面的な特徴を最もよく保っている。

[tɕ]： 　（知母*ṭ）　昼 tɕy³⁵, 展 tɕie⁵³, 转 tɕye³⁵, 珍 tɕiei⁵⁵, 朝 ₍ ₎ tɕiɯ⁵⁵, 张 tɕiaŋ⁵⁵, 帐 tɕiaŋ³⁵, 智 tɕiɿ³⁵, 中 ₍射中₎ tɕiəŋ³⁵, 中 ₍当中₎ tɕiəŋ⁵⁵, 猪 tɕiɿ⁵⁵, 蛛 tɕiɿ⁵⁵, 痴 tɕʰiɿ⁵⁵, 知 tɕiɿ⁵⁵, 蛰 tɕiɿ³⁵

　　　（徹母*ṭʰ）　仗 tɕiaŋ³⁵

[tɕʰ]：（徹母*ṭʰ）　抽 tɕʰy⁵⁵, 丑 tɕʰy⁵³, 哲 tɕʰie⁵⁵, 撤 tɕʰie⁵⁵, 趁 tɕʰiei¹³, 超 tɕʰiɯ⁵⁵, 畅 tɕʰiaŋ¹³, 宠 tɕʰiəŋ⁵³

[dʑ]： （澄母*ḍʰ）　绸 dʑy¹¹, 缠 dʑie¹¹, 传 ₍传达₎ dʑye¹¹, 沉 dʑiei¹¹, 陈 dʑiei¹¹, 呈 dʑiei¹³, 阵 dʑiei¹³, 镇 dʑiei¹³, 郑 dʑiei¹³, 朝 ₍朝代₎ dʑiɯ¹¹, 赵 dʑiɯ¹³, 召 dʑiɯ¹³, 长 ₍长短₎ dʑiaŋ¹¹, 丈 dʑiaŋ¹³, 虫 dʑiəŋ¹¹, 重 dʑiəŋ⁵³, 重 ₍重复₎ dʑiəŋ¹¹, 除 dʑiɿ¹¹, 厨 dʑiɿ¹¹, 箸 dʑiɿ¹¹, 槌 dʑiɿ¹¹, 锤 dʑiɿ¹¹, 持 dʑiɿ¹¹, 池 dʑiɿ¹¹, 迟 dʑiɿ¹¹, 柱 dʑiɿ⁵³, 挂 dʑiɿ⁵³, 治 dʑiɿ¹³, 直 dʑiɿ¹³, 值 dʑiɿ¹³, 侄 dʑiɿ¹³, 驻 dʑiɿ¹³, 住 dʑiɿ¹³

知組三等字のうち、子音が舌尖音となっているのは"耻 [tsʰɿ⁵³]"、"痔 [tsɿ¹³]"、"致 [tsɿ³⁵]"、"置 [tsɿ³⁵]"の4つしかない。いずれも止摂開口三等を韻母の來源とする字である。他には、舌尖破裂音 [t] で発音された字、例えば、"爹 [tia⁵⁵]"、"长 [tiaŋ⁵³]"、"胀 [tiaŋ³⁵]"、"瞪 [tei³⁵]"、"竹 [ty⁵⁵]"がある。これは上古音の名残であると考えられる。

2.3.1.4.2.2　章組字

章組子音は蔡橋方言でほとんど舌面音で現れている。

[tɕ]：　（章母*tɕ）　周 tɕy⁵⁵, 州 tɕy⁵⁵, 帚 tɕy⁵³, 咒 tɕy³⁵, 粥 tɕy⁵⁵, 只 ₍数量词₎ tɕia⁵⁵, 浙 tɕie⁵⁵, 遮 tɕie⁵⁵, 折 ₍折叠₎ tɕie⁵⁵, 者 tɕie⁵³, 战 tɕie³⁵, 占 ₍占卜₎ tɕie³⁵, 砖 tɕye⁵⁵, 专 tɕye⁵⁵, 沼 tɕiɯ⁵⁵, 招 tɕiɯ⁵⁵, 照 tɕiɯ³⁵, 蒸 tɕiei⁵⁵, 针 tɕiei⁵⁵, 真 tɕiei⁵⁵, 枕 tɕiei⁵³, 整 tɕiei⁵³, 振 tɕiei³⁵, 拯 tɕiei³⁵, 正 tɕiei³⁵, 证 tɕiei³⁵, 准 tɕyei⁵³, 诊 tɕiaŋ⁵³, 掌 tɕiaŋ⁵³, 障 tɕiaŋ⁵⁵, 钟 tɕiəŋ⁵⁵, 终 tɕiəŋ⁵⁵, 种 tɕiəŋ⁵⁵, 肿 tɕiəŋ⁵³, 众 tɕiəŋ³⁵, 诸 tɕiɿ⁵⁵, 汁 tɕiɿ⁵⁵, 织 tɕiɿ⁵⁵, 珠 tɕiɿ⁵⁵, 煮 tɕiɿ⁵³, 主 tɕiɿ⁵³, 注 tɕiɿ³⁵, 蛀 tɕiɿ³⁵, 质 tɕiɿ³⁵

[tɕʰ]：（昌母*tɕʰ）　臭 tɕʰy¹³, 赤 tɕʰia⁵⁵, 尺 tɕʰia⁵⁵, 扯 tɕʰia⁵³, 车 tɕʰie⁵⁵, 穿 tɕʰye⁵⁵, 串 tɕʰye¹³, 称 ₍称重量₎ tɕʰiei⁵⁵, 秤 tɕʰiei¹³, 春 tɕʰyei⁵⁵, 蠢 tɕʰyei⁵³, 昌 tɕʰiaŋ⁵⁵, 厂 tɕʰiaŋ⁵³, 唱 tɕʰiaŋ¹³, 充 tɕʰiəŋ⁵³, 冲 tɕʰiəŋ⁵⁵, 铳 tɕʰiəŋ¹³, 枢 tɕʰiɿ⁵⁵, 出 tɕʰiɿ⁵⁵, 吹 tɕʰiɿ⁵⁵,

		処 tɕʰiɨ⁵³,斥 tɕʰiɨ¹³
[ɕ]:	(書母*ɕ)	收 ɕy⁵⁵,叔 ɕy⁵⁵,手 ɕy⁵³,赊 ɕia⁵⁵,舍_舍得 ɕia⁵³,奢 ɕie⁵⁵,闪 ɕie⁵³,扇 ɕie³⁵, 设 ɕie³⁵,说 ɕye⁵⁵,深 ɕiei⁵⁵,沈 ɕiei⁵⁵,升 ɕiei⁵⁵,身 ɕiei⁵⁵,伸 ɕiei⁵⁵,烧 ɕiɤɯ⁵⁵, 少 ɕiɤɯ⁵³,少_少年 ɕiɤɯ³⁵,伤 ɕiaŋ⁵⁵,赏 ɕiaŋ⁵³,输 ɕiɨ⁵⁵,书 ɕiɨ⁵⁵,湿 ɕiɨ⁵⁵,失 ɕiɨ⁵⁵, 鼠 ɕiɨ⁵³,水 ɕiɨ⁵³,适 ɕiɨ³⁵,释 ɕiɨ³⁵,识 ɕiɨ³⁵
	(禅母*ʑ)	熟 ɕy³⁵,石 ɕia³⁵,涉 ɕie³⁵,勺 ɕiʊ³⁵,肾 ɕiei³⁵,绍 ɕiɤɯ³⁵,邵 ɕiɤɯ³⁵,十 ɕiɨ³⁵, 拾 ɕiɨ³⁵
	(船母*dʑ)	舌 ɕie³⁵ 食 ɕiɨ³⁵,实 ɕiɨ³⁵
[ʑ]:	(禅母*ʑ)	授 ʑy¹³,受 ʑy¹³,寿 ʑy¹³,售 ʑy¹³,纯 ɕie³⁵,善 ʑie¹³,醇 ʑyei¹¹,殊 ʑiɨ¹¹,树 ʑiɨ¹³
	(船母*dʑ)	射 ʑia¹³,神 ʑiei¹¹,顺 ʑyei¹³
[dʑ]:	(船母*dʑ)	蛇 dʑia¹¹,乘 dʑiei¹¹,船 dʑye¹¹,唇 dʑyei¹¹
	(禅母*ʑ)	仇 dʑy¹¹,社 dʑie¹³,佘 dʑie¹¹,城 dʑiei¹¹,盛 dʑiei¹¹,承 dʑiei¹¹,晨 dʑiei¹¹, 臣 dʑiei¹¹,辰 dʑiei¹¹,盛 dʑiei¹³,常 dʑiaŋ¹¹,尝 dʑiaŋ¹¹,偿 dʑiaŋ¹¹,上 dʑiaŋ⁵³, 薯 dʑiɨ¹¹,竖 dʑiɨ⁵³,植 dʑiɨ¹³

ただし、止摂、蟹摂の開口三等、および通摂の入声合口三等の場合、舌尖子音となっている。

[ts]:	(章母*tɕ)	之 tsɨ⁵⁵,支 tsɨ⁵⁵,只_只有 tsɨ⁵⁵,枝 tsɨ⁵⁵,翅 tsɨ⁵⁵,纸 tsɨ⁵³,止 tsɨ⁵³,指 tsɨ⁵³,至 tsɨ³⁵, 痣 tsɨ³⁵,脂 tsɨ⁵³,制 tsɨ³⁵,烛 tsɯ⁵⁵
[tsʰ]:	(昌母*tɕʰ)	齿 tsʰɨ⁵³,侈 tsɨ⁵³,触 tsʰɯ¹³
[s]:	(書母*ɕ)	诗 sɨ⁵⁵,施 sɨ⁵⁵,尸 sɨ⁵⁵,始 sɨ⁵³,屎 sɨ⁵³,试 sɨ³⁵,束 sɯ³⁵,式 sɨ³⁵,世 sɨ³⁵,戌 sɨɨ⁵⁵, 税 suei³⁵
	(禅母*ʑ)	属 sɯ³⁵,睡 suei³⁵,淑 sɯ⁵⁵
	(船母*dʑ)	术 suei³⁵
[z]:	(禅母*ʑ)	时 zɨ¹¹,市 zɨ¹³,视 zɨ¹³,是 zɨ¹³,豉 zɨ¹³,誓 zɨ¹³
	(船母*dʑ)	示 zɨ¹³
[dz]:	(禅母*ʑ)	垂 dzuei¹¹,谁 dzuei¹¹

蔡橋方言の章組と知組₃等子音の合流には、次のような特徴がある。
① 舌面音の舌尖音化
　周賽红（2005）によると、章組と知組₃等は上古音でそれぞれ -j-、-rj- を介音に持っていたため、湘方言においては、次に示すように、前者の子音変化が後者より一段階ずつ先に

第 2 章　蔡橋方言の音韻

進み、後者がそれを追う形で変化が進んでいる。

章組　　　　tj- ⟶ ȶi- ⟶ tɕi ⟶ tʃi ⟶ tʂɻ ⟶ tsɻ

知組三等　　trj- ⟶ tj- ⟶ ȶi- ⟶ tɕi ⟶ tʃi ⟶ tʂɻ ⟶ tsɻ

図2-3　湘方言における章組、知組₃₌の変化の経路（周賽紅 2005：34 より）

　蔡橋方言では前述のように、章組字では、止摂開口三等字、蟹摂開口三等字、および通摂入声合口三等字の場合は舌尖音（ts、tsʰ、s、z、dz）の段階に達しているが、知組三等字では"恥"などのわずかの字しか舌尖音の段階に達していない。このことから、蔡橋方言においても、章組子音の方が知組三等子音よりも先に舌尖音化が進んだことがわかる。

② 舌尖音化と韻尾の関係

　蔡橋方言では、章組、知組₃₌の大部分の子音が舌面音の段階に止まっている。これらの字は、鼻音韻母を持っていたものである。一方、子音が舌尖音となった字には、鼻音韻母をもっていたものがない。このことから鼻音韻尾が舌尖音化を妨げる要因となっていることがわかる。

　入声韻尾も舌尖音化を妨げる要因となっている。表 2-3-18 に章組字のうち、入声韻尾を持つ字と開音節の字の発音をあげておいた。質韻、職韻、緝韻、昔韻は中古音で入声韻尾を持つ字である。脂韻、祭韻はこれらと母音がよく似ているが、開音節の字である。蔡橋方言では、前者は舌面音となっているが、後者は舌尖音となっている。以上のことから、入声韻尾が子音の舌尖音化を妨げたことがわかる。

表2-3-18　入声韻と開音節韻における章組字の発音

韻母 （中古音）	入声韻				開音節韻	
	質韻（*ĭĕt）	職韻（*ĭək）	緝韻（*ĭĕp）	昔韻（*ĭɛk）	脂（*ĭə）	祭韻（*ĭɛi）
例字	侄	值	汁	斥	指	制
蔡橋方言	dʑii¹³	dʑii¹³	tɕii⁵⁵	tɕʰii¹³	tsɿ⁵³	tsɿ³⁵

2.3.1.5 日母字

日母字の中古声母は *nʑ と推定されている。蔡橋方言では止摂開口韻母の場合、ゼロ子音と発音され、非止摂開口韻母の場合には [ʑ-]（大部分）、[n-]（一部分）と発音される。

ゼロ子音： （*nʑ）＜止摂開口韻母＞ 二 e⁵⁵,貳 e⁵⁵,儿 e¹¹,而 e¹¹,尔 e⁵³,耳 e⁵³,饵 e⁵³

[ʑ-]： （*nʑ）＜非止摂開口韻母＞ 惹 ʑia⁵³,染 ʑie⁵³,壤 ₜ土壤 ʑie⁵³,日 ʑiɨ¹³,入 ʑiɨ¹³,如 ʑiɨ¹¹, 汝 ʑiɨ⁵³,儒 ʑiɨ¹¹,乳 ʑiɨ¹¹,柔 ʑy¹¹,揉 ʑy¹¹,人 ʑiei¹¹, 仍 ʑiei¹¹,仁 ʑiei¹¹,忍 ʑiei⁵³,认 ʑiei¹³,任 ₜ责任ʑiei¹³, 纫 ₜ缝纫ʑiei¹³,饶 ʑiɔɯ¹¹,扰 ʑiɔɯ⁵³,绕 ₜ绕线ʑiɔɯ⁵³,若 ʑiʊ¹³, 弱 ʑiʊ¹³,软 ʑye⁵³,闰 ʑyei¹³,然 ʑĩ¹¹,燃 ʑĩ¹¹,让 ʑiaŋ¹³, 戎 ʑiəŋ¹¹,绒 ʑiəŋ¹¹,茸 ʑiəŋ¹¹

[n-]： （*nʑ）＜非止摂開口韻母＞ 肉 [niəŋ⁵⁵],热 [nĩ³⁵]

"日"、"人"という 2 つの字は [ʑ-] 子音の他にも、[ŋ] の発音がある。"日"は、"今日 [tɕiei⁵⁵ ŋ⁵]"（きょう）、"明日 [mã¹¹ ŋ⁵]"（あした）、"昨日 [ʥʊ¹¹ ŋ⁵]"（きのう）、"日子 [ŋ⁵⁵ tsi²¹]"（日）、"生日 [saŋ⁵⁵ ŋ⁵]"（誕生日）など日常用語の場合には [ŋ⁵⁵] と発音され、"日本 [ʑiɨ¹³ pei²¹]"（日本）、"日记 [ʑiɨ¹¹ tɕi⁵]"（日記）など非日常用語の場合には [ʑiɨ¹³] と発音される。"人"は、"一个人 [i⁵⁵ kʊ³⁵ ŋ¹¹]"（一人）、"好人 [xɔɯ⁵³ ŋ¹¹]"（良い人）などの日常用語の場合には [ŋ¹¹] と発音され、"工人 [kəŋ⁵⁵ ʑiei²¹]"（工場の労働者）、"人口 [ʑiei¹¹ ky²¹]"（人口）などの非日常用語の場合には [ʑiei¹¹] と発音される。

2.3.1.6 見組字

見組声母は軟口蓋の破裂音、鼻音（*k、*kʰ、*gʰ、*ŋ）と推定されている。現在の蔡橋方言では、これらは大きく変化している。

まず、見組子音における最も大きな変化は舌面音化、[tɕ、tɕʰ、ɕ、ʑ] への変化である。舌面音化は後続する狭母音による同化作用と考えられる。中古音では、見組字は介音によって、開口一等・二等（介音無し）、開口三等・四等（介音 -i-）、合口一等・二等（介音 -u-）、合口三等・四等（介音 -y-）の四種類に分けられている。以下、見組子音についてこの 4 種類の韻母ごとにそれぞれ如何なる変化を遂げたかについて見ていく。

2.3.1.6.1 開口一等・二等見組字

開口一等・二等は中古音で介音を持たない韻母のグループである。蔡橋方言では、見組、暁組子音は開口一等・二等韻母の場合、大部分が中古の舌根音を保持している。

第 2 章　蔡橋方言の音韻

[k-]:　　（見母*k）　鈎 ky⁵⁵,狗 ky⁵³,够 ky³⁵,該 ka⁵⁵,阶 ka⁵⁵,街 ka⁵⁵,改 ka⁵³,盖 ka³⁵,介 ka³⁵,
戒 ka³⁵,解 ka⁵³,家 ka⁵⁵,架 ka³⁵,嫁 ka³⁵,哥 kʊ⁵⁵,个 kʊ³⁵,鸽 kʊ⁵⁵,角 kʊ⁵⁵,
各 kʊ³⁵,高 kəɯ⁵⁵,稿 kəɯ⁵³,告 kəɯ³⁵,窖 kəɯ³⁵,觉₋觉起来 kəɯ³⁵,割 kʊ⁵⁵,
根 kei⁵⁵,耕 kei⁵⁵,梗 kei⁵³,更 kei³⁵,格 kie⁵⁵,隔 kie⁵⁵,夹 kie⁵⁵,干 kã⁵⁵,甘 kã⁵⁵,
柑 kã⁵⁵,间 kã⁵⁵,奸 kã⁵⁵,肝 kã⁵⁵,感 kã⁵³,敢 kã⁵³,减 kã⁵³,简 kã⁵³,杆 kã⁵³,
赶 kã⁵³,鉴 kã³⁵,监 kã³⁵,干 kã³⁵,刚 kaŋ⁵⁵,缸 kaŋ⁵⁵,钢 kaŋ⁵⁵,江 kaŋ⁵⁵,
讲 kaŋ⁵³,降₋霜降 kaŋ³⁵

　　　　　（匣母*ɣ）　舰 kã³⁵

[kʰ-]:　（溪母*kʰ）　口 kʰy⁵⁵,扣 kʰy¹³,开 kʰa⁵⁵,揩 kʰa⁵⁵,楷 kʰa⁵³,凯 kʰa⁵³,概 kʰa¹³,客 kʰa⁵⁵,
掐 kʰa⁵⁵,渴 kʰʊ⁵⁵,壳 kʰʊ⁵⁵,可 kʰʊ⁵³,龛 kʰã⁵⁵,砍 kʰã⁵³,勘 kʰã⁵³,嵌 kʰã⁵⁵,
刊 kʰã⁵⁵,看 kʰã¹³,恳 kʰei⁵³,肯 kʰei⁵³,刻 kʰie⁵⁵,敲 kʰəɯ⁵⁵,考 kʰəɯ⁵³,
靠 kʰəɯ¹³,慷 kʰaŋ⁵⁵,坑 kʰaŋ⁵⁵,抗 kʰaŋ¹³

[g-]:　　（群母*g）　咬 gəɯ⁵³

[ŋ-]:　　（疑母*ŋ）　捱 ŋa¹¹,呆 ŋa¹¹,艾 ŋa³⁵,碍 ŋa³⁵,额 ŋa⁵⁵,牙 ŋa¹¹,芽 ŋa¹¹,伢 ŋa¹¹,饿 ŋʊ⁵⁵,
蛾 ŋʊ¹¹,鹅 ŋʊ¹¹,俄 ŋʊ¹¹,傲 ŋəɯ³⁵,熬 ŋəɯ¹¹,颜 ŋã¹¹,岩 ŋã¹¹,眼 ŋã⁵³,岸 ŋã³⁵,
偶 ŋy⁵³,硬 ŋaŋ⁵⁵

ただし、開口二等（*a、*au、*ɔŋ）の場合、一部の見組子音は舌面音となっている。

[tɕ-]:　（見母*k）　甲 tɕia⁵⁵,加 tɕia⁵⁵,痂 tɕia⁵⁵,嘉 tɕia⁵⁵,家 tɕia⁵⁵,假 tɕia⁵³,贾 tɕia⁵³,驾 tɕia³⁵,
稼 tɕia³⁵,价 tɕia³⁵,交 tɕiəɯ⁵⁵,狡 tɕiəɯ⁵³,较 tɕiəɯ⁵³

[tɕʰ-]:（溪母*kʰ）　巧 tɕʰiəɯ⁵³,腔 tɕʰiaŋ⁵⁵

　蔡橋方言における開口二等見組子音の舌面音化は北京語に比べるとかなり少ない。蔡橋方言と北京語の比較を表 2-3-19 に挙げる。これによると、開口二等見組字のうち、蟹摂、効摂、咸摂、江摂、山摂の字は、蔡橋方言では、殆ど舌根音として現れるが、北京語では全て舌面音となっている。

表2-3-19　蔡橋方言と北京語における開口二等見組字の発音

韻母（中古音）	蟹摂(*ɐi)		効摂(*au)		咸摂(*am)		江摂(*ɔŋ)		山摂(*an)	
例字	介	街	窖	敲	监	减	角	江	间	奸
蔡橋方言	ka³⁵	ka⁵⁵	kəɯ³⁵	kʰəɯ⁵⁵	kã³⁵	kã⁵³	kʊ⁵⁵	kaŋ⁵⁵	kã⁵⁵	kã⁵⁵
北京語[6]	tɕieᵒ	₅tɕie	tɕiauᵒ	₅tɕʰiau	₅tɕian	ᶜtɕian	ᶜtɕiau	₅tɕiaŋ	₅tɕian	₅tɕian

---

[6]本書における北京語発音は特に断らない場合、北京大学（1985）より引用されるものである。調類の表記法は同書によるものであり、₅□は陰平、₅□は陽平、ᶜ□は陰上、ᶜ□は陽上、□ᵒは陰去、□ᵒは陽去、□₌は陰入、□₌は陽入を表す（□は漢字またはその音声記号を表す）。

48

2.3 中古音と蔡橋方言との対照

舌根音は後続母音が広母音 a（ɐ、æ、ɔ）の場合、両者の間に介音 -i- が生じやすいといわれている（王力（1980：176）参照）。北京語では、介母音 -i- の影響を受け、見組子音が舌面音化されたと考えられる。これに対し、蔡橋方言では、介母音 -i- が一部の見組字にしか起きなかった。そのために、蔡橋方言では、舌根音の舌面音化が少ないのだと考えられる。

見組子音は流摂一等侯韻（*əɯ）の場合、今日蔡橋方言で狭母音 y が後続するが、舌面音化されておらず、舌根音で現れている。たとえば、"钩 [ky⁵⁵]"、"狗 [ky⁵³]"、"够 [ky³⁵]"、"抠 [kʰy⁵⁵]"、"口 [kʰy⁵³]"。

2.3.1.6.2 合口一等・二等見組字

合口一等・二等韻母は介音 -u- を持つ。蔡橋方言の見組子音は合口一等・二等の場合、大部分が中古の舌根音をそのまま受けついでいる。

[k-]：　　（見母*k）　　锅 kʊ⁵⁵,戈 kʊ⁵⁵,郭 kʊ⁵⁵,果 kʊ⁵³,裹 kʊ⁵³,过 kʊ³⁵,谷 kɯ⁵⁵,箍 kɯ⁵⁵,古 kɯ⁵³,牯 kɯ⁵³,故 kɯ³⁵,乖 kuɑ⁵⁵,拐 kuɑ⁵³,怪 kuɑ³⁵,挂 kuɑ³⁵,瓜 kuɑ⁵⁵,括 kuɑ⁵⁵,刮 kuɑ⁵⁵,寡 kuɑ⁵³,滚 kuei⁵³,骨 kye⁵⁵,国 kye⁵⁵,官 kũ⁵⁵,关 kũ⁵⁵,光 kũ⁵⁵,广 kũ⁵³,管 kũ⁵³,惯 kũ³⁵,灌 kũ³⁵,工 kəŋ⁵⁵,贡 gəŋ¹³

[kʰ-]：　　（渓母*kʰ）　　科 kʰʊ⁵⁵,窠 kʰʊ⁵⁵,棵 kʰʊ⁵⁵,颗 kʰʊ⁵³,课 kʰʊ¹³,枯 kʰɯ⁵⁵,哭 kʰɯ⁵⁵,苦 kʰɯ⁵³,酷 kʰɯ¹³,裤 kʰɯ¹³,块 kʰuɑ¹³,筷 kʰuɑ¹³,夸 kʰuɑ⁵⁵,垮 kʰuɑ⁵³,款 kʰũ⁵³,捆 kʰuei⁵³,窟 kʰũ⁵⁵,旷 kʰũ¹³,控 kʰəŋ¹³,空 kʰəŋ⁵⁵

　　　　　（見母*k）　　会₍会計₎ kʰuɑ¹³,矿 kʰũ¹³

[ŋ-]：　　（疑母*ŋ）　　讹 ŋʊ³⁵,卧 ŋʊ³⁵

ただし、疑母子音は遇摂合口一等模韻（*u）の場合、唇歯音 [v-] に変化している。疑母子音の唇歯音化は*ŋw＞*uw＞v の経路を辿ったものと思われる。すなわち、まず、子音 ŋ が u に変化して ŋw が ŋu となり、次に、唇音性母音 w の同化を受けて唇歯音 v- が生じた。[ŋ] と [u] が親縁関係にあることについては、2.3.2.4 を参照されたい。

[v-]：　　（疑母*ŋ）　　吴 vɯ¹¹,蜈 vɯ¹¹,吾 vɯ¹¹,五 vɯ⁵³,伍 vɯ⁵³,午 vɯ⁵³

2.3.1.6.3 開口三等・四等見組字

開口三等・四等は介音 -i- を持つ韻母のグループである。蔡橋方言では、開口三等・四等の見組子音は殆ど口蓋化が起きて舌面音となっている。

[tɕ-]：　　（見母*k）　　鸡 tɕi⁵⁵,基 tɕi⁵⁵,急 tɕi⁵⁵,饥 tɕi⁵⁵,击 tɕi⁵⁵,几 tɕi⁵³,己 tɕi⁵³,计 tɕi³⁵,寄 tɕi³⁵,纪 tɕi³⁵,记 tɕi³⁵,既 tɕi³⁵,九 tɕy⁵³,骄 tɕiəɯ⁵⁵,浇 tɕiəɯ⁵⁵,缴 tɕiəɯ⁵³,叫 tɕiəɯ³⁵,

49

兼 tɕĩ⁵⁵,检 tɕĩ⁵³,剑 tɕĩ³⁵,结 tɕie⁵⁵,吉 tɕie⁵⁵,劫 tɕie³⁵,今 tɕiei⁵⁵,金 tɕiei⁵⁵,禁 tɕiei⁵⁵,巾 tɕiei⁵⁵,斤 tɕiei⁵⁵,京 tɕiei⁵⁵,惊 tɕiei⁵⁵,经 tɕiei⁵⁵,紧 tɕiei⁵³,警 tɕiei⁵³,劲 tɕiei³⁵,镜 tɕiei³⁵,境 tɕiei³⁵,敬 tɕiei³⁵,建 tɕĩ³⁵,见 tɕĩ³⁵,姜 tɕiaŋ⁵⁵,颈 tɕiaŋ⁵³,剧 tɕiɨ³⁵

     （群母*gʰ） 竟 tɕiei³⁵

[tɕʰ-]: （渓母*kʰ） 欺 tɕʰi⁵⁵,起 tɕʰi⁵³,岂 tɕʰi⁵³,乞 tɕʰi⁵³,气 tɕʰi¹³,器 tɕʰi¹³,怯 tɕʰie¹³,窍 tɕʰiəɯ¹³,欠 tɕʰĩ¹³,谦 tɕʰĩ⁵⁵,歉 tɕʰĩ¹³,吃 tɕʰia⁵⁵,却 tɕʰiʊ¹³,庆 tɕʰiei¹³,轻 tɕʰiaŋ⁵⁵

     （群母*gʰ） 及 tɕʰi¹³,极 tɕʰi¹³,杰 tɕʰie¹³

[z-]: （匣母*ɣ） 嫌 zĩ¹¹,弦 zye¹¹,现 zĩ¹³,形 ziei¹¹

[dʑ-]: （群母*gʰ） 骑 dʑi¹¹,徛 dʑi¹¹,旗 dʑi¹¹,忌 dʑi¹¹,舅 dʑy¹³,旧 dʑy¹³,茄 dʑia¹¹,钳 dʑie¹¹,桥 dʑiəɯ¹¹,轿 dʑiəɯ¹³,琴 dʑiei¹¹,勤 dʑiei¹¹,近 dʑiei⁵³,掮 dʑĩ¹¹,件 dʑĩ¹³,俭 dʑĩ¹³,健 dʑĩ¹³,强(偏强) dʑiaŋ⁵³

     （渓母*kʰ） 企 dʑi¹³

ただし、次のような例外がある。

① "牵 [kʰĩ⁵⁵]"（牵牛 [kʰĩ⁵⁵ niəŋ¹¹]）、"[丘 kʰy⁵⁵]"（一丘田 [i⁵⁵kʰy⁵⁵ dĩ¹¹]）、"肩 [kã⁵⁵]"（肩巴 [kã⁵⁵pɑ⁵]）、"夹 [kie⁵⁵]"（夹菜 [kie⁵⁵tsʰa¹³]）、"闸 ky⁵⁵"（扯闸 [tɕʰa⁵³ky⁵⁵]）などでは見組声母が舌根音として現れている。

② 止摂開口三等では、疑母（*ŋ）子音は母音の脱落により、成音節子音 [ŋ] になっている（表2-3-20 参照）。これとまったく逆に、北京語では止摂開口三等疑母の子音が脱落して、母音だけが残されている。王力（1980:155）によると、北京語で子音が脱落した原因は、疑母（*ŋ）子音と後続する母音 i との調音位置が離れているため、連続調音が難しいからという。蔡橋方言で起きた変化（*ŋie＞ŋ）に働いた原理（調音上の便宜を図る）も同じと考えられる。

表2-3-20 蔡橋方言、北京語における止摂開口三等疑母字の発音

韻母（中古音）	支韻（*ie）						之韻（*iə）	
例字	宜	仪	蚁	谊	义	议	疑	拟
蔡橋方言	ŋ¹¹	ŋ¹¹	ŋ⁵³	ŋ¹¹	ŋ³⁵	ŋ³⁵	ŋ¹¹	ŋ⁵³
北京語	ˊi	ˊi	ˇi	ˋi	ˋi	ˋi	ˊi	ˇni

2.3.1.6.4 合口三等・四等見組字

合口三等・四等は円唇性の狭母音を介音に持つ韻母である。蔡橋方言では、合口三等・

2.3 中古音と蔡橋方言との対照

四等韻母では、見組子音は舌根音（k、kʰ、g）、舌面音（tɕ、tɕʰ、ɕ、ʑ、dʑ）という2種類の発音を持っている。

まず、舌根音で現れる見組字は次のようなものである。

[k-]： （見母*k） 规 kuei⁵⁵,贵 kuei³⁵,轨 kuei⁵³,鬼 kuei⁵³,龟 kuei⁵⁵,归 kuei⁵⁵,弓 kəŋ⁵⁵,
供 kəŋ³⁵,巩 kəŋ⁵³,恭 kəŋ⁵⁵,闺 kuei⁵⁵,桂 kuei³⁵

[kʰ-]： （溪母*kʰ） 亏 kʰuei⁵⁵,筐 kʰũ⁵⁵,恐 kʰəŋ⁵³
（見母*k） 愧 kʰuei¹³

[g-]： （群母*gʰ） 柜 guei¹³,跪 guei¹³,狂 gũ¹¹,共 gəŋ¹³
（見母*k） 逛 gũ¹³

これらの字は止摂合口三等（*ïwe、*wi、*ïwəi）、蟹摂合口四等（*ïwei）、通摂合口三等（*ïwoŋ）、宕摂合口三等（*ïwaŋ）を韻母の来源とする。いずれも中古音で狭母音を介音にもっていた。このような音声的環境に置かれている子音は後続母音の同化により、硬口蓋化したはずだが、現実には舌根音として現れている。その原因は介音 -i- が子音を口蓋化させる前にすでに脱落したからだと考えられる。

次に、舌面音で現れる見組合口三等・四等字は次のようなものである。

[tɕ-]： （見母*k） 卷 tɕye⁵³,军 tɕyei⁵⁵,均 tɕyei⁵⁵,居 tɕiɿ⁵⁵,车车马炮 tɕiɿ⁵⁵,举 tɕiɿ⁵³,矩 tɕiɿ⁵³,
菊 tɕiɿ³⁵,锯 tɕiɿ³⁵,句 tɕiɿ³⁵,拘 tɕiɿ³⁵,橘 tɕiɿ³⁵
（群母*gʰ） 局 tɕiɿ³⁵

[tɕʰ-]： （溪母*kʰ） 圏 tɕʰye⁵⁵,劝 tɕʰye⁵⁵,缺 tɕʰye⁵⁵,犬 tɕʰye⁵³,倾 tɕʰyei⁵³,顷 tɕʰyei⁵³,去 tɕʰiɿ¹³,
曲 tɕʰiɿ⁵⁵,区 tɕʰiɿ⁵⁵,屈 tɕʰiɿ⁵⁵

[dʑ-]： （群母*gʰ） 瘸 dʑiɑ¹¹,拳 dʑye¹¹,裙 dʑyei¹¹,穷 dʑiəŋ¹¹,琼 dʑiəŋ¹¹ 渠 dʑiɿ¹¹,瞿 dʑiɿ¹¹,
巨 dʑiɿ¹³,具 dʑiɿ¹³
（見母*k） 菌 dʑyei¹³,俱 dʑiɿ¹³

ところで、蔡橋方言の見組子音は、韻母の来源が同じ通摂、臻摂合口三等であっても、中古音韻尾の種類によって、今日の発音が異なっている。つまり、中古音で入声韻の場合、上述のように舌面音となっているが、中古で鼻音韻の場合、舌面音となっていない（表 2-3-21 参照）。その原因は次のように考えられる。現在蔡橋方言では、入声韻尾はすでに完全に消失している（2.3.2.3 参照）が、鼻音韻尾の弱化・脱落は現在進行中である（2.3.2.2 参照）。鼻音韻尾の存在が子音の変化を遅らせたのである。

表2-3-21　入声韻母と鼻音韻母を持つ見組字の発音

韻母 (中古音)	入声韻母			鼻音韻母		
	通摂燭韻 (*iwok)	通摂屋韻 (*iuk)	臻摂術韻 (*iuĕt)	通摂鐘韻 (*iwoŋ)	通摂東韻 (*iuŋ)	臻摂文韻 (*iuən)
例字	曲	菊	橘	恐	弓	軍
蔡橋方言	tɕʰiɿ⁵⁵	tɕiɿ³⁵	tɕiɿ³⁵	kʰəŋ⁵³	kəŋ⁵⁵	tɕyei⁵⁵

2.3.1.6.5　尖音と団音の区分

中古音では精組声母と見組声母は後続母音が狭母音 i の場合、互いに区別することができた。この区別は「尖音と団音[7]の区分」とよばれる。北京語の場合、尖音と団音の区分は 18 世紀頃まであったが、それ以降、口蓋化が起こって、両者は 19 世紀の初めの頃、舌面音［tɕ、tɕʰ、ɕ］へと合流した。

蔡橋方言の場合、尖音と団音の区分は現在でもなお保たれている。蔡橋方言における尖音と団音の区分は 2 つのパターンに分けられる。一つは見系子音が舌面音化されており、舌尖音の精組子音と区別するパターン（表 2-3-22 参照）、もう一つは、見系子音が舌根音を保ったままの形で舌尖音の精組子音と区別するパターン（表 2-3-23 参照）である。

表2-3-22　蔡橋方言における「尖音と団音の区分」（パターンⅠ）

声母	精組	見系	精組	見系	精組	見系	精組	見系	精組	見系	精組	見系
例字	节	结	齐	旗	酒	九	习	戏	西	希	泻	协
蔡橋方言	tsie⁵⁵	tɕie⁵⁵	dzi¹¹	dʑi¹¹	tsy⁵³	tɕy⁵³	si³⁵	ɕi³⁵	si⁵⁵	ɕi⁵⁵	siɑ³⁵	ɕie³⁵
北京語	₋tɕie	₋tɕie	₋tɕʰi	₋tɕʰi	ᶜtɕiou	ᶜtɕiou	₋ɕi	ɕiʾ	₋ɕi	₋ɕi	ɕieʾ	₋ɕie

表2-3-23　蔡橋方言における「尖音と団音の区分」（パターンⅡ）

声母	精組	見系	精組	見系	精組	見系	精組	見系	精組	見系	精組	見系
例字	焦	钩	走	狗	酒	够	秋	抠	锹	丘	凑	口
蔡橋方言	tsy⁵⁵	ky⁵⁵	tsy⁵³	ky⁵³	tsy⁵³	ky³⁵	tsʰy⁵⁵	kʰy⁵⁵	tsʰy⁵⁵	kʰy⁵⁵	tsʰy¹³	kʰy⁵³
北京語	₋tɕiau	₋kou	ᶜtsou	ᶜkou	ᶜtɕiou	kouʾ	₋tɕʰiou	₋kʰou	₋tɕʰiau	₋tɕʰiou	tsʰouʾ	ᶜkʰou

---

[7]「尖音」と「団音」の名称の由来について藤堂明保（1987）は次のように述べている。「…それは満州文字で書いたばあいに、ts、tsʰ、s などは頭の尖った文字で書かれ、これに対して、k、kʰ、h などは頭の丸い文字でかかれる所から起ったものであろう。」

2.3 中古音と蔡橋方言との対照

2.3.1.7 暁組字

次に、暁組字について見ていく。暁組字の中古声母は軟口蓋の摩擦音（*x、*ɣ）と推定されている。これらは、蔡橋方言では開合口一等・二等韻母の場合、大部分が中古の軟口蓋音を受けついでいる。たとえば、

[x-]: （暁母*x）　海 xa⁵³,虾 xa⁵⁵,哈 xa⁵⁵,吓 xa⁵⁵,瞎 xa⁵⁵,鼾 xã⁵⁵,憨 xã⁵³,喊 xã⁵³,罕 xã⁵³,汉 xã³⁵,好 xəɯ⁵³,孝 xəɯ³⁵,耗 xəɯ³⁵,吼 xy⁵³,黑 xie⁵⁵,火 xʊ⁵³,伙 xʊ⁵³,霍 xʊ³⁵,货 xʊ³⁵,花 xua⁵⁵,化 xua³⁵,灰 xuei⁵⁵,悔 xuei⁵⁵,欢 xũ⁵⁵,慌 xũ⁵⁵,谎 xũ⁵³,唤 xũ³⁵,昏 xuei⁵⁵,轰 xəŋ⁵⁵,烘 xəŋ⁵⁵

　　　　（匣母*ɣ）　狭 xa³⁵,骇 xa³⁵,蟹 xa⁵³,合 xʊ³⁵,盒 xʊ³⁵,很 xei⁵³,活 xʊ³⁵,缓 xũ⁵³,获 xʊ³⁵,哄 xəŋ⁵³

[ɣ-]: （匣母*ɣ）　河 ɣʊ¹¹,何 ɣʊ¹¹,荷 ɣʊ¹¹,贺 ɣʊ¹³,蛤 ɣa¹¹,下 ɣa⁵³,夏姓 ɣa¹³,孩 ɣa¹¹,鞋 ɣa¹¹,害 ɣa¹³,豪 ɣəɯ¹¹,号 ɣəɯ¹³,浩 ɣəɯ¹³,含 ɣã¹¹,咸 ɣã¹¹,衔 ɣã¹¹,寒 ɣã¹¹,旱 ɣã¹¹,汗 ɣã¹³,限 ɣã¹³,痕 ɣei¹¹,恒 ɣei¹¹,杏 ɣei¹³,恨 ɣei¹³,杭 ɣaŋ¹¹,项 ɣaŋ¹³,巷 ɣaŋ¹³,和 ɣʊ¹¹,禾 ɣʊ¹¹,祸 ɣʊ¹³,华 ɣua¹¹,回 ɣua¹¹,汇 ɣua¹¹,会 ɣuei¹³,怀 ɣua¹¹,坏 ɣua¹³,滑 ɣua¹³,画 ɣua¹³,完 ɣũ¹¹,黄 ɣũ¹¹,还 ɣũ¹¹,换 ɣũ¹³,幻 ɣũ¹³,横 ɣuei¹¹,划 ɣua¹³,红 ɣəŋ¹¹,鸿 ɣəŋ¹¹,宏 ɣəŋ¹¹,弘 ɣəŋ¹¹

　　　　（暁母*x）　行 ɣaŋ¹¹

一部の匣母字は開口二等の場合、舌面音となっている。

[ʑ-]: （匣母*ɣ）　霞 ʑia¹¹,瑕 ʑia¹¹,暇 ʑia¹¹,遐 ʑia¹¹,夏 ʑia¹³,幸 ʑiei¹³,降投降 ʑiaŋ¹¹,肴 ʑiəɯ¹¹,校学校 ʑiəɯ¹³

[ɕ-]: （匣母*ɣ）　学 ɕiʊ³⁵

暁母、匣母子音は遇摂合口一等模韻（*u）の場合、唇歯音 [f-] に変化した。匣母、暁母子音は ɣ>v、x>f のような経路を経て、それぞれ同じ調音方法をもつ唇歯音に変化したと考えられる。

[v-]: （匣母*ɣ）　户 vɯ¹³,沪 vɯ¹³,胡 vɯ¹¹,湖 vɯ¹¹,狐 vɯ¹¹,壶 vɯ¹¹,葫 vɯ¹¹,胡 vɯ¹¹,互 vɯ¹³,护 vɯ¹³

[f-]: （暁母*x）　呼 fɯ⁵⁵,忽 fɯ⁵⁵,虎 fɯ⁵³,浒 fɯ⁵³

このような軟口蓋音の唇歯音化は多くの湘方言に見られる現象である。湘方言のうち、長沙方言などでは、匣母、暁母子音は中古韻母の種類にかかわらず、すべて唇歯音に変化

53

している（表 2-3-24 参照）。

表2-3-24　暁組合口子音がすべて唇歯音となった湘方言

韻母（中古音）	灰韻（*uɒi）	唐韻（*uaŋ）	模韻（*u）
例字	灰	谎	胡
長沙	fei33	fan41	fu13
衡陽	fei45	fan33	fu11
邵陽	fei55	fu31	fu11
武岡	fei55	faŋ31	vu11
城歩	fei55	faŋ31	vu11

（鮑厚星（2006）より引用）

　一方、湘方言のうち、蔡橋方言などでは、暁組子音の唇歯音化は一部の韻母に限って起こっている。表 2-3-25 に湘方言各地の暁組子音の発音をあげておく。この表から湘方言における暁組子音の唇歯音化過程と韻母の関係がうかがえる。すなわち、軟口蓋音の暁組子音の唇音化は模韻＞灰韻＞唐韻という順で進んだ。模韻字は単母音韻母であったため、変化が最も先に起き、唐韻字は鼻音韻尾を持ったため、変化が最も遅れている。

　蔡橋方言の場合、模韻では唇歯音化が起こっているが、灰韻、唐韻では起こっていない。以上から、蔡橋方言の暁組子音の唇歯音化は婁底方言より進んでいるが、株州、湘潭、益陽方言より遅れていることが分かる。

表2-3-25　湘方言における暁組子音（唇音に網掛けをする）

韻母（中古音）	灰韻（*uɒi）	唐韻（*uaŋ）	模韻（*u）
例字	灰	谎	胡
婁底	xue55	xɔŋ53	ɣu13
蔡橋	xuei55	xũ53	vɯ11
潊浦	huei55	hua33	fu13/u13
株州	fei33	xoŋ41	fu13
湘潭	fei33	xɔ̃41	fu13
益陽	fei33	xɔ̃41	u13
長沙	fei33	fan41	fu13

（蔡橋方言以外は鮑厚星（2006）より引用）

2.3 中古音と蔡橋方言との対照

開合口三等・四等の暁組子音は殆ど口蓋化が起きて舌面音となっている。次のようなものである。

[ɕ-]： （暁母*x） 溪 ɕi⁵⁵,吸 ɕi⁵⁵,嬉 ɕi⁵⁵,牺 ɕi⁵⁵,希 ɕi⁵⁵,戏 ɕi³⁵,喜 ɕi⁵³,休 ɕy⁵⁵,晓 ɕy⁵³,献 ɕĩ³⁵,险 ɕĩ⁵³,掀 ɕie⁵⁵,歇 ɕie⁵⁵,欣 ɕiei⁵⁵,兴 ɕiei³⁵,乡 ɕiaŋ⁵⁵,香 ɕiaŋ⁵⁵,响 ɕiaŋ⁵³,向 ɕiaŋ³⁵,嗅 ɕiaŋ³⁵,喧 ɕye⁵⁵,楦 ɕye⁵⁵,血 ɕye⁵⁵,靴 ɕye⁵⁵,胸 ɕiəŋ⁵⁵,兄 ɕiəŋ⁵⁵,熏 ɕyei⁵⁵,训 ɕyei³⁵,携 ɕi³⁵,虚 ɕiɨ⁵⁵,许 ɕiɨ⁵³

[ʑ-]： （匣母*ɣ） 协 ɕie³⁵,系 ɕi³⁵,悬 ʑye¹¹,县 ʑye¹³,萤 ʑiaŋ¹¹,元 ʑye¹¹,源 ʑye¹¹,鱼 ʑiɨ¹¹,愚 ʑiɨ¹¹,语 ʑiɨ⁵³,玉 ʑiɨ³⁵,狱 ʑiɨ³⁵,御 ʑiɨ³⁵,遇 ʑiɨ³⁵

軟口蓋音で現れる合口三等・四等暁組字は次のようなものである。

[x-]： （暁母*x） 讳 xuei³⁵,毁 xuei⁵³,辉 xuei⁵⁵

[ɣ-]： （匣母*ɣ） 惠 xuei³⁵

2.3.1.8 影組字

影組には影母（*ʔ）、雲母（*ɦ）、余母（*j）の３つの声母がある。

まず、雲母（*ɦ）と余母（*j）は、蔡橋方言では、両者は主に［ʑ］に発音される。

[ʑ-]： （雲母*ɦ） 园 ʑye¹¹,圆 ʑye¹¹,员 ʑye¹¹,荣 ʑyei¹¹,云 ʑyei¹¹,炎 ʑĩ¹¹,雄 ʑiəŋ¹¹,芋 ʑiɨ⁵⁵,于 ʑiɨ¹¹,雨 ʑiɨ⁵³,域 ʑiɨ³⁵

（余母*j） 移 ʑi¹¹,姨 ʑi¹¹,遗 ʑi¹¹,延 ʑĩ¹¹¹,油 ʑɤ¹¹,爷 ʑie¹¹,铅 ʑye¹¹,蝇 ʑyei¹¹,营 ʑyei¹¹,匀 ʑyei¹¹,孕 ʑyei¹³,摇 ʑiɯ¹¹,盐 ʑĩ¹¹,嬴 ʑiaŋ¹¹,羊 ʑiaŋ¹¹,容 ʑiəŋ¹¹,余 ʑiɨ¹¹,愉 ʑiɨ¹¹,与 ʑiɨ⁵³,育 ʑiɨ³⁵,欲 ʑiɨ³⁵,浴 ʑiɨ³⁵,疫 ʑiɨ³⁵,役 ʑiɨ³⁵,预 ʑiɨ³⁵,裕 ʑiɨ³⁵

雲母、余母字はほかに「ゼロ子音」、すなわち、頭子音を落とした場合もある。

[ゼロ子音]： （雲母*ɦ） 有 y⁵³,右 y⁵⁵¹,越 ye³⁵,远 ye⁵³,院 ye⁵⁵,围 ɣuei¹¹,伟 uei⁵³,胃 uei³⁵,位 uei³⁵,卫 uei³⁵,运 yei⁵⁵,永 yei⁵³,旺 ũ³⁵,王 yũ¹¹ （余母*j） 以 i⁵³,异 i³⁵,亦 i³⁵,翼 i³⁵,酉 y⁵³,野 ia⁵³,夜 ia⁵⁵,腋 ie³⁵,药 iu³⁵,阅 ye⁵⁵,允 yei⁵³,舀 iɯ⁵³,耀 iɯ³⁵,鹞 iɯ³⁵,演 ĩ⁵³,艳 ĩ³⁵,样 iaŋ⁵⁵,痒 iaŋ⁵³,用 iəŋ⁵⁵,勇 iəŋ⁵³

影母声母（*ʔ）は蔡橋方言で［ŋ］になる場合とゼロ子音になる場合の２パターンがある。

[ŋ]： 偶 ŋy⁵³,呆 ŋa¹¹,捱 ŋa¹¹,碍 ŋa³⁵,艾 ŋa³⁵,额 ŋa⁵⁵,牙 ŋa¹¹,芽 ŋa¹¹,伢 ŋa¹¹,饿 ŋʊ⁵⁵,蛾 ŋʊ¹¹,

55

第 2 章 蔡橋方言の音韻

[ゼロ子音]： 鵝 ŋ, 俄 ŋʊ¹¹, 鄂 ŋʊ³⁵, 熬 ŋəɯ¹¹, 傲 ŋəɯ³⁵, 颜 ŋã¹¹, 岩 ŋã¹¹, 眼 ŋã⁵³, 岸 ŋã³⁵, 硬 ŋaŋ⁵⁵, 一 i⁵⁵, 医 i⁵⁵, 意 i³⁵, 椅 i⁵³, 益 i³⁵, 亿 i³⁵, 伊 i³⁵, 依 i⁵⁵, 幽 y⁵⁵, 优 y⁵⁵, 怄 y³⁵, 矮 a⁵³, 隘 a³⁵, 鸭 a⁵⁵, 鸦 a⁵⁵, 哑 a⁵³, 恶 ʊ⁵⁵, 阿 ʊ⁵⁵, 倭 ʊ⁵⁵, 窝 ʊ⁵⁵, 握 ʊ³⁵, 丫ㄚ头 ia⁵⁵, 亚 ia⁵⁵, 压 ia⁵⁵, 乙 ie³⁵, 约 iʊ⁵⁵, 挖 ua⁵⁵, 蛙 ua⁵⁵, 冤 ye⁵⁵, 怨 ye⁵⁵, 渊 ye⁵⁵, 影 iei⁵³, 萎 uei⁵³, 委 uei⁵³, 威 uei⁵⁵, 畏 uei³⁵, 坳 əɯ³⁵, 妖 iəɯ⁵⁵, 腰 iəɯ⁵⁵, 吆 iəɯ⁵⁵, 杳 iəɯ⁵³, 要 iəɯ³⁵, 应 ei³⁵, 鹦 iei⁵⁵, 婴 iei⁵⁵, 音 iei⁵⁵, 鹰 iei⁵⁵, 殷 iei⁵⁵, 因 iei⁵⁵, 隐 iei⁵³, 映 iei³⁵, 印 iei³⁵, 稳 uei⁵³, 温 uei⁵⁵, 烟 ĩ⁵⁵, 燕 ĩ³⁵, 淹 ĩ⁵⁵, 厌 ĩ³⁵, 掩 ĩ⁵³, 腕 ũ⁵⁵, 碗 ũ⁵³, 弯 ũ⁵⁵, 汪 ũ⁵⁵, 瓮 aŋ⁵⁵, 秧 iaŋ⁵⁵, 拥 iəŋ⁵⁵

　　影母声母は北京語など多くの漢語方言において「ゼロ子音」となっているが、湘語では[ŋ]と発音される。これが湘語の特徴であるといわれている。たとえば、表 2-3-26 のように、多くの湘語の下位方言では影母の子音が[ŋ]となっている。

表2-3-26　漢語方言における開口一等影母字（*ʔ）の発音

	艾	安	庵	奥	哀
北京語	ai⁵¹	an⁵⁵	an⁵⁵	au⁵¹	ai⁵⁵
湘語蔡橋方言	ŋa³⁵	ŋã⁵⁵	ŋã⁵⁵	ŋəɯ³⁵	ŋa⁵⁵
湘語邵陽方言	ŋai³⁵	ŋã⁵⁵	ŋã⁵⁵	ŋau³⁵	ŋai⁵⁵
湘語長沙方言	ŋai³³	ŋan³³	ŋan³³	ŋau⁵⁵	ŋai³³

（北京語と長沙方言は侯精一（2002）、邵陽方言は储泽祥（1998）より引用）

　　しかし、蔡橋方言では[ŋ]となるのは、表 2-3-26 のような開口一等影母字に限られている。次のような開口二等影母字の場合, 他の湘方言と異なって子音を落としたうえ、単母音化している。

表2-3-27　湘語における開口二等影母字の発音

例字＼地域	鸦	哑	矮	鸭
蔡橋	ɑ⁵⁵	ɑ⁵³	a⁵³	ɑ⁵⁵
邵陽	ia⁵⁵	ŋa⁵³	ŋai⁵³	ŋa³³
長沙	ia³³	ŋa⁴¹	ŋai⁴¹	ŋa³⁵
湘郷	iʊ³³	ŋo²¹	ŋa⁵³	ŋã²³

（北京語と長沙方言は侯精一（2002）、邵陽方言は储泽祥（1998）より引用）

2.3.1.9 まとめ

本節では、中古声母と現代蔡橋方言子音の対応について考察した。両者の対応関係を 2 つの表（pp. 58-62）にまとめる。

表 2-3-28～表 2-3-30 は現代蔡橋方言の子音を軸にまとめたものである。この表を通して、現代蔡橋方言の子音がそれぞれどの声母に來源するかを知ることができる。

表 2-3-31、表 2-3-32 は中古声母を軸に蔡橋方言の子音を概観したものである。これを通して、中古声母から現代蔡橋方言までいかなる分流・合流の変化がなされたかを全体的に把握することができる。

中古声母と蔡橋子音との間には次のような関係があることが分かる。

① 全濁声母（有声子音）は蔡橋方言において、平声・上声・去声の場合、殆ど有声子音で現れている。一方、入声に由来する字の場合、一部分だけが有声子音で現れ、大部分は有気の無声子音となっている。

② 中古の舌尖音系列（精組（*ts, *tsʰ, *s, *z, *dzʰ）、端泥組（*t, *tʰ, *dʰ, *n））の子音は蔡橋方言で殆ど舌尖音が保持されている。

③ 中古の舌面音系列（知組（*ʈ, *ʈʰ, *dʰ）、庄組（*tʃ, *ʃ, *tʃʰ, *dʒ）、章組（*tɕ, *ɕ, *tɕʰ, *dʑʰ, *ʑ））のうち、知組子音は二等韻母の場合、庄組子音と同じ変化を遂げて舌尖音となったが、三等韻母は章組子音と合流して、舌面音、舌尖音の 2 種類で現れている。

④ 中古の舌根音・咽頭音系列の子音（見系（*k, *kʰ, *g, *x, *ɣ, *ŋ））は、開口一、二等、合口一、二等（介音 -i- を持たない韻母）では舌根音を保持しているが、開口三、四等、合口三、四等（介音 -i- を持つ韻母）では口蓋化が起きて舌面音で現れている。

第2章 蔡橋方言の音韻

表2-3-28 蔡橋方言子音と中古声母の対応表 (1/5)

中古声母 蔡橋子音	帮母 *p	滂母 *pʰ	并母 *bʰ	明母 *m	非母 *f	敷母 *fʰ	奉母 *v	微母 *ɱ	端母 *t	透母 *tʰ	定母 *dʰ	泥母 *n	来母 *l	精母 *ts	清母 *tsʰ	从母 *dʑʰ	心母 *s	邪母 *z
p pʰ b m f v	巴	坡	陪	明	非 丰 服 肥 文													
t tʰ d n									敌	偷 笛	读	连 李						
ts tsʰ dʑ s z														进 剂 草 族 坐 邪 心 习				
tɕ tɕʰ dʑ ɕ z																		
k kʰ g ŋ x ɣ					放 纺 房 袜													
#												尿						

(注) 対応関係の表し方は次のとおりである。太字で大き目の例字が入った欄は多くの対応があることを表す。小さ目の例字が入った欄は対応が少ないことを表す。空欄は対応が無いか例外字のみがあることを表す。記号「#」はゼロ子音を表す。

2.3 中古音と蔡橋方言との対照

表2-3-29　蔡橋方言子音と中古声母の対応表 (2/5)

中古声母 蔡橋子音	知母 *ṭ	彻母 *ṭʰ	澄母 *ḍʰ	庄母 *tʃ	初母 *tʃʰ	崇母 *dʒʰ	生母 *ʃ	章母 *tɕ	昌母 *tɕʰ	船母 *dʑʰ	书母 *ɕ	禅母 *ʑ	日母 *nʑ
p pʰ b m f v													
t tʰ d n	竹												
ts tsʰ dz s z	罩	择 茶	捉 炒 状 色 事					枝 触 诗 是					
tɕ tɕʰ dʑ ɕ ʑ	张	丑 陈			少			专 昌 船 身 受	尝 石				让
k kʰ g ŋ x ɣ													
#													二

表2-3-30　蔡橋方言子音と中古声母の対応表 (3/5)

蔡橋子音 \ 中古声母	見母 *k	溪母 *kʰ	群母 *gʰ	疑母 *ŋ	晓母 *x	匣母 *ɣ	影母 *ʔ	云母 *ɦ	以母 *j
p									
pʰ									
b									
m									
f					虎				
v				吴		互	屋		唯
t									
tʰ									
d									
n									
ts									
tsʰ									
dz									
s									
z									
tɕ	金								
tɕʰ		气							
dʑ			骑						
ɕ					戏				
z				银		行		云	羊
k	街								
kʰ		哭							
g			我						
ŋ				鹅			爱		
x					灰	盒			
ɣ				危		汗		违	
#				月			要	有	叶

60

2.3 中古音と蔡橋方言との対照

表2-3-31　蔡橋方言子音と中古声母の対応表（4/5）

			清			全濁	
						平	仄
幇組		幇母	p 波	滂母	pʰ 坡	并母 b 菩	b 步
非組		非母	f 府 x 放	敷母	f 費 x 訪	奉母 v 凡 ɣ 房	v 飯
端泥組		端母	t 多	透母	tʰ 透	定母 d 駝	d 舵
精組	今洪	精母	ts 祖	清母	tsʰ 醋	從母 dz 才	dz 在
	今細		ts 節		tsʰ 切	dz 前	dz 賊 ts 集
知組	今洪	知母	tɕ 豬 ts 桌	徹母	tsʰ 拆	澄母 dʑ 除 dʑ 茶	dʑ 住 tɕ 蜇 ts 擇 dʑ 撞
	今細		tɕ 珍		tɕʰ 抽	dʑ 綢	dʑ 丈
庄組	今洪	庄母	ts 渣	初母	tsʰ 抄	崇母 dz 柴	dz 助 ts 炸
	今細		ts 責		tsʰ 測		
章組	今洪	章母	tɕ 煮 ts 紙	昌母	tɕʰ 吹 tsʰ 觸	船母	ɕ 食 dʑ 示 s 術
	今細		tɕ 折		tɕʰ 穿	dʑ 船	dʑ 剩 ɕ 舌
見曉組	今洪	見母	k 歌 tɕ 菊	溪母	kʰ 哭 tɕʰ 屈	群母 葵 g 渠 dʑ	g 跪 dʑ 巨 tɕ 劇
	今細		tɕ 菌		tɕʰ 啟	dʑ 騎	dʑ 技 tɕʰ 及
影組		影母	♯ 幼 ŋ 歐 z 淤				

表2-3-32　蔡橋方言子音と中古声母の対応表 (5/5)

		次濁		清		全濁	
						平	仄
帮組		明母	m 毛				
非組		微母	v 闻				
端泥組		泥母	n 脑				
精組	今洪			心母	s 苏	邪母	dz 辞	dz 寺
	今细				s 小		dz 详	dz 像
知組	今洪						
	今细						
庄組	今洪			生母	ɕ 水 / s 沙		
	今细				ɕ 身 / s 色		
章組	今洪			书母	ɕ 书 / s 诗	禅母	dʑ 薯 / dʑ 视	dʑ 竖 / z 树 / ɕ 十 / s 属
	今细				ɕ 少		z 寿 / dʑ 常	z 受 / dʑ 社 / ɕ 勺
日母	今洪	z 入					
	今细	dʑ 人					
见晓組	今洪	疑母	ŋ 鹅, z 玉, v 午	晓母	x 霍 / f 忽	匣母	ɣ 划 / v 胡	ɣ 滑 / x 活 / v 户
	今细		ŋ 逆 / n 牛		x 黑 / ɕ 晓		z 行 / ɕ 系	z 县 / ɕ 学
影組		云母	z 云 / ɣ 王	以母	z 羊			

2.3.2 中古韻母と蔡橋方言の母音との対照

本節では音節構成成分のうち、韻母の部分を考察の対象として取り上げる。『広韻』では、韻母は韻尾が共通で主母音が近いか同じであるといった原則に沿って、大きく 16 のグループに分けられている。すなわち「十六摂」と呼ばれるものである。十六摂のうち、果摂、仮摂、蟹摂、効摂、流摂、遇摂、止摂はゼロ韻尾、もしくは母音韻尾を持つ開音節韻母のグループである。一方、咸摂、深摂、山摂、臻摂、宕摂、梗摂、江摂、通摂はいずれも子音韻尾（-n、-m、-ŋ、-p、-t、-k）を持つ韻母のグループである。

表 2-3-33　十六摂

開口度	広い	果摂・仮摂	蟹摂	効摂	咸摂	山摂	宕摂・梗摂	江摂
	狭い	遇摂	止摂	流摂	深摂	臻摂	曾摂	通摂
韻尾	舒声の場合	なし	-i	-u	-m	-n	-ŋ	-ŋ
	入声の場合	—	—	—	-p	-t	-k	-k

（注）「なし」は韻尾を持たないことをあらわす。「—」は当該の摂が入声を持たないことを表す。

以下では、中古韻尾の特徴により、次の 3 つの節を立てて蔡橋方言の母音について考察する。2.3.2.1 開音節韻母字、2.3.2.2 鼻音韻母字、2.3.2.3 入声韻母字。

2.3.2.1 開音節韻母字

2.3.2.1.1 遇摂字

蔡橋方言の遇摂の発音は表 2-3-34 に示す通りである。参考までに、北京語の発音を併記する。遇摂は模韻、魚韻、虞韻の 3 つの韻を含んでいるが、これらの中古音の音価の推定については一致した説がない。例えば、平山久雄（1967）は*o、*ɪo、*ʏu、カールグレン（高本漢（1940））は*uo、*jĭʷo、*jĭu、王力（1980）は*u、*ĭo、*ĭu のようにそれぞれ再構している。

佐藤昭（2002：69）によると、模韻の韻母は隋代まで*o であったが、唐代前期に*u に変化したという。現代北京語ではほとんど [u] の発音がそのまま保持されているが、蔡橋方言では表 2-3-34 に示すように、模韻の主母音は非円唇化を起こして *u>ɯ と変化してい

る[8]。

表2-3-34　蔡橋方言、北京語における模韻字の発音

声母	幇組		端組		泥組		精組		見系	
例字	补	部	土	图	路	奴	租	诉	古	库
蔡橋方言	pɯ^{53}	bɯ^{13}	t^{h}ɯ^{53}	dɯ^{11}	nɯ^{55}	nɯ^{11}	tsɯ^{55}	sɯ^{35}	kɯ^{53}	k^{h}ɯ^{13}
北京語	˪pu	pu˧	˪t^{h}u	˩t^{h}u	lu˧	˩nu	˩tsu	su˧	˪ku	k^{h}u˧

　佐藤昭（2002：71）によると、北京語の場合、魚韻と虞韻は唐代を通じて区別が保たれたが、晩唐五代の時代までには両者が合流した。この合流は魚韻側に*io＞*iu の変化が起きたためであるという。

　ただし、魚韻、虞韻の変遷には声母によって違いが生じている。まず、非組、庄組では、魚韻、虞韻は早い時期[9]で-i-介音を失い、模韻と合流した（*iu＞u）。蔡橋方言の場合はさらに非円唇化の変化が起こって、*io/*iu＞*u＞ɯ と変化している（表 2-3-35 参照）。

表2-3-35　蔡橋方言、北京語における非組虞韻、庄組虞韻・魚韻字の発音

声母 （中古音）	非組				庄組			
	非母 (*f)	敷母 (*f^h)	奉母 (*v)	微母 (*ɱ)	山母 (*ʃ)	庄母 (*tʃ)	初母 (*tʃ^h)	山母 (*ʃ)	崇母 (*dʒ^h)
韻母（中古音）	虞韻(*iu)				魚韻(*io)			
例字	付	俘	扶	舞	数	阻	初	梳	助
蔡橋方言	fɯ^{35}	fɯ^{35}	vɯ^{11}	vɯ^{53}	sɯ^{35}	tsɯ^{53}	ts^{h}ɯ^{55}	sɯ^{55}	dzɯ^{13}
北京語	fu˧	˩fu	˩fu	˪u	ʂu˧	˪tsu	˩tʂ^{h}u	˩su	tʂu˧

※表中「山母」は原文ママ

　一方、精組、泥組声母では、北京語の場合、*iu＞*iy＞y と変化した。この変化について、佐藤昭（2002）は次のように述べている。

　　この変化は、［iu］における主母音［u］が円唇はそのままにして前舌化し［y］にな

---
　[8]　［ɯ］は非円唇性の狭母音である。蔡橋方言では［u］と［ɯ］は有意味の対立を成さないため、音韻的には/u/として統一することができる。
　[9]　平山久雄（1967b）は、軽唇音音節における介音の弱化あるいは消失は唐代中期からあったのではないかと推察している（佐藤昭（2002：71））。

ったというもので、はじめに［iu］＞［iy］となり、その後［y］となったと考えられる。カールグレンはこの母音変化をウムラウト作用によるものと説明している。

(佐藤昭（2002：69）)

精組、泥組は蔡橋方言では、［iɨ］と発音されている（表 2-3-36）。これについては次のような変化過程が考えられる。まず、模韻における *o＞*u＞ɯ の変化と平行して、魚韻、虞韻では *io＞*iu＞*iɯ の変化が起こった。その後、主母音 ɯ が -i- 介音の影響で、前舌の方向へ変化したが、［ɯ］が非円唇性であることが原因で、北京語の［u］と同じような［y］の発音にならず、中舌母音［ɨ］となった。すなわち、*io＞*iu＞*iɯ＞iɨ のような変化の過程であると考えられる。

表2-3-36　蔡橋方言、北京語における精組魚韻・虞韻、泥組魚韻字の発音

声母（中古音）	精組			泥組
	清母（*tsʰ）	心母（*s）	邪母（*z）	来母（*l）
韻母（中古音）	虞韻（*iu）		魚韻（*io）	
例字	趣	須	絮	徐	呂	慮
蔡橋方言	tsʰiɨ¹³	siɨ⁵⁵	siɨ³⁵	dziɨ¹¹	niɨ⁵³	niɨ⁵⁵
北京語	tɕʰyˀ	˛ɕy	ɕyˀ	˛ɕy	˛ly	lyˀ

また、北京語では、魚韻、虞韻が見系声母で、精組、泥組声母の場合と同じ変化（*iu＞*iy＞y）を起こして［y］になっているが、知組、日組、章組声母では*tɕy＞*tʃy＞*tʂʅ＞tʂu のように変化して［u］になっている（表 2-3-37 参照）。このような違いが生じた原因は次のように考えられる。まず、知組、日組、章組声母が tɕ＞tʃ＞tʂ という巻舌音化を起こし、次に、母音が調音の協調を図ろうと、子音に合わせて y＞ʅ＞u と変化した[10]。一方、見系では子音が巻舌音化されなかったため、上のような母音の変化を起こさなかった。

蔡橋方言では、魚韻、虞韻の主母音は見系声母においても、知組、日組、章組声母においてもすべて［iɨ］となっている（表 2-3-37、表 2-3-38 参照）。

---

[10]詳しいことは王力（1980：162）、佐藤昭（2002：70）などを参照。

表2-3-37　蔡橋方言、北京語における魚韻見系、知組、章組、日組字の発音

声母 (中古音)	見系				知組		章組				日組
	見母 (*k)	溪母 (*kʰ)	疑母 (*ŋ)	暁母 (*x)	知母 (*ṭ)	澄母 (*ḍʰ)	章母 (*tɕ)	昌母 (*tɕʰ)	書母 (*ɕ)	禪母 (*ʑ)	日母 (*nʑ)
例字	挙	巨	魚	許	猪	除	煮	処	鼠	薯	如
蔡橋方言	tɕiɨ⁵³	dʑiɨ¹³	ziɨ¹¹	ɕiɨ⁵³	tɕiɨ⁵⁵	dʑiɨ¹¹	tɕiɨ⁵³	tɕʰiɨ⁵³	ɕiɨ⁵³	dʑiɨ¹¹	ziɨ¹¹
北京語	꜂tɕy	tɕy˺	₅y	꜂ɕy	₋tʂu	₅tʂʰu	꜂tʂu	₋tʂʰu	꜂ʂu	₅ʂu	₅ʐu

表2-3-38　蔡橋方言、北京語における虞韻見系、知組、章組、日組字の発音

声母 (中古音)	見系				知組		章組				日組
	見母 (*k)	溪母 (*kʰ)	群母 (*gʰ)	疑母 (*ŋ)	知母 (*ṭ)	澄母 (*ḍʰ)	章母 (*tɕ)	昌母 (*tɕʰ)	書母 (*ɕ)	禪母 (*ʑ)	日母 (*nʑ)
例字	拘	区	瞿	愚	蛛	住	珠	樞	輸	竪	儒
蔡橋方言	tɕiɨ⁵⁵	tɕʰiɨ⁵⁵	dʑiɨ¹¹	ziɨ¹¹	tɕiɨ⁵⁵	dʑiɨ¹³	tɕiɨ⁵⁵	tɕʰiɨ⁵⁵	ɕiɨ⁵⁵	dʑiɨ⁵³	ziɨ¹¹
北京語	₋tɕy	₋tɕʰy	₅tɕʰy	₅y	₋tʂu	tʂu˺	₋tʂu	₋ʂu	₋ʂu	ʂu˺	₅ʐu

蔡橋方言における魚韻、虞韻の発音［iɨ］は前述した主母音の中舌音化、すなわち、*kĭu＞*tɕiu＞*tɕiuɨ＞tɕiɨのような変化を辿ったと考えられる。止摂の合口三等支韻（*ĭwe）、脂韻（*wi）[11]字も同じような変遷を起こして主母音が中舌母音となった（表2-3-39参照）。

表2-3-39　蔡橋方言、北京語における止摂合口三等支韻、脂韻字の発音

声母 (中古音)	精組				知組		章組	
	精母 (*ts)		心母 (*s)		澄母 (*ḍʰ)		昌母 (tɕʰ)	書母 (*ɕ)
韻母 (中古音)	支韻 (*ĭwe)		脂韻 (*wi)					支韻 (*ĭwe)
例字	嘴	酔	雖	綏	槌	錘	水	吹
蔡橋方言	tsiɨ⁵³	tsiɨ⁵³	siɨ⁵⁵	siɨ⁵⁵	dʑiɨ¹¹	dʑiɨ¹¹	ɕiɨ⁵⁵	tɕʰiɨ⁵⁵
北京語	꜂tsuei	tsuei˺	₋suei	₅suei	₅tʂʰuei	₅tʂʰuei	꜂ʂuei	₋tʂʰuei

---

[11] 止摂合口三等支韻、脂韻の音価は河野六郎（1979）の推定によると、それぞれ*iue,*iueiとなっている。

以上をまとめると次のようになる。蔡橋方言では、遇摂の模韻は*o＞*u＞ɯという変化を起こした。これと平行して魚韻、虞韻は*io,iu＞*iu＞*iɯを経て*iɯ＞iɨと変遷した。

2.3.2.1.2 果摂、仮摂、蟹摂字

従来、一部の湘語では蟹摂、仮摂、果摂の主母音の間に連鎖的な音韻変化が起こっているという指摘がある。湘語における蟹摂、仮摂、果摂の主母音の発音を表2-3-40にあげる。

表2-3-40 湘語（湘郷など）における蟹摂、仮摂、果摂字の主母音の発音

地域 ＼ 中古音	蟹摂 *ai	仮摂 *a	果摂 *ɑ
湘郷	a	o	ʊ
双峰	a	o	əu
泸渓	a	o	ʊ
東安	a	o	u
冷水灘	a	o	u

（彭建国（2006）をもとに筆者作成）

鮑厚星（2006）は表2-3-40に示した3摂の主母音における変遷を、「押し上げ連鎖」（push-chain）と捉えている。鮑厚星によると、その引き金となったのは蟹摂の単母音化である。まず、複母音であった蟹摂（*ai）の母音韻尾-iが脱落して単母音*aになり、仮摂（*a）との競合が起こった。そのため、仮摂が本来の*aの領域から追い出され、oに変化した。すると、果摂（*o）[12]との衝突を起こし、その結果、果摂は狭母音（[ʊ/u]）、あるいは複母音（[uə]）へ変化したというのである（図2-4参照）。

このような押し上げ連鎖の過程は张光宇（1999）、陈立中（2005）などによると、呉語の蟹摂、仮摂、果摂にも存在するという。表2-3-41はその例である。

表2-3-41 呉語における蟹摂、仮摂、果摂字の主母音の発音

地域 ＼ 中古音	蟹摂 *ai	仮摂 *a	果摂 *ɑ
上海市区	A	o	u
江蘇蘇州	ɑ	o	əu
江蘇宜興	a	o	u/o
浙江定海	a	o	au
浙江雲和	ɑ	o	u/o

（陈立中（2005）をもとに筆者作成）

---

[12] 果摂の主母音は一般的に*ɑと再構されるが、それが宋代（特に南宋時代）において次第に円唇化の傾向を示し、ɑ＞ɔ＞oとなった（佐藤昭（2002：63））。鮑厚星（2006）が果摂を*oにした理由はそこにあると考えられる。

両方言にこのような類似の変化が起きているということは、両方言が近い親縁関係にあることを物語っているという。また、これらの連鎖変化を引き起こす要因については、陈立中（2005）も鲍厚星（2006）と同じように蟹摂の単母音化とし、次のように述べている。

> 湘语和吴语相关方言点蟹摄字韵尾的脱失,主要元音演变为［a］,给假、果、遇摄字主要元音的反时针运动增添了新的动力。它冲击了这些方言中业已形成的假、果、遇摄字分别以［a］、［o］、［u］为主要元音的秩序，使得这些方言里这三摄字的主要元音发生了连锁变化，演变成上文所讨论的新格局。
>
> （湘語と呉語における蟹摂字は韻尾を失い、主母音がaに変化した。これは仮摂、果摂、遇摂などの主母音における「反時計運動」に新たな動力を与えた。つまり、蟹摂の主母音がaになったことはそれまで存在していた母音体系（仮摂*a、果摂*ɑ、遇摂*u）に衝撃を与え、3摂における母音推移を引き起こした。その結果、現在のような音韻体系が形作られた。）
>
> （陈立中（2005:27）。日本語訳は筆者。）

以上のように、蟹摂が二重母音（*ai）から単母音（a）に変化したために（図2-4：①）、仮摂が前舌母音（*a）から後舌母音（o）へ変化し（図2-4：②）、さらに、果摂が低母音（*ɑ）から高い舌位の母音（ʊ）に変化し（図2-4：③）、その結果、湘語、呉語における蟹摂、仮摂、果摂の主母音は反時計の方向に沿って変化したと言う。

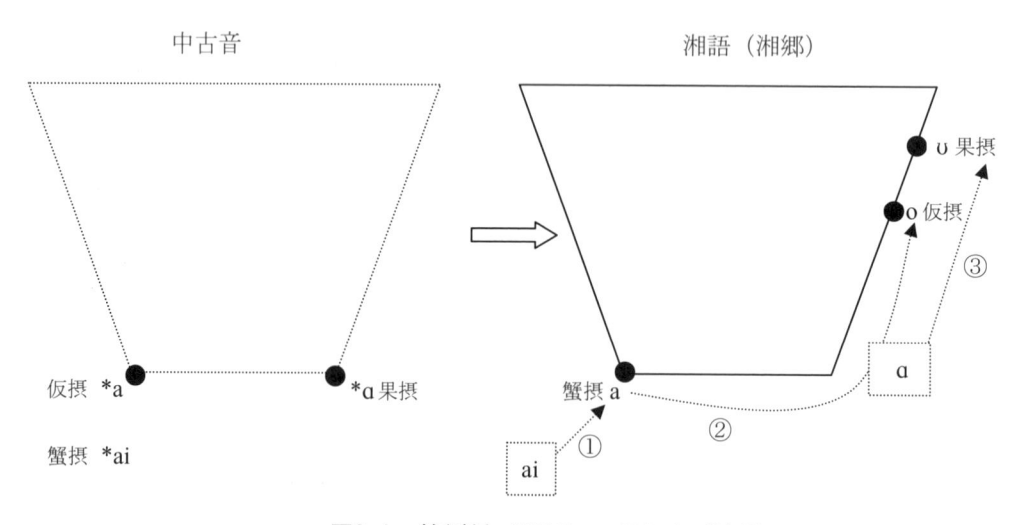

図2-4　鲍厚星（2006）の押し上げ連鎖

2.3 中古音と蔡橋方言との対照

しかし、筆者はこれらの変化は「押し上げ連鎖」ではなく、「引き連鎖」である可能性もあると考える。なぜならば、同じ湘語に属する寧郷、新化、桃江、白渓、衡山などの方言では、蟹摂がæ/εに変化し、仮摂の主母音は後のほうへ後退せず、前舌母音で現れているにもかかわらず、果摂の高母音化が起きているからである（表 2-3-42）。つまり、仮摂が後舌化しなくても（押し要因がなくても）、果摂の高母音化が起きているのである。このことから、湘方言の母音の変化において重要なのは、「押し連鎖」よりも「低母音の高母音化」であると考える。

表2-3-42　湘語（寧郷など）における蟹摂、仮摂、果摂字の主母音の発音

韻母（中古音） 地域	蟹摂（*ai）	仮摂（*a）	果摂（*ɑ）
寧郷	æ/ε	a	ʊ
新化	æ/ε	a	o
桃江	æ/ε	a	o
白渓	æ/ε	a	o
衡山	æ/ε	a	o
衡東	æ/ε	a	o
隆回	æ/ε	a	o

（彭建国（2006）をもとに筆者作成）

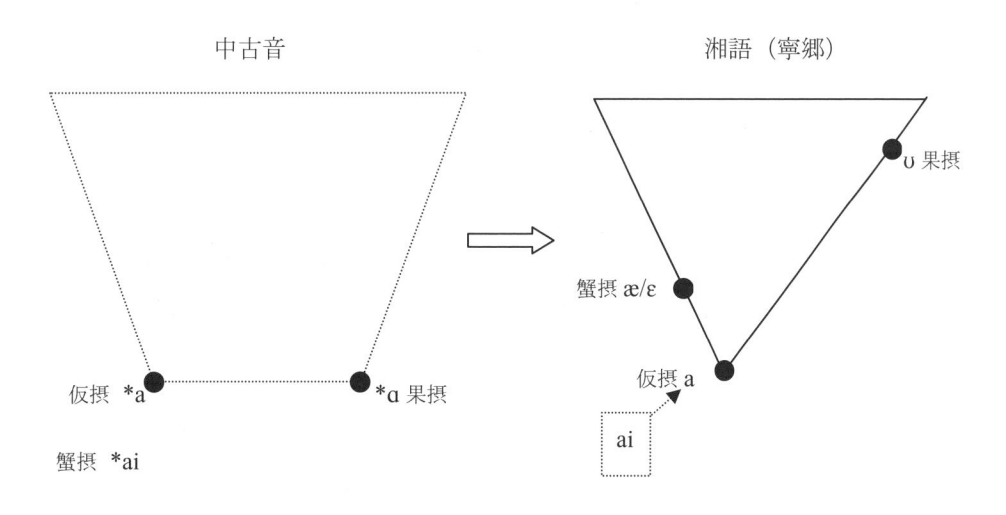

図2-5　湘語（寧郷）における母音変化

第2章 蔡橋方言の音韻

実は、低母音の高母音化は漢語の歴史における普遍的な現象である。これについて、王力は次のように述べている。

> 在汉语语音发展过程中,元音高化的现象是相当普遍的。拿歌韵来说,上古是 a,中古是 ɑ,近代是 ɔ,现代北方话一般是 o,北京话于舌齿音读 uo（喉音读 ɣʌ）,吴语更进一步,有许多地区读 u（上海"河" fiu,"多" tu）。拿模韵来说,是由 ɑ 到 u;拿侯韵来说,是从 o 到 ou 再到 əu;拿之韵来说,是从 ïə 到 i,拿支韵来说,是从 ïa 到 ïe 再到 i。因此,元音高化可以说是汉语语音发展规律之一。
>
> （漢語の音韻変化の過程においては、高母音化の現象が普遍的に見られる。歌韻を例に挙げると上古音では *a、中古音では *ɑ、近代音では *ɔ と推定され現代北方官話では o,北京語では歯音系の場合 uo（軟口蓋摩擦子音の場合は ɣʌ）と発音されるが、呉方言ではさらなる変化を遂げて多くの地域において u（上海方言："河 [fiu]"、"多 [tu]"）となっている。また、模韻は *ɑ＞u、侯韻は *o＞*ou＞əu、之韻は *ïə＞i、支韻は *ïa＞*ïe＞i、というように変遷している。したがって,高母音化は漢語の音韻変化における規則の一つであると言える。）
>
> （王力（1980：100）より引用。日本語訳は筆者。）

多くの漢語方言では高母音化が起こっている。前節で述べた遇摂の変化（*o＞*u＞ɯ）もその一つである。以下では、蔡橋方言を例として、この遇摂の音韻変化と平行して高母音化などの変化を起こした蟹摂、仮摂、果摂の変遷について考察する。

2.3.2.1.2.1 果摂字

まず、果摂について見てみる。果摂は歌韻、戈韻からなり、次のような4種類の韻母を含んでいる。

表2-3-43　果摂の韻母

	一等韻	二等韻	三等韻	四等韻
開口	歌韻*ɑ	なし	戈韻*iɑ	なし
合口	戈韻*uɑ	なし	戈韻*iuɑ	なし

蔡橋方言では、果摂の開口一等韻と合口一等韻が合流して、主母音が後舌の低母音［*ɑ］

から、高い舌位の母音［ʊ］に変わっている。

表2-3-44　蔡橋方言、北京語における果摂一等字の発音

韻母(中古音)	開口一等歌韻（*ɑ）			合口一等戈韻（*uɑ）		
例字	哥	饿	左	坡	坐	剁
蔡橋方言	kʊ⁵⁵	ŋʊ⁵⁵	tsʊ⁵³	pʰʊ⁵⁵	dzʊ⁵³	tʊ³⁵

　［ʊ］は開き度（openness）が［o］と［u］の間にある、円唇性の狭母音である。蔡橋方言では、円唇性の半狭母音［o］が存在しないため、［ʊ］は音韻的に /o/ として捉えることが可能である。前節で述べたように、蔡橋方言では遇摂の模韻 *o は高母音化して、*o＞*u＞ɯ と変遷している。同じ高母音化により、果摂一等韻は *ɑ/uɑ＞*o＞ʊ と変化したと考えられる。

　例外として開口一等歌韻には［ɑ］と発音されるものが少数ながら存在する。たとえば、"阿［ɑ］"、"大［dɑ］"である。"阿［ɑ⁵⁵］"は"阿叔［ɑ⁵³ɕy⁵⁵］"（叔父さん）、"大［dɑ¹³］"は"大大［dɑ¹¹dɑ⁵］"（伯父さん）などの親族呼称に用いれている。一般的にいえば、日常生活でよく使われる用語には古い発音が残りやすい。したがって、"阿［ɑ⁵⁵］"、"大［dɑ¹³］"の発音はいずれも果摂が *ɑ から ʊ に移行する前の「なごり」ではないかと考える。

　一方、果摂三等戈韻（*iɑ/*iuɑ）は『方言調査字表』における所属字が 4 つしかない。そのうち、インフォーマントが読めたのは "茄［dʑiɑ¹¹］"、"瘸［dʑiɑ¹¹］" だけである。いずれも主母音が［ɑ］となっている。この 2 つの発音が［ʊ］にならなかった理由については現段階では不明である。

2.3.2.1.2.2　仮摂、蟹摂字

　仮摂の主母音は、蔡橋方言では ɑ で現れる（表 2-3-45 参照）。これは中古の *a が *a＞ɑ のような変化を起こしたものと考えられる。参考までに、北京語をあげると、仮摂二等字は北京語では後母音化の変化が起こっておらず、前舌音［a］を保持している。また、仮摂三等字は前舌半狭母音［e］、あるいは［ɤ］に変化している（表 2-3-46 参照）。

表2-3-45　蔡橋方言、北京語における仮摂二等字（*a）の発音

開合	開口			合口		
例字	码	榨	假	瓜	花	瓦
蔡橋方言	mɑ⁵³	tsɑ³⁵	tɕiɑ⁵³	kuɑ⁵⁵	xuɑ⁵⁵	uɑ⁵³
北京語	ˬma	tʂaʾ	ˬtɕia	ˬkua	ˬxua	ˬua

表2-3-46　蔡橋方言、北京語における仮摂三等字の発音

例字	写	泻	斜	姐	借	也	夜	舍	扯
蔡橋方言	sia⁵³	sia³⁵	dziɑ¹¹	tsia⁵³	tsia³⁵	ia⁵³	ia⁵⁵	ɕia⁵³	tɕʰia⁵³
北京語	ˬɕie	ɕieˀ	ˏɕie	ˬtɕie	tɕieˀ	ˬie	ieˀ	ˬʂɤ	ˏtʂʰɤ

蔡橋方言の蟹摂開口一等・二等は [a] である。これらは中古音の [*ɑi、*ɐi、*ai、*æi] などが [-i] を落として、[a] に単母音化したものと考えられる（表2-3-47 参照）。

表2-3-47　蔡橋方言、北京語における蟹摂開口一等・二等字の発音

声母	幇組				見系				精組	端系
韻母（中古音）	泰韻(*ɑi)	皆韻(*ɐi)	佳韻(*ai)	夬韻(*æi)	哈韻(*ɒi)	皆韻(*ɐi)	佳韻(*ai)	夬韻(*æi)	泰韻(*ɑi)	哈韻(*ɒi)
例字	贝	拜	卖	败	开	介	街	寨	蔡	台
蔡橋方言	pa³⁵	pa³⁵	ma³⁵	ba¹³	kʰa⁵⁵	ka³⁵	ka⁵⁵	dza¹³	tsʰa¹³	da¹¹
北京語	peiˀ	paiˀ	maiˀ	paiˀ	ˏkʰai	tɕieˀ	ˬtɕie	tʂaiˀ	tsʰaiˀ	ˏtʰai

また、蟹摂合口一等字では幇組声母（唇音性子音）の場合に限って、韻母が [a] になっており（表 2-3-48 参照）、それ以外の場合は [uei] と発音される（表 2-3-49 参照）。その原因は次のように考えられる。合口一等は円唇性 -u- 介音を有する音である。この u は非唇子音の後では保存されたが、唇音性の子音の後では唇子音に吸収された。そのために、開口一等・二等と合流して、*uɑi＞*ɑi＞*ai＞a のような変化を辿ったと考えられる。

表2-3-48　蔡橋方言、北京語における蟹摂合口一等字（唇音声母）の発音

声母（中古音）	幇母(*p)		滂母(*pʰ)		並母(*bʰ)		明母(*m)	
例字	杯	背 背中	坏	配	赔	背 暗記	梅	妹
蔡橋方言	pa⁵⁵	pa³⁵	pʰa⁵⁵	pʰa¹³	ba¹¹	ba⁵³	ma¹¹	ma³⁵
北京語	ˬpei	peiˀ	ˬpʰei	pʰeiˀ	ˏpʰei	peiˀ	ˏmei	meiˀ

2.3 中古音と蔡橋方言との対照

表2-3-49　蔡橋方言、北京語における蟹摂合口一等字（非唇音声母）の発音

声母	端系		泥組		精組		見系	
例字	堆	退	雷	累	罪	最	灰	悔
蔡橋方言	tuei⁵⁵	tʰuei¹³	nuei¹¹	nuei⁵⁵	dzuei¹³	tsuei³⁵	xuei⁵⁵	xuei³⁵
北京語	₌tuei	tʰueiˀ	₌lei	leiˀ	tsueiˀ	tsueiˀ	₌xuei	˪xuei

以上蔡橋方言に見られる一連の母音変化を図式で表すと、次のようになる。

① 遇摂：*o＞*u＞ɯ
② 果摂：*ɑ＞ʊ
③ 仮摂：*a＞ɑ
④ 蟹摂：*ai＞a

このうち、①、②は高母音化、③は後舌化、④は単母音化の過程として捉えられる。

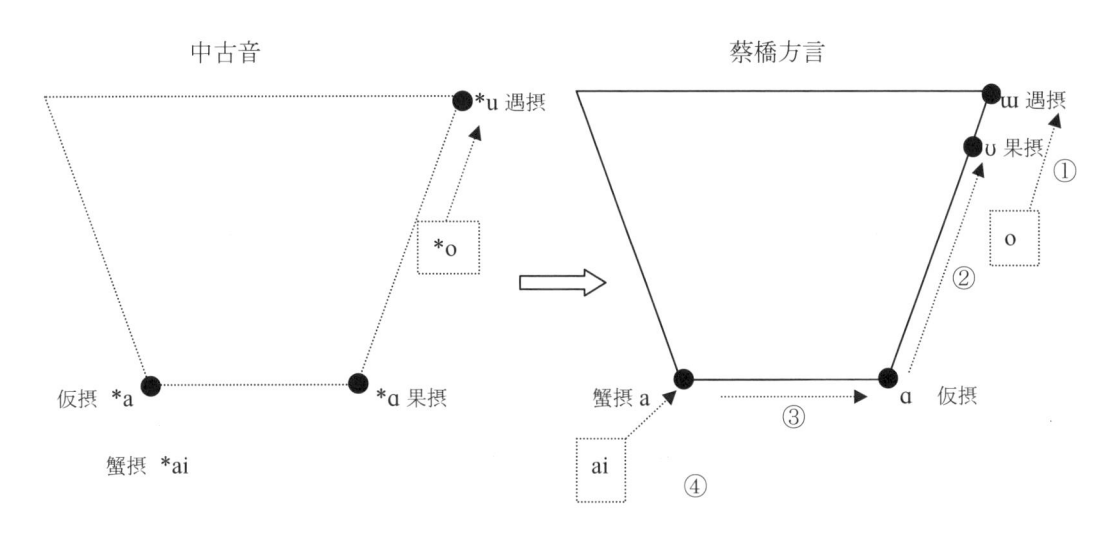

図2-6　蔡橋方言における遇摂、果摂、仮摂、蟹摂の音韻変化

2.3.2.1.3　流摂、効摂字

本節では-u韻尾をもつ流摂、効摂の音韻変化を考察する。まず、流摂について見てみよう。流摂は中古音では開口の3つの韻母を持っていたと推定されている（表2-3-50参照）。

表2-3-50　流摂の韻母

開合＼等位	一等韻	二等韻	三等韻	四等韻
開口	侯韻*əu	なし	尤韻*iəu/幽韻*iəu	なし
合口	なし	なし	なし	なし

　蔡橋方言では、侯韻、尤韻、幽韻はほとんど、単母音［y］になっている（表 2-3-51、表 2-3-52 参照）。前述したように、蔡橋方言では遇摂魚韻（*io）、虞韻（*iu）の母音が（*io＞）*iu＞*iɯ＞ɨ のような変化を起こし、［ɨ］になっている。おそらく流摂でも同じように高母音化が起こり、*iəu、*iəu が*iu になり、さらに単母音化して［y］となった。すなわち、（*əu＞）*iəu/iəu＞*iu＞*iy＞y という変遷の過程と考えられる。

　ちなみに、遇摂の魚韻、虞韻と流摂は同じく*iu の段階を経たにもかかわらず、合流せずに別々の変化をとげたことから、*iu＞*iɯ の変化が*iəu/iəu＞*iu より早い段階に起きたということが分かる。

表2-3-51　蔡橋方言における流摂侯韻字の発音

声母	幫組	見系	精組	端組	泥組
例字	畝	口	走	头	漏
発音	my⁵³	kʰy⁵³	tsy⁵³	dy¹¹	ny⁵⁵

表2-3-52　蔡橋方言における流摂尤韻、幽韻字の発音

声母	幫組	見系	精組	泥組	庄組	章組	知組
例字	彪	旧	修	流	愁	手	丑
発音	py⁵⁵	dʑy¹³	sy⁵⁵	ny¹¹	dʑy¹¹	ɕy⁵³	tɕʰy⁵³

　ただし、例外として、"母（*məu）"、"扭（*niəu）"、"牛（*ŋiəu）"という 3 つの字がそれぞれ［məŋ⁵³］、［iəŋ³⁵］、［ziəŋ¹¹］と発音されることがあげられる。この現象が起きた原因については 2.3.2.4 で考察する。

　以上のように 3 つの例を除いて、流摂は *əu/*iəu/*iəu＞*iu＞*iy＞y と変遷している。

　効摂には一等豪韻、二等肴韻、三等宵韻、四等蕭韻といった 4 つの開口の韻類がある。中古推定音価は表 2-3-53 のとおりである。

2.3 中古音と蔡橋方言との対照

表2-3-53　効摂の韻母

開合＼韻類	一等豪韻	二等肴韻	三等宵韻	四等蕭韻
開口	*ɑu	*au	*ĭɜu	*ieu
合口	なし	なし	なし	なし

　蔡橋方言における効摂字の発音は［əu］、［iəu］、［y］の３種類に発音される。一等豪韻（*ɑu）、二等肴韻（*au）の殆どは *ɑu/au＞əu と変化している。一部の二等肴韻見系字は -i- 介音を持つ［iəu］となっている（表 2-3-54 参照）。見系字は舌根音声母であり、二等肴韻は前広母音である。このような調音特徴を持つ音には一般に、-i- 介音が生じやすいといわれている（王力 1980：176, 2.3.1.4.1 参照）。

表2-3-54　蔡橋方言における効摂一等・二等字の発音

韻母（中古音）	一等豪韻 (*ɑu)				二等肴韻 (*au)				
声母	幇組	端組	見系	精組	幇組	庄章組	見系		
例字	宝	到	好	草	包	炒	咬	巧	校
蔡橋方言	pəu⁵³	təu³⁵	xəu⁵³	tsʰəu⁵³	pəu⁵⁵	tsʰəu⁵³	gəu⁵³	tɕʰiəu⁵³	ziəu¹³

　また、効摂三等宵韻、四等蕭韻の発音は声母によって分かれ、幇組、精組、端組、来母声母の場合は単母音［y］となり（表 2-3-55 参照）、見系、知組、章組声母の場合は［iəu］と発音される（表 2-3-56 参照）。

表2-3-55　蔡橋方言における効摂三等・四等幇組、精組、端組、來母字の発音

韻母（中古音）	三等宵韻 (*ĭɜu)					四等蕭韻 (*ieu)		
声母	幇組		精組		来母	端組		来母
例字	苗	标	小	焦	疗	条	钓	料
発音	my¹¹	py⁵⁵	sy⁵³	tsy⁵⁵	ny¹¹	dy¹¹	ty³⁵	ny⁵⁵

75

第2章 蔡橋方言の音韻

　帮組、精組、端組、来母では *ĭɜu/ieu＞*iu＞*iy＞y のような音韻変化が起こっていると考えられる。帮組は両唇音、精組、端組と来母は歯音・歯茎音であり、調音位置がいずれも口腔の前部にある。声母の調音位置の影響を受けて、*ieu の末尾母音 u が前舌化され、-i- 介音と折衷、融合した結果、円唇性の y に変わったと考えられる。

　一方、見系、知組、章組では蔡橋方言においては子音が口蓋化している（tɕ、ɕ、dʑ）ため、調音位置が前舌面となり、末尾母音 -u を前舌へ引っぱっていく力を欠いている。おそらくこれが原因で単母音 y にならなかったものと考える。

表2-3-56　蔡橋方言における効摂三等・四等見系、知組、章組字の発音

韻母 （中古音）	三等宵韻 (*ĭɜu)					四等蕭韻 (*ieu)
声母	見系	章組		知組		見系
例字	桥	少 多少	照	超	赵	叫
発音	dʑiəɯ¹¹	ɕiəɯ⁵³	tɕiəɯ³⁵	tɕʰiəɯ⁵⁵	dʑiəɯ¹³	tɕiəɯ³⁵

　以上、蔡橋方言における遇摂（魚韻、虞韻）、流摂、効摂の変遷をまとめると、次のとおりである。

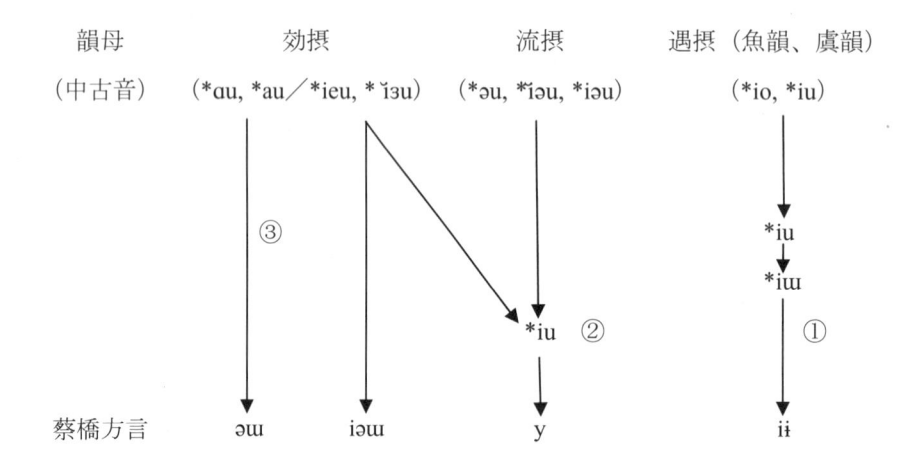

図2-7　蔡橋方言における遇摂（魚韻、虞韻）、流摂、効摂の音韻変化

① 遇摂の変化

　　魚韻：*io＞*iu＞*iɯ＞iɨ

　　虞韻：*iu＞*iɯ＞iɨ

② 流摂の変化

　　侯韻：*əu＞*iəu＞*iu＞*iy＞y

　　尤韻、幽韻：*iəu/*iɤu＞*iu＞*iy＞y

③ 効摂の変化

　　豪韻、肴韻：*ɑu/*au＞əɯ/iəɯ

　　宵韻、蕭韻：（見組、章組、知組）*ieu/*iɜu＞iəɯ

　　　　　　　（幫組、精組、端組、来母）*ieu/*iɜu＞*iəu＞*iu＞*iy＞y

このうち、*io＞*iu と *ɑu/*au＞əɯ/iəɯ は高母音化の過程である。それぞれの延長線には *iu＞*iɯ＞iɨ、*iəu＞*iu＞*iy＞y があり、いずれも単母音化として捉えられる。

一方、湘語における多くの下位方言では、蔡橋方言のような流摂、効摂の単母音化（y）が起こっていない（表2-3-57参照）。その理由は、これらの方言では遇摂が［y］になっているからだと考えられる。

表2-3-57　湘語における遇摂、止摂、流摂、効摂字の母音の発音

地域＼韻母	遇摂、止摂	流摂	効摂
長沙	y, i	əɯ, ɯe	au, iau
双峰	y	iɛ, iɛi, iu	iɤ
邵陽市	y	əɯ, iəɯ	iau
衡陽	y	əɯ, ɯe	ɤɯ, iɤɯ, ai
瀘渓	y	iau	iəɯ
蔡橋	iɨ	y	əɯ, iəɯ, y

（蔡橋以外のデータは鮑厚星（2006）より）

2.3.2.1.4　止摂字

止摂は支韻、脂韻、之韻、微韻からなり、いずれも三等韻である。中古の推定音価を表2-3-58にあげる。

第2章 蔡橋方言の音韻

表2-3-58　止摂の韻母

開合 \ 等位	一等韻	二等韻	三等韻	四等韻
開口	なし	なし	支韻*ie 脂韻*i 之韻*iə 微韻*iəi	なし
合口	なし	なし	支韻*iwe 脂韻*wi 微韻*iwəi	なし

　蔡橋方言では、止摂開口字の母音は殆どの場合、[i] と発音されるが、章組、知組声母の場合には主母音が [ɿ] となっている。以下に [i] の例、[ɿ] の例をあげる。

[i]：　　（幇組声母）　比 pi⁵³,彼 pi⁵³,秘 pi³⁵,避 pi³⁵,披 pʰi⁵⁵,譬 pʰi⁵³,屁 pʰi¹³,被介詞 bi¹¹,枇 bi¹¹,
　　　　　　　　　　琵 bi¹¹,皮 bi¹¹,被布団 bi⁵³,鼻 bi¹³

　　　　（暁組声母）　嬉 ɕi⁵⁵,希 ɕi⁵⁵,牺 ɕi⁵⁵,喜 ɕi⁵³,戏 ɕi³⁵

　　　　（見組声母）　毅 i³⁵,基 tɕi⁵⁵,饥 tɕi⁵⁵,几 tɕi⁵⁵,己 tɕi⁵³,寄 tɕi³⁵,既 tɕi³⁵,记 tɕi³⁵,纪 tɕi³⁵,忌 tɕi³⁵,
　　　　　　　　　　欺 tɕʰi⁵⁵,起 tɕʰi⁵³,岂 tɕʰi⁵³,器 tɕʰi¹³,气 tɕʰi¹³,骑 dʑi¹¹,旗 dʑi¹¹,徛 dʑi⁵³,企 dʑi¹³

　　　　（來母）　　离 ni¹¹,梨 ni¹¹,离 ni¹¹,李 ni⁵³,狸 ni⁵³,利 ni³⁵,吏 ni³⁵

　　　　（影組声母）　伊 i⁵⁵,依 i⁵⁵,移 ʑi¹¹,以 i⁵³,医 i³⁵,异 i³⁵,意 i³⁵,椅 i⁵³,姨 ʑi¹¹

[ɿ]：　　（章組声母）　置 tsɿ³⁵,耻 tsʰɿ⁵³,痔 dzɿ¹³,致 tsɿ³⁵

[ʅ]：　　（知組声母）　迟 dʑʅ¹¹,池 dʑʅ¹¹,知 tɕʅ⁵⁵,智 tɕʅ³⁵,持 dʑʅ¹¹,治 tɕʅ³⁵,痴 tɕʰʅ⁵⁵

　一部の止摂開口脂韻字、例えば "悲 [pa⁵⁵]"、"霉 [ma¹¹]"、"美 [ma⁵³]" では母音が [a] となっている。ただし、これらと同じ声母、韻母のグループに属するほかの字、"鼻 [bi¹³]"、"比 [pi⁵³]"、"秘 [pi³⁵]"、"枇 [bi¹¹]" は上に示したように母音が [i] となっている。このような相違が生じた原因は不明である。

　止摂合口では、支韻（*iwe）、脂韻（*wi）、微韻（*iwəi）の多くの字では母音が [uei] となっている。それは介音 -i- の脱落による変化である。以下にその例をあげる。

[uei]：　（見組声母）　魏 uei⁵⁵,规 kuei⁵⁵,龟 kuei⁵⁵,归 kuei⁵⁵,轨 kuei⁵³,鬼 kuei⁵³,贵 kuei³⁵,
　　　　　　　　　　亏 kʰuei⁵⁵,柜 guei¹³,愧 kʰuei¹³,跪 guei¹³,危 ɣuei¹¹

　　　　（來母声母）　累 nuei⁵⁵,垒 nuei⁵³,类 nuei³⁵

（暁組声母）　　輝 xuei⁵⁵,毀 xuei⁵³,讳 xuei³⁵
（影組声母）　　威 uei⁵⁵,萎 uei⁵³,伟 uei⁵³,委 uei⁵³,胃 uei³⁵,畏 uei³⁵,位 uei³⁵,围 ɣuei¹¹
（精組声母）　　翠 tsʰuei¹³,遂 suei³⁵,髓 suei⁵³
（章組声母）　　垂 ʥuei¹¹,谁 ʥuei¹¹,睡 suei³⁵

ただし、これらの字はいずれも蔡橋方言で日常生活の非常用字である。たとえば、蔡橋方言で「寝る」の意味を表す場合、"睡"という字を使わず、"睏眼閉 [kʰuei¹³ŋã⁵⁵pi⁵]"の言い方を用いる。止摂合口韻は北京方言でも同じ変化を起こして [uei] と発音される。したがって、この発音は北方官話などの影響を受けた結果、いわゆる「外的変化」であると考える。

また、止摂合口韻は、精組、章組、知組声母では主母音が中舌性の [ɨ] となっている。

[ɨ]：　（精組声母）　　醉 tsɨɨ³⁵,嘴 tsɨɨ⁵³,虽 tsɨɨ⁵⁵,绥 tsɨɨ⁵⁵,随 ʣɨɨ¹¹
　　　（章組声母）　　吹 tɕʰɨɨ⁵⁵,水 ɕɨɨ⁵³
　　　（知組声母）　　槌 ʥɨɨ¹¹,锤 ʥɨɨ¹¹

鮑厚星（2006）によると、止摂合口韻を [ɨ] と発音するのは湘方言の古い特徴であり、このような特徴は現在一部分の湘方言にしか残されてないという（鮑厚星 2006：58）。蔡橋方言の上の [ɨ] の例は、このような古い湘方言の特徴を残したものである。

蔡橋方言では、遇摂三等韻母も止摂合口韻母と同じ変化を遂げて、精組、章組、知組では主母音が [ɨ] となっている。遇摂三等韻と止摂合口韻の合流は、清代以降の湘方言地区の「地方誌」にすでに現れている。以下は周賽紅（2005）より抜粋である。

① 清乾隆朝：『衡州府志』、『清泉県志』、『祁陽県志』、『衡陽府志』
　　民謡 "四月八日晴，响鼓唱太平；四月八日雨（遇摂），车（触，踏）断水车嘴（止摂）" における "雨" と "嘴" の押韻は止摂と遇摂の混同を反映している。
② 清嘉慶、同治朝：『寧郷県志』
　　"水"（止摂）と "许"（遇摂）、"柜"（止摂）と "貯"（遇摂）がそれぞれ同じ発音をもつ。
③ 民国：『辰渓県志存稿』
　　"水"（止摂）と "暑"（遇摂）、"槌"（止摂）と "厨"（遇摂）、"吹"（止摂）と "楮"（遇摂）がそれぞれ同じ発音をもつ。

蔡橋方言は、この流れを汲んでいる。

最後に、止摂合口三等微韻（*ɨwəi）は非組声母（唇歯音子音）の場合、母音が［i］となっている。これは円唇性の介音 y（ɨw）が唇歯音子音に吸収されたことにより、起きた変化（*ɨwəi＞*əi＞i）であると考えられる。

［i］：　　（非組声母）　痱 fi⁵⁵,费 fi³⁵,翡 fi⁵³,未 vi¹³,味 vi¹³,匪 fi⁵³,飞 fi⁵⁵,妃 fi⁵⁵,肥 vi¹¹,微 vi⁵⁵

2.3.2.2 鼻音韻母字

子音韻尾を持つ摂には咸摂、深摂、山摂、臻摂、梗摂、江摂、曾摂、通摂、宕摂がある。これらの摂は鼻音韻尾（-m、-n、-ŋ）と入声韻尾（-p、-t、-k）の両方を持っている。本節ではまず鼻音韻尾を持つ韻母の変化について考察する。

2.3.2.2.1 咸摂、山摂字

咸摂、山摂韻母の韻類と中古推定音価は表 2-3-59、表 2-3-60 のとおりである。両摂はそれぞれ韻尾［m］、［n］を持ち、区別されていたが、近代になると、韻尾に［m］＞［n］のような変化が起こって、両摂は合流した。

表2-3-59　咸摂の韻類

	一等	二等	三等	四等
開口	覃韻（*ɒm）	咸韻（*ɐm）	塩韻（*ɨɛm）	添韻（*iem）
	談韻（*ɑm）	銜韻（*am）	厳韻（*ɨɐm）	
合口	なし	なし	凡韻（*ɨwɐm）	塩韻（ɪɛm）

表2-3-60　山摂の韻類

	一等	二等	三等	四等
開口	寒韻（*ɑn）	山韻（*æn）	元韻（*ɨɐn）	仙韻（*ɨɛn）
		删韻（*an）	仙韻（*ɨɛn）	先韻（* ien）
合口	桓韻（*uɑn）	山韻（*wæn）	元韻（*ɨwɐn）	仙韻（*ɨwɛn）
		删韻（*wan）	仙韻（*ɨwɛn）	先韻（*iwen）

北京語の場合、咸摂、山摂の鼻音韻尾は［n］として保たれている。一等韻の母音は北京語では［a］となっているが、二等韻の母音は声母によって異なり、非見系声母の場合は［a］、見系声母の場合は口蓋化が起きて、介音 -i- の影響で母音［a］が［iɛ］となっている（表

2-3-61、表 2-3-62 参照)。これに対して、蔡橋方言では、開口一等・二等韻はいずれも主母音が前舌・広母音 [a] となっており、鼻音韻尾が弱化して鼻母音 [ã] となっている (表2-3-61、表 2-3-62 参照)。

表2-3-61　蔡橋方言、北京語における咸摂、山摂の開口一等字の発音

韻母 (中古音)	咸摂				山摂		
	覃韻 (*ɒm)		談韻 (*ɑm)		寒韻 (*ɑn)		
例字	含	南	敢	柑	炭	干	傘
蔡橋方言	ɣã¹¹	nã¹¹	kã⁵³	kã⁵⁵	tʰã¹³	kã⁵⁵	sã⁵³
北京語	₋xan	₋nan	⁼kan	₋kan	tan⁼	₋kan	⁼san

表2-3-62　蔡橋方言における咸摂、山摂の開口二等字の発音

韻母 (中古音)	咸摂				山摂					
	衒韻 (*am)		咸韻 (*ɐm)		山韻 (*æn)			刪韻 (*an)		
例字	衫	監	咸	減	眼	山	办	顔	刪	慢
蔡橋方言	sã⁵⁵	kã⁵⁵	ɣã¹¹	kã⁵³	ŋã⁵³	sã⁵⁵	bã¹³	ŋã¹¹	sã⁵⁵	mã⁵⁵
北京語	₋san	₋tɕiɛn	₋ɕiɛn	⁼tɕiɛn	⁼iɛn	₋san	pan⁼	₋iɛn	₋san	man⁼

　山摂合口一等・二等は、蔡橋方言では開口一等・二等の変化と同じように、鼻母音化しているが、主母音が [u] と高母音化されている (表 2-3-63 参照)。開口一等・二等と合口一等・二等は中古音では主母音が同じであるが、開口一等・二等は介音を持たないのに対し、合口一等・二等は介音 [u] を持っている。そのため、合口一等・二等韻は、[u] の影響をうけて主母音が高母音化を起こしたと考えられる。すなわち、*uan/*wan/*wæn ＞*un＞ũ というような変化である。

　一方、北京語では山摂合口一等は殆ど [uan] となっているが、幫組 (両唇音) 声母の場合だけは、介音が子音に吸収されてしまい、母音が [an] となっている (表 2-3-63 参照)。

表2-3-63　蔡橋方言における山摂合口一等・二等字の発音

韻母 (中古音)	一等					二等	
	桓韻 (*uɑn)					刪韻 (*wan)	山韻 (*wæn)
例字	管	短	酸	帮	乱	关	幻
蔡橋方言	kũ⁵³	tũ⁵³	sũ⁵⁵	pũ⁵⁵	nũ⁵⁵	kũ⁵⁵	ɣũ¹³
北京語	⁼kuan	⁼tuan	₋suan	₋pan	luan⁼	₋kuan	xuan⁼

第 2 章　蔡橋方言の音韻

　山摂、咸摂開口三等・四等字は蔡橋方言では一等・二等字と同様に鼻母音化が起こり、[ĩ] と発音される（表2-3-64、表2-3-65 参照）。主母音が [i] となっている理由は山摂合口一等・二等字のそれと同じである。つまり、介音 [i] の影響を受けて、主母音 (*ɐ,*ɛ) が高母音化を起こしたのだと考える。すなわち、*iɒn/*iɛn/*iɛm/*iɒm ＞*in/*im ＞*in＞ĩ のような変化である。

　例外として山摂開口三等精組の一部、"鮮[sye⁵⁵]"、"癬[sye⁵³]"、"羨[sye³⁵]"、"浅[tsʰye⁵³]"、"贱[dzye¹³]" は母音が [ĩ] ではなく、[ye] となっている。これは次に述べる合口三等・四等（非組声母（唇子音）を除く）と同じ発音である。

表2-3-64　蔡橋方言における山摂、咸摂開口三等字の発音

韻母(中古音)	山摂				咸摂			
	元韻 (*iɐn)		仙韻 (*iɛn)			塩韻 (*iɛm)		厳韻 (*iɐm)
例字	建	件	煎	变	连	尖	盐	欠	严
蔡橋方言	tɕĩ³⁵	dʑĩ¹³	tsĩ⁵⁵	pĩ³⁵	nĩ¹¹	tsĩ⁵⁵	zĩ¹¹	tɕʰĩ¹³	zĩ¹¹

表2-3-65　蔡橋方言における山摂、咸摂開口四等字の発音

韻母	山摂先韻 (*ien)				咸摂添韻 (*iem)	
例字	千	田	年	牵	甜	店
蔡橋方言	tsʰĩ⁵⁵	dĩ¹¹	nĩ¹¹	tɕʰĩ⁵⁵	dĩ¹¹	tĩ³⁵

　山摂合口三等・四等、および咸摂合口三等字は蔡橋方言では殆ど、鼻音韻尾が消失し、韻母が [ye] と発音されている（表2-3-66 参照）。

表2-3-66　蔡橋方言における山摂合口三等・四等（非組以外声母）字の発音

韻母(中古音)	三等							四等	
	仙韻 (*iwɛn)				元韻 (*iwɐn)			先韻 (*iwen)	
声母	精組	知₂組	章組	日母	見系				
例字	全	传	船	软	铅	远	元	冤	县	渊
発音	dzye¹¹	dʑye¹¹	dʑye¹¹	dʑye⁵³	zye¹¹	ye⁵³	zye¹¹	ye⁵⁵	zye¹³	ye⁵⁵

82

ただし、非組声母（唇歯音）の場合には、合口三等・四等は開口一等・二等と同じように、鼻母音［ã］に変化している（表 2-3-67、表 2-3-68 参照）。その理由は合口三等・四等では円唇性の介音が唇歯音に吸収されてしまい、その結果、韻母が直音となり、開口一等・二等と同じ変化を起こしたためだと思われる。

表2-3-67　蔡橋方言における山摂合口三等元韻（非組声母）字の発音

例字	反	販	翻	饭	烦	晚	万
発音	fã53	fã35	fã55	vã13	vã11	mã53	vã13

表2-3-68　蔡橋方言における咸摂合口三等凡韻（非組声母）字の発音

例字	泛	帆	凡	范
発音	fã35	fã55	vã11	vã13

2.3.2.2.2　深摂、臻摂、曾摂字

深摂、臻摂はそれぞれ韻尾 -m、-n を持っていたが、明代ごろ、韻尾 m＞n の変化によって、統合されたという。両者の中古韻類および推定音価は次のとおりである。

表2-3-69　深摂の韻類

	一等	二等	三等	四等
開口	なし	なし	侵韻（*iĕm）	なし
合口	なし	なし	なし	なし

表2-3-70　臻摂の韻類

	一等	二等	三等	四等
開口	痕韻（*ən）	なし	真韻（*iĕn）／欣韻（*iən）	なし
合口	魂韻（*uən）	なし	文韻（*iuən）／諄韻（*iuĕn）	なし

蔡橋方言では、深摂、臻摂の韻母は鼻音韻尾が消失して開音節母音［ei］となっている。

第2章　蔡橋方言の音韻

表2-3-71　蔡橋方言における深摂、臻摂字の発音

韻母 (中古音)	臻摂						深摂
	開口一等	開口三等		合口一等	合口三等		開口三等
	痕韻 (*ən)	真韻 (*ĭĕn)	欣韻 (*ĭən)	魂韻 (*uən)	文韻 (*ĭuən)	諄韻 (*ĭuĕn)	侵韻 (*ĭĕm)
例字	根	亲	近	盆	蚊	准	今
発音	kei⁵⁵	tsʰei⁵⁵	dʑiei⁵³	bei¹¹	vei¹¹	tɕyei⁵³	tɕiei⁵⁵

また、曾摂韻母の中古音価は次のように推定されている。

表2-3-72　曾摂の韻類

	一等	二等	三等	四等
開口	登韻（*əŋ）	なし	蒸韻（*ĭəŋ）	なし
合口	登韻（*uəŋ）	なし	なし	なし

曾摂の発音は蔡橋方言では、［əŋ、ei、iei］の3種類である。合口一等と開口一等幇組では、中古の母音 əŋ がよく保持されている。他の場合には［ei、iei］と発音され、深摂、臻摂字の母音と合流している。

表2-3-73　蔡橋方言における曾摂韻母の発音

韻母 (中古音)	合口一等 登韻 (*uəŋ)	開口一等登韻 (*əŋ)		開口三等蒸韻 (*ĭəŋ)
蔡橋方言	[əŋ]	[ei]		[iei]
例字	弘 ɣəŋ¹¹	崩 bəŋ¹¹, 朋 bəŋ¹¹	肯 kʰei⁵³,等 tei⁵³,凳 tei³⁵, 邓 dei¹³,能 nei¹¹,增 tsei⁵⁵, 层 dzei¹¹,僧 sei⁵⁵,赠 tsei³⁵, 恒 ɣei¹¹	瞪 tei³⁵, 冰 pei⁵⁵, 凭 bei¹¹, 陵 nei¹¹	蒸 tɕiei⁵⁵,称 tɕʰiei⁵⁵, 乘 dʑiei¹¹,升 ɕiei⁵⁵, 承 dʑiei¹¹,拯 tɕiei⁵³, 证 tɕiei³⁵,秤 tɕʰiei¹³, 兴 ɕiei³⁵,鹰 iei⁵⁵, 应 ei³⁵

2.3.2.2.3 宕摂、江摂字

宕摂には、開口一等・三等、合口一等・三等の４つの韻類がある。江摂には開口二等しかない。それぞれの中古音価は次のように推定されている。

表2-3-74　宕摂、江摂の韻類

摂	宕摂				江摂
開合	開口		合口		開口
等位	一等	三等	一等	三等	二等
韻類	唐韻	陽韻	唐韻	陽韻	江韻
推定音価	*ɑŋ	*iaŋ	*uɑŋ	*ɨwaŋ	*ɔŋ

まず、宕摂開口一等は、蔡橋方言では幇組声母の場合、鼻母音 [ũ] となっているが、それ以外の声母の場合、[ɑŋ] となっており、中古の音価をほぼそのまま受けついでいる（表2-3-75 参照）。幇組においては、なぜ *ɑŋ＞ũ の変化が起こったのか。その理由は次のように考えられる。幇組声母は両唇音である。両唇音子音と母音の間にはわたり音 [-u-] が生じたと考えられる。その後、-u- に同化して主母音 ɑ が u となった。それに次いで軟口蓋の鼻音韻尾 [ŋ] も鼻母音となった。すなわち、*ɑŋ＞*uɑŋ＞*uŋ＞ũ という変化である。これと同じ原理によって、宕摂合口一等・三等韻母においても同じ変化が起き、[ũ] となっている（表2-3-76）。その結果、これらは山摂、咸摂合口一等・二等（*uɑn,wæn,wan＞ũ）と合流している。

表2-3-75　蔡橋方言における宕摂開口一等唐韻（*ɑŋ）字の母音の発音

声母	幇組	非幇組
蔡橋方言	[ũ]	[ɑŋ]
例字	帮 pũ⁵⁵,榜 pũ⁵³,旁 bũ¹¹,螃 bũ¹¹,忙 mũ¹¹,茫 mũ¹¹,蟒 mũ⁵³,傍 bũ¹¹	当 taŋ⁵⁵,汤 tʰaŋ⁵⁵,堂 daŋ¹¹,糖 daŋ¹¹,党 taŋ⁵³,躺 tʰaŋ⁵³,荡 daŋ¹³,烫 tʰaŋ¹³,郎 naŋ¹¹,狼 naŋ¹¹,浪 naŋ³⁵,脏 tsaŋ⁵⁵,仓 tsʰaŋ⁵⁵,藏 tsaŋ¹¹,桑 saŋ⁵⁵,嗓 saŋ⁵³,葬 tsaŋ³⁵,丧 saŋ³⁵,刚 kaŋ⁵⁵,缸 kaŋ⁵⁵,钢 kaŋ⁵⁵

表2-3-76　蔡橋方言における宕摂合口字の母音の発音

韻母 （中古音）	一等 （*uaŋ）	三等 （*iwaŋ）
蔡橋方言	[ũ]	
例字	旷 kʰũ¹³,广 kũ⁵³,谎 xũ⁵³, 光 kũ⁵⁵,慌 xũ⁵⁵,黄 ɣũ¹¹, 汪 ũ⁵⁵	方 xũ⁵⁵,妨 ɣũ¹¹,房 ɣũ¹¹,亡 ɣũ¹¹,纺 xũ⁵³,网 ũ⁵³,放 xũ³⁵, 访 xũ⁵³,忘 mũ⁵⁵,望 ɣũ¹³,狂 gũ¹¹,筐 kʰũ⁵⁵,逛 gũ¹³,况 kʰũ¹³, 王 ɣũ¹¹,旺 ũ³⁵

宕摂開口三等陽韻（*iaŋ）は、蔡橋方言ではほとんどの場合、[iaŋ]と発音されている。ただし、庄組声母の場合だけでは、介音[i]を落として、[aŋ]となっている。その原因は次のように考えられる。庄組の子音は舌面音であったが、その後、そり舌音の段階を経て今日では舌尖音となっている。介音 -i- はそり舌音と調音点が離れているため、相容れにくく、そのため、-i- が落ちたのではないかと考える。

表2-3-77　蔡橋方言における宕摂開口三等陽韻（*iaŋ）字の母音の発音

声母	庄組	非庄組
蔡橋方言	[aŋ]	[iaŋ]
例字	庄 tsaŋ⁵⁵,装 tsaŋ⁵⁵, 疮 tsʰaŋ⁵⁵,床 dzaŋ¹¹, 霜 saŋ⁵⁵	秧 iaŋ⁵⁵,娘 niaŋ¹¹,量 niaŋ¹¹,粮 niaŋ¹¹,梁 niaŋ¹¹,浆 tsiaŋ⁵⁵,枪 tsʰiaŋ⁵⁵, 墙 dziaŋ¹¹,详 dziaŋ¹¹,箱 siaŋ⁵⁵,昌 tɕʰiaŋ⁵⁵,伤 ɕiaŋ⁵⁵,常 dʑiaŋ¹¹, 张 tɕiaŋ⁵⁵,姜 tɕiaŋ⁵⁵,长₍長短₎ dʑiaŋ¹¹,裳 dʑiaŋ¹¹,尝 dʑiaŋ¹¹,偿 dʑiaŋ¹¹, 强₍強弱₎ dʑiaŋ¹¹,香 ɕiaŋ⁵⁵,乡 ɕiaŋ⁵⁵,羊 ziaŋ¹¹

最後に、江摂開口二等江韻（*ɔŋ）は、帮組声母の場合、宕摂開口一等帮組と同じ変化を起こして[ũ]となっている。その他の場合はほとんどが宕摂開口韻と合流して[aŋ]となっている。母音が*ɔ＞aのように変化した理由については、未詳である。

表2-3-78　蔡橋方言における江摂開口二等江韻（*ɔŋ）字の母音の発音

声母	帮組	知庄組		見系
蔡橋方言	[ũ]	[aŋ]		[iaŋ]
例字	邦 pũ⁵⁵,绑 pũ⁵³,胖 pʰũ¹³,庞 bũ¹¹,棒 bũ¹³	桩 tsaŋ⁵⁵,窗 tsʰaŋ⁵⁵, 撞 dzaŋ¹³	江 kaŋ⁵⁵,讲 kaŋ⁵³, 降₍霜降₎ kaŋ³⁵, 项 ɣaŋ¹³,巷 ɣaŋ¹³	腔 tɕʰiaŋ⁵⁵,降₍降落傘₎ tɕiaŋ³⁵,降₍投降₎ ziaŋ¹¹

2.3 中古音と蔡橋方言との対照

2.3.2.2.4 梗摂字

中古音の梗摂には庚韻、耕韻、清韻、青韻といった4つの韻類がある。曾摂は登韻、蒸韻の2つの韻類がある。それぞれの推定音価は次のとおりである。

梗摂開口字は蔡橋方言では［aŋ］、［iaŋ］、［əŋ］、［ei］、［iei］の5種の母音で現れる。

表2-3-79　蔡橋方言における梗摂開口字の発音

韻母 (中古音)	二等		三等		四等
	庚韻 (*ɐŋ)	耕韻 (*æŋ)	庚韻 (*ĭɐŋ)	清韻 (*ĭɛŋ)	青韻 (*ieŋ)
蔡橋方言	［ei］/［aŋ］/［əŋ］	［ei］/［iei］ ［aŋ］/［əŋ］	［ei］/［iei］/［iaŋ］		
例字	冷 naŋ⁵³,坑 kʰaŋ⁵⁵, 生 saŋ⁵⁵,硬 ŋaŋ⁵⁵/ 彭 bei¹¹,撑 tsʰei¹³, 更 kei³⁵,省 sei⁵³, 梗 kei⁵³,烹 pʰei⁵⁵, 衡 ɣei¹¹,杏 ɣei¹³, 甥 sei⁵⁵,庚 kei⁵⁵/ 孟 məŋ³⁵,盟 məŋ¹¹, 猛 məŋ⁵³	睜 dʑei¹³, 耕 kei⁵⁵/ 幸 ʑiei¹³, 鸚 iei⁵⁵, 莖 tɕiei⁵⁵/ 争 tsaŋ⁵⁵/ 棚 bəŋ¹¹, 萌 məŋ¹¹	兵 pei⁵⁵,评 bei¹¹, 鸣 mei¹¹,丙 pei⁵³/ 京 tɕiei⁵⁵,迎 ʑiei¹¹, 英 iei⁵⁵,敬 tɕiei³⁵, 境 tɕiei³⁵,警 tɕiei⁵³, 庆 tɕʰiei¹³/ 平 bian¹¹, 坪 bian¹¹, 病 bian¹³, 命 mian⁵⁵	并 pei³⁵,聘 pʰei¹³, 净 dʑei¹³,姓 sei³⁵, 名 mei¹¹,睛 tsei⁵⁵, 情 dʑei¹¹,饼 pei⁵³, 静 dʑei¹³,映 iei³⁵/ 郑 dʑiei¹³,正 tɕiei³⁵, 圣 ɕiei³⁵,劲 tɕiei³⁵, 呈 dʑiei¹¹,城 dʑiei¹¹, 婴 iei⁵⁵,整 tɕiei¹³/ 岭 nian⁵³,请 tsʰian⁵³, 井 tsian⁵³,晴 dʑian¹¹, 颈 tɕian⁵³,赢 ʑian¹¹	瓶 bei¹¹,定 dei¹³, 停 dei¹¹,顶 tei⁵³, 灵 nei¹¹,零 nei¹¹, 厅 tʰei⁵⁵,挺 tʰei⁵³, 形 dʑiei¹¹,经 tɕiei⁵⁵/ 鼎 tian⁵³,钉动词 tian³⁵, 青 tsʰian⁵⁵,星 sian⁵⁵, 腥 sian⁵⁵,醒 sian⁵³

（注）例外：①二等開口庚韻：盲［mũ¹¹］、②三等開口庚韻：明［mã¹¹］、
　　　　　　③四等開口青韻：听［tʰã¹³］

このうち、［əŋ］に発音されるのは庚韻二等と耕韻二等の5語だけであり、いずれも唇音子音を有するものである。以下では他の4種の発音（aŋ、iaŋ、ei、iei）を中心に考察する。

まず、［aŋ］、［ei］について。梗摂字の主母音が低・広母音［a］として現れることは東南方言に共通点する特徴である。北方官話ではこれらは殆ど高母音となっている（表2-3-80 参照）。张光宇（1991）によると、前者のような発音は古代北方の母音の舌位に近いという。

第 2 章　蔡橋方言の音韻

梗摂字在南方話普遍具有文白異読。……一般説来，白読音的元音較低――二等*ang 或者*aing，三四等*iang 或者三等*iang，四等*aing，……白読的低元音不見于北方，文読的較高元音則是北方話最普遍的現象，……那麼古代北方的元音高低就不難推測出来。

（梗摂字は南方方言において文白異読を持つのが普遍的な現象であり、白読音の母音が低い（二等は*ang もしくは*aing、三等・四等は*iang、あるいは三等は iang、四等は aing である）。一方、北方方言における梗摂字の白読音は一般に、低い母音ではなく、高い母音として現れる。……すると、古代北方方言の母音の高低が容易に推定できるだろう。）

（张光宇（1991：432）。日本語訳は筆者）

表2-3-80　漢語諸方言における梗摂開口字の発音

方言区	地点	例字				
		生	清	星	冷	硬
北方官話	北京	ʂən^{55}	tɕʰin^{55}	ɕin^{55}	lən^{214}	in^{51}
西南官話	成都	sən^{55}	tɕʰin^{55}	ɕin^{55}	nən^{53}	ŋən^{13}
湘語	長沙	sən^{33}	tsʰin^{33}	sin^{33}	lən^{41}	ŋən^{11}
呉語	蘇州	sã^{55}	tɕʰin^{55}	sin^{55}	lã^{31}	ŋã^{31}
贛語	南昌	sɑŋ^{55}	tɕʰiaŋ^{53}	ɕiaŋ^{53}	lɑŋ^{213}	ŋɑŋ^{21}
客家語	梅県	saŋ^{55}	tsʰiaŋ^{55}	sen^{55}	laŋ^{44}	ŋaŋ^{53}
閩語	福州	saŋ^{55}	tsʰiŋ^{55}	siŋ^{55}	lɛiŋ^{32}	ŋaiŋ^{242}
粤語	広州	saŋ^{53}	tsʰeŋ^{53}	seŋ^{53}	laŋ^{23}	ŋaŋ^{22}

（侯精一（2002）をもとに作成）

张光宇のいう梗摂字の「文白異読[13]」は多くの湘方言に存在する（表 2-3-81 参照）。

表2-3-81　湘語における梗摂字の母音

地域	白話音	文言音
韶山	iaŋ,iɛn	ən,in,yn
湘郷	õ,iõ	iã,ʌn,iʌn,uʌn,yʌn,in

---

[13] 文白異読とは、方音にはその地方の方言に立脚したその地方固有の字音と、首都の標準音の影響を受けた新しい字音とがあり、それを区別することがある。それを「文白異読」といい、前者を白話音，後者を文言音という（亀井孝ほか（1996：237）より引用）。

地域	白話音	文言音
長沙	uan,ian	ən,in,yn,oŋ,ioŋ
邵陽	iã	ən,in,yn,uŋ
溆浦	ã,iã	ɔ̃,ĩ,ỹ,ʌŋ

（周賽红（2005）をもとに作成）

蔡橋方言においては一部の梗摂字が「文白異読」を持っており、白話音の場合には［aŋ］と発音され、文言音の場合には［ei］と発音される（表2-3-82参照）。白話音は一般に、日常用語に使われることが多く、文言音は外部言語（中央語などの強勢言語）から取り入れた語彙に用いられることが多い。たとえば、"病"には［biaŋ¹³］と［bei¹³］の2つの発音がある。前者は白話音であり、「病気」の意味として単独に使われているが、後者は文言音で、"皮肤病［bi¹¹fu²¹bei¹³］"（皮膚病）などの新しく現れた語彙などに用いられている。このような例を見ると、文言音が外部言語（中央語などの強勢言語）から取り入れた語彙と深い関係を持っていることが分かる。

表2-3-82　蔡橋方言における梗摂開口字の文白異読

例字	白話音（使用例）	文言音（使用例）
病	biaŋ¹³（病刮三日 病了三天）	bei¹³（皮肤病）
领	niaŋ⁵³（衣领）	nei⁵³（领袖）
生	saŋ⁵⁵（鸡生蛋）	sei⁵⁵（学生）
行	ɣaŋ¹¹（行路 走路）	ʑiei¹¹（行为）
清	tsʰiaŋ⁵⁵（清水）	tsʰei⁵⁵（清明）
精	tsiaŋ⁵⁵（精肉）	tsei⁵⁵（精明）
声	ɕiaŋ⁵⁵（莫声 别出声）	ɕiei⁵⁵（声音）
平	biaŋ¹¹（路蛮平 路很平）	bei¹¹（公平）
命	miaŋ⁵⁵（命蛮好 命很好）	mei³⁵（命运）
轻	tɕʰiaŋ⁵⁵（蛮轻 很轻）	tɕʰiei⁵⁵（年轻）

以上から、蔡橋方言の一部の梗摂字における［aŋ、iaŋ］、［ei、iei］は、前者がより古い特徴を持つものであり、後者が官話方言などの借用の結果と考えられる。

次に、梗摂開口三等庚韻・清韻、四等青韻（*iɒŋ、*ieŋ、*ĭeŋ）は現在の蔡橋方言では［ei］、

［iei］と発音されている。

　このような変化の結果、梗摂開口韻は蔡橋方言では、他の摂と次のような合流を起こしている。
　まず、梗摂開口二等庚韻・耕韻の字は、*ɐŋ、*æŋ＞ɑŋ のような変化を起こした結果、宕摂開口、江摂開口（唇子音以外）と合流している。次に、梗摂開口三等庚韻・清韻の字は、*iɐŋ、*iɛŋ ＞ ei のような変化を起こした結果、深摂、臻摂、曾摂と合流している。図示すると次のようになる。

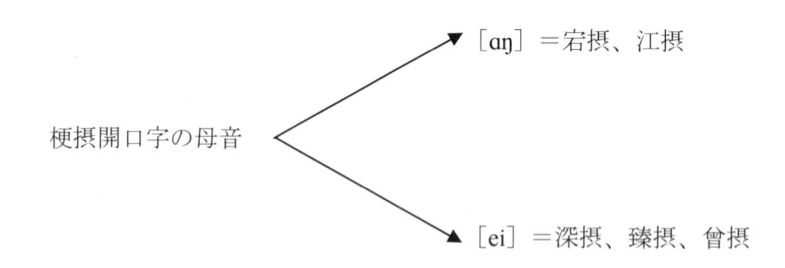

```
                    ▶ ［ɑŋ］＝宕摂、江摂
梗摂開口字の母音 〈
                    ▶ ［ei］＝深摂、臻摂、曾摂
```

図2-8　梗摂と他の摂における母音の合流

　周賽红（2005）によると、湘語の梗摂韻母と臻摂、深摂、曾摂韻母との母音の合流は遅くても宋代にすでに起こり始めたという。これは湘語を母語とした宋代詩人の作品から知ることができる。下に周賽红（2005：154）より宋代の詩の押韻例を引用する。いずれも押韻を重んじる韻律詩である。線の左右の字は本来、異なった摂に属しているため、韻を踏まないはずであったが、これらの詩においては互いに押韻している。

①（梗摂）"明"　──　（臻摂）"坤"

（胡宏《披襟》）

②（梗摂）"清"、"亭"、"听"　──　（深摂）"心"、"寻"、"吟"

（胡宏《題谈氏濯缨亭》）

③（梗摂）"庭"、"型"　──　（臻摂）"旬"、"春"、"姻"

（廖行之《鹧鸪天》）

④（梗摂）"宁"、"庭"、"经"、"星"　──　（深摂）"深"

（廖行之《上湖北赵司仓三首》）

⑤（梗摂）"声"、"耕"、"盟"、"生" ——（深摂）"林"

(乐雷发《题许介之誉文堂》)

ただし、今日の蔡橋方言では、一部の梗摂字（"明[mã11]"、"清（[tsʰiaŋ55]）"、"星（[siaŋ55]）"、"声（[ɕiaŋ55]）"、"生（[saŋ55]）"）は臻摂、深摂字とに合流せず、低母音をなお保っている。

最後に、梗摂合口は蔡橋方言では表2-3-83のような発音になっている。梗摂合口に配属された字は少ないが、今日の蔡橋方言では多種の発音を持っている。

表2-3-83　蔡橋方言における梗摂合口字の母音の発音

韻母 （中古音）	二等		三等		四等
	庚韻 (*wɐŋ)	耕韻 (*wæŋ)	清韻 (*iwɛŋ)	庚韻 (*iwɐŋ)	青韻 (*iweŋ)
蔡橋方言	[uei] / [ũ]	[əŋ]	[yei]	[yei] / [iəŋ]	[iəŋ] / [iaŋ]
例字	横ɣuei11/ 矿 kʰũ13	轰 xəŋ55, 宏 ɣəŋ11	营 ʑyei11, 顷 tɕʰyei53, 倾 tɕʰyei53	永 yei53, 荣 ʑyei11/ 兄 ɕiəŋ55	迥 tɕiəŋ53/ 萤 ʑiaŋ11

2.3.2.2.5　通摂字

通摂の中古音価は次のように推定されている。

表2-3-84　通摂の韻類

	一等	二等	三等	四等
開口	なし			
合口	東韻（*uŋ)	なし	東韻（*ĭuŋ)	なし
	冬韻（*uoŋ)	なし	鐘韻（*ĭwoŋ)	なし

蔡橋方言では、通摂韻母は主母音が *u,o＞ə となっているが、鼻音韻尾はそのまま引きつがれている。

第 2 章　蔡橋方言の音韻

表2-3-85　蔡橋方言における通摂字の母音の発音

韻母 (中古音)	一等				三等			
	東韻 (*uŋ)		冬韻 (*uoŋ)		東韻 (*ǐuŋ)		鐘韻 (*ǐwoŋ)	
例字	空	同	冬	松	风	虫	种 动词	蜂
発音	kʰəŋ⁵⁵	dəŋ¹¹	təŋ⁵⁵	dʑəŋ¹¹	fəŋ⁵⁵	dʑiəŋ¹¹	tɕiəŋ⁵³	pʰəŋ⁵⁵

2.3.2.2.6　鼻音韻母字のまとめ

　鼻音韻母は蔡橋方言において、①鼻音韻尾、②鼻母音、③開音節の3種類の音声形式として現れる（表 2-3-86 参照）。

表2-3-86　蔡橋方言と中古鼻音韻母の対応関係

種類	蔡橋方言	韻母
①	-ɑŋ	梗摂；宕摂、江摂開口（非唇音声母）
	-əŋ	通摂；曾摂合口一等、開口一等
②	-ã	咸摂開口一等・二等；山摂開口一等・二等、合口三等（唇音声母）
	-ĩ	咸摂開口三等・四等；山摂開口三等・四等
	-ũ	山摂合口一等・二等；宕摂・江摂開口（唇音声母）・合口
③	-ei	深摂開口三等、臻摂開合口一等・三等、曾摂開口一等・三等
	-ye	山摂合口三等・四等（非唇音声母）、開口三等（一部）

　①は中古の ŋ 韻尾を残すタイプ、②、③は鼻音韻尾［-n, -m, -ŋ］が鼻母音や開音節に変化したパターンである。鼻音韻尾の弱化の度合いは介音の種類や声母の種類と関係がある。たとえば、表 2-3-87 に示したように、山摂、咸摂では、介音を持たない開口一等・二等の字は鼻母音 ã に変化し、介音 -i- を持つ開口三等・四等の字は ĩ に変化している。また、介音 -u- を持つ合口一等・二等の字は鼻母音 ũ に変化し、介音 -i- を持つ三等・四等の字は声母が唇音の場合に鼻母音の ã に、非唇音の場合に母音 ye に変化している。鼻音韻尾の変化という点では、山摂合口三等・四等の非唇音声母が最も変化が進んでいることになる。

2.3 中古音と蔡橋方言との対照

表2-3-87　蔡橋方言における咸摂、山摂鼻音韻母の発音

蔡橋方言	韻母	中古推定音価
ã	山摂開口一等・二等	*ɑn,æn,an
	咸摂開口一等・二等	*ɒm,ɑm,ɐm,am
	咸摂合口三等（唇音声母）	*ĭwɐm
	山摂合口三等（唇音声母）	*ĭwɐn,ĭwen,iwen
ĩ	山摂開口三等・四等	*ĭɐn,ĭɛn,ien
	咸摂開口三等・四等	*ĭɐm,ĭɛm,iem
ũ	山摂合口一等・二等	*uɑn,wæn,wan
ye	山摂合口三等・四等（非唇音声母）	*ĭwɐn,ĭwen,iwen
	山摂開口三等の一部（例外）	*ĭɛn

　ちなみに、蔡橋郷周辺一部の地点、たとえば岩口舗鎮、塘田市鎮の方言[14]では、山摂は合口三等・四等のみならず、すべてが鼻音韻尾を落として開音節母音となっており、蔡橋方言より一歩進んだ変化を遂げている（表2-3-88、表2-3-89参照）。

表2-3-88　岩口舗鎮、塘田市鎮方言における山摂字の発音

韻母 （中古音）	開口				合口			
	一等	二等		三等	四等	一等	二等	三等	四等
	寒韻 (*ɑn)	山韻 (*æn)	删韻 (*an)	仙韻 (*ĭɛn)	先韻 (*ien)	桓韻 (*uɑn)	删韻 (*wan)	仙韻 (*ĭwen)	先韻 (*iwen)
例字	炭	山	顔	煎	田	短	関	船	県
蔡橋	tʰã	sã	ŋã	tsĩ	dĩ	tũ	kũ	dʑye	zye
岩口舗鎮	tʰa	sa	ŋa	tɕie	die	tua	kua	dʑye	zye
塘田市鎮	tʰa	sa	ŋa	tɕie	die	tua	kua	dʑye	zye

表2-3-89　岩口舗鎮、塘田市鎮方言における咸摂字の発音

韻母 （中古音）	一等		二等		三等		四等
	覃韻 (*ɒm)	談韻 (*ɑm)	咸韻 (*ɐm)	銜韻 (*am)	塩韻 (*ĭɛm)	厳韻 (*ĭɐm)	添韻 (*iem)
例字	含	敢	咸	衫	尖	欠	甜

---

[14] 両地点の方言データは筆者が2008年2月に行った調査によるものである。

韻母 (中古音)	一等		二等		三等		四等
	覃韻 (*ɒm)	談韻 (*ɑm)	咸韻 (*ɐm)	銜韻 (*am)	塩韻 (*iɛm)	厳韻 (*iɐm)	添韻 (*iem)
例字	含	敢	咸	衫	尖	欠	甜
蔡橋	ɣã	kã	ɣã	sã	tsĩ	tɕĩ	dĩ
岩口舗鎮	ɣo	kua	ɣo	sa	tɕie	tɕʰie	die
塘田市鎮	ɣa	ka	ɣa	sa	tɕie	tɕʰie	die

2.3.2.3 入声韻母字

2.3.2.3.1 咸摂、山摂入声字

咸摂、山摂の入声韻母は次のような中古音価を有すると推定されている。

表2-3-90　咸摂入声の韻類

	一等	二等	三等	四等
開口	合韻（*ɒp）	洽韻（*ɐp）	葉韻（*iɛp）	帖韻（*iep）
	盍韻（*ɑp）	狎韻（*ap）	業韻（*iɐp）	
合口	なし	なし	乏韻（*iwɐp）	なし

表2-3-91　山摂入声の韻類

	一等	二等	三等	四等
開口	曷韻*ɑt	黠韻（*æt）	薛韻（*iɛt）	屑韻（*iet）
		鎋韻（*at）	月韻（*iɐt）	
合口	末韻*uɑt	黠韻（*wæt）	薛韻（*iwɛt）	屑韻（*iwet）
		鎋韻（*wat）	月韻（*iwɐt）	

蔡橋方言では、咸摂、山摂の入声開口一等韻母は入声韻尾の脱落するとともに、見系声母の場合のみ、母音が［ʊ］と高母音化し、他の声母では母音が低母音［ɑ］となっている（表2-3-92参照）。見系声母は軟口蓋子音であるため、母音の舌位が高くなりやすく、*ɑ/ɒ＞ʊのような高母音化を起こしたのである。

表2-3-92　蔡橋方言における咸摂入声開口一等字の母音の発音

韻母（中古音）	合韻（*ɒp）		盍韻（*ɑp）	
声母	見系以外	見系	見系以外	見系
蔡橋方言	[ɑ]	[ʊ]	[ɑ]	[ʊ]
例字	答 tɑ⁵⁵,搭 tɑ⁵⁵,踏 tʰɑ¹³, 納 nɑ³⁵,拉 nɑ⁵⁵,杂 tsɑ³⁵	合 xʊ³⁵,鸽 kʊ⁵⁵, 喝 xʊ⁵⁵,盒 xʊ³⁵	塔 tɑ⁵⁵,塌 tʰɑ⁵⁵, 蜡 nɑ⁵⁵,腊 nɑ⁵⁵	磕 kʊ⁵⁵

表2-3-93　蔡橋方言における山摂入声開口一等字の母音の発音

韻母（中古音）	曷韻（*ɑt）	
声母	見系以外	見系
蔡橋方言	[ɑ]	[ʊ]
例字	达 tɑ³⁵,捺 nɑ³⁵,辣 nɑ³⁵,擦 tsʰɑ⁵⁵,撒 sɑ⁵⁵	割 kʊ⁵⁵,葛 kʊ⁵⁵,渴 kʰʊ⁵⁵,喝 xʊ⁵⁵

　前舌母音であった咸摂、山摂の<u>開口二等</u>韻は韻尾を落とした後、さらに後舌化を起こして後舌母音［ɑ］となっている（表2-3-94、表2-3-95参照）。

表2-3-94　蔡橋方言における咸摂入声開口二等字の母音の発音

韻母（中古音）	洽韻（*ɐp）		狎韻（*ap）
声母	非見系声母	見系声母	
蔡橋方言	[ɑ]		
例字	眨 tsɑ⁵⁵,插 tsɑ⁵⁵, 闸 tsɑ⁵⁵,炸 tsɑ⁵⁵	恰 kʰɑ⁵⁵,掐 kʰɑ⁵⁵, 峡 ɕiɑ³⁵,洽 tɕʰiɑ¹³	甲 tɕiɑ⁵⁵,胛 tɕiɑ⁵⁵,匣 ɕiɑ³⁵, 鸭 ɑ⁵⁵,押 iɑ⁵⁵,压 iɑ⁵⁵

（注）例外："夹"夹菜 ［kie⁵⁵］、"夹"铁夹;火钳 ［kɑ⁵⁵］、"狭" ［xɑ³⁵］

表2-3-95　蔡橋方言における山摂入声開口二等字の母音の発音

韻母（中古音）	黠韻（*æt）		鎋韻（*æt）	
声母	非見系声母	見系声母	非見系声母	見系声母
蔡橋方言	[ɑ]			
例字	八 pɑ⁵⁵,拔 pɑ⁵⁵,抹 mɑ⁵⁵, 扎 tsɑ⁵³,察 tsʰɑ⁵⁵,杀 sɑ⁵⁵	轧 ŋɑ³⁵	铡 tsɑ³⁵	瞎 xɑ⁵⁵, 辖 ɕiɑ³⁵

第 2 章　蔡橋方言の音韻

　山摂の入声合口一等と合口二等韻母はそれぞれ [ʊ]、[ɑ] となっている（表 2-3-96 参照）。いずれも入声韻尾が脱落したあと、後舌の高母音であった介音 -w- の影響によって [ʊ]、[ɑ] に変化したと考えられる。

表2-3-96　蔡橋方言における山摂入声合口一等・二等字の母音の発音

韻母（中古音）	一等末韻（*wɑt）		二等轄韻（*wæt）	
声母	見系以外	見系	見系以外	見系
蔡橋方言	[ʊ]		[ɑ]	
例字	钵 pʊ⁵⁵,拨 pʊ⁵⁵,泼 pʰʊ⁵⁵, 末 mʊ³⁵,沫 mʊ³⁵,掇 tʊ⁵⁵, 脱 tʰʊ⁵⁵,夺 tʊ³⁵,撮 tsʰʊ⁵⁵	括 kʰʊ¹³,阔 kʰʊ¹³, 豁 xʊ⁵⁵,活 xʊ³⁵	刷 sɑ⁵⁵	刮 kuɑ⁵⁵, 鸹 ɑ⁵⁵

　咸山、摂摂の入声開口三等・四等韻母は韻尾を落として [ie] となっている（表 2-3-97、表 2-3-98）。すなわち、*iɛp/*iɛt＞*iɛ＞ie, *ɐp/*iɛt＞*iɛ＞ie, *iep/*iet＞ie のような変化である。

表2-3-97　蔡橋方言における咸摂入声開口三等・四等字の母音の発音

韻母（中古音）	三等		四等
	葉韻（*iɛp）	業韻（*ɐp）	帖韻（*iep）
蔡橋方言	[ie]		
例字	涉 ɕie³⁵,折 tɕie⁵⁵,页 ie³⁵, 叶 ie³⁵,聂 nie³⁵,镊 nie³⁵, 猎 nie³⁵,接 tsie⁵⁵,妾 tɕʰie⁵⁵	劫 tɕie³⁵, 怯 tɕʰie¹³, 协 ɕie³⁵	跌 tie⁵⁵,帖 tʰie⁵⁵,贴 tʰie⁵⁵, 叠 tie⁵⁵,蝶 tʰie¹³,谍 tʰie¹³, 碟 tʰie¹³,挟 ɕie³⁵,协 ɕie³⁵

（注）例外："业" [ĩ⁵⁵]

表2-3-98　蔡橋方言における山摂入声開口三等・四等字の母音の発音

韻母（中古音）	三等		四等
	薛韻（*iɛt）	月韻（*ɐt）	屑韻（*iet）
蔡橋方言	[ie]		
例字	别 bie¹³,灭 mie³⁵,列 nie³⁵,烈 nie³⁵, 裂 nie³⁵,薛 sie³⁵,泄 sie³⁵,哲 tɕie⁵⁵, 折 tɕie⁵⁵,浙 tɕie⁵⁵,彻 tɕʰie⁵⁵, 撤 tɕʰie⁵⁵,杰 tɕʰie¹³,舌 ɕie³⁵,设 ɕie³⁵	揭 tɕie⁵⁵,歇 ɕie⁵⁵, 蝎 ɕie⁵⁵	憋 pie⁵⁵,撇 pʰie⁵³,铁 tʰie⁵⁵, 捏 nie⁵⁵,节 tsie⁵⁵,切开 tsʰie⁵⁵, 截 tsie⁵⁵,结 tɕie⁵⁵,洁 tɕie⁵⁵, 噎 ie⁵⁵

（注）例外："篾" [mĩ⁵⁵]、"热" [ĩ³⁵]、"孽" [ĩ⁵⁵]

2.3 中古音と蔡橋方言との対照

咸摂、山摂入声の合口三等・四等字は非組以外の声母では、韻尾を落として [ye] となっている。一方、非組声母では韻尾が脱落したあと、介音が唇音性の子音に吸収されて、後舌化を経て単母音 [ɑ] となっている。

表2-3-99 蔡橋方言における咸摂・山摂入声合口三等・四等字の母音の発音

韻母 (中古音)	咸摂	山摂		
		三等		四等
	凡韻 (*iwɐp)	月韻 (*iwɐt)	薛韻 (*iwɛt)	屑韻 (*iwɛt)
声母	非組（唇音性子音）	非組以外（非唇音性子音）		
蔡橋方言	[ɑ]	[ye]		
例字	法 fɑ⁵⁵, 乏 fɑ³⁵	发 fɑ⁵⁵,発 fɑ⁵⁵, 伐 fɑ³⁵,筏 fɑ³⁵, 罚 fɑ³⁵,袜 ɣuɑ¹³	掘 tɕye³⁵,月 ye⁵⁵, 越 ye³⁵,曰 ye⁵⁵, 粤 ye³⁵	绝 dʑye¹³,雪 sye⁵⁵, 拙 tɕye⁵⁵,说 ɕye⁵⁵, 悦 ye⁵⁵,阅 ye⁵⁵	决 tɕye⁵⁵,诀 tɕye⁵⁵, 缺 tɕye⁵⁵,血 ɕye⁵⁵, 穴 ɕye⁵⁵

咸摂、山摂における入声韻母の合口三等・四等は、鼻音韻母の合口三等・四等字(pp.82-83参照)と平行した変化が起きたと考えられる（表2-3-100 参照）。すなわち、主母音が非組声母（唇子音）の場合、母音が低・広母音となっているが、非組以外声母（非唇子音）では韻尾を落とし、介音-y-を持つ複母音 [ye] となっている。

表2-3-100 蔡橋方言における咸摂、山摂合口三等・四等の鼻音韻母と入声韻母の発音

韻母	咸摂	山摂		
		三等		四等
	入声韻尾	鼻音韻尾		入声韻尾
声母	非組（唇音性子音）		非組以外（非唇音性子音）	
蔡橋方言	[ɑ]	[ã]	[ye]	
例字	发 fɑ⁵⁵,法 fɑ⁵⁵	反 fã⁵³,烦 vã¹¹	元 ʑye¹¹,月 ye⁵⁵	县 ʑye¹³,血 ɕye⁵⁵

2.3.2.3.2 深摂、臻摂、曾摂入声字

深摂、臻摂、曾摂入声韻母の中古音価は次のとおりである。

表2-3-101　深摂の韻類

	一等	二等	三等	四等
開口	なし	なし	緝韻（*iĕp）	なし
合口	なし			

表2-3-102　臻摂の韻類

	一等	二等	三等	四等
開口	なし	なし	質韻（*iĕt）	なし
			迄韻（*iət）	
合口	没韻*uət	なし	術韻（*iuĕt）	なし
			物韻（*iuət）	

　深摂、臻摂入声の開口三等韻母は入声韻尾が脱落するとともに、知組、章組、日組声母の場合は母音が［ɨ］となり、それ以外の声母の場合は殆ど［i］と単母音化している。ただし、例外として"澁"［sie⁵⁵］、"吉"［tɕie⁵⁵］、"乙"［ie³⁵］、"虱"［sie⁵⁵］の4字が［ie］となっている。合口三等韻母は、見組、章組、精組、泥組など舌尖音声母の場合は母音が［ɨ］となり、また唇音声母の場合は［ɯ］となっている。最後に、合口一等韻母は、唇音声母の場合は［ʊ］となり、非唇音声母の場合は［ɯ］となっている。

表2-3-103　蔡橋方言における深摂、臻摂入声韻母字の母音の発音

韻母（中古音）	深摂	臻摂		
	開口三等	開口三等	合口一等	合口三等
	緝韻（*iĕp）	質韻、迄韻（*iĕt、*iət）	臻摂没韻（*uət）	臻摂術韻、物韻（*iuĕt、*iuət）
蔡橋方言	i ɨ ie	i ɨ ie	ɯ ʊ	ɨ ɯ
例字	粒 ni⁵⁵,集 tsi³⁵,习 si³⁵,吸 ɕi⁵⁵,急 tɕi⁵⁵,泣 tɕʰi⁵⁵,及 tɕi⁵⁵	笔 pi⁵⁵,匹 pʰi⁵³,栗 ni⁵⁵,七 tsʰi⁵⁵,疾 tɕi³⁵,悉 si⁵⁵,一 i⁵⁵,乞 tɕʰi⁵⁵	突 tʰɯ⁵⁵,忽 fɯ⁵⁵,窟 kʰɯ⁵⁵,卒 tsɯ⁵⁵	出 tɕʰɨ⁵⁵,屈 tɕʰɨ⁵⁵,橘 tɕɨ³⁵,律 nɨ⁵⁵,率 nɨ⁵⁵,骏 tsʰɨ⁵⁵,恤 sɨ⁵⁵
	湿 ɕɨ⁵⁵,十 ɕɨ³⁵,拾 ɕɨ³⁵,入 zɨ¹³,汁 tɕɨ⁵⁵,蛰 tɕɨ³⁵	侄 dʑɨ¹³,质 tɕɨ³⁵,实 ɕɨ³⁵,失 ɕɨ⁵⁵	勃 pʊ⁵⁵,馞 pʊ⁵⁵	勿 vɯ¹³,物 vɯ¹³,佛 fɯ³⁵
	澁 sie⁵⁵	虱 sie⁵⁵,吉 tɕie⁵⁵,乙 ie³⁵		

(注) 例外：臻摂入声開口三等迄韻 *iət ＞ei ("密"[mei³⁵])

2.3.2.3.3　宕摂、江摂入声字

宕摂、江摂の入声韻母は次のような中古音価を有すると推定されている。

表2-3-104　宕摂、江摂入声韻母の韻類

		一等	二等	三等	四等
宕摂	開口	鐸韻（*ɑk）	なし	薬韻（*iak）	なし
	合口	鐸韻（*uɑk）	なし	薬韻（*iwak）	なし
江摂		なし	なし	覚韻*ɔk	なし	なし

宕摂、江摂入声字は、蔡橋方言では入声韻尾が脱落し、主母音がほとんど高母音［ʊ］に変わっている（表2-3-105参照）。これは、軟口蓋音の韻尾［k］の影響を受けて、主母音が *ɑ/a>ʊ, *ɔ>ʊ のような高母音化を起こしたのである（p.94参照）。

合口に関しては、宕摂合口三等薬韻の例字が『方言調査字表』に3つしか挙げられていない。しかも、インフォーマントはその中の1つ、"縛"［fɯ³⁵］という字しか読めなかった。この字は主母音が［ʊ］ではなく、［ɯ］と発音されたが、その理由は、唇歯音声母の同化を受けた結果と考えられる。また、江摂には "雹"［pʰəɯ⁵⁵］、"朴"［pʰɯ⁵³］の2つの例外があった。これらも唇子音の影響の結果と思われる。

表2-3-105　蔡橋方言における宕摂、江摂入声字の母音の発音

韻母 (中古音)	宕摂			江摂	
	開口一等 鐸韻 (*ɑk)	合口一等 鐸韻 (*uɑk)	開口三等 薬韻 (*iak)	開口二等 覚韻 (*ɔk)	
蔡橋方言	［ʊ］		［iʊ］	［ʊ］	［iʊ］
例字	各 kʊ⁵⁵,鄂 ŋʊ⁵⁵,薄 bʊ¹³,莫 mʊ³⁵,寞 mʊ³⁵,托 tʰʊ⁵⁵,落 nʊ³⁵,作 tsʊ³⁵,错 tsʰʊ⁵⁵,凿 tsʰʊ¹³,恶 ʊ⁵⁵,昨 dzʊ¹³,索 sʊ⁵⁵,鹤 xʊ⁵⁵	郭 kʊ⁵⁵,霍 xʊ³⁵	着₍冻着₎tɕʰiʊ⁵⁵,脚 tɕiʊ⁵⁵,略 niʊ⁵⁵,削 ɕiʊ⁵⁵,勺 ɕiʊ³⁵,若 ziʊ¹³,弱 ziʊ¹³,却 tɕʰiʊ¹³,约 iʊ⁵⁵	角 kʊ⁵⁵,确 kʰʊ¹³,壳 kʰʊ⁵⁵,剥 pʊ⁵⁵,桌 tsʊ⁵⁵,卓 tsʊ⁵⁵,戳 tsʰʊ⁵⁵,浊 tsʰʊ⁵⁵,捉 tsʊ⁵⁵,握 ʊ³⁵	学 ɕiʊ³⁵,岳 iʊ³⁵

2.3.2.3.4 梗摂、曾摂入声字

梗摂、曾摂入声韻母の中古音価は次のように推定されている。

表2-3-106　梗摂入声韻母の韻類

		一等	二等	三等	四等
開口		なし	陌韻（*ɐk）	陌韻（*iɐk）	錫韻（*iek）
		なし	麦韻（*æk）	昔韻（*iɛk）	なし
合口		なし	陌韻（*wɐk）	陌韻（*iwɐk）	錫韻（*iwek）
		なし	麦韻（*wæk）	昔韻（*iwɛk）	なし

表2-3-107　曾摂入声韻母の韻類

	一等	二等	三等	四等
開口	徳韻（*ək）	なし	職韻（*iək）	なし
合口	徳韻（*uək）	なし	職韻（*iwək）	なし

蔡橋方言では、梗摂入声開口二等韻が［ɑ］、［ie］と発音される。開口三等韻は章組声母では［iɑ］となり、それ以外の声母では［i］、［ii̇］となっている。開口四等韻は［iɑ］となり、開口三等（章組声母）と合流している。合口三等韻は［ii̇］となっている（表2-3-108参照）。

表2-3-108　蔡橋方言における梗摂入声字の母音の発音

韻母 （中古音）	開口二等 陌韻（*ɐk） 麦韻（*æk）		開口三等 昔韻 （*iɛk）			合口三等 昔韻 （*iwɛk）	開口四等 錫韻 （*iek）
蔡橋方言	［ɑ］	［ie］	［iɑ］	［i］	［ii̇］	［ii̇］	［iɑ］
例字	客 kʰɑ⁵⁵, 額 ŋɑ⁵⁵, 拆 tsʰɑ⁵⁵, 吓 xɑ⁵⁵, 射 zɑ⁵⁵, 择 tsʰɑ¹³, 麦 mɑ³⁵, 摘 tsɑ⁵⁵	格 kie⁵⁵,拍 pʰie⁵⁵,魄 pʰie⁵⁵,白 bie¹³,陌 mie³⁵,泽 tsʰie⁵⁵,宅 tsie⁵⁵,隔 kie⁵⁵,册 tsʰie⁵⁵,扼 nie³⁵	只 tɕiɑ⁵⁵, 赤 tɕʰiɑ⁵⁵, 尺 tɕʰiɑ⁵⁵, 石 ɕiɑ³⁵（章組声母）	亦 i³⁵,僻 pʰi¹³,辟 pʰi¹³,迹 tsi⁵⁵,籍 tsi⁵⁵,惜 si⁵⁵,席 si³⁵,益 i³⁵（非章組声母）	斥 tɕii̇³⁵,积 tsi⁵⁵,适 ɕii̇⁵⁵,脊 tsi⁵⁵,藉 tsi³⁵,昔 si⁵⁵,夕 si⁵⁵,	疫 zii̇³⁵,役 zii̇³⁵	吃 tɕʰiɑ⁵⁵,壁 piɑ⁵⁵,劈 pʰiɑ⁵⁵,滴 tiɑ³⁵,踢 tʰiɑ⁵⁵

2.3 中古音と蔡橋方言との対照

一方、曾摂入声の開口一等韻は［ie］となり、開口三等韻は声母によって異なり、庄組、幇組声母の場合は［ie］となり、見系、精組、泥組声母の場合は［i］となり、知組、章組の場合は［ɿ］となっている。また、合口三等韻は［ɿ］と発音され、合口一等韻は［ye］となっている（表2-3-109 参照）。

表2-3-109　蔡橋方言における曾摂入声字の母音の発音

韻母 (中古音)	開口一等 徳韻 (*ək)	開口三等 職韻 (*ɨək)			合口三等 職韻 (*ɨək)	合口一等 徳韻 (*uək)
蔡橋方言	［ie］	［ie］	［i］	［ɿ］	［ɿ］	［ye］
例字	刻 kʰie⁵⁵,北 pie⁵⁵,墨 mie³⁵,得 tie⁵⁵,特 tʰie⁵⁵,勒 nie³⁵,则 tsie⁵⁵,贼 dzie¹³,塞 sie⁵⁵,黑 xie⁵⁵	逼 pie⁵⁵,侧 tsie³⁵,测 tsʰie⁵⁵,色 sie⁵⁵	翼 i³⁵,极 tɕʰi¹³,匿 i³⁵,力 ni⁵⁵,鲫 tsi⁵⁵,息 si⁵⁵,亿 i³⁵	直 dʑɿ¹³,值 dʑɿ¹³,织 tɕɿ⁵⁵,食 ɕɿ³⁵,识 ɕɿ³⁵,植 dʑɿ¹³	域 zɿ³⁵	国 kye⁵⁵

2.3.2.3.5 通摂入声字

通摂諸韻の中古音価は次のように推定されている。

表2-3-110　通摂入声の韻類

	一等	二等	三等	四等
開口	なし			
合口	屋韻（*uk）	なし	屋韻（*ɨuk）	なし
	沃韻（*uok）	なし	燭韻（*ɨwok）	なし

蔡橋方言における通摂入声韻母は一等韻、および非見系声母の三等韻の場合には、殆どが非円唇性の後・高母音［ɯ］となっているが、一部の屋韻三等韻だけが［y］と発音される。一方、見系声母の三等韻の場合、中舌音［ɿ］となっている。

通摂入声韻母は韻尾の部分を除けば、遇摂と同じ母音をもっている。たとえば、遇摂においても、一等韻（模韻*u）が *u>ɯ のような非円唇化を起し、三等韻（虞韻*ɨu、魚韻

第2章　蔡橋方言の音韻

*ɨo）が *ɨo/*ɨu＞*u＞ɯ のような単母音化、非円唇化の変化を起している（pp. 63-64 参照）。両者における母音変化はほぼ平行して起きたと考えられる。

　ただし、通摂と遇摂の間には次のような相違点も観察されている。一つは、精組、泥組など舌尖音声母の場合、遇摂三等韻が複合母音［ii̘］となっている（p. 65 参照）のに対し、通摂三等韻は［ɯ］となっていることである。もう一つは、通摂では見系声母の場合のみ、中舌音［i̘］となっているのに対して、遇摂では見系声母の場合のみならず、知組や章組声母の場合も［i̘］となっている点（pp. 65-66 参照）である（表 2-3-37、表 2-3-38 参照）。なぜこのような違いが生じたのだろうか。その原因は通摂の韻尾にあると考えられる。通摂韻尾の脱落は早くても元代以降と推定されている。元代以降、韻尾の脱落に続いて、母音の変化が始まったが、その時介音 -i- がすでに落とされていたため、知組、章組子音を中舌音 i に変えようとする条件がなくなっていたのではないかと思われる。

表2-3-111　蔡橋方言における通摂入声字の母音の発音

韻母（中古音）	一等 屋韻（*uk）	一等 沃韻（*uok）	三等 屋韻（*ɨuk）			三等 燭韻（*ɨwok）	
声母			非見系（大部分）	非見系（一部分）	見系	非見系（大部分）	見系
蔡橋方言	［ɯ］		［ɯ］	［y］	［i̘］	［ɯ］	［i̘］
例字	谷 kɯ⁵⁵, 鹿 nɯ⁵⁵, 仆 pʰɯ⁵⁵, 读 dɯ¹³, 秃 tʰɯ⁵⁵, 族 tsʰɯ¹³, 速 sɯ³⁵, 屋 vɯ⁵⁵, 哭 kʰɯ⁵⁵	酷 kʰɯ¹³, 毒 tɯ³⁵, 督 tɯ⁵⁵	畜 tsʰɯ⁵⁵, 筑 tsɯ³⁵, 逐 tsʰɯ¹³, 轴 tsʰɯ¹³, 服 fɯ³⁵, 福 fɯ³⁵, 复 fɯ⁵⁵, 腹 fɯ³⁵, 缩 sɯ⁵⁵, 淑 sɯ⁵⁵, 祝 tsɯ³⁵, 肃 sɯ³⁵, 宿 sɯ³⁵	六 ny³⁵, 竹 ty⁵⁵, 粥 tɕy⁵⁵, 叔 ɕy⁵⁵, 熟 ɕy³⁵	菊 tɕi̘³⁵, 育 ʑi̘³⁵	褥 dʑɯ¹³, 绿 nɯ⁵⁵, 束 tsʰɯ⁵⁵, 触 tsʰɯ¹³, 属 sɯ³⁵, 烛 tsɯ⁵⁵, 粟 sɯ³⁵, 俗 sɯ³⁵, 足 tsɯ⁵⁵	局 tɕi̘³⁵, 曲 tɕʰi̘⁵⁵, 玉 ʑi̘³⁵, 狱 ʑi̘³⁵, 欲 ʑi̘³⁵, 浴 ʑi̘³⁵

2.3 中古音と蔡橋方言との対照

ところで、蔡橋方言における通摂入声韻の発音には一部の例外が観察されている。すなわち、"木 [məŋ⁵⁵]"、"目 [məŋ⁵⁵]"、"肉 [niəŋ⁵⁵]" などの入声字が鼻音韻に変化したことである。これについては次節で考察する。

2.3.2.4 蔡橋方言における「陰陽入対転」

2.3.2.2.6 では、鼻音韻尾が脱落して開音節になる変化を見た。本節ではそれとまったく逆の音韻変化、すなわち、開音節など非鼻音性の韻尾が鼻音韻尾に変わる、という現象について見てみる。

中国の伝統的な音韻学では、韻尾の特徴により韻母が3種類に分けられている。ゼロ韻尾や -i、-u でおわる韻母は「陰声調」、鼻音韻尾でおわる韻母は「陽声調」、子音韻尾 -p、-t、-k でおわる韻母は「入声調」とそれぞれ名づけられる。これらの韻母は相対応する組をなしており、ある条件の下で互いに変化する。これは「陰陽入対転」と呼ばれる。こういった現象は蔡橋方言において数は少ないが、存在している。

まず、「陰声調」（開音節）であった韻母が「陽声調」（鼻音韻母）に変じる例は表 2-3-112 のとおりである。

表2-3-112　蔡橋方言における鼻音韻尾となった中古開音節字

韻母 (中古音)		遇合一模 (*mu)	遇合一暮 (*mu)	流開一厚 (*məu)	流開三有 (*nĭəu)	流開三尤 (*ŋĭəu)
声母 (中古音)		明母 (*m)	明母 (*m)	明母 (*m)	泥母 (*n)	疑母 (*ŋ)
蔡橋方言	例字	模	墓　募	母	扭	牛
	発音	məŋ¹¹	məŋ⁵⁵　məŋ⁵⁵	məŋ⁵³	iəŋ³⁵	niəŋ¹¹

このような現象は、現代音声学の原理で「同化」と解釈することが可能だと考える。「同化」とはある音が同音節における他の音を自らと同じ素性の音に変化させることをさす。前の音が次の音を同化する場合は「順行同化」、逆の場合は「逆行同化」とよばれる。表 2-3-112 の字に共通するところは、いずれも声母が鼻音であることである。声母の鼻音性子音 [m/ŋ] に同化され、開音節だった韻母が鼻母音や鼻音になる、といった「順行同化」が起こったと考える。その変化の過程は次のように考えられる。

表 2-3-112 の変化：　　*mu　＞　muə　＞　məŋ
　　　　　　　　　　　*məu　＞　məŋ

表 2-3-112 の字が鼻音［ŋ］になっている原因は［u］と［ŋ］の関係にあると考えられる。菊田正信によると、両者には次のような「親縁的な関係」があるという。

　　　…/u/は舌根を軟口蓋に近づけて調音し、/ŋ/は舌根が軟口蓋後部に接している。

　　　　　　　　　　　　　　　　　　　　　　　　　　　　菊田正信（1967：174）

音韻変化は一般に発音部位が近い音の間に起こりやすい。したがって、［u］韻尾の字は鼻音［ŋ］に変化する可能性がある。

-k でおわる入声字の一部が蔡橋方言で鼻音韻［-ŋ］になる現象（表 2-3-113）も同じ原理で説明することができる。すなわち、表 2-3-113 の字はいずれも声母が鼻音であり、入声韻尾 –k が声母の鼻音性子音［m/ŋ］に同化され、［-ŋ］に変化した、というものである。

表2-3-113　蔡橋方言における鼻音韻母となった入声字

韻母 （中古音）	通合三屋 (*ɨuk)		宕開一鐸 (*ɑk)		通合一屋 (*uk)
声母 （中古音）	日母 (*nʑ)	明母 (*m)	明母 (*m)	泥母 (*n)	明母 (*m)
例字	肉 niəŋ⁵⁵	目 məŋ⁵⁵, 穆 məŋ⁵⁵, 牧 məŋ⁵⁵	寞 məŋ¹¹, 幕 məŋ¹¹	囊 naŋ¹¹	木 məŋ⁵⁵

2.3.2.5　まとめ

本節では、中古韻母と現代蔡橋方言母音の対応関係を考察した。表 2-3-114～表 2-3-118（pp. 106-110）は現代蔡橋方言の母音を軸にまとめたものである。この表を通して、現代蔡橋方言の母音がそれぞれどの韻母から来源するかが分かる。表 2-3-119、表 2-3-120（pp. 111-112）は中古韻母を軸に蔡橋方言の韻母を考察したものである。これを通して、中古音から現代蔡橋方言までいかなる分流・合流の変化がなされたかについて、その結果を全体的に把握することができる。

中古韻母と蔡橋方言母音の対応関係から、蔡橋方言の母音の変遷には次のような特徴があることが分かる。

①　主母音の高舌化

多くの鼻音韻母では母音の高舌化が起きている。変化の誘因としては中古介音の影

響が考えられる。たとえば、咸摂、山摂、宕摂、江摂などは、介音を持たない開口一等・二等韻の場合、ほとんど広・低母音のままであるが、介音 -i- を持つ開口三等・四等韻では介音の同化を受けて［i］と高舌化されている。また、介音 -u- を持つ合口一等・二等韻においても同じく介音の同化により［ɯ］と高舌化されている。

② 鼻音韻尾の弱化

鼻音韻尾の弱化は漢語方言において広範に見られる現象である。たとえば、現代北京官話では -m が -n に合流し、-n と -ŋ の2種類の鼻音韻尾が存在する。呉方言では変化がより進んでおり、-ŋ 1種類の鼻音韻尾しかない。蔡橋方言では鼻音韻尾［-n、-m、-ŋ］の多くは鼻母音、開音節に変化している。鼻音韻尾の変化の度合いは介音の種類や声母子音の種類と関係がある。たとえば、山摂、咸摂では、介音を持たない開口一等・二等の字は鼻母音 ã に変化し、介音 -i- を持つ開口三等・四等の字は ĩ に変化している。また、介音 -u- を持つ合口一等・二等の字は鼻母音 ũ に変化し、介音 -i- を持つ三等・四等の字は声母が唇音の場合に鼻母音の ã に、非唇音の場合に母音 ye に変化している。

表2-3-114　蔡橋方言母音と中古韻母の対応表（1/7）

中古\蔡橋	果摂 開 一	果摂 開 三	果摂 合 一	果摂 合 三	仮摂 開 二	仮摂 開 三	仮摂 合 二	遇摂 合 一	遇摂 合 三	蟹摂 開 一	蟹摂 開 二	蟹摂 開 三	蟹摂 開 四	蟹摂 合 一	蟹摂 合 二	蟹摂 合 三	蟹摂 合 四	止摂 開 三	止摂 合 三
ɿ												世						诗	
ʮ									输							岁		知	水
i												厉	第			废		气	飞
ɯ					土	初													
y																		二	
e																			
ie				些			锯												
ye																			
ɑ	哪				麻		耍			钗									
iɑ		茄		瘸	假	斜					涯		提						
uɑ							瓜								话				
ʊ	左		坡					所	错										
iʊ																			
a										袋	败			杯				美	
ua														块	怪				
ei													米						
iei																			
uei														队		卫	惠		鬼
yei																			
əm																			
iəm																			
ĩ																			
ũ																			
ã																			
ɑŋ																			
iɑŋ																			
əŋ								模											
iəŋ																			

表2-3-115　蔡橋方言母音と中古韻母の対応表 (2/7)

中古\蔡橋	效摂 開 一	效摂 開 二	效摂 開 三	效摂 開 四	流摂 開 一	流摂 開 三	咸摂 開 一	咸摂 開 二	咸摂 開 三	咸摂 開 四	咸摂 合 三	深摂 開 三	山摂 開 一	山摂 開 二	山摂 開 三	山摂 開 四	山摂 合 一	山摂 合 二	山摂 合 三	山摂 合 四
ɿ																				
ii																				
i																				
ɯ						富														
y			消	条	斗	留														
e																				
ie									染						扇	燕				
ye									浅	弦									砖	县
ɑ																				
iɑ																				
uɑ																				
ʊ																				
iʊ																				
a																				
ua																				
ei												心								
iei												枕								
uei																				
yei																				
əɯ	高	炒			贸	矛														
iəɯ		巧	照	尿																
ĩ									尖	店			栋	棉	天				恋	
ũ						赚											端	弯		
ã							敢	咸			凡		难	眼	肩	绊			烦	
ɑŋ																				
iɑŋ																				
əŋ					母															
iəŋ					牛															

表2-3-116 蔡橋方言母音と中古韻母の対応表 (3/7)

中古 蔡橋	臻摂 開 一	臻摂 開 三	臻摂 合 一	臻摂 合 三	宕摂 開 一	宕摂 開 三	宕摂 合 一	宕摂 合 三	江摂 開 二	曾摂 開 一	曾摂 開 三	曾摂 合 一	梗摂 開 二	梗摂 開 三	梗摂 開 四	梗摂 合 二	梗摂 合 三	梗摂 合 四	通摂 合 一	通摂 合 三
ɨ																				
ii																				
i																				
ɯ																				
y																				
e																				
ie																				
ye																				
ɑ																				
iɑ																				
uɑ																				
ʊ																				
iʊ																				
a																				
ua																				
ei	很	民	盆	坟						等	冰		衡	姓	瓶					
iei		身									称		幸	城	形					
uei			村	笋												横				
yei				军													永			
əɯ																				
iəɯ																				
ĩ																				
ũ					帮	闯	光	王	胖				盲		矿					
ã																				
ɑŋ					汤	窗			讲				冷							
iɑŋ						枪			腔					井	醒			萤		
əŋ										朋	弘	猛			轰			同	风	
iəŋ																	迥			虫

表2-3-117 蔡橋方言母音と中古韻母の対応表 (4/7)

中古 蔡橋	咸摂 (入声) 開 一	二	三	四	合 三	深摂 (入声) 開 三	山摂 (入声) 開 一	二	三	四	合 一	二	三	四	臻摂 (入声) 開 一	三	合 一	三
ɿ																		
iɿ						汁										实		出
i						急										笔		
ɯ																	突	物
y																		
e																		
ie			接	碟	涩				烈	铁						乙		
ye													雪	缺			骨	
ɑ	答	插			法		辣	杀			抹	刷	发					
iɑ		甲						辖										
uɑ											滑	袜						
ʊ	喝						渴				脱							
iʊ																		
a																		
ua																		
ei																		
iei																		
uei																		术
yei																		
əɯ																		
iəɯ																		
ĩ																		
ũ																		
ã																		
ɑŋ																		
iɑŋ																		
əŋ																		
ieŋ																		

表2-3-118　蔡橋方言母音と中古韻母の対応表（5/7）

中古 蔡橋	宕摂 (入声) 開		合		江摂 (入声) 開	曾摂 (入声) 開		合	梗摂 (入声) 開			合		通摂 (入声) 合	
	一	三	一	三	二	一	三	一	三	二	三	四	二	三	一	三
ɿ																
iɿ							识		域		剧			疫		玉
i							力				席	敌				
ɯ				缚											读	绿
y																六
e																
ie						墨	色			百			液			
ye		削						国								
ɑ										客						
iɑ											尺					
uɑ													踢		划	
ʊ	落		霍		捉		或						获			
iʊ		脚			岳											
a																
ua																
ei																
iei																
uei																
yei																
əɯ																
iəɯ																
ĩ																
ũ																
ã																
ɑŋ																
iɑŋ																
əŋ	幕														木	目
iəŋ																

表2-3-119　蔡橋方言母音と中古韻母の対応表（6/7）

摂	開合口	一等 帮系	一等 端系	一等 見系	二等 帮系	二等 泥組	二等 知庄組	二等 見系
果摂	開口		ʋ 多,ɑ 他	ʋ 哥,ɑ 阿				
	合口	ʋ 婆	ʋ 朵	ʋ 锅				
假摂	開口				ɑ 巴	ɑ 拿	ɑ 沙,iɑ 厦	ɑ 家,iɑ 假
	合口							uɑ 瓜
遇摂	合口	ɯ 布,əŋ 墓	ɯ 路,ʋ 错	ɯ 姑				
蟹摂	開口	a 贝	a 带	a 开	a 摆 ɑ 罢	ã 奶	a 柴	a 矮,ɑ 蟹,iɑ 佳
	合口	a 杯	uei 堆	ua 块,uei 回				uɑ 怪,uɑ 话
止摂	開口							
	合口							
效摂	開口	ɔɯ 毛	ɔɯ 草	ɔɯ 高	ɔɯ 包	ɔɯ 闹	ɔɯ 罩,iəɯ 梢	ɔɯ 坳
流摂	開口	əŋ 母,y 某,ʋ 剖	y 头	y 口,iəɯ 藕				
咸摂	開口	ã 胆	ã 甘				ã 站,ũ 赚	ã 咸,a 岩
	合口							
深摂	開口							
山摂	開口		ã 烂	ã 按	ã 办		ã 山	ã 眼,ĩ 拣
	合口	ũ 半,ã 绊,ei 拼	ũ 短,ã 攒	ũ 换,ye 丸			ũ 闩	ũ 弯
臻摂	開口		uei 吞	ei 恨				
	合口	ei 盆	ei 论,uei 嫩	uei 婚				
宕摂	開口	ũ 帮	ũ 藏,əŋ 仓	əŋ 刚				
	合口			ũ 光				
江摂	開口				ũ 胖		ũ 双,əŋ 窗	əŋ 江
曾摂	開口	əŋ 朋	ei 灯,əŋ 疼	ei 肯				
	合口			əŋ 弘				
梗摂	開口				ei 彭,ũ 盲,ɲe 棚 əŋ 冷		əŋ 生,iei 撑	əŋ 坑,ei 杏
	合口						əŋ 轰,ũ 矿,uei 横	
通摂	合口	əŋ 蒙	əŋ 农	əŋ 空				
咸摂（入）	開口		a 答,ʋ 磕	ʋ 鸽			a 插	a 鸭,iɑ 压
	合口							
深摂（入）	開口							
山摂（入）	開口		a 达	ʋ 渴,ie 割	a 八		a 杀	a 瞎,iɑ 辖
	合口	ʋ 禾	ʋ 脱	uɑ 括,ʋ 活			a 刷	uɑ 滑
臻摂（入）	開口							
	合口	ɯ 不,a 没	ɯ 突	ɯ 忽,ye 骨				
宕摂（入）	開口	ʋ 薄,əŋ 幕	ʋ 落	ʋ 各				
	合口			ʋ 扩				
江摂（入）	開口				ʋ 剥,ɯ 朴,ɔɯ 雹		ʋ 桌,a 啄	iʋ 学,iəɯ 觉,ʋ
曾摂（入）	開口	ie 北	ie 贼	ie 黑				
	合口			ye 国,uei 惑				
梗摂（入）	開口				a 麦,ie 白		a 摘,ie 宅	a 吓,ie 格
	合口						ʋ 获,uɑ 划	
通摂（入）	合口	əŋ 木,ɯ 扑,ɔɯ 曝	ɯ 读	ɯ 屋				

表2-3-120　蔡橋方言母音と中古韻母の対応表（7/7）

摂	開合口	三等・四等						
		幫系	端組	泥組	精組	庄組	知章組	日母	見系
果摂	開口								
	合口								
假摂	開口				ia 写		ia 扯	ia 惹	ia 夜
	合口								
遇摂	合口	ɯ 府		ɯ 庐,i 女	ɯ 续,i 徐	ɯ 锄	ii 猪	ii 如	ii 许
蟹摂	開口	i 闭,ei 米	i 低,ia 提	i 礼,a 泥	i 西		i 世,ii 滞		i
	合口	i 废			uei 脆		uei 税		鸡
止摂	開口	i 皮　a 美	i 地	i 里,i 履	i 徙,i 紫	i 师,ie 厕	i 诗,ii 知	e 二	i 气
	合口	i 飞		uei 累,i 泪	i 随,i 嘴	a 摔	uei 追,ii 水		uei 贵,i 唯
効摂	開口	y 苗	y 跳,mei 鸟	y 料,mei 尿	y 焦,iəu 椒		iəu 照	iəu 扰	iəu 桥
流摂	開口	y 谋,ɯ 富,ɯ 柔	y 丢	y 流,iəŋ 扭	y 酒	y 瘦	y 丑	y 柔	y 友,iəŋ 牛
咸摂	開口	ĩ 贬	ĩ 店	ĩ 念	ĩ 尖		ie 占 ia 粘	ie 染	ĩ 欠
	合口	ã 凡							
深摂	開口	ei 品		ei 林	ei 心	ei 参	iei 针	ei 任	iei 今
山摂	開口	ĩ 变	ĩ 天	ĩ 连	ĩ 前	ye	ie 战	ĩ 燃	
	合口	ã 饭,ũ 挽		ĩ 恋	ye 全		ye 船	ye 软	ye 远
臻摂	開口	ei 民		ei 邻	ei 亲	ei 衬	iaŋ 诊,iei 尘	iei 人	iei 斤
	合口	ei 分		ei 轮	uei 笋,yei 旬		uei 盾,yei 准	yei 闰	uei 荤,yei 军
宕摂	開口		iaŋ 两	iaŋ 湘	ũ 闯 aŋ 疮	aŋ 尚 iaŋ 唱	aŋ 让	iaŋ 响	
	合口	ũ 方							ũ 王
江摂	開口								
曾摂	開口	ei 冰		ei 陵			ei 瞪,iei 惩	yei 仍	iei 兴,yei 孕
	合口								
梗摂	開口	iaŋ 病,ei 名 əŋ 盟	iaŋ 钉,ei 顶	iaŋ 岭,ei 令	iaŋ 清,ei 姓		iei 正		iaŋ 轻,iei 经
	合口							iəŋ 兄,yei 永	
通摂	合口	əŋ 风		əŋ 龙,iəŋ 浓	əŋ 松	əŋ 崇	iəŋ 虫	iəŋ 绒	əŋ 宫,iəŋ 雄
咸摂（入）| 開口		ie 贴	ie 聂	ie 接		ie 折		ie 劫,ĩ 业
	合口								
深摂（入）| 開口			i 粒	i 集,ie 袭	ie 涩	ii 十	ii 入	i 急,ie 给
山摂（入）| 開口	ie 别,ĩ 蔑	ie 铁	ie 列	ie 屑		ie 舌	ĩ 热	ie 歇
	合口	a 发,ua 袜		ie 劣	ye 雪		ye 说		ye 月
臻摂（入）| 開口	i 笔,ei 蜜		i 栗	i 七	ie 虱	ii 侄	ii 日	ie 乙,i 吉
	合口	ɯ 物		i 律	i 蟀	uei 蟀	ii 出,uei 术	ii 屈,ye 掘	
宕摂（入）| 開口		y 略,ye 掠	y 雀,ye 嚼		iʊ 勺	iʊ 若	iʊ 脚	
	合口	ɯ 缚							
江摂（入）| 開口								
曾摂（入）| 開口	i 逼		i 力	i 息	ie 色	ii 食		i 亿,ie 翼
	合口								ii 域
梗摂（入）| 開口	ia 壁,i 碧	ia 踢,i 积	i 历	i 惜		ia 石 ii 释		ii 剧,ie 液,i 激
	合口								ii 疫
通摂（入）| 合口	əŋ 目,ɯ 服		ɯ 绿 y 六	ɯ 足	ɯ 缩	y 竹,ɯ 逐	iəŋ 肉,ɯ 辱	y 玉

2.3.3 中古声調と蔡橋方言の声調との対照

中古漢語は平声、上声、去声、入声という4種の声調を有する。これに対して、現代漢語の声調数は方言によって4つから9つまで大きく相違している。ただし、いずれも中古の声調が元となり、それらが分化、併合した結果と考えられる。

蔡橋方言には陰平、陽平、上声、陰去、陽去という5種の調類があり、それぞれの調値は55、11、53、35、13である。本節では、中古の平声字、上声字、去声字、入声字が蔡橋方言でいかなる声調に発音されるかについてそれぞれ考察する。

2.3.3.1 平声字

蔡橋方言では、平声字は声母の清濁によって、陰平（55）、陽平（11）と分かれる。すなわち、全清、次清声母の場合には陰平（55）に発音され、次濁、全濁声母の場合には陽平（11）に発音される。

表2-3-121　平声と蔡橋声調の対応関係

声母	全清	次清	全濁	次濁
蔡橋声調 （調値）	陰平 （55）		陽平 （11）	

〔陰平（55）となった全清平声字〕（無声子音）

[pa⁵⁵] 杯悲，[ka⁵⁵] 皆阶街，[ŋa⁵⁵] 哀埃挨，[sa⁵⁵] 腮鳃筛衰，[ta⁵⁵] 呆，[tsa⁵⁵] 灾栽斋，[fã⁵⁵] 藩，[ŋã⁵⁵] 庵安鞍，[pã⁵⁵] 班斑扳，[sã⁵⁵] 三衫珊山删，[tã⁵⁵] 耽担担任丹单单独，[tsã⁵⁵] 簪沾，[kã⁵⁵] 甘柑尴肝竿干干湿艰奸肩坚，[a⁵⁵] 鸦丫丫杈，[pa⁵⁵] 巴芭疤，[sa⁵⁵] 沙纱杉，[tsa⁵⁵] 渣抓，[ka⁵⁵] 家，[saŋ⁵⁵] 桑丧丧事霜生，[taŋ⁵⁵] 当当时，[tsaŋ⁵⁵] 赃庄装桩争，[kaŋ⁵⁵] 冈岗刚纲钢缸江豇，[ɕii⁵⁵] 书舒输，[tɕii⁵⁵] 猪诸居车车马炮诛蛛株朱珠知蜘，[ʑii⁵⁵] 淤迂，[fei⁵⁵] 分分开，[pei⁵⁵] 彬宾槟奔冰兵，[sei⁵⁵] 心森参人参辛新薪僧甥，[tei⁵⁵] 登灯丁，[tsei⁵⁵] 津曾增晶睛，[kei⁵⁵] 跟根更五更庚羹耕，[ŋei⁵⁵] 恩，[pəŋ⁵⁵] 崩，[fəŋ⁵⁵] 风枫疯封，[səŋ⁵⁵] 松不紧，[təŋ⁵⁵] 东冬，[tsəŋ⁵⁵] 棕鬃宗踪，[kəŋ⁵⁵] 公蚣工功攻弓躬宫恭，[pəɯ⁵⁵] 褒包胞，[səɯ⁵⁵] 骚梢，[təɯ⁵⁵] 刀叨，[tsəɯ⁵⁵] 遭糟，[kəɯ⁵⁵] 高膏羔糕，[i⁵⁵] 伊衣依，[fi⁵⁵] 非飞，[pi⁵⁵] 蓖碑，[si⁵⁵] 西栖犀，[ti⁵⁵] 低堤，[tɕi⁵⁵] 鸡饥肌基几几乎机讥饥，[ĩ⁵⁵] 淹阉烟，[pĩ⁵⁵] 鞭编边，[sĩ] 仙先，[tĩ] 颠，[tsĩ] 兼尖煎，[sii⁵⁵] 须需虽绥，[ia⁵⁵] 丫丫头，[tia⁵⁵] 爹，[ɕia⁵⁵] 赊，[tɕia⁵⁵] 加痂嘉家家具遮佳，[iaŋ⁵⁵] 央秧殃，[siaŋ⁵⁵] 相互相箱厢湘襄镶星腥，[tiaŋ⁵⁵] 钉铁钉，[ɕiaŋ⁵⁵] 商伤声，[tɕiaŋ⁵⁵]

113

张章樟疆僵姜缰, [tsiaŋ⁵⁵] 将浆精, [ɕia⁵⁵] 奢, [iei⁵⁵] 音阴因姻殷鹰莺鹦英婴缨, [tɕie⁵⁵] 占占卜毡, [ɕiei⁵⁵] 深身申伸升牲, [tɕiei⁵⁵] 针今金禁禁不住珍真巾斤筋徵蒸筝京荆惊贞正正月征经, [tɕiəŋ⁵⁵] 中当从忠终钟锺, [iəŋ⁵⁵] 雍, [iəɯ⁵⁵] 妖邀腰要要求吆, [ɕiəɯ⁵⁵] 烧, [tɕiəɯ⁵⁵] 交郊胶朝今朝昭招骄娇浇, [fɯ⁵⁵] 夫肤, [sɯ⁵⁵] 苏酥梳疏蔬, [tɯ⁵⁵] 都, [tsɯ⁵⁵] 租, [vɯ⁵⁵] 乌污, [kɯ⁵⁵] 姑孤箍, [si⁵⁵] 斯厮撕施私师狮尸司丝思诗, [tsɿ⁵⁵] 支枝肢资姿咨之芝, [ũ⁵⁵] 豌弯湾汪, [pũ⁵⁵] 般搬帮邦, [sũ⁵⁵] 酸拴栓双, [tũ⁵⁵] 端, [tsũ⁵⁵] 钻动词, [kũ⁵⁵] 官棺关光观参观冠鸡冠子, [xũ⁵⁵] 方, [ʊ⁵⁵] 蜗倭窝阿阿弥陀佛, [pʊ⁵⁵] 波菠, [sʊ⁵⁵] 蓑梭唆, [tʊ⁵⁵] 多, [kʊ⁵⁵] 哥锅戈, [kuɑ⁵⁵] 乖, [uɑ⁵⁵] 蛙洼蛙, [kuɑ⁵⁵] 瓜, [uei⁵⁵] 威温瘟煨, [tuei⁵⁵] 堆, [tsuei⁵⁵] 追遵, [suei⁵⁵] 孙, [tsuei⁵⁵] 尊, [kuei⁵⁵] 圭闺龟归规, [y⁵⁵] 忧优幽, [ɕy⁵⁵] 收, [ky⁵⁵] 勾钩沟阄, [ŋy⁵⁵] 欧, [py⁵⁵] 标彪, [sy⁵⁵] 消宵霄销萧箫修羞搜馊, [ty⁵⁵] 刁貂雕兜丢, [tsy⁵⁵] 周舟州洲鸠纠焦椒邹, [ye⁵⁵] 渊冤, [ɕye⁵⁵] 宣, [tɕye⁵⁵] 专砖, [tɕyei⁵⁵] 均钧君军, [ŋ⁵⁵] 翁

〔陰平（55）となった次清平声字〕（無声子音）

[fi⁵⁵] 妃, [pʰi⁵⁵] 批披, [tʰi⁵⁵] 梯, [ɕi⁵⁵] 溪牺熙希稀, [tɕʰi⁵⁵] 欺妻, [sy⁵⁵] 休, [kʰy⁵⁵] 抠眍丘, [pʰy⁵⁵] 飘, [tʰy⁵⁵] 挑偷, [tɕʰy⁵⁵] 抽锹, [tsʰy⁵⁵] 秋鞦, [ka⁵⁵] 揩, [pʰa⁵⁵] 坯, [tʰa⁵⁵] 胎, [tsʰa⁵⁵] 差出差, [tʰɑ⁵⁵] 他, [tsʰɑ⁵⁵] 叉杈枝杈差差不多钗, [xɑ⁵⁵] 虾哈哈腰, [kʰʊ⁵⁵] 科稞棵, [pʊ⁵⁵] 玻, [pʰʊ⁵⁵] 颇坡, [tʰʊ⁵⁵] 拖, [tsʰʊ⁵⁵] 搓, [fɯ⁵⁵] 呼敷孵麸, [pʰɯ⁵⁵] 铺铺设, [tsʰɯ⁵⁵] 初粗, [tsʰi⁵⁵] 雌嗤, [tsʰɨ⁵⁵] 蛆生蛆趋, [ɕɨ⁵⁵] 墟虚嘘, [tɕʰɨ⁵⁵] 痴枢区驱吹, [ɕĩ⁵⁵] 掀, [kʰĩ⁵⁵] 牵, [pĩ⁵⁵] 篇偏, [tʰĩ⁵⁵] 添天, [tsʰĩ⁵⁵] 谦签迁千, [fã⁵⁵] 翻番番号, [kʰã⁵⁵] 堪刊, [pʰã⁵⁵] 攀, [tʰã⁵⁵] 贪滩摊, [tsʰã⁵⁵] 参餐, [xã⁵⁵] 憨鼾, [kũ⁵⁵] 宽匡筐眶, [pʰũ⁵⁵] 潘, [xũ⁵⁵] 欢荒慌芳, [kaŋ⁵⁵] 康糠坑, [tʰaŋ⁵⁵] 汤, [tsʰaŋ⁵⁵] 仓苍疮窗, [ɕiaŋ⁵⁵] 香乡, [tɕʰiaŋ⁵⁵] 昌菖腔轻枪, [tsʰiaŋ⁵⁵] 清青, [fəŋ⁵⁵] 丰峰锋, [kəŋ⁵⁵] 空空盒子, [pʰəŋ⁵⁵] 蜂, [təŋ⁵⁵] 通, [tsʰəŋ⁵⁵] 聪匆葱囱, [xəŋ⁵⁵] 轰哄哄出去烘, [ɕiəŋ⁵⁵] 兄胸凶, [tɕʰiəŋ⁵⁵] 冲, [fei⁵⁵] 芬纷, [pʰei⁵⁵] 拼喷喷水烹, [tʰei⁵⁵] 厅, [tsʰei⁵⁵] 亲蜻蜻蜓参参差, [xei⁵⁵] 亨, [kʰəɯ⁵⁵] 敲, [pʰəɯ⁵⁵] 泡抛, [tʰəɯ⁵⁵] 滔掏, [tsʰəɯ⁵⁵] 操抄钞, [xʰəɯ⁵⁵] 蒿, [tɕʰie⁵⁵] 车, [ɕie⁵⁵] 欣兴兴旺, [tɕiei⁵⁵] 侦, [tɕʰiei⁵⁵] 钦称称重量卿, [tʰuei⁵⁵] 推, [xuei⁵⁵] 灰辉, [kʰuei⁵⁵] 盔亏窥, [tʰuei⁵⁵] 吞, [tsʰuei⁵⁵] 催炊, [xuei⁵⁵] 恢挥辉徽昏婚, [tɕʰye⁵⁵] 春, [tɕʰiei⁵⁵] 轻年轻, [ɕiəɯ⁵⁵] 嚣, [tɕʰiəɯ⁵⁵] 超, [uɑ⁵⁵] 歪, [kʰuɑ⁵⁵] 夸, [xuɑ⁵⁵] 花, [ɕye⁵⁵] 靴喧, [tɕʰyei⁵⁵] 川穿圈圆圈, [ɕyei⁵⁵] 勋熏薰

〔陽平（11）となった全濁平声字〕（有声子音）

[bi¹¹] 皮疲脾琵枇, [vi¹¹] 肥, [di¹¹] 题, [dʑi¹¹] 齐, [dʑi¹¹] 祁奇骑岐其棋期旗, [ba¹¹] 排牌培陪赔裴, [da¹¹] 台苔抬, [dza¹¹] 才材财裁豺柴, [ɣa¹¹] 孩谐鞋还还有, [ba¹¹] 琶鈀划划船, [dʑa¹¹]

查茶搽塗, [ɣa¹¹] 蛤, [ma¹¹] 杷, [na¹¹] 爬, [bɯ¹¹] 蒲菩脯, [vɯ¹¹] 胡湖狐壶葫符扶芙, [dɯ¹¹] 徒屠途涂图, [dzɯ¹¹] 锄, [zi¹¹] 时匙, [dzi¹¹] 瓷糍慈磁辞词祠, [bʊ¹¹] 婆, [dʊ¹¹] 驼驮, [ɣʊ¹¹] 河何荷荷花和和尚禾, [by¹¹] 瓢嫖, [dy¹¹] 条调调和头投, [dzy¹¹] 仇囚绸稠筹酬求球, [zy¹¹] 侯喉猴, [ɣua¹¹] 怀槐淮, [ɣua¹¹] 华中华, [dia¹¹] 提, [dzia¹¹] 邪斜, [dʑia¹¹] 茄瘸蛇, [zia¹¹] 霞瑕遐, [dʑii¹¹] 徐, [dʑii¹¹] 除渠厨瞿池驰迟持随槌锤殊, [dʑie¹¹] 余蝉禅缠, [bei¹¹] 贫频盆凭彭膨评瓶屏萍, [dei¹¹] 腾誊藤亭停廷庭蜓, [dzei¹¹] 寻秦曾曾经层情, [ɣei¹¹] 痕恒衡, [vei¹¹] 焚坟, [duei¹¹] 臀, [dziei¹¹] 成城诚琴陈尘神勤芹承丞澄惩橙绳辰臣呈程, [ziei¹¹] 形型刑, [dzuei¹¹] 谁存垂, [guei¹¹] 逵葵, [ɣuei¹¹] 回魂馄浑横, [dzye¹¹] 全泉, [dzye¹¹] 传传达船拳权颧, [zye¹¹] 弦玄悬, [dzyei¹¹] 巡旬循群裙琼, [zyei¹¹] 纯醇, [bəɯ¹¹] 袍刨浮, [dəɯ¹¹] 桃逃淘陶萄, [dzəɯ¹¹] 曹槽巢, [ɣəɯ¹¹] 豪壕毫, [dziəɯ¹¹] 瞧朝朝代潮乔侨桥荞肴淆, [bĩ¹¹] 便便宜, [dĩ¹¹] 甜田填, [dzĩ¹¹] 潜钱前, [dzĩ¹¹] 钳虔掮, [zĩ¹¹] 嫌涎贤, [蚕 dzã¹¹] 惭残谗馋, [ɣã¹¹] 含函咸衔寒韩闲, [vã¹¹] 凡帆烦藩繁, [dã¹¹] 潭谭谈痰檀坛弹弹琴, [bũ¹¹] 盘旁螃蟹庞, [dũ¹¹] 团藏隐藏, [gũ¹¹] 狂, [ɣũ¹¹] 环黄簧皇蝗房防丸还还原, [daŋ¹¹] 堂棠螳唐糖塘, [dzaŋ¹¹] 床, [ɣaŋ¹¹] 行银行航杭, [biaŋ¹¹] 平坪, [dziaŋ¹¹] 墙详祥晴, [dziaŋ¹¹] 常尝裳偿长长短肠场强弱, [ziaŋ¹¹] 降投降萤, [bəŋ¹¹] 朋篷蓬, [vəŋ¹¹] 逢缝, [dəŋ¹¹] 同铜桐筒童瞳, [dzəŋ¹¹] 从松丛崇, [ɣəŋ¹¹] 弘宏红洪鸿虹冯, [dziəŋ¹¹] 虫穷重重复

〔陽平（11）となった次濁平声字〕（有声子音）
[ni¹¹] 离篱璃梨厘狸犁黎, [vi¹¹] 维微, [zi¹¹] 移夷姨怡遗, [ny¹¹] 燎聊辽楼流刘留硫琉, [my¹¹] 苗描谋, [zy¹¹] 柔揉尤邮由油游犹, [ma¹¹] 埋梅枚媒煤霉, [e¹¹] 儿而, [na¹¹] 来, [ŋa¹¹] 呆呆板磑磨研崖捱, [nɯ¹¹] 奴卢炉芦鸬庐驴, [vɯ¹¹] 吴蜈吾梧无, [mʊ¹¹] 魔磨摩馍, [nʊ¹¹] 挪罗锣箩骡螺赢, [ŋʊ¹¹] 蛾鹅俄, [ma¹¹] 麻痲蟆蛤蟆, [na¹¹] 拿, [ŋa¹¹] 牙芽伢, [zii¹¹] 如鱼渔余儒愚虞娱盂榆愉, [nei¹¹] 林淋临邻鳞磷仑伦轮能陵凌菱灵零铃翎, [mei¹¹] 迷眉民明门鸣名铭, [vei¹¹] 文纹闻, [zia¹¹] 衙耶爷, [ziei¹¹] 赢淫人仁银寅仍蝇迎盈, [ɣuei¹¹] 危违围为作为, [nuei¹¹] 雷, [zye¹¹] 圆员缘沿铅元原源袁辕园援, [zyei¹¹] 匀云荣营, [məɯ¹¹] 毛茅锚矛, [nəɯ¹¹] 劳捞牢唠, [ŋəɯ¹¹] 熬, [ziəɯ¹¹] 饶摇谣窑姚尧, [mã¹¹] 蛮明, [nã¹¹] 南男蓝篮难难易兰拦栏, [ŋã¹¹] 岩颜, [mĩ¹¹] 绵棉眠, [nĩ¹¹] 廉镰帘连联怜莲鲇年, [zĩ¹¹] 炎盐阎檐严燃延研, [ɣũ¹¹] 顽亡王, [mũ¹¹] 瞒忙芒盲茫, [ɣaŋ¹¹] 昂, [naŋ¹¹] 囊郎廊狼, [niaŋ¹¹] 娘良凉量量长短粮梁樑, [ziaŋ¹¹] 羊洋烊赢杨阳扬疡, [məŋ¹¹] 模摹萌盟蒙, [nəŋ¹¹] 笼农脓隆龙, [niəŋ¹¹] 牛, [ziəŋ¹¹] 浓戎绒熊雄融茸容蓉, [ŋ¹¹] 泥宜仪尼疑凝宁人

ただし，次のような例外も存在している。これらの例外が存在する原因については未詳

である。

① 全清平声 ＞ 陽平：熬［ŋəɯ¹¹］,于［zɨ¹¹］
　　　　　　＞ 上声：脂［tsɨ⁵³］,萎［uei⁵³］,些［sie⁵³］
　　　　　　＞ 陰去：间｟間断｠［kã³⁵］,扇［ɕie³⁵］,医［i³⁵］,脏［tsaŋ³⁵］,监［kã³⁵］,坳［ŋəɯ³⁵］,
　　　　　　　　　　居［tɕɨ³⁵］,拘［tɕɨ³⁵］
　　　　　　＞ 陽去：睁［dzei¹³］,俱［dzɨ¹³］

② 次清平声 ＞ 陽平：妨［ɣũ¹¹］
　　　　　　＞ 上声：龛［kã⁵³］,嵌［kã⁵³］,充［tɕʰiəŋ⁵³］,倾［tɕʰyei⁵³］,轰［xəŋ⁵³］
　　　　　　＞ 陰去：俘［fɯ³⁵］
　　　　　　＞ 陽去：撑［tsʰei¹³］,侵［tsʰei¹³］,村［tsʰuei¹³］

③ 次濁平声 ＞ 陰平：聋［nəŋ⁵⁵］,罗｟羅唆｠［nʊ⁵⁵］,猫［məɯ⁵⁵］,妈［mɑ⁵⁵］
　　　　　　＞ 陰去：蚊［mei³⁵］
　　　　　　＞ 上声：跑［pʰəɯ⁵³］

2.3.3.2　上声字

漢語諸方言では上声字の声調変化が最も早い段階に起きたとされている。また、全濁声母の場合は他の声母の場合より変化が先に起きたと言われている。辛世彪（2003）によると、その理由は全濁声母が低く発音されるのに対して、上声が高い音高を持っている。両者は相容れにくいため、組み合わせが最も早く崩れたのであるという。

全清、次清、次濁の上声字は、蔡橋方言ではほとんど上声（53）となっている。全濁上声の場合は一部が陽去（13）に変じ、一部が上声（53）となっている。

表2-3-122　上声と蔡橋声調の対応関係

声母	全清	次清	次濁	全濁
蔡橋声調（調値）	上声（53）			陽去（13）上声（53）

〔上声（53）となった全清上声字〕

［ka⁵³］改解,［pa⁵³］摆,［sa⁵³］洒,［tsa⁵³］宰载,［a⁵³］矮,［fã⁵³］反,［kã⁵³］感敢减杆秆擀赶简,［pã⁵³］板版,［sã⁵³］伞,［tã⁵³］胆斩盏攒,［tsʰã⁵³］产,［pa⁵³］把,［sa⁵³］耍,［ta⁵³］打,［xa⁵³］傻,［ŋa⁵³］哑,［taŋ⁵³］党挡,［saŋ⁵³］嗓爽,［kaŋ⁵³］讲港,［ɕɨ⁵³］暑鼠水,［tɕɨ⁵³］煮举主矩,［dzɨ⁵³］拄,［fei⁵³］粉,［pei⁵³］禀本丙秉饼,［sei⁵³］省,［tei⁵³］等顶,［tsei⁵³］尽,［kei⁵³］

116

埂耿，[səŋ⁵³] 悚，[təŋ⁵³] 董懂，[tsəŋ⁵³] 总，[kəŋ⁵³] 拱巩，[əɯ⁵³] 袄，[pəɯ⁵³] 保堡宝饱，[səɯ⁵³] 嫂，[təɯ⁵³] 祷岛倒_{打倒}，[tsəɯ⁵³] 早枣蚤澡爪找，[kəɯ⁵³] 稿搞，[i⁵³] 倚椅，[fi⁵³] 匪，[pi⁵³] 彼鄙比秕，[si⁵³] 洗徙，[ti⁵³] 底抵，[tɕi⁵³] 几己纪，[tsi⁵³] 挤，[ĩ⁵³] 掩，[pĩ⁵³] 贬扁匾，[nĩ⁵³] 脸，[tĩ⁵³] 点典，[tɕĩ⁵³] 检拣茧，[tsĩ⁵³] 剪，[tsiɨ⁵³] 嘴，[ɕia⁵³] 舍，[sia⁵³] 写，[tɕia⁵³] 假贾，[tsia⁵³] 姐，[ɕiaŋ⁵³] 赏晌，[siaŋ⁵³] 想醒，[tiaŋ⁵³] 长_{生长}涨鼎，[tɕiaŋ⁵³] 诊掌颈，[tsiaŋ⁵³] 蒋奖桨井，[ɕie⁵³] 陕闪，[tɕie⁵³] 者展，[ɕiei⁵³] 沈审婶，[tɕiei⁵³] 枕锦紧谨拯境景警整，[iei⁵³] 饮隐影，[tɕiəŋ⁵³] 肿，[iəŋ⁵³] 拥，[ɕiəɯ⁵³] 少_{多少}，[tɕiəɯ⁵³] 绞狡铰搅，[iəɯ⁵³] 鸟杳，[fɯ⁵³] 府腑俯甫斧，[pɯ⁵³] 补谱，[sɯ⁵³] 数_{动词}，[tɯ⁵³] 堵赌肚，[tsɯ⁵³] 祖组阻，[kɯ⁵³] 古估牯股鼓，[sɿ⁵³] 死屎使史驶始，[tsɿ⁵³] 紫纸姊旨指子滓止趾址，[ũ⁵³] 碗枉，[pũ⁵³] 榜绑，[tũ⁵³] 短，[xũ⁵³] 仿，[kʊ⁵³] 管馆广，[kʊ⁵³] 果裹，[sʊ⁵³] 锁琐所，[tʊ⁵³] 朵躲，[tsʊ⁵³] 左佐，[kua⁵³] 拐，[kua⁵³] 寡剐，[kuei⁵³] 鬼轨滚，[suei⁵³] 笋髓损，[uei⁵³] 委稳，[ɕy⁵³] 手首守，[fy⁵³] 否，[py⁵³] 表，[sy⁵³] 小，[ty⁵³] 斗抖陡，[tɕy⁵³] 帚九久韭，[tsy⁵³] 走酒，[ky⁵³] 狗苟，[ŋy⁵³] 呕，[sye⁵³] 选鲜_{鲜少}癣，[tɕye⁵³] 卷_{卷起}转_{转送}，[tɕyei⁵³] 准

〔上声 (53) となった次清上声字〕

[kʰa⁵³] 凯楷，[tsʰa⁵³] 采彩睬，[xa⁵³] 海，[kʰã⁵³] 坎砍，[tʰã⁵³] 毯坦，[tsʰã⁵³] 惨铲，[xã⁵³] 喊，[tãŋ⁵³] 倘躺，[ɕii⁵³] 许，[tɕʰiɨ⁵³] 处，[kʰei⁵³] 肯恳垦啃，[pʰei⁵³] 品，[kʰəŋ⁵³] 孔恐，[pʰəŋ⁵³] 捧，[tʰəŋ⁵³] 桶捅，[xəŋ⁵³] 哄，[kʰəɯ⁵³] 考烤，[tʰəɯ⁵³] 讨，[tsʰəɯ⁵³] 草炒吵，[xəɯ⁵³] 好_{好坏}，[ɕi⁵³] 喜，[tʰi⁵³] 体，[tɕʰi⁵³] 启起岂，[ɕĩ⁵³] 险显，[tʰĩ⁵³] 腆，[tɕʰĩ⁵³] 遣，[tsʰiɨ⁵³] 取娶，[tɕʰia⁵³] 扯，[ɕiaŋ⁵³] 享响，[tɕʰiaŋ⁵³] 厂，[tsʰiaŋ⁵³] 抢请，[tsʰie⁵³] 且，[tɕʰei⁵³] 逞，[tɕʰiəŋ⁵³] 宠，[tɕʰiəɯ⁵³] 巧，[fɯ⁵³] 虎浒抚，[pʰɯ⁵³] 普浦，[tʰɯ⁵³] 土，[tsʰɯ⁵³] 楚础，[kʰɯ⁵³] 苦，[tsʰɿ⁵³] 此侈耻齿，[kʰũ⁵³] 款，[tsʰũ⁵³] 喘闯，[xũ⁵³] 谎纺仿，[kʰʊ⁵³] 可颗，[tʰʊ⁵³] 妥椭，[xʊ⁵³] 火伙，[kʰua⁵³] 垮，[tʰuei⁵³] 腿，[kʰuei⁵³] 捆，[xuei⁵³] 毁，[sy⁵³] 晓，[ɕy⁵³] 朽，[kʰy⁵³] 口，[pʰy⁵³] 漂，[tɕʰy⁵³] 丑醜，[xy⁵³] 吼，[tɕʰye⁵³] 犬，[tsʰye⁵³] 浅，[tɕʰyei⁵³] 蠢顷

〔上声 (53) となった次濁上声字〕

[ma⁵³] 买每美，[na⁵³] 乃奶，[mã⁵³] 晚_{晚晚}：叔叔，[vã⁵³] 晚挽，[nã⁵³] 览揽榄懒，[ŋã⁵³] 眼，[ma⁵³] 马码，[na⁵³] 哪，[naŋ⁵³] 朗冷，[e⁵³] 耳尔，[ʑiɨ⁵³] 汝语与乳雨宇禹羽，[mei⁵³] 米悯敏抿皿，[vei⁵³] 吻，[məŋ⁵³] 母拇猛懵，[nəŋ⁵³] 拢陇垄，[məɯ⁵³] 卯，[nəɯ⁵³] 脑恼老，[ni⁵³] 礼李里理鲤，[vi⁵³] 尾，[i⁵³] 矣已以，[ĩ⁵³] 碾，[mĩ⁵³] 免勉娩缅，[ĩ⁵³] 演，[nii⁵³] 吕旅缕履女，[ia⁵³] 雅也野，[dʑia⁵³] 惹，[niaŋ⁵³] 两领岭，[dʑiaŋ⁵³] 壤，[iaŋ⁵³] 仰养痒，[dʑie⁵³] 染，[iei⁵³] 引颖，[dʑiei⁵³] 忍，[iəŋ⁵³] 勇，[iəŋ³⁵] 扭，[iəɯ⁵³] 扰藕，[nɯ⁵³] 努鲁橹虏卤，[vɯ⁵³]

五伍午武舞侮鹉，[ũ⁵³] 往，[mũ⁵³] 满蟒，[nũ⁵³] 暖卵，[ɣũ⁵³] 网，[nʊ⁵³] 裸，[gʊ⁵³] 我，[ua⁵³] 瓦，[uei⁵³] 伟苇，[nuei⁵³] 累累积垒，[y⁵³] 有友酉，[ny⁵³] 了了结篓搂柳，[my⁵³] 藐渺秒某亩牡，[ŋy⁵³] 偶，[ye⁵³] 软远，[yei⁵³] 允尹永，[ŋ⁵³] 你拟

〔上声（53）となった全濁上声字〕

[bi⁵³] 被，[dʑi⁵³] 徛，[fu⁵³] 辅腐，[dza⁵³] 在，[ɣa⁵³] 下，[dʑii⁵³] 竖柱，[dɯ⁵³] 肚，[bei⁵³] 笨，[tʰei⁵³] 挺，[xei⁵³] 很，[dʑiei⁵³] 近晨，[dzʊ⁵³] 坐，[zy⁵³] 后厚，[gəu⁵³] 咬，[dʑiaŋ⁵³] 上，[dəŋ⁵³] 动，[tɕiəŋ⁵³] 迥，[dʑiəŋ⁵³] 重，[dã⁵³] 淡，[dũ⁵³] 断，[tsũ⁵³] 撰，[xũ⁵³] 缓晃

〔陽去（13）となった全濁上声字〕

[da¹³] 待怠殆，[ba¹³] 倍，[ɣa¹³] 亥，[di¹³] 弟，[dʑi¹³] 技妓，[zy¹³] 后受，[dʑy¹³] 舅，[zɿ¹³] 柿市是，[dʑɿ¹³] 似痔祀，[dʑii¹³] 聚叙绪，[tsʰii¹³] 序，[dʑii¹³] 巨拒距，[vɯ¹³] 妇负父户，[bɯ¹³] 部，[bʊ¹³] 簿，[dʊ¹³] 惰舵，[ɣʊ¹³] 祸，[bəɯ¹³] 抱，[dəɯ¹³] 道，[dzəɯ¹³] 皂，[tsʰəɯ¹³] 造，[ɣəɯ¹³] 浩，[bəɯ¹³] 鲍，[dʑiəɯ¹³] 赵兆，[zie¹³] 善，[zie¹³] 社，[ɣei¹³] 杏，[zia¹³] 夏姓厦门，[dzei¹³] 静尽，[ziei¹³] 幸甚，[guei¹³] 跪，[dzuei¹³] 罪，[dzã¹³] 渐，[vã¹³] 犯范，[ɣã¹³] 旱限，[bĩ¹³] 辨，[dʑĩ¹³] 件键俭，[bũ¹³] 伴棒，[daŋ¹³] 荡，[ɣaŋ¹³] 项，[dʑiaŋ¹³] 象像橡，[dʑiaŋ¹³] 丈杖，[vəŋ¹³] 奉

ただし、次のような例外がある。

① 全清上声 > 陰平（55）：只只有 [tsɿ⁵⁵],跛 [pa⁵⁵],殷 [ŋy⁵⁵]
　　　　　　＞ 陰去（35）：扫 [səɯ³⁵]
　　　　　　＞ 陽去（13）：矿 [kũ¹³],菌 [dʑyei¹³]
② 次清上声 > 陰去（35）：悔 [xuei³⁵]
　　　　　　＞ 陽去（13）：糙 [tsʰəɯ¹³],剖 [pʰʊ¹³]
③ 次濁上声 > 陽平（11）：唯 [vi¹¹],燎 [ny¹¹]
④ 全濁上声 > 陽平（11）：傍 [bũ¹¹]
　　　　　　＞ 陰去（35）：垛 [tʊ³⁵],愤 [fei³⁵],并 [pei³⁵],肾 [ɕiei³⁵],绍 [ɕiəɯ³⁵],诞 [tã³⁵],舰 [kã³⁵],仗 [tɕiaŋ³⁵]

蔡橋方言と違って、隣の邵陽方言では表2-3-123のように、中古全濁上声字はほとんど陽去（13）に変わっている。

2.3 中古音と蔡橋方言との対照

表2-3-123　蔡橋方言、邵陽方言における全濁上声字の発音

声母	並母 *bʰ		定母 *dʰ		從母 *dzʰ		澄母 *ɖʰ		禪母 *ʑ		群母 *gʰ		匣母 *ɣ	
例字	被	笨	淡	动	在	坐	重	柱	上	竖	近	咬	后	厚
蔡橋	bi⁵³	bei⁵³	dã⁵³	dəŋ⁵³	dza⁵³	dzʊ⁵³	dziaŋ⁵³	dzii⁵³	dzian⁵³	dzii⁵³	dzie⁵³	gəɯ⁵³	zy⁵³	zy⁵³
邵陽	bei¹³	pẽ³⁵	dã¹³	doŋ¹³	dza¹³	dzo¹³	dzoŋ¹³	dzy¹³	zã¹³	zy¹³	dzĩ¹³	ŋau⁵³	ɣəu¹³	ɣəu¹³

(邵陽方言は儲澤祥（1998）より引用)

2.3.3.3 去声字

去声字は蔡橋方言において、陰去（35）、陽去（13）に発音される。分化の条件は今日の蔡橋方言の頭子音である。すなわち、無声音子音の場合には陰去（35）に発音され、有声音、および無声有気音子音の場合には陽去（13）に発音される。

表2-3-124　去声と蔡橋声調の対応関係

声母		全清	次濁	次清	全濁
蔡橋声調	多数	陰去（35）		陽去（13）	
（調値）	少数	陽去（13）/陰平（55）		陰去（35）	

〔陰去（35）となった去声字〕（無声子音、鼻音子音）

［ka³⁵］盖丐介界芥尬疥届戒械，［ma³⁵］卖妹，［na³⁵］耐赖癞，［ŋa³⁵］碍艾爱蔼，［pa³⁵］贝拜辈背背包袱背后背，［sa³⁵］赛晒帅，［ta³⁵］戴带，［tsa³⁵］再载，［ŋa³⁵］隘，［kɑ³⁵］架嫁，［nɑ³⁵］那，［pa³⁵］霸坝，［tsa³⁵］诈榨炸乍，［tsa³⁵］债，［ɕia³⁵］厦侧屋，［sia³⁵］泻，［tɕia³⁵］驾稼价，［tsia³⁵］借，［i³⁵］易肄意异毅，［fi³⁵］废肺费，［pi³⁵］闭币秘敝蔽弊毙臂，［ni³⁵］厉励丽隶荔痢吏例，［si³⁵］细婿，［ti³⁵］帝，［ɕi³⁵］系关系戏，［tɕi³⁵］计继系系鞋带寄冀记既季，［tsi³⁵］祭际济剂，［y³⁵］恚又佑柚幼，［ky³⁵］够构购，［my³⁵］妙，［ŋy³⁵］沤，［sy³⁵］笑秀绣锈袖瘦，［ty³⁵］钓吊掉斗争，［ɕy³⁵］兽，［tɕy³⁵］昼宙咒救奏皱，［ʊ³⁵］卧，［tʊ³⁵］剁，［mʊ³⁵］磨，［sʊ³⁵］塑，［kʊ³⁵］个过，［xʊ³⁵］货，［fɯ³⁵］付赋傅赴附富副，［kɯ³⁵］故固雇顾，［nɯ³⁵］怒赂露，［pɯ³⁵］布怖，［sɯ³⁵］素数名词嗽漱，［tsɯ³⁵］做作，［si³⁵］诉世势逝四肆伺嗣饲试，［tsi³⁵］制致至置志痣，［ie³⁵］燕，［ɕie³⁵］赦扇，［kie³⁵］锯，［sie³⁵］卸，［tɕie³⁵］占战颤藉藉故，［ye³⁵］愿，［sye³⁵］羡，［tɕye³⁵］转转螺丝传传记卷绢倦，［sii³⁵］絮续岁，［tsii³⁵］醉，［tɕii³⁵］著据驻注蛀句智，［zii³⁵］御誉预豫遇寓

119

第2章 蔡橋方言の音韻

喻裕, [kua³⁵] 怪, [kʰua³⁵] 挂卦, [xua³⁵] 化, [fei³⁵] 喷忿粪奋, [kei³⁵] 更更加, [mei³⁵] 谜闷, [nei³⁵] 论令另, [ŋei³⁵] 硬, [pei³⁵] 殡鬓并, [sei³⁵] 信性姓, [tei³⁵] 凳订, [tsei³⁵] 浸进晋, [iei³⁵] 印应, [ɕiei³⁵] 慎胜兴高兴圣, [tɕiei³⁵] 正振震镇禁禁止 劲证症敬竟竞镜政劲径, [uei³⁵] 卫伪喂为魏畏慰胃谓蝟外位, [nuei³⁵] 内泪类, [suei³⁵] 碎迅税睡遂隧, [tuei³⁵] 对顿, [tsuei³⁵] 最缀赘俊, [kuei³⁵] 贵鳜桂棍, [xuei³⁵] 讳, [ɕyei³⁵] 讯训, [yei³⁵] 熨韵泳, [kəɯ³⁵] 告窖觉睡觉, [məɯ³⁵] 冒貌茂贸, [nəɯ³⁵] 涝闹, [ŋəɯ³⁵] 傲奥, [pəɯ³⁵] 报豹爆, [səɯ³⁵] 扫潲, [təɯ³⁵] 到, [tsəɯ³⁵] 灶罩, [xəɯ³⁵] 孝腻, [iəɯ³⁵] 要想要耀鹞, [ɕiəɯ³⁵] 邵, [tɕiəɯ³⁵] 教教育校教对酵照叫, [fã³⁵] 泛贩, [pã³⁵] 扮绊, [mã³⁵] 瓣漫幔蔓, [sã³⁵] 散分散疝, [tã³⁵] 旦但担担子, [tsã³⁵] 站赞栈, [kã³⁵] 鉴通鉴监干干部间间断, [ŋã³⁵] 暗岸按案雁晏晚, [xã³⁵] 汉, [ĩ³⁵] 厌艳焰堰咽宴, [pĩ³⁵] 变, [nĩ³⁵] 练炼恋, [sĩ³⁵] 线, [tĩ³⁵] 店, [ɕĩ³⁵] 宪献, [tɕĩ³⁵] 剑建见箭荐, [ũ³⁵] 玩望旺, [pũ³⁵] 半, [sũ³⁵] 算蒜, [tũ³⁵] 锻, [tsũ³⁵] 篡, [kũ³⁵] 贯灌罐冠冠军惯, [xũ³⁵] 唤放, [kaŋ³⁵] 杠降下降虹, [naŋ³⁵] 浪, [saŋ³⁵] 丧, [taŋ³⁵] 当典当, [tsaŋ³⁵] 葬壮, [iaŋ³⁵] 映, [niaŋ³⁵] 亮谅量数量酿, [siaŋ³⁵] 相相貌, [tiaŋ³⁵] 胀钉钉住, [ɕiaŋ³⁵] 向, [tɕiaŋ³⁵] 帐账障, [tsiaŋ³⁵] 酱将, [kəŋ³⁵] 贡供, [məŋ³⁵] 暮慕墓募孟, [nəŋ³⁵] 弄, [pəŋ³⁵] 迸, [səŋ³⁵] 送宋讼, [təŋ³⁵] 冻栋, [tsəŋ³⁵] 粽纵, [ɕiəŋ³⁵] 嗅, [tɕiəŋ³⁵] 中射中众少少年, [ŋ³⁵] 艺义议

〔陽去（13）となった去声字〕（有声子音、無声有気音子音）

[ba¹³] 败, [da¹³] 大贷代大大夫, [ɖa¹³] 寨, [ɣa¹³] 害, [kʰa¹³] 概, [pʰa¹³] 沛派配佩, [tʰa¹³] 太泰, [tsʰa¹³] 菜蔡, [pʰa¹³] 怕帕, [tsʰa¹³] 岔, [bi¹³] 鼻备, [pʰi¹³] 屁, [vi¹³] 未味, [di¹³] 第递地, [tʰi¹³] 替涕剃屉, [tɕʰi¹³] 去契器弃气汽砌, [dy¹³] 调音调豆, [pʰy¹³] 票漂, [tʰy¹³] 跳粜透, [tɕʰy¹³] 臭, [tsʰy¹³] 凑, [ʐy¹³] 候授售, [ɖʑy¹³] 就旧, [kʰy¹³] 扣寇, [ʥʊ¹³] 座, [ɣʊ¹³] 贺和, [kʰʊ¹³] 课, [pʰʊ¹³] 破, [tʰʊ¹³] 唾, [tsʰʊ¹³] 锉措, [bɯ¹³] 步, [dɯ¹³] 度渡镀, [ʥɯ¹³] 助, [kʰɯ¹³] 库裤, [pʰɯ¹³] 铺店铺, [tʰɯ¹³] 吐兔, [tsʰɯ¹³] 醋, [vɯ¹³] 误悟互护务雾, [ʥɿ¹³] 誓自示字牸寺, [tsʰɿ¹³] 刺赐次, [zɿ¹³] 豉视事侍, [tsʰii¹³] 趣, [ʥii¹³] 住具惧治骤, [zii¹³] 树, [ɣua¹³] 坏, [kʰua¹³] 块会会计块快筷, [zia¹³] 夏春夏, [kʰua¹³] 跨, [ɣua¹³] 画, [pʰei¹³] 聘, [vei¹³] 份问, [dei¹³] 邓定, [ʥei¹³] 净, [tsʰei¹³] 衬蹭, [ɣei¹³] 恨, [duei¹³] 队, [guei¹³] 柜, [kʰuei¹³] 困睏愧, [tʰuei¹³] 退, [tsʰuei¹³] 脆翠粹寸, [ɣʰuei¹³] 会汇, [bəɯ¹³] 暴菢, [dəɯ¹³] 盗, [pʰəɯ¹³] 炮泡泡在水里, [tʰəɯ¹³] 套, [tsʰəɯ¹³] 躁, [kʰəɯ¹³] 靠犒, [ɣəɯ¹³] 号号数, [tɕʰiəɯ¹³] 俏窍, [ziəɯ¹³] 效校学校, [ʥiəɯ¹³] 召轿, [ʥie¹³] 谢, [zia¹³] 射, [ʥye¹³] 贱旋, [tɕʰye¹³] 串劝, [zye¹³] 县, [tɕʰiei¹³] 趁称相称秤庆, [ziei¹³] 任纫认剩, [ʥiei¹³] 阵仅瞪郑盛, [zyei¹³] 闰, [ʥyei¹³] 郡, [bã¹³] 办, [dã¹³] 弹子弹蛋, [ʥã¹³] 暂, [ɣã¹³] 憾汗焊翰, [kʰã¹³] 看看见, [pʰã¹³] 盼襻, [tʰã¹³] 探炭叹听, [tsʰã¹³] 灿, [vã¹³] 饭万, [bĩ¹³] 便方便, [dĩ¹³] 电殿奠佃垫, [ʥĩ¹³] 健腱, [pʰĩ¹³] 片,

[tɕʰĩ¹³] 欠歉, [zĩ¹³] 现, [dũ¹³] 段缎, [dzũ¹³] 赚藏西藏脏状, [gũ¹³] 逛, [ɣũ¹³] 焕换幻患宦, [kʰũ¹³] 旷况, [pʰũ¹³] 判叛胖, [tsʰũ¹³] 窜创薄, [dʑaŋ¹³] 撞, [kʰaŋ¹³] 抗炕, [tʰaŋ¹³] 趟烫, [biaŋ¹³] 病, [dʑiaŋ¹³] 匠, [dʑiaŋ¹³] 尚, [tɕʰiaŋ¹³] 畅唱倡, [dəŋ¹³] 洞, [dzəŋ¹³] 诵颂, [gəŋ¹³] 共, [kʰəŋ¹³] 控空空缺, [tʰəŋ¹³] 痛凤俸, [tɕʰiəŋ¹³] 铳

全清字と次濁字の一部が陰平（55）と発音される。
〔陰平（55）となった全清去声字〕（無声子音）
[fi⁵⁵] 痱, [si⁵⁵] 思, [sɯ⁵⁵] 疏, [ia⁵⁵] 亚, [ɕi̵⁵⁵] 输, [ye⁵⁵] 怨, [uei⁵⁵] 畏, [tɕiei⁵⁵] 经, [sũ⁵⁵] 双, [aŋ⁵⁵] 瓮, [kaŋ⁵⁵] 钢

〔陰平（55）となった次濁去声字〕（有声子音）
[ni⁵⁵] 利, [y⁵⁵] 右, [ny⁵⁵] 料漏, [my⁵⁵] 庙, [e⁵⁵] 二, [ni̵⁵⁵] 虑, [zi̵⁵⁵] 芋, [nɯ⁵⁵] 路, [ŋʊ⁵⁵] 饿, [ma⁵⁵] 骂, [ia⁵⁵] 夜, [ye⁵⁵] 院, [yei⁵⁵] 运, [məɯ⁵⁵] 帽, [iəɯ⁵⁵] 尿, [ĩ⁵⁵] 验, [ĩ⁵⁵] 念, [mĩ⁵⁵] 面, [nã⁵⁵] 烂, [mã⁵⁵] 慢, [nũ⁵⁵] 乱, [iaŋ⁵⁵] 样, [miaŋ⁵⁵] 命, [məŋ⁵⁵] 梦, [iəŋ⁵⁵] 用

2.3.3.4 入声字

4つの声調のうち、入声は他の声調と違って短促を主要な特徴とし、内破音韻尾-p、-t、-k でおわる特有の声調である（平山久雄 1967：154 参照）。入声字は中古の全清声母、次清声母の場合にはほとんど陰平（55）に発音され、全濁、次濁声母の場合には殆ど陰去（35）に発音される（表 2-3-125 参照）。

表2-3-125　入声と蔡橋声調の対応関係

声母		全清	次清	次濁	全濁
蔡橋声調（調値）	多数	陰平（55）	陰平（55）	陰去（35）陰平（55）	陰去（35）陽去（13）
	少数	陰去（35）	陽去（13）	陽去（13）	陰平（55）

以下に、例字を挙げながら、具体的に見ていくことにする。まず、入声字は全清、次清声母の場合に陰平（55）に発音される。

第2章 蔡橋方言の音韻

〔陰平（55）となった全清入声字〕（無声子音）

[a⁵⁵] 鴨, [fa⁵⁵] 法発, [pa⁵⁵] 八, [sa⁵⁵] 刷殺, [ta⁵⁵] 答搭, [tsa⁵⁵] 眨扎札摘, [ka⁵⁵] 夾鉄夾:火鉗袂, [i⁵⁵] 一, [pi⁵⁵] 逼筆, [ti⁵⁵] 的₍目的₎, [tɕi⁵⁵] 急級激撃, [tsi⁵⁵] 積鯽脊績, [tsʰi⁵⁵] 膝, [si⁵⁵] 息熄媳錫析悉昔惜, [ty⁵⁵] 竹, [tsʰy⁵⁵] 鵲雀, [ɕy⁵⁵] 叔, [tɕy⁵⁵] 粥, [fu⁵⁵] 復, [vɯ⁵⁵] 屋, [tɯ⁵⁵] 督, [sɯ⁵⁵] 肅速宿束粟縮, [tsɯ⁵⁵] 筑嘱燭祝足卒, [kɯ⁵⁵] 谷, [ʊ⁵⁵] 悪握, [pʊ⁵⁵] 撥鉢博剥駁, [索] sʊ⁵⁵, [tsʊ⁵⁵] 桌卓琢捉, [kʊ⁵⁵] 各閣郭角鴿葛, [kʰʊ⁵⁵] 磕, [ia⁵⁵] 押圧, [pia⁵⁵] 壁, [tɕia⁵⁵] 甲炙只₍量詞₎, [ie⁵⁵] 噎, [pie⁵⁵] 北百柏伯憋鱉, [pʰie⁵⁵] 迫, [bie¹³] 別, [tie⁵⁵] 跌得徳, [sie⁵⁵] 渋塞虱色, [tɕie⁵⁵] 哲折劫折蟄浙掲吉潔結, [tsie⁵⁵] 節責接, [kie⁵⁵] 格隔革夾, [ŋie⁵⁵] 扼, [iʊ⁵⁵] 約, [tɕiʊ⁵⁵] 脚覚₍覚得₎, [ɕiɨ⁵⁵] 失識湿, [tɕiɨ⁵⁵] 汁織職執, [ua⁵⁵] 挖, [kua⁵⁵] 括刮, [sye⁵⁵] 削雪, [ɕye⁵⁵] 説, [tɕye⁵⁵] 決訣拙, [tɕʰye⁵⁵] 穿, [kye⁵⁵] 国骨, [suei⁵⁵] 蟀

〔陰平（55）となった次清入声字〕（無声子音）

[pʰi⁵⁵] 僻匹, [ɕi⁵⁵] 吸, [tsʰi⁵⁵] 七漆戚, [xʊ⁵⁵] 喝, [pʰʊ⁵⁵] 泼泊₍粟山泊₎, [tʰʊ⁵⁵] 脱托, [tsʰʊ⁵⁵] 錯, [kʰʊ⁵⁵] 殻渇, [tʰa⁵⁵] 塔獺, [tsʰa⁵⁵] 插察擦拆, [kʰa⁵⁵] 客恰掐, [xa⁵⁵] 瞎吓, [pʰia⁵⁵] 劈, [tʰia⁵⁵] 踢, [tɕʰia⁵⁵] 吃尺赤, [pʰie⁵⁵] 魄拍, [tʰie⁵⁵] 鉄帖貼, [ɕie⁵⁵] 蝎歇, [tɕʰie⁵⁵] 徹撤妾怯, [tsʰie⁵⁵] 測策冊切, [kʰie⁵⁵] 刻克客, [xie⁵⁵] 黒, [ɕye⁵⁵] 血, [tɕʰye⁵⁵] 缺, [fu⁵⁵] 忽, [pʰɯ⁵⁵] 撲朴, [tʰɯ⁵⁵] 禿, [tsʰɯ⁵⁵] 畜, [kʰɯ⁵⁵] 哭窟, [tɕʰiɨ⁵⁵] 屈出斥曲尺赤, [tsʰiɨ⁵⁵] 黜

一部の全清入声字が陰去（35）となり、一部の次清入声字が陽去（13）となっている。

〔陰去（35）となった全清入声字〕（無声子音）

[sa³⁵] 薩, [ŋa³⁵] 軋, [i³⁵] 憶臆抑益, [pi³⁵] 畢必碧壁璧, [tɕi³⁵] 即迹, [fu³⁵] 福幅蝠腹, [sɯ³⁵] 朔, [tsʊ³⁵] 作啄, [si³⁵] 式, [tia³⁵] 滴, [ie³⁵] 乙, [ɕie³⁵] 設, [sie³⁵] 泄屑薛, [tsie³⁵] 則側, [kie³⁵] 割, [ɕiɨ³⁵] 室飾适釈, [tɕiɨ³⁵] 質橘菊, [ziɨ³⁵] 郁

〔陽去（13）となった次清入声字〕（無声有気音子音）

[tʰa¹³] 踏, [tʰi¹³] 剔, [tɕʰi¹³] 乞, [kʰɯ¹³] 酷, [tsʰɯ¹³] 触促, [tsʰʊ¹³] 戳, [kʰʊ¹³] 確闊, [tɕʰiʊ¹³] 却

全濁入声字は陰去、もしくは陽去になっている。陰去（35）と陽去（13）のどちらになるかは、現代子音の調音方法により決められる。無気音子音の場合には陰去（35）に発音され、無声有気音と有声音子音の場合には陽去に発音される。

〔陰去（35）となった全濁入声字〕（無声子音）

［xɑ³⁵］狭，［tsɑ³⁵］杂闸炸，［fɑ³⁵］乏伐罚筏，［tsi³⁵］集，［si³⁵］习袭席夕，［ti³⁵］敌狄，［tɕi³⁵］寂籍藉，［ɕy³⁵］熟，［fɯ³⁵］佛缚服伏，［tɯ³⁵］毒，［sɯ³⁵］俗续赎，［tʋ³⁵］夺活鹤获，［tsʋ³⁵］镯，［xʋ³⁵］合盒，［ɕiɑ³⁵］辖石，［ɕie³⁵］协舌涉，［ɕiʋ³⁵］勺学，［ɕii³⁵］十拾实食，［tɕii³⁵］剧局蛰，［suei³⁵］术述，［xuei³⁵］或惑

〔陽去（13）となった全濁入声字〕（有声子音、無声有気音子音）

［pʰɑ¹³］白，［tʰɑ¹³］沓，［tsʰɑ¹³］择，［tʰi¹³］笛，［tɕʰi¹³］及极，［bʋ¹³］薄，［tsʰʋ¹³］浊，［ʥʋ¹³］昨，［kʰʋ¹³］确，［du¹³］读独，［tsʰɯ¹³］族轴逐，［bie¹³］别白，［tʰie¹³］特碟牒蝶谍，［tsʰie¹³］泽，［tɕʰie¹³］杰，［tsʰye¹³］嚼，［ʥye¹³］绝，［ʥii¹³］直植值侄，［ɣuɑ¹³］滑猾划

最後に、中古次濁入声字は一部が陰去（35）に発音され、もう一部が陰平（55）に発音される。分化の条件は不明である。

〔陰去（35）となった次濁入声字〕（鼻音子音、ゼロ子音）

［nɑ³⁵］纳捺辣，［mɑ³⁵］麦，［i³⁵］匿亦译易，［ni³⁵］历立栗，［nɯ³⁵］陆，［mʋ³⁵］末沫莫，［nʋ³⁵］诺落烙骆酪洛络乐，［ŋʋ³⁵］鄂，［ny³⁵］六陆，［zii³⁵］域疫役育玉狱欲浴，［ie³⁵］叶页翼液腋，［mie³⁵］灭墨脉，［nie³⁵］列烈裂肋勒，［iʋ³⁵］疟药钥跃岳乐，［nye³⁵］劣，［mei³⁵］密蜜，［məŋ³⁵］穆，［ŋ³⁵］逆

〔陰平（55）となった次濁入声字〕（鼻音子音、ゼロ子音）

［nɑ⁵⁵］拉腊蜡，［mɑ⁵⁵］抹，［ŋɑ⁵⁵］额，［ni⁵⁵］笠粒力，［nɯ⁵⁵］绿录鹿禄，［mʋ⁵⁵］默陌摸，［nie⁵⁵］聂镊捏猎，［nii⁵⁵］律率，［niʋ⁵⁵］略，［ye⁵⁵］悦阅月越，［ĩ⁵⁵］孽业，［m̃⁵⁵］篾，［niəŋ⁵⁵］肉，［məŋ⁵⁵］幕寞木目牧，［ŋ⁵⁵］日

2.3.3.5 まとめ

以上、4つの声調と蔡橋方言声調の対応関係をまとめると、表2-3-126の通りである。

表2-3-126　中古声調と蔡橋声調の対応関係

中古音		蔡橋声調（調値）				
声調	声母の清濁	陰平(55)	陽平(11)	上声(53)	陰去(35)	陽去(13)
平声	全清	○				
	次清	○				
	次濁		○			
	全濁		○			
上声	全清			○		
	次清			○		
	次濁			○		
	全濁			(少数)		○
去声	全清	(少数)			○	(少数)
	次清				(少数)	○
	次濁	(少数)			○	(少数)
	全濁				(少数)	○
入声	全清	○			(少数)	
	次清	○				(少数)
	次濁	○			○	(少数)
	全濁	(少数)			○	○

（注）「○」は「対応あり」、「少数」は字例が少ないこと、空欄は「対応なし」をそれぞれ表す。

中古の声調と蔡橋方言の声調の関係をまとめると、次のようなの対応関係ある。

① 平声字は全清、次清声母の場合には陰平（55）に発音される。全濁、次濁声母の場合には陽平（11）に発音される。

② 上声字は全清、次清、次濁声母の場合、上声（53）に発音される。全濁声母の場合には大部分が陽去（13）に発音され、一部分が上声（53）に発音される。

③ 去声字は有声音、有気音子音の場合に陽去（13）に発音され、無声音子音の場合には陰去（35）に発音される。

④ 入声字は全清、次清声母の場合には殆ど陰平（55）に発音される。全濁声母の場合には殆ど陰去（35）、陽去（13）に発音される。次濁声母では一部が陰去（35）に発音され、一部が陰平（55）に発音される。

第3章

蔡橋方言の文法

3.1 分析の枠組

　文法論は大きく形態論（Morphology）と統語論（Syntax）に分けられている。本章は形態論レベルから蔡橋方言の文法を考察するが、統語論的な考察は今後の課題とする。
　蔡橋方言の品詞は朱德熙（1982：40）の品詞分類に倣い、名詞、場所詞、方位詞、時間詞、区別詞、数詞、量詞、代詞、動詞、形容詞、副詞、前置詞、接続詞、助詞、語気詞、擬声詞、感嘆詞に分けられる。本章では研究対象をアスペクト助詞に絞り、詳しく考察する。

3.2 助詞――アスペクトの枠組

　本章では現代中国語におけるアスペクト的表現について分析していく。アスペクトとは出来事・運動内部の時間的展開の姿を捉える仕方を表すカテゴリーである。

　　　Aspects are different ways of viewing the internal temporal constituency of a situation.

　　　　　　　　　　　　　　　　　　　　　　　　　　　　(Comrie (1976:3))

　文は一般に(3-2-1)〜(3-2-4)のような〈恒常的特徴を表す脱時間化された〉文と、(3-2-5)〜(3-2-6)のような「状態」を表す文、(3-2-7)〜(3-2-8)のような〈時間の中に現象する出来事を記述する〉文に分けられる。以下は北京語の例文である。
(3-2-1) 万物是由原子构成的。
　　　（万物は全て原子からなっている。）
(3-2-2) 地球围绕太阳转。
　　　（地球は太陽の周りを回っている。）

(3-2-3) 知识和才能从实践中来。
　　　　（知識と才能は実践より生み出される。）

(3-2-4) 十一月是我喜欢的月份。
　　　　（十一月は私が好きな一ヶ月だ。）

(3-2-5) 这把刀非常快。
　　　　（この刀は非常に鋭利だ。）

(3-2-6) 今天是八月一日。
　　　　（今日は八月一日だ。）

(3-2-7) 他买了两把雨伞。
　　　　（彼は傘を二本買った。）

(3-2-8) 许多学生正在那个公司实习。
　　　　（多くの学生はいまその会社で実習している。）

　文(3-2-1)～(3-2-4)は脱時間的意味を表すのでアスペクトの対立を持ち得ない。文(3-2-5)、(3-2-6)も時間的展開性を持たぬ「状態」を表わすため、アスペクトの対立を持っていない。アスペクトの対立を有するのは例(3-2-7)、(3-2-8)のような「動態的出来事」を表す文に限られている。

　アスペクト的意味を表すには様々な手段がある。一次的に重要なのは動詞における「語彙的意味」である。工藤（1995）が指摘しているように、アスペクト的意味は動詞の語彙的意味と相関している。

　　アスペクト研究において、動詞分類が重要な意味をもつのは、文法的アスペクト対立が抽象的（formal meaning）なものであるがゆえに、語彙的意味（material meaning）のタイプに応じて具体化されるからである。

　　　　　　　　　　　　　　　　　　　　　　　　　　　　　　（工藤 1995：69）

　動詞の語彙的意味には時間的性質がある。それゆえ、「そこに至れば運動が必然に尽きるべき目標としての内的時間的限界」の有無によって、動詞を「内的限界動詞」と「非内的限界動詞」に分ける分類方法もある。
　文のアスペクトはこの動詞の語彙的アスペクトだけで、具体化されるわけではない。現代北京語では文のアスペクト的意味を表わすには、アスペクト助詞がもう一つの重要な手段となる。例えば、アスペクト助詞を一切用いないとすれば、次のような座りが悪い文に

なる場合もある。

(3-2-9) ＊他愉快地吹口哨。

(彼は楽しそうに口笛を吹いた。)

アスペクト助詞（"了"、"着"）を使うと、文の座りが良くなってくる。

(3-2-10) 他愉快地吹<u>了</u>声口哨。

(彼は楽しそうに口笛を一声吹いた。)

(3-2-11) 他愉快地吹<u>着</u>口哨。

(彼は楽しそうに口笛を吹いている。)

(3-2-10)は「吹く」という動作が完成したという意味を表す。それに対して(3-2-11)は「吹く」という動作が継続的に行われるという意味を表す。文がどちらの意味になるかを決めるのは動詞の後接成分"了"、"着"のアスペクト的機能である。

以下では、まず北京語のアスペクト助詞"了"、"着"と動詞の関係を中心に考察する。次に、蔡橋方言のアスペクト体系について、北京語や湘語との比較・対照を通して考察する。

3.2.1 北京語のアスペクト表現

本節では、まず北京語の動詞を分類して次にアスペクト助詞との関係を見ていく。なお、筆者の作例以外はすべて小説から引用したものである。各用例の出自については本節最後の一覧表を参照。

3.2.1.1 北京語の動詞分類

ヤーホントフ（1957）は動詞とアスペクト助詞との「結合能力」の違いによって、中国語の動詞を「非動作動詞」と「動作動詞」に分けた。前者は「アスペクト・テンスの指標と結合できず」、後者は「少なくとも其のいくつかと自由に結合できる」ものである。更に、ヤーホントフ氏は「動作動詞」を、「有限動詞」と「無限動詞」に下位分類している。「有限動詞」とは、意味する動作が、ある結果を達成しなければならず、結果を達成した後には、その動作は持続しないという「意味する動作に限界がある」動詞である。それに対して、「無限動詞」は意味する動作が結果の達成するか否かに関係せず、「論理的には限界がなく、無限に継続できる動作」の動詞である。

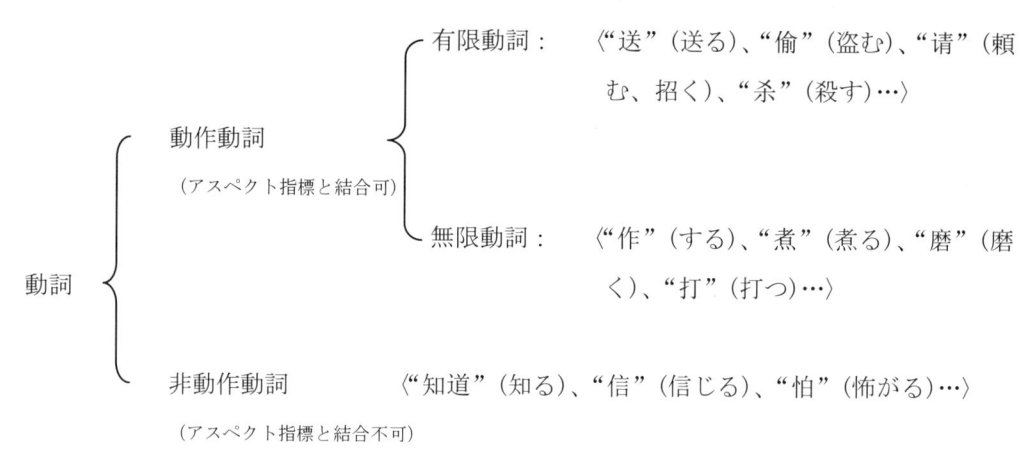

```
          ┌ 動作動詞        ┌ 有限動詞：  〈"送"（送る）、"偷"（盗む）、"请"（頼
          │（アスペクト指標と結合可）│              む、招く）、"杀"（殺す）…〉
動詞  ┤                  │
          │                  └ 無限動詞：  〈"作"（する）、"煮"（煮る）、"磨"（磨
          │                                く）、"打"（打つ）…〉
          │
          └ 非動作動詞       〈"知道"（知る）、"信"（信じる）、"怕"（怖がる）…〉
           （アスペクト指標と結合不可）
```

図3-1　ヤーホントフ（1957）による中国語動詞の分類

　楊凱栄（2001）は動詞とアスペクト助詞 "着"、"了" との結合能力を基準に、中国語の動詞分類を行っている。まず、"着" がつくか否かによって、動詞は "着" と結合できる「持続動詞」、"着" と結合できない「非持続動詞」の二種類に分けられる。次に、「持続動詞」は「動作の持続」を表すVa類と「結果の持続」を表すVb類に下位分類される。「非持続動詞」は「状態動詞」と「非状態動詞（Ve）」に分けられる。「状態動詞」はさらに "了" と共起できるVc類、"了" と共起できないVd類に分けられる。

① 持続動詞
Va：吃（食べる）、看（見る）、说（話す）、写（書く）、走（歩く）…
Vb：站（立つ）、坐（坐る）、躺（横になる）、蹲（しゃがむ）、住（すむ）…

② 非持続動詞
Vc：知道（知る）、有（ある）、懂（分かる）、明白（分かる）…
Vd：在（居る）、是（だ）、姓（姓は～だ）、像（似ている）、属于（属する）…
Ve：看见（見かける/見える）、找到（見つける/見つかる）、抓住（捕まえる/捕まる）、死（死ぬ）、来（来る）…

　「持続動詞」のうち、"贴（貼る）、穿（着る）、放（置く）、挂（掛ける）、种（植える）" など一部の動詞は「結果状態の持続」を表すこともあれば、「動作の進行」を表すこともある。たとえば、"贴"（貼る）は例(3-2-12)のような文において「結果状態の持続」を表すが、一方、例(3-2-13)ような文において「動作の進行」を表す。これらの動詞はVa類とVb類の両方に属するという。

(3-2-12) 墙上贴着一张广告。
　　　　（一枚のポスターが壁に貼ってある。）
(3-2-13) 他在贴广告。
　　　　（彼はポスターを貼っている最中である。）

　日本語の動詞分類については、工藤（1995）が詳しい。工藤（1995）はアスペクト対立によって動詞を「(A)外的運動動詞」、「(B)内的情態動詞」、「(C)静態動詞」の三種に分けている。さらに、アスペクトとヴォイスとの関係を重要視し、「主体の動作」か「主体の変化」かの観点から、外的運動動詞を「(A1)主体動作・客体変化動詞」、「(A2)主体変化動詞」、「(A3)主体動作動詞」に下位分類している。

　　＜動作＞＜変化＞というアスペクト的な意味特徴をとりだし、それと＜主体＞＜客体＞というヴォイス的な意味特徴とをむすびつけることによって、動詞の語彙的意味と、アスペクト的意味、ヴォイス構造という文法的現象間の法則的むすびつきを説明できるようになるであろう。

　　　　　　　　　　　　　　　　　　　　　　　　　　　　　　（工藤（1995:49））

　「(A1)主体動作・客体変化動詞」と「(A2)主体変化動詞」を「内的限界動詞（telic verb）」として一括化し、「(A3)主体動作動詞」を「非内的限界動詞（atelic verb）」としている。工藤（1995）によれば、「内的限界動詞」とは、動詞の語彙的意味の中に「そこに至れば運動が必然的に尽きるべき目標としての内的時間的限界（工藤 1995：72）を持つ動詞のことである。「非内的限界動詞」とは、動作が一旦「成立しさえすれば、どこで中止されても動作が成立したといえる、必然的な終了限界のない非限界的な運動のタイプ（工藤 1995：73）」を表す動詞である。「内的限界動詞」と「非内的限界動詞」はヤーホントフ（1957）の「有限動詞」と「無限動詞」と同じものだと考えられる。

```
                ┌ アスペクト対立有      (A)外的運動動詞
                │                        (A1)主体動作・客体変化動詞 ┐
                │                        (A2)主体変化動詞          ├─ 内的限界動詞
  動詞 ─────┤                        (A3)主体動作動詞          ─── 非内的限界動詞
                │ アスペクト対立の部分的変容  (B)内的情態動詞
                └ アスペクト対立無      (C)静態動詞
```

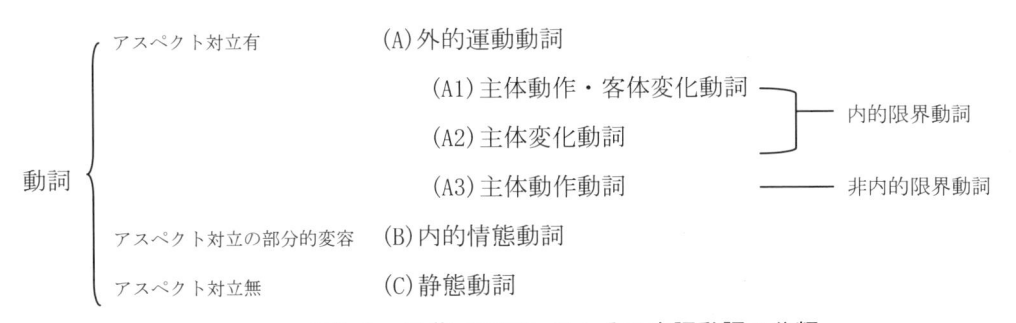

図3-2　工藤（1995）による日本語動詞の分類

本論文では、動詞自体の持っているアスペクト的意味から動詞を分類した工藤（1995）を参考に中国語の動詞分類を行う。

まず時間的展開性があるか否かによって、動詞を「運動動詞」と「静態動詞」の二種類に分ける。次に「主体」か「客体」かというヴォイスの観点と、「動作」か「変化」かという観点を組み合わせて、「運動動詞」を「主体動作・客体変化動詞」、「主体動作動詞」、「主体変化動詞」の3つに分ける。「運動動詞」と「静態動詞」の中間的なものとして、「内的情態動詞」を立てる。「内的情態動詞」は、人間の内心的活動を表し、時間的展開性を持つが、動作や変化としては観察できないものである。

(一) 運動動詞
(1) 主体動作・客体変化動詞
①［客体に位置の変化(とりつけ)をひきおこす動詞］

安（とりつける）、放（置く）、盖（蓋をする）、系（締める）、挂（掛ける）、蓄（(ひげを)のばす）、点（つける）、种（植える）、抹（つける）、涂（塗る）、穿（履く）、戴（かぶる）…
②［客体に位置の変化(取りはずし)をひきおこす動詞］

取（とりはずす）、扔/倒（捨てる）、剃（削る）、熄/灭（消す）、撕（割く）、解（解く）、脱（脱ぐ）…
③［客体の獲得をひきおこす動詞］

买（買う）、借（借りる）、抢（奪う）、偷（盗む）…
④［客体の消失をひきおこす動詞］

卖（売る）、借（貸す）、还（返す）、送（プレゼントする）…
⑤［客体に様態の変化を引き起こす動詞］

写（書く）、画（描く）、煮（煮る）、剪（(はさみ)で切る）、切（(ナイフなどで)切る）、挖（掘る）、煎（焼く）、炒（炒める）、炸（揚げる）、泡（漬ける）、混（混ぜる）、砍（切る）、拉（引く）、扯（引っ張る）、扔（投げる）、捧（捧げる）、摔（落とす）、提（提げる）、开₁（開ける、(電源を)入れる）、关₁（閉める、(電源を)切る）、修（直す）、烧（燃やす）、杀（殺す）、洒（撒く）、烤（焼く）、贴（貼る）、送（送る）、生（生む）、得（得る）、解放（解放する）、爆破（爆破する）、毁坏（壊す）…

(2) 主体動作動詞
①主体動作・客体接触動詞

咬（噛む）、踢（蹴る）、骑（馬乗りになる）、会（会う）、送（見送る）、寻（探す）、等（待つ）、

打(打つ)…

②人の言語活動・表現活動動詞

　吃(食べる)、喝(飲む)、看(見る、読む)、听(聞く)、说(話す)、讲(話す)、喊(叫ぶ)、骂(ののしる)、唱(歌う)、踢(蹴る)、学(学ぶ)、吹(吹く)、走(歩く)、跑(走る)、跳(跳ぶ)、蹦(跳ねる)、转(回る)、哭(泣く)、笑(笑う)、浮(浮かぶ)、飞(跳ぶ)、闹(騒ぐ)、歇(休憩する)、睡(寝る)、咬(噛む)、瞪(睨む)、做(する)、算(計算する)、游(泳ぐ)、甩(振る)、猜(当てる)、玩(遊ぶ)、擦(拭く)、争(争う)、住(住む)、请(招く)、休息(休む)、练习(練習する)、复习(復習する)、询问(聞く)、回答(答える)、调查(調査する)、讨论(討論する)、恐吓(脅威する)、表演(演じる)、参观(見学する)、打听(尋ねる)、晃动(揺れる)、摇摆(動く)、荡漾(漂う)、告诉(教える)、发明(発明する)、发现(発見する)、成立(成立する)…

(3) 主体変化動詞

①再帰動詞

　穿(着る、履く)、戴(かぶる)、挑(担う)、背(背負う)…

①人の意志性による変化を表す動詞

　去(行く)、来(来る)、上(上がる)、下(降りる)、站(立つ)、躺(横になる)、蹲(しゃがむ)、跪(跪く)、坐(腰掛ける)、骑(馬乗りになる)、靠(もたれかかる)、倚(もたれかかる)、撑(支える)、当(～になる)、出(出る)、进(入る)、到(着く)、适应(慣れる)、担任(担当する)、退休(退職する)、结婚(結婚する)、毕业(卒業する)、醒(起きる)…

②人やもの無意志的な変化を表す動詞

　死(死ぬ)、输(負ける)、赢(勝つ)、丢(なくす)、熟(熟する)、碎(割れる)、掉(落ちる)、长(成長する)、开$_1$(沸く)、开$_2$(開く、(電源が) 入る)、响(鳴る)、变(変わる)、倒(倒れる)、忘(忘れる)、结冰(凍る)、沸腾(沸騰する)、结束(終る)、停止(泊まる)、胜利(勝つ)、失败(敗れる)、干涸(乾しあがる)、融/融化(溶ける)、消失(消える)、跌倒(倒れる)、遗失(なくす)、放松(緩める)、延长(延ばす)、关$_2$(閉まる、(電源が) 切れる)…

(二) 内的情態動詞 (「思考・感情・知覚・感覚」など人の内的事象を表す動詞)

　懂(分かる)、怕(怖がる)、恨(憎む)、爱(愛する)、想(考える)、火(怒る)、明白(分かる)、喜欢(気に入る)、爱好(好む)、讨厌(嫌う)、相信(信じる)、觉得(～のように思われる)、思念(心に思っている；懐かしい)、牵挂(気に掛ける)、敢(～することを怖がれない)、赞成(賛成する)、反対(反対する)、佩服(感服する)、高兴(喜ぶ)、兴奋(興奮す

る)、生气/发怒(怒る)、紧张(緊張する)、满意(満足する)、放心(安心する)、失望(失望する)、感谢(感謝する)、嫉妒(嫉妬する)…

(三) 静態動詞

有(ある)、是(だ)、姓(〜を苗字とする)、像(似ている)、属于(属する)、等于(相当する)、等同(同等する)、作为(充当する)、值得(値する)、符合(一致する)、耸立(聳える)、在(居る)、面向(面している)、坐落(位置する)、位于(位置する)、毗邻(隣接している)、散布(点在している)、精通(精通している)、擅长(〜を得意とする) …

3.2.1.2　北京語における動詞とアスペクト助詞の関係

　前節では動詞の分類を行った。本節では、まずアスペクト助詞について見る。次に、「動詞＋アスペクト助詞」が文のアスペクト的意味を決めるという立場に立ち、動詞類ごとに「動詞＋アスペクト助詞」がどのようなアスペクト的意味を持つかについて考察する。

　北京語では、アスペクトを表す動詞の後接成分として、"了"、"着"、"过"、"起来"、"下去"、"完"などが挙げられる。このうち、"起来"(し始める)、"下去"(し続ける)、"完"(し終わる)はそれぞれ「始動」、「継続」、「終結」というような動作の展開する局面を表し、"过"は動作・作用を過去に少なくとも一回経歴したものとして表すものである。一方、"了"と"着"はそれぞれ「完成性」(perfective)と「持続性」(durative)を表し、最も基本的なアスペクト対立を成している。木村（1982）は"了"、"着"を「アスペクト第一類」、"起来"、"下去"、"完"を「アスペクト第二類」、"过"を2類の間にある過渡的なものとしている。"了"、"着"のアスペクト的意味は次のように定義している。

　　　"了"は、動作・作用が話者によって、すでに実現・展開し終えて、もはや続行されない、というあり方で把握されたものであることを示す。

木村（1982：29）

　　　"着"は、動作・作用が既に実現し、而も未だ実現し終えず、まさに現実の世界（時には眼前）にいま立ち現れている状態のままのあり方、言い換えれば持続のままのあり方において捕らえられたことを示す、すなわち持続のアスペクト形式である。

木村（1982：30-31）

以下では北京語の「アスペクト第一類」の"了"、"着"を考察する。

3.2.1.2.1 「動詞＋"了"」のアスペクト的意味

3.2.1.2.1.1 "了"について

　本節では"了"が「限界達成性」と「完成性」の２つの意味を持つこと、その中でも「限界達成性」が"了"の最も重要な意味であることを明らかにしたい。

　「限界達成性」を定義づける前に、「限界性」を明らかにしなければならない。北原(2000)は「限界性」について次のように述べている。

> 「限界性(telicity)」とは、動詞(句)によって表される事態(event)に限界点（endpoint）が存在するかどうか、すなわち、事態の終了時点の有無に関することを言うものである。限界点が存在する動詞(句)を「telic な動詞(句)」と呼び、限界点が存在しない動詞(句)を「atelic な動詞(句)」と呼ぶ。「telic」は、日本語学では「限界」と訳すことが多いが、「完了」「終了」「目標」と訳される場合もある。
>
> （北原 2000：72-73）

　北京語の動詞は語彙的意味から「内的限界動詞(telic verb)」と「非内的限界動詞(atelic verb)」に分けられる。前者は"杀"（殺す）、"切"（切る）などのような、「内的時間限界点」がある動詞である。後者は"吃"（食べる）、"走"（歩く）のような「内的時間限界点」を持たない動詞で、前節の分類の「主体動作・客体変化動詞」、「主体変化動詞」に当たる。北京語の"了"は木村(1982)によると、到達点・限界点を強く指向する性質があり、限界的(telic)な動作・作用の表現を構造的に構成することにより、初めて言い切り可能になるという。たとえば、例文(3-2-14)の場合、"吃"（食べる）がatelicな動詞であるため、"他吃了饭"は主文として終止しにくく、"他吃光了饭"（彼は飯を食べつくした）のように結果表現"光"（尽くす）を伴うことで到達点を持ち得たり、"他吃了两碗饭"（彼は飯を2杯食べた）のように数量表現("两碗"（2杯））を伴うことで量的な限界点を持ち得るという。

　(3-2-14)　?他吃了饭。
　　　　　　（彼はご飯を食べた。）
　(3-2-15)　他吃了两碗饭。
　　　　　　（彼はご飯を2杯食べた。）
　(3-2-16)　他吃光了饭。

(彼はご飯を全部食べた。)

「限界性」の下位には、「開始限界達成性」と「終了限界達成性」を立てることができる。前者は開始時を動作の成立として捉える一方、後者は終了時を動作の成立として捉える。例(3-2-17)は開始限界達成性を表す"了"の用例であり、例(3-2-18)は終了限界達成性の用例である。

(3-2-17) （那时）电话铃响了，把我救了。　　　　　　　　　　　　（《浮出海面》）
　　　　（その時、電話が鳴った。助かった！）
(3-2-18) 东家丢了东西，怀疑是西家偷了。　　　　　　　　　　　　（《故里杂记》）
　　　　（東に住んでいる人は物をなくして、西に住んでいる人が盗んだと疑っている。）

例(3-2-17)では、動作"响"（鳴る）は「非内的限界動詞」である。このような動詞では、"了"が後ろにつくことによって動作の開始を表す。動作（鳴る）は動作が開始した後、即座に終了することもあれば、続いて行われる可能性もある。しかし、電話が鳴り始めること（「開始限界達成性」）をもって動作は成立する。

一方、例(3-2-18)の動詞"丢"（なくす）は「内的限界動詞」である。このような動詞では、"了"が後ろにつくことによって、動作が完成を表す。この場合は、動作が終了限界に到達したこと、「終了限界達成性」をもって動作は成立する。この点が例(3-2-17)と異なる。

次に、「完成性」とは「個別具体的な運動（動的事象）の限界づけられたひとまとまり的な姿・捉え方」である（工藤2004：27）。つまり、〈出来事＝運動〉の過程に立ち入らず（出来事を分解せずに）一つのまとまりとして捉えるというアスペクト的性質である。「ひとまとまり性」とも言う。次の例文を見てみよう。

(3-2-19) 老板和职员们进行了谈判。
　　　　（社長は社員たちに談判した。）
(3-2-20) 警察调查了交通事故的原因。
　　　　（警察官は交通事故の原因について調べた。）

この二つの例文では、"了"は"谈判"（談判する）と"调查"（調べる）などの動作の持続性を無視して、開始から終了までの全過程を圧縮し、ひとつの事件として扱っている。これは戴耀晶（1997）のいう「完整性」にほぼ対応する。戴耀晶（1997）の「完整性」とは事象の内部に立ち入らずに、つまり出来事を分解せずに、外部から事象を観察するアスペクト的見方だという。

(3-2-21) 小王前天到了纽约。

　　　　（王君はおとといニューヨークに着いた。）

(3-2-22) 小王跑了一会儿步。

　　　　（王君はちょっと走った。）

(3-2-23) 这本书我看了一半，小王就抢走了。

　　　　（この本はまだ半分しか読んでいないが、王君に取られた。）

　戴耀晶（1997）によると、例(3-2-21)は"到"（到着する）が展開性のない「瞬間動作」であるため、事象の内部に立ち入ることが不可能である。一方、例(3-2-22)と例(3-2-23)の"跑"（走る）や"看"（読む）などは「持続動作」であるが、"一会儿"、"一半"（半分）という過程を表す補語があるため、この場合においても、事象の内部に立ち入らないという。

　以上、述べたように「完成性」は動作を外部から、ひとまとまりに捉えるアスペクト的見方である。この「完成性」が"了"におけるもう一つの基本的なアスペクト的意味である。

　"了"における「限界達成性」と「完成性」の二つのアスペクト的意味のうち、「限界達成性」の方がもっと基本的な意味だと考える。なぜならば、出来事を〈完成的に＝ひとまとまりに〉表現するためには、時間的に限界づけて捉えなければならないからである。図 3-3 で言えば、「A点」と「B点」（時間的限界点）を確実に捉えなければ、丸（一つの出来事）を決めることは無理だと思う。従って、"了"のアスペクト的意味は「完成性」よりも、「限界達成性」の方が第一義的に重要であり、「限界達成性」は「完成性」を把握するための前提であると考える。

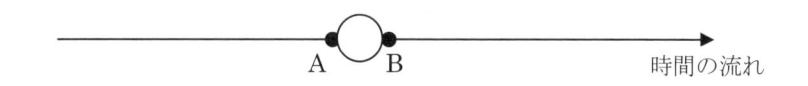

図3-3　"了"の完成性

3.2.1.2.1.2 「主体動作・客体変化動詞＋"了"」の場合

　「主体動作・客体変化動詞」は、客体に変化をもたらす主体の動作を捉えている動詞グループである。この種の動詞は客体に変化が生じた時に、主体の動作も必然に終了する「内的限界動詞」である。つまり、主体動作の終了限界は、同時に客体変化の達成限界でもある。

このグループの動詞にアスペクト助詞"了"がつくと、文は「終了限界達成性」のアスペクト的意味を表す。以下に用例を挙げてみよう。

(3-2-24) 他欣然接受了这个建议。　　　　　　　　　　　　　　　　（《别了，濑户内海！》）

　　（彼は楽しそうにこのアドバイスを受け止めた。）

(3-2-25) 降雪的时候桑塔老爹修复了那座已经坍塌的小马架房子。　　　　　（《白罂粟》）

　　（雪の季節が来たとき、桑塔叔父さんはその崩れた小さい部屋を修復した。）

(3-2-26) 王列是撞死了沈杨，但那是意外，跟谋杀没关系。　　　　　　（《永不回头》）

　　（「王列は車を沈杨にぶつけて死なせたのだ。けれど、それは事故で、謀殺と違う。」）

(3-2-27) 活干完了，黄建明走出王列家去和刘高约会。　　　　　　　　（《永不回头》）

　　（仕事を終えた後、黄建明は王列の家を出て、刘高に会いに行った。）

例(3-2-24)の"接受"（受け止める）は「主体動作・客体変化動詞」である。この場合では、主体に引き起こされた変化は客体における「所有関係の変化」である。動作の終了（同時にも変化の達成である）までを捉えていなければ、「アドバイスを受け止めた」とは言えない。

例(3-2-25)では、「部屋が直された」といった「変化」の達成をもって、"修复"（修復する）といった動作が終了する。そうではなければ、「部屋を修復した」と言えない。例(3-2-26)の"撞死"（ぶつけて死なせる）や例(3-2-27)の"干完"（やり終える）は「動作＋結果補語」の構成を有する「主体動作・客体変化動詞」である。これらの動詞も"了"が付くことによって、"撞死"、"干完"の動作の「終了限界達成性」を表す。

3.2.1.2.1.3 「主体変化動詞＋"了"」の場合

「主体変化動詞」は主体の変化の側面を、前面化させる、あるいはそれのみを捉える動詞類である（工藤 1995：83）。「主体変化動詞」に"了"がつくと、「終了限界の達成」に焦点を当てた意味になる。その結果、主体に変化がおきる。

(3-2-28) 杨彤转头看去，原来是黄建明来了。　　　　　　　　　　　　（《永不回头》）

　　（杨彤は振り返って見ると、黄建明さんが来ていた。）

(3-2-29) 烛火什么时候灭了。　　　　　　　　　　　　　　　　　　　　（《复仇》）

　　（蝋燭はいつの間にか消えた。）

(3-2-30) 一天，他和车突然失踪了。　　　　　　　　　　　　　　　　　（《翻浆》）

　　（ある日、彼と車は突然消えた。）

以上の例文はすべて、主体の「変化」を捉えている。工藤（1995）によると、「主体変化動詞」には三つの下位分類がある。①「再帰動詞」、②「人の意志的な位置・姿勢変化動詞」、③「ものの無意志的な状態・位置変化動詞」である。その中、グループ①と②の動詞は構文によって、「終了限界達成性」と「完成性」を同時に捉える場合もある。次は②の動詞の例である。

(3-2-31) 就来了，催什么催？
　　　　（もう来るよ！何を急ぐの？）

(3-2-32) 你忙着吧，我睡了！
　　　　（頑張ってください。私は先に寝ます。）

　例(3-2-31)、例(3-2-32)は時間的に未来のことを表しており、「意志性」が強調された文である。つまり、「終了限界達成性」ではなく、「完成性」が前面化されてくる。例(3-2-28)などの平叙文にはこういった読みがない。

3.2.1.2.1.4 「主体動作動詞＋"了"」の場合

　「主体動作動詞」は「結果の側面」を切り離し、動作の側面のみを捉える動詞グループである。動作が一旦始まると、いつ終了しても動詞の意味が成立するので、「非内的限界動詞」である。このグループの動詞は"了"がつくことによって、「開始限界達成性」を表す。次の例を見られたい。

(3-2-33) 王列高兴地笑了，朝老板鞠了一躬，表示感谢。　　　　　　　　　　（《永不回头》）
　　　　（王列は楽しげに笑った。そして社長に御礼をして感謝した。）

(3-2-34) 电话铃响了，把我救了。　　　　　　　　　　　　　　　　　　　（《浮出海面》）
　　　　（電話が鳴った。助かった！）

　以上の"笑"（笑う）、"响"（鳴る）は「終了限界」ではなく、「開始限界」に焦点を当てた表現である。つまり、"笑了"（笑った）、"响了"（鳴った）はいったん動作が始まれば、"笑""响"という動作が成立するのである。従って、例(3-2-33)では「笑う」ことと「感謝を表す」ことが同時に行われ、また例(3-2-34)では「電話が鳴る」ことと「助かったと思う」ことが同時であるという意を表す。
　一方、「主体動作動詞」は「外的限界点」を使って、「終了限界達成性」を表すこともある。「外的限界点」は常に"整整一个下午"（午後ずっと）などの時間詞、"一下"（ちょっと）など

の数量詞、"起来"（～てあがる）など動作の方向を表す要素によって担われている。

(3-2-35) 那段路他曾经饿着肚子走了整整一个下午。　　　　　　　　　　　　（《北方的河》）

　　（その道を彼はかつてお腹を空かせたまま、午後ずっと歩いた。）

(3-2-36) 杨彤抬头笑了一下，然后摇了摇头。　　　　　　　　　　　　　　　（《永不回头》）

　　（杨彤は頭を上げてちょっと笑った。そして頭を横に振った。）

(3-2-37) 田青几乎跳了起来："问题大了。你的证词将会解救两个人。"　　　（《潜罪》）

　　（田青は、「これは肝心な点だよ。あなたの証言は二人の命を救えるよ」と言い、飛び上がらんばかりだ。）

つまり、「外的限界点」があるとき、「主体動作動詞＋"了"」は「終了限界達成性」を表すようになる。

3.2.1.2.1.5 「内的情態動詞＋"了"」の場合

「思考」、「感情」などの「内的状態動詞」は、人間の「内心的活動」を表す動詞であり、「外的運動動詞」と同じように、時間の展開を持つが、「動作」としては観察しにくい動詞である。「内的情態動詞＋"了"」は内心情態変化の完了を表す。例文を挙げておこう。

(3-2-38) 还没等沈菲说完，窦尔申就火了。　　　　　　　　　　　　　　　　（《永不回头》）

　　（沈菲が話し終わらないうちに、窦尔申は怒った。）

　　［「怒っていない状態から怒る状態への変化」の完了］

(3-2-39) "我说不过你，不跟你说了。" 赵哲显然激动了。　　　　　　　　　（《永不回头》）

　　（「あなたを説得できないから、ここで話をやめましょう」と言い、赵哲は明らかに興奮気味になった。）

　　［「落ち着いている状態から興奮した状態への変化」の完了］

3.2.1.2.1.6 「静態動詞＋"了"」の場合

「静態動詞」は、「開始、展開、消滅」のようなアスペクチュアルな分割ができない動詞である。

もっとも典型的な「静態動詞」には、"有"（有する）、"耸立"（聳える）、"分布"（分布する）、"精通"（精通する）、"属于"（属する）、"等于"（相当する）、"面向"（面する）などがある。その中、"了"が後接できるのは、"有"（有する）、"没(有)"（有しない）、"占"（占める）などの少数の動詞である。"了"が後ろにくることによって、「状態変化の完了」

を表す。例えば、

(3-2-40) 宋侉子每年挣的钱不少。有了钱，就都花在虞小兰的家里。　　　（《八千岁》）

(宋侉子は毎年沢山稼いだ。お金ができたので、全てを虞小兰の家に費やした。)

[「お金がない状態からお金ができた状態への変化」の完了]

(3-2-41) 我忽然没了讲述的兴趣——他的眼睛越过了我，射向了我身后的阮琳。（《痴人》）

(私はすぐに続けて話す意欲がなくなった。彼の目線は私を超え、私の後ろにいる阮琳に向けられた。)

[「興味がある状態から興味がない状態への変化」の完了]

これらは、変化後の状態の持続の意味にも読み取れるが、それは二次的な解釈であり、基本はあくまで「状態変化の完了」である。

3.2.1.2.2　「動詞＋"着"」のアスペクト的意味

3.2.1.2.2.1　"着"について

"着"は「持続性」と「未完成性」の２つのアスペクト的意味を持っている。

まず、「持続性」とは、動作の持続段階を捉えるアスペクト的見方である。動作・作用が行われて、あるとき結果が残されるというように考えれば、いわゆる「持続性」は「動作の持続」と「動作終了後の結果状態の持続」に下位分類される。「動作の持続」と「結果状態の持続」は動詞に"着"がつくことによって表される。以下に例を挙げてみよう。

(3-2-42)〔動作の持続〕

　　　他翻着地图，望着河谷和高原，觉得自己同时在看两份比例悬殊的地图。

　　　　（彼は地図を捲りながら河谷や高原を見ていて、サイズの違いが大きな二枚の地図を同時に見ているような感じがしていた。）　　　（《北方的河》）

(3-2-43)〔動作の持続〕

　　　何顺手里数着钱，嘴里还不闲着。　　　（《赤橙黄绿青蓝紫》）

　　　（何顺はお金を数えながらも、ぜんぜん黙っていなかった。）

(3-2-44)〔結果状態の持続〕

　　　台矶之上，坐着几个穿红着绿的丫头。　　　（《步入中庭》）

　　　（机の上には、鮮やかな衣装をつけた何人かの女中が座っていた。）

(3-2-45)〔結果状態の持続〕

　　　这工夫，园门口进来一个人。六十七八岁，戴着眼镜，一身干干净净的藏青制服。

第3章　蔡橋方言の文法

　　　　（ちょうどその時、誰かが庭園に入ってきた。その人は六十歳後半ぐらいで、眼
　　　　鏡をかけていて、清潔な紺色の制服を着ている。）　　　　　　（《八月骄阳》）

　例(3-2-42)～(3-2-43)は、動作の過程を問題にし、その途中の部分に注目した「動作の持続」である。これに対して、例(3-2-44)～(3-2-45)は動作の過程を終了後の結果に注目した「結果状態の持続」である。
　「結果状態の持続」は結果の残存段階に注目した表現であると同時に、必ず「先行する運動の段階」を前提としている。たとえば、例(3-2-46)では、「箸にお酒が付いた状態」だけでなく、「箸にお酒をつける動作」の過程を含んでいる。
　(3-2-46)〔結果状態の持続〕
　　　　他用筷子醮着酒在桌面上写了一个"毁"字。　　　　　　　（《裱画的朋友》）
　　　　（彼は箸にお酒をつけて、テーブルに「毁」と書いた。）

　ところが、「結果状態の持続」が含んでいる先行の運動が観察しにくい動作や変化の時には、「単なる状態」になる。例えば、例(3-2-47)の"长着平凡的脸"（平凡な顔をしている）は、いつ「平凡な顔ができた」かが観察できない。
　(3-2-47)〔単なる状態〕
　　　　但我每每发现那些号称不凡或已经不凡的人大都长着一张粗俗平庸的脸。(《痴人》)
　　　　（「非凡」だと自称する人、及びすでに非凡になった人がほぼ平凡な顔をしている
　　　　と、私は発見した。）

　「結果状態の持続」では前提となる動作を考えながら、その結果の状態を表すことに対し、「単なる状態」は前提となる動作を全然問題しないのである。
　"着"におけるアスペクト的意味には「持続性」のほか、「未完成性」がある。「未完成性」とは、運動の内部に立ち入って事象を観察し、運動の開始限界や終了限界に関心を持たないアスペクチュアルな見方である。
　(3-2-48)は、動作"打量"（見る）がいつ見始まるか、またいつ見終わるかに関心を持たずに、持続中であることのみを捉えている。図式化すると、図3-4のように両端が開放している線で表すことができる。
　(3-2-48)他认真地打量着我，看得我有点儿害怕。
　　　　（彼が注意深く私を見ていた。私はちょっと怖く感じた。）

図3-4　"打量着"の図式

"着"におけるこの「未完成性」は"了"の「完成性」と比べると、より明瞭になる。
(3-2-49) 他打量了几秒钟以后就断定，这是个北京人。　　　　　　　　(《北方的河》)

（彼は何秒間か見た後、その人が北京人だと判断した。）

"了"は「完成性」の意味を持っている。動作・出来事の始点と終点を把握し、動作・出来事を外部からひとまとまりに捉えることになる。図式化すると、図3-5のような「両端が閉鎖された線」になってくる。

"几秒钟"（何秒間）

図3-5　"打量了"の図式

このような性格を持つ"了"は"几秒"（何秒間）など時間を区切る副詞や、動作の回数を表す副詞などと共起することができるが、"着"はそれらと共起することができない。
(3-2-50) 他迟疑了(＊着)一下，把手往画轴一按："好，我收下了。"　　(《裱画的朋友》)

　　（彼はちょっとためらった。そして、絵の軸に押しながら、「よし、いただきます！」と言った。）
(3-2-51) 叶桑在她的床位上呆坐了(＊着)三分钟，便怀着满心的厌恶走了出去。(《暗示》)

　　（叶桑はベッドでただ三分間だけ座ったが、気持ち悪くなってきて出かけた。）

また、「動詞＋結果」といったような構造を有する「複合動詞」などは"着"がつくことができない。これは、複合動詞の表す「限界達成性」と"着"の「未完成性」とが矛盾するためである。
(3-2-52) 桑塔老爹急切地用斧子凿破了(＊着)大木缸。　　　　　　　　(《白罂粟》)

　　（桑塔おじさんは慌てて斧で木の甕を掘り破った。）
(3-2-53) 白色的罂粟花在一瞬间变成了(＊着)淡淡的红色。　　　　　　(《白罂粟》)

　　（白いけしの花はあっという間に一瞬で淡い赤になった。）

次節では「動詞＋アスペクト助詞」が文のアスペクト的意味を決めるという立場に立ち、動詞類ごとに「動詞＋"着"」がどのようなアスペクト的意味を表すかについて考察する。

3.2.1.2.2.2　「主体動作・客体変化動詞＋"着"」の場合

「主体動作・客体変化動詞＋"着"」は、「主体の動作」の側面（能動的側面）が前面化されたとき、「動作の持続」を表す。

(3-2-54) 二妹坐在窗口,举着一片树叶,对着阳光照看。　　　　　　　　　(《暗示》)

（二妹は窓際に座って、一枚の木の葉を取り上げて、光に当てて見ていた。）

(3-2-55) 和尚出去了。单举着一只手,后退了几步。　　　　　　　　　　(《复仇》)

（僧侶は片手を挙げながら、何歩か後退した。）

例(3-2-54)、(3-2-55)は「仕手＋動詞＋"着"＋受け手」のような「能動構造」であるため、"举"（取り上げる）という動作の「持続」を表している。一方、次のような場合は「主体の動作」ではなく、「客体の変化」を前面化させている。

① 「存現文」

「存現文」は「NP（場所名詞句）＋V（＋ASP）＋NP」のような文型であり、「ある場所に何物かが存在していることや、ある場所ないしは時間に何かが出現または消失したことを表す文であり、形式的には、文頭に場所あるいは時間を表す語句が立ち、存在または出現、あるいは消失した人・事物を表す名詞は常に述語動詞の後に置かれる文である（楊凱栄2001：91）」。たとえば、

(3-2-56) 竖匾两侧贴着两个字条,是八千岁的手笔。　　　　　　　　　　(《八千岁》)

（掛け額の両側には題字が貼ってある。八千岁の筆跡だ。）

(3-2-57) 鱼缸两旁摆着花开似火的石榴树。　　　　　　　　　　　　　(《步入中庭》)

（魚の瓶の両方には火の如き石榴が置いてある。）

以上の「存現文」では、"字条"（題字）、"石榴树"（石榴））が動作"贴"（貼る）、"摆"（置く）の受け手である。このような「存現文」は動作の終了後に重点があるため、「主体動作・客体変化動詞＋"着"」は受け手の「結果状態の持続」を表す。

② 「受動文」の場合

「主体動作・客体変化動詞」は、次のような「受動者主語文＝受動文」に用いられると、"着"がつくことによって、「客体変化」の側面が前面化されてきて、「結果状態の持続」を表す。

(3-2-58) 这些鸡的脚爪虽被捆着,还是卧在地上高高兴兴地啄食。　　　　(《茶干》)

（これらの鶏は爪が縛られているのに、床で楽しそうに穀物を啄ばんでいる。）

(3-2-59) 土房子被一片绿荫掩着不易被人察觉。　　　　　　　　　　　　　(《白罂粟》)

（その建物は森林の緑に隠されていてけっこう安全だ。）

3.2.1.2.2.3 「主体変化動詞＋"着"」の場合

「主体変化動詞」には三つの下位分類がある。それは、①「再帰動詞」、②「人の意志的な位置・姿勢変化動詞」、③「ものの無意志的な状態・位置変化動詞」である。「主体変化動詞」の三つの下位分類では、①は一般に「変化」の側面を前面化させ、"着"がつくことによって、変化後の「結果状態の持続」を捉える。

(3-2-60) 这工夫，园门口进来一个人。六十七八岁，戴着眼镜，一身干干净净的藏青制服。

（ちょうどその時、誰かが庭園に入ってきた。その人は六十歳後半ぐらいで、眼鏡をかけていて、清潔な紺色の制服を着ている。）　　　　(《八月骄阳》)

(3-2-61) 台矶之上坐着几个穿红着绿的丫头。　　　　　　　　　　　　(《步入中庭》)

（机の上には、鮮やかな衣装をつけた何人かの女中が座っていた。）

②「人の意志的な位置・姿勢変化動詞」は意志的に行う動作であるため、一定の構文的条件の下で「動作の持続」となる場合もある。

(3-2-62) a. 他穿着新夹克。　　　　　　　　　　　　　　　　　〔結果状態の持続〕

（彼は新しいジャケットを着ている。）

b. 他神气地穿着新夹克。　　　　　　　　　　　　　　〔動作の持続〕

（彼は自慢そうに新しいジャケットを着る最中である。）

例文(3-2-62)b では、動作の様態を表す「自慢そうに」が用いられたため、「能動」の側面が前面化され、"穿着"は「動作の持続」（着る途中）を表すようになる。

③「ものの無意志的な状態・位置変化動詞」は「動作の側面」と「結果の側面」との両方を切り捨てて、変化の境界点しか捉えていないため、"着"がつくことができない。

(3-2-63) ＊那条蛇死着。

（その蛇が死んでいる。）

(3-2-64) ＊火灭着。

（火が消えている。）

3.2.1.2.2.4 「主体動作動詞＋"着"」の場合

「主体動作動詞＋"着"」は一般に「動作の持続」を表す。次の例を見てみよう。

(3-2-65) 黄建明一个人在布满晨雾的街道上走着。　　　　　　　　　　（《永不回头》）

（黄建明は一人ぼっちで霧に包まれた町を歩いていた。）

(3-2-66) 她和他顺着荒漠的河岸走着，谈着话。　　　　　　　　　　　　（《北方的河》）

（彼女と彼はゴビ砂漠の川岸に沿って歩きながら話していた。）

(3-2-67) 老人穿上蓑衣，戴了大竹笠走到院里，用一把铁抓钩在木块堆里搅着。（《冬景》）

（お爺さんは蓑を着て、竹の帽子をかぶって庭に来て、しばらく鉄の鉤で木切れの中をかき混ぜていた。）

いずれも"走"（歩く）、"谈"（話す）という動作が持続していることを表す。一方、「存現文」においては、次のように、「主体動作動詞＋"着"」が「結果の持続」を表す場合もある。ただし、これは「主体動作・客体変化動詞」と「主体変化動詞」ほど、頻繁ではない。

(3-2-68) 〈存現文〉〔結果状態の持続〕

蓝纸条上写着："老地方见行吗？好想你呵。"落款为"丁香"。　　（《暗示》）

（青いメモ用紙には、「いつものところで待ち合わせることにしませんか？会いたいです。」と書いてあります。その下の署名は「丁香」です。）

(3-2-69) 〈存現文〉〔動作持続〕

街上走着一群孩子。

（町には一群の子供が歩いている。）

3.2.1.2.2.5　「内的情態動詞＋"着"」の場合

「内的情態動詞」は"着"がつくことによって、「内的情態」の持続を表す。

(3-2-70) 黄建明低下头琢磨着怎样才能把这一难关闯过去。　　　　　　（《永不回头》）

（黄建明は頭を下げ、どうすれば難関を切り抜けるかを考えている。）

(3-2-71) 她和娘到了上海，一直怀念着梅村的那个家。　　　　　　　　（《上海的早晨》）

（彼女とお母さんは上海に行っていたが、梅村のあの家をずっと心に掛けている。）

以上の例文は、"着"がつくことによって、"琢磨"（考える）、"怀念"（心に掛ける）など「内的情態」の持続を表すようになる。

3.2.1.2.2.6　「静態動詞＋"着"」の場合

「静態動詞」に"着"がつくと、単なる状態を表す。

(3-2-72) 中国有着占人类五分之一以上的人口，中国的发展与富强，不仅对于亚洲，而且

对于整个人类的进步事业，都将是一个新的重要贡献。　　　（《人民日报》）

（中国は世界総人口の五分の一以上を有する。そのため、中国の発展及び強大化はアジアにだけではなく、全世界の発展事業にも重要な貢献だと言える。）

(3-2-73) 但在这火爆的背后却存在<u>着</u>一种令人忧虑的倾向。　　　（《人民日报》）

（このブームの背後には、一つの悩ましい傾向が存在している。）

(3-2-74) 她长<u>着</u>一副慈祥的面孔。　　　（《永不回头》）

（彼女は優しい顔をしている。）

(3-2-75) 安乐居是一家小饭馆，挨<u>着</u>安乐林。　　　（《安乐居》）

（安楽居は小さい料理店で、安楽林に隣接している。）

"有"（有する）、"存在"（存在する）、"长"（顔をする）、"挨"（隣接する）などの「静態動詞」は「先行する動作の段階」を前提としていないため、"着"がついても、「動作の持続」や「結果状態の持続」を表さず、状態を表す。

「特性」を表す形容詞は"着"をつけることができないが、次のように、"着"に語気助詞"呢"をつけることによって、脱時間の一般的な特性ではなく、発話時現在と関わっている「状態」を表すようになる。

(3-2-76) 这孩子淘气<u>着呢</u>。

（この子は悪戯っ子だよ。）

(3-2-77) 那儿人多<u>着呢</u>。

（そこには人が多いよ。）

(3-2-78) 这东西好吃<u>着呢</u>。

（これは美味しいよ。）

(3-2-79) 这个世界大<u>着呢</u>。

（この世界は広いよ。）

3.2.1.3　まとめ

以上、北京語における「動詞＋アスペクト助詞」のアスペクト的意味について、「主体動作・客体変化動詞」、「主体変化動詞」、「主体動作動詞」、「内的情態動詞」、「静態動詞」ごとに考察した。

以上の考察で次の諸点が明らかになった。

① 　「動詞＋アスペクト助詞」のアスペクト的意味を決めるものには、動詞の語彙的意味やアスペクト的助詞の意味機能、構文条件などがある。そのうち、動詞の語彙的

意味は第一義的に重要である。

② アスペクト助詞におけるアスペクト的意味には、基本的な意味と派生的な意味がある。例えば、"了"は基本的な意味の「限界達成性」と派生的な意味の「完成性」を持っている。基本的なアスペクト的意味がアスペクト助詞の性質を決める。

③ "了"と"着"は前接する動詞の種類によって、アスペクト的意味に違いが生じる。"了"の場合は、「主体動作・客体変化動詞＋"了"」および「主体変化動詞＋"了"」は「終了限界達成性」を、「主体動作動詞＋"了"」は「開始限界達成性」を、「内的情態動詞＋"了"」および「静態動詞＋"了"」は「状態変化」を表す。同様に、"着"の場合は、「主体動作・客体変化動詞＋"着"」は「動作の持続」を、「主体変化動詞＋"着"」は「結果状態の持続」を、「主体動作動詞＋"着"」は「動作の持続」を、「内的情態動詞＋"着"」は「内的情態の持続」を、「静態動詞＋"着"」は「単なる状態」を表す。

「動詞＋"了"／"着"」におけるアスペクト的意味をまとめると次表のとおりである。

表3-1　「動詞＋"了"／"着"」におけるアスペクト的意味

動詞類	動詞＋"了"	動詞＋"着"
主体動作・客体変化動詞	終了限界達成性	動作の持続[2]
主体変化動詞	終了限界達成性・完成性	結果状態の持続[3]
主体動作動詞	開始限界達成性[1]	動作の持続[4]
内的情態動詞	変化の完了	動作の持続
静態動詞	変化の完了	単なる状態

（注）

1　"一个下午"、"一下"などの「外的限界点」がある場合は、「終了限界達成性」を表す。

2　「存現文」や「受動文」などの文型で、「動作の持続」ではなく、「結果状態の持続」を表すようになる。

3　構文によっては、「動作の持続」を表す場合がある。

4　「存現文」の場合には、「結果状態の持続」を表す場合もある。

〔本節用例の出自一覧（作品名のピンイン順）〕

作品名	出典	作者	出版社	出版年
安乐居	《汪曾祺文集小说卷》	汪曾祺	江苏文艺出版社	1993
暗示	《暗示》	方方	中国华夏出版社	2000
八千岁	《汪曾祺文集小说卷》	汪曾祺	江苏文艺出版社	1993
八月骄阳	《汪曾祺文集小说卷》	汪曾祺	江苏文艺出版社	1993
白罂粟	《中国当代历届获奖作品佳作丛书》	张抗抗	百花洲文艺出版社	1995
北方的河	《北方的河》	张承志	北京十月文艺出版社	1987
裱画的朋友	《一九八六年短篇小说选》	寇丹	人民文学出版社	1988
别了、瀬户内海！	《中国当代作家选集丛书邓友梅》	邓友梅	人民文学出版社	1996
步入中庭	《中国当代作家选集丛书邓友梅》	邓友梅	人民文学出版社	1996
茶干	《汪曾祺文集小说卷》	汪曾祺	江苏文艺出版社	1993
痴人	《王朔文集谐谑卷》	王朔	华艺出版社	1992
赤橙黄绿青蓝紫	《赤橙黄绿青蓝紫》	蒋子龙	百花文艺出版社	1981
冬景	《张炜作品自选集》	张炜	漓江出版社	1996
翻浆	《毕淑敏作品精选》	毕淑敏	中国三峡出版社	1995
浮出海面	《王朔文集纯情卷》	王朔	华艺出版社	1992
复仇	《汪曾祺文集小说卷》	汪曾祺	江苏文艺出版社	1993
故里杂记	《汪曾祺文集小说卷》	汪曾祺	江苏文艺出版社	1993
潜罪	《潜罪》	文戈	学林出版社	2002
人民日报	《人民日报》1995年1月		人民日报社	1995
上海的早晨	《上海的早晨》	周而复	人民文学出版社	1980
永不回头	《永不回头》	何可可等	现代出版社	2002

3.2.2 蔡橋方言のアスペクト表現

本節では蔡橋方言のアスペクトを考察する。前節で見たように、北京語においては、基本的なアスペクト的意味、「限界達成性」と「持続性」はそれぞれ助詞"了"、"着"によって表される。蔡橋方言では、アスペクトを表す助詞として、"刮"（[kuɑ²¹]）、"倒"（[təɯ²¹]）、"起"（[tɕʰi²¹]）を挙げることができる。このうち、"倒"と"刮"は北京語の"了"に相当し、「限界達成性」を表す（例(3-2-80)、(3-2-81)参照）。"倒"と"起"は北京語の"着"に相当し、「持続性」を表す。ただし、北京語の"着"は「動作の持続」と「結果状態の持続」の2つの下位的意味を表すが、"倒"は基本的に「動作の持続」を（例(3-2-82)参照）、"起"は基本的に「結果状態の持続」を表す（例(3-2-83)参照）。

(3-2-80) 己　　煮　　<u>倒</u>　　蛮　　多　　饭。
　　　　　彼　　煮る　 ASP　 とても　多い　ご飯
　　　　　［彼はご飯をたくさん炊いた。］（他煮<u>了</u>很多饭。）

(3-2-81) 我　　看　　<u>刮</u>　　两个　　小时　　电视。
　　　　　私　　食べる　ASP[15]　二つ　　時間　　テレビ
　　　　　［私はテレビを2時間見た。］（我看<u>了</u>两个小时电视。）

(3-2-82) a. 己　　吃　　<u>倒</u>　　饭　　在　　嗯里。
　　　　　　 彼　　食べる　ASP　　ご飯　で　　そこ
　　　　　　 ［彼はそこでご飯を食べている。］（他在这儿吃<u>着</u>饭。）
　　　　　b. *己吃<u>起</u>饭在嗯里。

(3-2-83) a. 桌桌　　上　　放　　<u>起</u>　　一　　本　　书。
　　　　　　 テーブル　うえ　置く　ASP　　一　　冊　　本
　　　　　　 ［一冊の本がテーブルに置かれている。］（桌子上放<u>着</u>一本书。）
　　　　　b. *桌桌上放<u>倒</u>一本书。

蔡橋方言のアスペクト助詞"刮"、"倒"、"起"は先行動詞の語彙的意味や構文的条件によっていろいろな派生的意味が生じてくる。その基本的意味と北京語のアスペクト助詞"了"、"着"との対応関係をまとめると、次表のようになる。

---

[15]本節の略語については p.iii の一覧表を参照されたい。

表3-2 蔡橋方言と北京語のアスペクト助詞

アスペクト的意味		アスペクト助詞	
^^	^^	蔡橋方言	北京語
限界達成性	限界達成性	倒、刮	了
持続性	動作の持続	倒	着
^^	結果状態の持続	起	^^

　以下、次の手順で蔡橋方言のアスペクト助詞について考察を進める。まず、蔡橋方言の動詞の分類を行う（3.2.2.1 節）。次に、"刮"、"倒"、"起"の意味用法、および「動詞＋アスペクト助詞」の意味のバリエーションを考察する（3.2.2.2節）。最後に、蔡橋方言と周辺の湘語との比較を通して、湘語のアスペクト表現に関する内的再構築を行う（3.2.2.3節）。

3.2.2.1　蔡橋方言の動詞分類

　まず、時間的展開性があるか否かによって、動詞を「運動動詞」と「静態動詞」の２種類に分ける。次に、「動作」か「変化」かという観点と、「主体」か「客体」かという観点を組み合わせて「運動動詞」を「主体動作・変化動詞」、「主体変化動詞」、「主体動作動詞」の３つに分ける。「運動動詞」と「静態動詞」の中間的なものとして、「内的情態動詞」を立てる。「内的情態動詞」は、人間の内心的活動を表し、時間的展開性を持つが、動作や変化としては観察できないものである。以下に具体例をあげる。

(A)　運動動詞
(A1)　主体動作・客体変化動詞
(A1a)　客体に所有関係の変化を引き起こす動詞
① ［客体の獲得］
买(買う)、借(借りる)、捉（捕まえる、握る）、担（持つ、取る）、捞（手に入れる）、捡(拾う)、抢(奪う)、得(得る)、赢(勝ったあと（ものを）得る)、偷(盗む)、赚(儲ける)、接(受け取る)…
② ［客体の喪失］
卖(売る)、借(貸す)、还(返す)、输(負ける)、□（捨てる）、折(損失する)、送(贈る)…
　(A1b)　客体に位置変化をひきおこす動詞
① ［客体をある場所に付着させる］

放(置く)、绹(結びつける)、安(とりつける)、盖(ふたをする)、禁¹⁶((ひげを)のばす)、点(つける)…

② ［客体をある場所から離脱させる］

取(とりはずす)、剃(削る)、□([ɕye²⁴]捨てる)、熄(消す)、撕(割く)、解(解く)、脱(脱ぐ)…

(A1c) 客体の状態、模様変化をひきおこす動詞

煮(煮る)、整(調理する)、切((ナイフなどで)切る)、剁(たたき切る)、剪((はさみ)で切る)、挖(掘る)、咬(噛む)、砌(建てる)、画(描く)、烧(焼く)、开((電源を)入れる)、关((電源を)消す)

(A2) 主体変化動詞

(A2a) ものの無意志的な変化動詞

死(死ぬ)、开(沸騰する)、干(乾く)、完(終る)、烂(破れる)、倒(倒れる)、停(止まる)、赢(勝つ)、输(敗れる)、醉(酔う)、□([tʰʊ¹³]落ちる)

(A2b) 再帰動詞

穿(着る、履く)、戴(かぶる)、担(担う)、背(背負う)…

(A2c) 人の意志的な変化動詞

去(行く)、来(来る)、回(もどる)、进(入る)、出(出る)、坐(腰掛ける)、徛(立つ)、睏(横たわる)、跍(しゃがむ)、□([bei¹³]もたれる)、弓(かがむ)、住(住む)

(A3) 主体動作動詞

吃(食べる)、看(見る、読む)、听(聞く)、写(書く)、踢(蹴る)、骑(馬乗りになる)、送(見送る)、讲(話す)、喊(叫ぶ)、骂(ののしる)、唱(歌う)、等(待つ)、行(歩く)、走(走る)、飞(飛ぶ)、抬(持ち上げる)、爬(這う)、□([xa⁵⁵]遊ぶ)

(B) 内的情態動詞

想(懐かしく思う)、挂(気に掛ける)、疑(思う)、气(怒る)、悟(思う、考える)、烦(悩む)…

(C) 静態動詞(存在、位置的配置動詞、関係などを表す動詞)

(C1) 存在、属性動詞

在(居る、位置する)、是(だ)、姓(～を苗字とする)

---

¹⁶ 本論文では本字不明の字について同音字を用いたうえで波線を引いて示す。同音字もなければ「□」で表記したうえで音声記号とその意味を後の括弧にあげる。

(C2) 空間的配置動詞

朝（～に向かって）、向（～に向かって）、対（～に向かって）、粘（～に隣接する）、隔（～で隔てられる）

(C3) 関係動詞

有(ある)、就（～に添えて（食べる））、当/抵(相当する)、陪/同(付き添う)、跟（～の後ろにつく）

3.2.2.2 蔡橋方言における動詞とアスペクト助詞の関係

本節では、"刮"、"倒"、"起"のアスペクト的意味、および「動詞＋アスペクト助詞」のアスペクト的意味を考察する。

3.2.2.2.1 「動詞＋"刮"」のアスペクト的意味

"刮"は「限界達成性」、「完成性」を表す。ここでいう「完成性」とは、工藤（2004：27）の定義に従い、「個別具体的な運動（動的事象）の限界づけられたひとまとまり的な姿・捉え方」を指す。

"刮"は北京語の"了"と共通する点を持っている。3.2.1.2.1.1 で見たように、北京語の"了"は到達点・限界点を強く指向する性質があり、限界的（telic）な動作・作用の表現を構造的に構成することにより、初めて言い切り可能になる。木村（1982）では次のように述べられている。

> atelic な動詞からなる「SV 了 O」（例えば"他吃了饭"）は主文として終止しにくく、例えば"他吃光了饭"（彼は飯を食べつくした）のように結果表現を伴うことで到達点を持ち得たり、あるいは"他吃了两碗饭"（彼は飯を二杯食べた）のように数量表現を伴うことで量的な限界点を持ち得る…
>
> 木村（1982:30）

蔡橋方言の"刮"も"了"と同様に、"一点钟"（一時間）、"一大碗"（大きな茶碗１杯）のような時間表現、数量表現と共起することが多い。これらの表現は、内的限界を持たない"看"（読む）、"吃"（食べる）などの主体動作動詞に対する外的限界付けの役割を持っており、文から取り除くことができない。

(3-2-84) a. 我　　今日　　看　　<u>刮</u>　　一点钟　　书。
　　　　　私　　今日　　読む　ASP　　一時間　　本

［私はきょう本を一時間読んだ。］（我今天看了一个小时书。）

　　　　　b.＊我看刮书。
(3-2-85) a. 己　　　吃　　　　刮　　　　一　　　　大　　　　碗　　　　饭。
　　　　　　彼　　食べる　　ASP　　一つ　　大きい　　茶碗　　ご飯
　　　　　［彼は大きな茶碗でご飯を一杯食べた。］（他吃了一大碗饭。）
　　　　　b.＊己吃刮饭。

　蔡橋方言の"刮"とは北京語の"了"の間には、次のような共通点もある。
　先に述べたように（3.2.1.2）、北京語の"了"はアスペクトを表す他の語、たとえば、"起来"（し始める）、"下去"（し続ける）、"完"（し終わる）に比べて最も基本的なアスペクト表現を担っている。その証拠に"完"は前接動詞との間に"得/不"が割って入る形で、可能・不可能を表す可能表現を作り出すことができるが、"了"はそれができない。

(3-2-86)〔北京語〕
　　　　　吃完（食べ終わる）　　　　　　　吃得完（食べ切れる）
　　　　　　　　　　　　　　　　　　　　　吃不完（食べ切れない）

(3-2-87)〔北京語〕
　　　　　吃了（食べた）　　　　　　　　　＊吃得了
　　　　　　　　　　　　　　　　　　　　　＊吃不了

　このことは"完"が結果補語であるのに対し、"了"は結果補語ではなく、動詞の接辞であることを表している。蔡橋方言の"刮"も北京語の"了"と同じ特徴を持っている。以下にその例をあげる。

(3-2-88)〔蔡橋方言〕
　　　　　吃完（食べ終わる）　　　　　　　吃得完（食べ切れる）
　　　　　　　　　　　　　　　　　　　　　吃嗯完（食べ切れない）

(3-2-89)〔蔡橋方言〕
　　　　　吃刮（食べた）　　　　　　　　　＊吃得刮
　　　　　　　　　　　　　　　　　　　　　＊吃嗯刮

　ただし、蔡橋方言の"刮"と北京語の"了"との間に相違点もある。たとえば、北京語の"了"は已然の否定詞"没（没有）"の修飾を受けることができない。その理由について、木村（1982）は次のように述べている。

> 「了/着」が已然に属する動作・作用の成立のあり方を示すものであり、「没有」が已然における動作・作用の成立を否定するもの、言い換えればその非成立を主張するものであることを思い合わせれば容易に納得の得られることである。なぜなら、成立のあり方を言い立てると同時に非成立を主張することは意味論上明らかに矛盾だからである。
>
> 木村（1982:33）

　これに対し、蔡橋方言の"刮"は"没（没有）"と共起することができる。"刮"と"没（没有）"との共起関係は、前接動詞の語彙的意味に関わっている。つまり、"刮"は"吃"（食べる）、"看"（読む）などの非内的限界動詞につく場合には、"没（没有）"と共起可能であるが、"来"（来る）、"去"（行く）、"死"（死ぬ）などの内的限界動詞（主体変化動詞）につく場合、"刮"は"没（没有）"とは共起できない。(3-2-90)、(3-2-91)は"没（没有）"と共起する例、(3-2-92)、(3-2-93)は共起しない例である。

(3-2-90) a.〔蔡橋方言〕

　　　我　还　没　吃　刮　饭，你　等　下。
　　　私　まだ　NEG　食べる　ASP　ご飯　あなた　待つ　ちょっと
　　　［私はまだご飯を食べ終わらなかった。ちょっと待って。］
　　　（我还没吃完饭，你等一会儿。）

　b.〔北京語〕

　　　＊我还没吃了饭，你等一会儿。

(3-2-91) a.〔蔡橋方言〕

　　　我　还　没　看　刮　米　本　书。
　　　私　まだ　NEG　読む　ASP　あの　冊　本
　　　［私はまだあの本を読み終わっていない。］（我还看完那本书。）

　b.〔北京語〕

　　　＊我还没看了那本书。

(3-2-92) a.〔蔡橋方言〕

　　　＊己　今日　没　来　刮。
　　　彼　今日　NEG　来る　ASP
　　　［彼は今日来なかった。］（他今天没来。）

　b.〔北京語〕

　　　＊他　今天　没　来　了。

彼　今日　NEG　来る　ASP

〔彼は今日来なかった。〕

(3-2-93) a.〔蔡橋方言〕

己　今日　没　来。

彼　今日　NEG　来る

〔彼は今日来なかった。〕（他今天没来。）

b.〔北京語〕

他　今天　没　来。

彼　今日　NEG　来る

〔彼は今日来なかった。〕

以上から、蔡橋方言の"刮"は結果補語に一致する面を持ちながらも、形態論的な観点あるいは構文論的な観点から結果補語ではなく、アスペクト助詞、もしくは「アスペクト助詞寄り」の成分と位置づけるべきであると考えられる。

次に動詞の類ごとに、「動詞＋"刮"」のアスペクト的意味のバリエーションについて考察する。

3.2.2.2.1.1 「主体動作・客体変化動詞＋"刮"」の場合

「主体動作・客体変化動詞」は主体の動作が達成することによって、客体の変化が引き起こされる、「内的限界動詞」である。主体の動作終了限界は同時に客体変化が成立する時間でもある。

この動詞類では、"刮"は「終了限界達成性」を表すが、「客体の消失」という付随的意味を持っている。したがって、「主体動作・客体変化動詞」の中、"刮"が接続できるのは"卖"（売る）、"走"（逃がす）、"输"（負ける）、"杀"（殺す）、"剃"（剃る）、"脱"（脱ぐ）、"揭"（はがす）、"拆"（取り壊す）、"刮"（剃る）、"卖"（売る）のような「客体の消失」の意味を含む動詞に限られている。"买"（買う）、"捉"（捕まえる）、"赢"（勝つ）、"禁"（蓄える）、"育"（飼う）、"粘"（貼る）、"搭"（組み合わせる）、"留"（残す）のような動作対象の「獲得」や「付着」などの意味を含む動詞は"刮"をつけることができない。たとえば、

(3-2-94) a. 我　昨日　卖　<u>刮</u>　只　牛。

わたし　昨日　売る　ASP　頭　牛

〔私は昨日牛を一頭売った。〕（我昨天卖了一头牛。）

　　　　　　b. ＊我　　　昨日　　　买　　刮　　只　　牛。
　　　　　　　　わたし　昨日　　　買う　ASP　頭　　牛
　　　　　　　［私は昨日牛を一頭買った。］（我昨天买了一头牛。）

(3-2-95) a. 担　　　米　　　台　　　电视　　卖　　刮。
　　　　　　PREP　その　　台　　　テレビ　売る　ASP
　　　　　　［そのテレビを売ってしまえ。］

　　　　　b. ＊担　　　米　　　台　　　电视　　买　　刮。
　　　　　　　PREP　　その　　台　　　テレビ　買う　ASP
　　　　　　　［そのテレビを買ってしまえ。］

(3-2-96) a. 己　　昨日　　打　　牌，　　输　　　刮　　二百　　块。
　　　　　　彼　　昨日　　する　トランプ　負ける　ASP　二百　　元
　　　　　　［彼は昨日トランプして二百元を負けた。］（他昨天打牌输了二百块。）

　　　　　b. ＊己　　昨日　　打　　牌，　　赢　　刮　　二百　　块。
　　　　　　　彼　　昨日　　する　トランプ　勝つ　ASP　二百　　元
　　　　　　　［彼は昨日トランプして二百元を勝った。］（他昨天打牌赢了二百块。）

(3-2-97) a. 我　　刚　　　走　　　刮　　个　　大大　　鱼。
　　　　　　私　　先ほど　逃がす　ASP　匹　　大きい　さかな
　　　　　　［私は先ほど一匹の大きな魚を逃がした。］（我刚才放了一条大鱼。）

　　　　　b. ＊我　　刚　　　捉　　　　刮　　个　　大大　　魚。
　　　　　　　私　　先ほど　捕まえる　ASP　匹　　大きい　さかな
　　　　　　　［私は先ほど大きな魚を1匹捕らえた。］（我刚抓到一条大鱼。）

(3-2-98) a. 己　　担　　　鸡　　　　杀　　　刮　　哩。
　　　　　　彼　　PREP　にわとり　屠る　ASP　MOD
　　　　　　［彼が鶏を屠った。］（他把鸡杀了。）

　　　　　b. ＊己　　担　　　鸡　　育　　刮　　哩。
　　　　　　　彼　　PREP　鶏　　飼う　ASP　MOD
　　　　　　　［彼が鶏を養っている。］（他养了鸡。）

(3-2-99) a. 己　　担　　　胡子　　剃　　　刮。
　　　　　　彼　　PREP　ひげ　　剃る　ASP
　　　　　　［彼がひげを剃った。］（他把胡子剃了。）

　　　　　b. ＊己　　担　　　胡子　　禁　　　刮。
　　　　　　　彼　　PREP　ひげ　　蓄える　ASP

157

　　　　［彼がひげを蓄えた。］（他留了胡子。）
(3-2-100) a. 倒　　　　刮　　　　米　　　盆　　　水。
　　　　　　捨てる　　ASP　　　あの　洗面器　水
　　　　　［あの洗面器の水を捨てなさい。］（倒了那盆水。）
　　　　 b. *己　　从　　水龙头　　接　　　<u>刮</u>　　一　　杯　　水。
　　　　　　彼　　から　蛇口　　　受け取る　ASP　　１　　杯　　水
　　　　　［彼は蛇口から水を一杯受け取った。］（他从水龙头接了一杯水。）

　"买"（買う）、"捉"（捕まえる）、"赢"（勝つ）、"禁"（蓄える）、"育"（飼う）などの動詞が「客体の獲得」、「客体の付着」の意味を持つために、次節で述べる"倒"を使わなければならない。

(3-2-101) 我　　昨日　买　　<u>倒</u>　　只　　　牛。
　　　　　わたし　昨日　買う　COMP　頭　　　牛
　　　　［私は昨日牛を一頭買った。］（我昨天买了一头牛。）
(3-2-102) 己　　昨日　打牌,　　赢　　<u>倒</u>　　二百　　块。
　　　　　彼　　昨日　するトランプ　勝つ　COMP　二百　　元
　　　　［彼は昨日トランプして二百元を勝った。］（他昨天打牌赢了二百块。）
(3-2-103) 我　　刚　　捉　　　<u>倒</u>　　个　　大大　　魚。
　　　　　私　　先ほど　捕まえる　COMP　匹　　大きな　さかな
　　　　［私は先ほど大きな魚を１匹捕まえた。］（我刚抓到一条大鱼。）

　以上から、"刮"と"倒"は「主体動作・客体変化動詞」に接続して、先行動詞の語彙的意味により、動作終了後の客体の変化が全く対蹠的な２つの意味を表す。

表3-3　"刮"と"倒"と先行動詞の共起関係

動詞の後続成分 先行動詞の語彙的意味	刮	倒
［客体の付着］、［客体の獲得］	×	○
［客体の離脱］、［客体の消失］	○	×

（注）「×」は先行動詞と"刮/倒"が接続できないこと、「○」は接続できることを表す。

　このように、"刮"と"倒"の対蹠的な関係は次のような例にも見ることができる。動詞"卖"（売る）は商品の売却（＝消失）の意味を表すと同時に、「お金」を獲得する意味も

含んでいる。(3-2-104)a のように、売却の対象が目的語に立つ場合、"刮"を用いられるが、"倒"を用いられない。一方、(3-2-105)b のように、「お金」が目的語に立つ場合、"刮"を用いることができず、"倒"を伴わなければならない。たとえば、

(3-2-104) a. 我　　卖　　<u>刮</u>　　滴　　书。
　　　　　　私　　売る　ASP　少し　本
　　　　　　[私は本を少し売った。]（我卖了些书。）

b. ＊我卖<u>倒</u>滴书。

(3-2-105) a. 我　　担　　嗯滴　　　书　　卖　　<u>倒</u>　　二百　　块。
　　　　　　私　PREP　それら　　本　売る　COMP　二百　　元
　　　　　　[私はそれらの本を売って二百元を得た。]（我把那些书卖了。卖了二百块钱。）

b. ＊我担嗯滴书卖<u>刮</u>二百块。

また、"借"は「貸す」と「借りる」の両方の意味を表し得るが、次に示すように、"刮"を後ろに伴う場合は客体の消失をもたらす「貸す」の意味になり、"倒"を伴う場合には「借りる」の意味になる。

(3-2-106) a. 我　　借　　<u>刮</u>　　二百块　　钱　　把　　　　己。
　　　　　　私　　貸す　ASP　　二百元　　お金　与える　彼
　　　　　　[私は彼に二百元を貸した。]（我借给他两百块。）

b. 我　　寻　　　己　　借　　<u>倒</u>　　二百块　　钱。
　　　私　尋ねる　彼　借りる　COMP　二百元　　お金
　　　[私は彼に二百元を借りた。]（我向他借了二百块。）

"刮"は他に、"寻倒"（見つける）、"涂好"（（薬を）塗って治す）、"捞烂"（打ち破る）、"烧坏"（ショートで壊れる）、"敲碎"（叩きつぶす）、"理清"（整える）、"放松"（緩める）、"扯长"（延ばす）などの「動詞＋結果補語」の構造を持つ合成語（主体動作・客体変化動詞）に接続することができる。

(3-2-107) 米　　　本　　书　　寻倒　　　　刮　　哩。
　　　　　あの　冊　　本　　見つける　ASP　MOD
　　　　　[あの本は見つかった。]（那本书找到了。）

(3-2-108) 己　　　个　　　脚　　全　　　涂好　　　　　　　<u>刮</u>。
　　　　　彼　PART　足　全部　（薬を）塗って治す　ASP
　　　　　[彼の足は薬を塗って治った。]（他的脚都涂好了。）

159

(3-2-109) 电视　　　烧坏　　　　　刮。
　　　　　テレビ　　ショートで壊れる　ASP
　　　　　［テレビは電気ショートで壊れた。］（電視机烧坏了。）

(3-2-110) 花瓶　　　捞烂　　　刮　　哩。
　　　　　花瓶　　　打ち破る　ASP　MOD
　　　　　［花瓶は打ち破られた。］（花瓶打烂了。）

　結果補語は"倒"（手に入る）、"好"（治す）、"坏"（壊れる）、"烂"（破る）のような客体の具体的な状態を表し、"刮"は「終了限界達成性」を表す。この場合、客体の状態を結果補語が表すため、"刮"は先行する合成語に対し、「消失」などの語彙的な意味を要求せず、"寻倒"（見つける）、"涂好"（(薬を)塗って治す）のような「獲得、出現」の意味を表す動詞に付加することもできれば（例(3-2-107)、(3-2-108)参照）、"烧坏"（電気ショートで壊れる）、"捞烂"（打ち破る）のような「消失、喪失」の意味を表す動詞につくこともできる（(例(3-2-109)、(3-2-110)参照)）。

3.2.2.2.1.2 「主体変化動詞＋"刮"」の場合

「主体変化動詞」は三つのグループに下位分類されることができる。

①ものの無意志的な状態・位置変化動詞："开"（沸く）、"停"（止まる）、"死"（死ぬ）、"熄"（消える）、"退"（下がる）、"涨"（上昇する）…
②再帰動詞：［＋付着］"穿"（着る）、"戴"（かぶる）、"披"（羽織る）…
　　　　　　［＋離脱］"脱"（脱ぐ）、"取"（はずす）…
③人の意志的な位置・姿勢変化動詞："去"（行く）、"来"（来る）、"进"（入る）、"出"（出る）、"坐"（座る）、"睏"（横たわる）、"徛"（立つ）…

　①グループの動詞、たとえば、"死"（死ぬ）は井上（2002）によると、「［＋生］の状態と［－生］の状態との境界として存在する点的事象であり、何ら継続的な局面はない動詞である」という。"刮"はこの類の動詞に接続して、「変化の達成性」を表す。語気助詞"哩"が"刮"と共起して現れることが多い。"哩"は話し手の命題に対する確認のモダリティを表し、命題の事態が発話時と関わっていることを表す。たとえば、

(3-2-111) 水　　　开　　　刮　　哩。
　　　　　水　　　沸く　　ASP　MOD
　　　　　［お湯が沸いた。］（水开了。）

(3-2-112) 雨　　　停　　　<u>刮</u>　　　哩。
　　　　　雨　　　止む　　ASP　　　MOD
　　　　　［雨が止んだ。］（雨停了。）

(3-2-113) 鶏　　　　死　　　<u>刮</u>　　　哩。
　　　　　ニワトリ　　死ぬ　　ASP　　　MOD
　　　　　［ニワトリが死んだ。］（鶏死了。）

(3-2-114) 火　　　熄　　　<u>刮</u>　　　哩。
　　　　　火　　　消える　　ASP　　　MOD
　　　　　［火が消えた。］（火灭了。）

②再帰動詞の中、"脱"（脱ぐ）、"取"（外す）のような［＋離脱］の意味を表す動詞に"刮"が付いた場合は、動作客体がある場所から離脱するという結果的意味を表す。

(3-2-115) 担　　　米　　　件　　　烂　　　衣衫　　　脱　　　<u>刮</u>。
　　　　　PREP　　あの　　枚　　　破れる　服　　　　脱ぐ　　ASP
　　　　　［その破れた服を脱ぎなさい。］（把那件烂衣服脱了。）

一方、"穿"（着る）、"盖"（かける）、"披"（はおる）、"戴"（つける）などのような［＋付着］の意味を含む動詞に"刮"が付いた場合は、"两日"（一日）、"一个星期"（一週間）のような時間量詞の共起が必要である。

(3-2-116) a. 米　　　件　　　衣衫　　　己　　　穿　　　<u>刮</u>　　　两日。
　　　　　　 あの　　枚　　　服　　　　彼　　　着る　　ASP　　　二日
　　　　　　［彼はあの服を二日間着た。］（那件衣服他穿了两天。）

　　　　　b. ＊己　　　今日　　　穿　　　<u>刮</u>　　　件　　　乖态　　　衣衫。
　　　　　　　彼　　　今日　　　着る　　ASP　　　枚　　　きれい　　服
　　　　　　　［彼は今日きれいな服を着ている。］（他今天穿了一件漂亮的衣服。）

③意志性をもつ「主体動作・主体変化動詞」に、"刮"が付くと、「終了限界達成性」を表す。次の文では、"去"（行く）という変化過程の「終了限界達成性」ことが表される。過去の時間を表す語句や動作回数を示す語句を伴うか、出来事を発話時に関係付けさせる語気助詞"哩"を伴うことが必要である。

(3-2-117) a. 己　　　上个月　　　去　　　<u>刮</u>　　　上海。
　　　　　　 彼　　　先月　　　行く　　ASP　　　上海

　　　　　［彼は先月上海に行った。］（他上个月去了上海。）

　　　b. ＊己　　去　　刮　　　上海。
　　　　　彼　　行く　ASP　　上海

　　　　　［彼は上海に行った。］（他去了上海。）

(3-2-118) a. 舅舅　　　　昨日　　来　　　刮。
　　　　　おじさん　　昨日　　来る　　ASP

　　　　　［おじさんは昨日来た。］（舅舅昨天来了。）

　　　b. ＊舅舅来刮。

(3-2-119)　己　　去　　刮　　回　　　上海。
　　　　　彼　　行く　ASP　　一回　　上海

　　　　　［彼は上海に一回行ったことがある。］（他去过一次上海。）

(3-2-120)　我　　老弟　　中学　　　毕　　刮　　　业　　　哩。
　　　　　私　　弟　　　中学校　　終える　ASP　　学業　　MOD

　　　　　［私の弟は中学校を卒業した。］（我弟弟中学毕业了。）

　先に述べたように(pp.154-155)、"刮"は「主体変化動詞」につく場合には、否定詞"没(有)"と共起することができない。

(3-2-121)　己　　刚　　　　来　　　刮。
　　　　　彼　　先ほど　　来る　　ASP

　　　　　［彼は先ほど来た。］（他刚才来过。）

(3-2-122) a. 己　　刚　　　　没　　　来。
　　　　　彼　　先ほど　　NEG　　来る

　　　　　［彼は先ほど来なかった。］（他今天没来。）

　　　b. ＊己　　刚　　　没　　　来　　　刮。
　　　　　彼　　先ほど　　NEG　　来る　　ASP

　この点は北京語の"了"と同じ文法的振る舞いをする（例(3-2-123)、例(3-2-124)参照）。

(3-2-123)　他　　刚才　　　来　　　了。　　　　　　　　　　　〔北京語〕
　　　　　彼　　先ほど　　来る　　MOD

　　　　　［彼は先ほど来た。］

(3-2-124) a. 他　　刚才　　　没　　　来。　　　　　　　　　　　〔北京語〕
　　　　　彼　　先ほど　　NEG　　来る

　　　　　　［彼は先ほど来なかった。］
　　b.＊他　　　刚才　　没　　来　　<u>了</u>。
　　　　彼　　先ほど　NEG　来る　ASP
　　　　　　［彼は先ほど来なかった。］

3.2.2.2.1.3 「主体動作動詞＋"刮"」の場合

　「主体動作動詞＋"刮"」は、"一日"（1日）、"八年"（8年間）、"一碗"（1杯）、"両瓶"（2本）などの数量を表す表現を伴って動作の終了限界を表す。この場合、数量を表す語が補語として働いている。以下に用例をあげる。

(3-2-125)　己　　唱　　<u>刮</u>　　一日。
　　　　　彼　　歌う　ASP　　一日
　　　　　　［彼は一日中歌った。］（他唱歌唱了一天。）

(3-2-126)　我　　读　　　　<u>刮</u>　　　八年。
　　　　　私　学習する　ASP　　八年間
　　　　　　［私は八年間学校に通った。］（我读了八年。）

(3-2-127)　己　　等　　<u>刮</u>　　你　　一半日　　哩。
　　　　　彼　　待つ　ASP　あなた　半日　　　MOD
　　　　　　［彼はあなたを半日も待ったのよ。］（他等了你大半天了。）

　"刮"は2つの動詞句を前後に持つ文型、いわゆる連動文（「V₁＋ASP＋(NP)＋V₂＋(NP)」）に用いることがある。この文型ではV₁が完成したのち直ちにV₂が行われるという継起的な時間関係を表す。この場合、"刮"は数量詞などを伴わずに、前項の動作（V₁）が終了したことを表す。

(3-2-128)　我人　　　讲　　<u>刮</u>　　故事　　吃　　酒。
　　　　　私たち　　語る　ASP　物語　　飲む　お酒
　　　　　　［私たちは物語を語ってからお酒を飲もう。］（我们讲完这个故事喝酒。）

(3-2-129)　我　　写　　<u>刮</u>　　作业　　看　　电视。
　　　　　私　　書く　ASP　宿題　　見る　テレビ
　　　　　　［私は宿題を書き終わったらテレビを見る。］（我写完作业看电视。）

(3-2-130)　我　　　看　　<u>刮</u>　　书　　就　　　去　　吃　　饭。
　　　　　わたし　読む　ASP　本　　すると　行く　食べる　ご飯
　　　　　　［私は本を読んでからご飯を食べに行く。］

(3-2-131) 我　　吃　　<u>刮</u>　　饭　　去　　学校。
　　　　　私　　食べる　ASP　　ご飯　行く　　学校
　　　　　［私はご飯を食べ終わったら、学校に行く。］（我吃了饭去学校。）

3.2.2.2.1.4 「内的情態動詞＋"刮"」の場合

「内的情態動詞＋"刮"」は主体動作動詞と同様に、"一下"（ちょっと）、"蛮久"（しばらく）など外的限界点を表す語を伴って、終了限界達成性を表す。たとえば、

(3-2-132) 我　　悟　　<u>刮</u>　　一下,　　莫　　去　　好　　滴。
　　　　　私　　考える　ASP　　ちょっと　NEG　行く　まし　すこし
　　　　　［私はちょっと考えた。やはり行かないほうがましだ。］
　　　　　（我想了一会儿，还是不去好。）

(3-2-133) 果个　　问题,　　己　　想　　<u>刮</u>　　蛮　　　久。
　　　　　この　　問題　　彼　　考える　ASP　　とても　久しい
　　　　　［この問題は彼が長い時間をかけて考えた。］（这个问题，他想了很久。）

3.2.2.2.1.5 「静態動詞＋"刮"」の場合

静態動詞は時間の展開性がない動詞である。先述したように、北京語の場合、完了の"了"と共起できる静態動詞は"有"（ある）、"没(有)"（ない）、"占"（占める）などの少数である。蔡橋方言では、静態動詞はすべて"刮"と共起することができない。以下に北京語と蔡橋方言の例をあげておく。

(3-2-134) a.〔北京語〕

　　　　　有　　<u>了</u>　　钱　　就　　　　买　　房。
　　　　　ある　ASP　　お金　～すると　買う　家屋
　　　　　［お金があったら，家屋を買う。］

　　　　　b.〔蔡橋方言〕

　　　　　＊有　　<u>刮</u>　　钱　　就　　　　买　　屋。
　　　　　ある　ASP　　お金　～すると　買う　家屋
　　　　　［お金があったら，家屋を買う。］

以上、"刮"と動詞の種類（語彙的意味）との関係をまとめると、次表のとおりである。

3.2 助詞──アスペクトの枠組

表3-4 動詞種類と"刮"との関係

動詞の種類		意味
(A)運動動詞	(A1) 主体動作・客体変化動詞	① ［客体の付着、客体の獲得］動詞：× ② ［客体の離脱、客体の消失］動詞： 終了限界達成性
	(A2) 主体変化動詞	① 無意志的な変化動詞： 終了限界達成性 ② 再帰動詞： 　a.［客体の付着、獲得］動詞：× 　b.［客体の離脱、消失］動詞： 終了限界達成性 ③ 意志的な動詞：終了限界達成性
	(A3) 主体動作動詞	終了限界達成性
(B) 内的情態動詞		終了限界達成性
(C) 静態動詞	是、有	×
	跟、同	

3.2.2.2.2 「動詞＋"倒"」のアスペクト的意味

蔡橋方言の"倒"は本動詞、結果補語、アスペクト助詞の3つの用法を持つ。

まず、本動詞の"倒"は「倒れる」の意味を表す。たとえば、

(3-2-135) 米　　　座　　　屋　　　<u>倒</u>　　　刮　　　哩。
　　　　　あの　　軒　　　家屋　　倒れる　　ASP　　MOD
　　　　　［あの家屋が倒れた。］（那座房子倒了。）

次に、"倒"は"推"（押す）、"踢"（蹴る）、"撞"（ぶつかる）などの動詞の後ろについて、客体がこれらの動作を受けた後、「倒れる」意味を表す。

(3-2-136) 己攤人　　昨日　　担　　　米　　墻　　浪　　<u>倒</u>　　刮。
　　　　　彼ら　　　昨日　　PREP　あの　壁　　押す　倒れる　ASP
　　　　　［彼らは昨日あの壁を押し倒した。］（他們昨天把那墻推倒了。）

(3-2-137) 己　　着　　車　　撞　　<u>倒</u>　　刮。
　　　　　彼　　PREP　車　　ぶつかる　倒れる　ASP

［彼らは車に突き飛ばされた。］（他被车撞倒了。）

　動詞の後ろにつく"倒"は結果補語とアスペクト助詞の２つに分けられる。
　最初に、結果補語の"倒"について見てみる。"倒"は"停"（止める）、"拦"（阻止する）、"关"（閉める/閉じ込める）、"堵"（塞ぐ）、"绚"（つなぎ止める）などのような客体を停止させる意味を表す動詞の後ろについて、客体が動作を受けて静止の状態に至らしめられるという意味を表す。たとえば、

(3-2-138) 快相　　担　　车　　停　　倒。
　　　　　早く　PREP　車　止める　COMP
　　　　　［早く車を止めよう］（快把车停住。）

(3-2-139) 警察　　拦　　倒　　己，　问　　刮　　蛮久。
　　　　　警察　止める　COMP　彼　聴く　ASP　長い時間
　　　　　［警察が彼を止めて長い時間をかけて事情を聴いた。］

　また、結果補語の"倒"は"穿"（着る）、"背"（背負う）、"披"（羽織る）、"卢"（抱く）、"留"（残す）などの「動作対象を特定の場所に付着させる」意味を含む動詞の後ろについて、動作の対象が特定の場所に留められる、という意味を表す。たとえば、

(3-2-140) 担　　嗯件　　衣衫　　穿　　倒。
　　　　PREP　その　　服　　着る　COMP
　　　　　［その服を着なさい。］（把那件衣服穿上。）

(3-2-141) 己　　担　　米个　　小人崽　　背　　倒。
　　　　　彼　PREP　その　　子供　　背負う　COMP
　　　　　［彼はその子供を背負った。］（他背上那个小孩儿。）

　さらに、"倒"は"捡"（拾う）、"买"（買う）、"捉"（捕まえる）、"借"（借りる）などの金銭や物などの獲得を目指す動詞と結合して動作対象が確実に手に入るという意味を表す。

(3-2-142) 我　　刚刚　　捡　　倒　　两块　　钱。
　　　　　私　先ほど　拾う　COMP　二元　お金
　　　　　［私は先ほど二元のお金を拾った］（我刚才捡到两块钱。）

(3-2-143) 我　　买　　倒　　本　　蛮　　有意思　　个　　书。
　　　　　私　買う　COMP　冊　とても　面白い　PART　本
　　　　　［私はとても面白い本を一冊買った。］（我买到一本很有意思的书。）

3.2 助詞——アスペクトの枠組

"捡钱"は「お金を拾う」動作を意味するが、"倒"を用いた"捡倒钱"は"钱"（お金）が手に入った結果的意味を表している。"买书"は「本を買う」動作を意味するが、"倒"を用いた"买倒书"は"书"（本）が手に入った結果的意味を表している。"倒"はまた、"听"（聞く）、"看"（見る）のような感覚動詞にも付くことができる。"听倒"は「聞こえる＝聞いて、声が耳に入る」、"看倒"は「見かける＝見て人・物が視野に入る」という意味をそれぞれ表し、"倒"は"听"（聞く）、"看"（見る）の動作が達成され、動作の対象が聴覚・視覚により「獲得＝感知」されることを表している。

(3-2-144) 我　　听　　**倒**　　己　　个　　声音　　哩。
　　　　　私　　聞く　COMP　彼　PART　声　　MOD
　　　　　［彼の声が聞こえた。］（我听到他的声音了。）

(3-2-145) 我　　刚　　　看　　**倒**　　己。
　　　　　私　　先ほど　見る　COMP　彼
　　　　　［私は先ほど彼を見かけた。］（我刚看到他。）

以上のように、結果補語"倒"は客体が主体の動作を受けて、「止められる」、「留められる」、「獲得される」のような結果に至ったという意味を表す。これらの結果が実現されたことは動作の側面から、結果補語の"倒"に「限界達成性」というアスペクト的意味が含意として読み取れる。

「限界達成性」の意味は"整"（調理する）、"晒"（干す）、"煮"（煮込む）のような「付着、留存、獲得」の意味を持たない「主体動作・客体変化動詞」では、前面化されるようになる。たとえば、

(3-2-146) 我　　　　整　　　　　　**倒**　　菜　　　哩。
　　　　　料理　（料理を）作る　　ASP　　料理　　MOD
　　　　　［私は料理を作っている。］（我做菜了。）

(3-2-147) 辣子　　　　晒　　　　　　**倒**　　　哩。
　　　　　唐辛子　　日干しする　　ASP　　　MOD
　　　　　［唐辛子は日干しされている。］（辣椒晒了。）

これらの"倒"は「限界達成性」を表すアスペクト助詞と考えることができる。先述した結果補語の"倒"との相違は次の2点に表れている。

第1に、結果補語の"倒"は動詞の間に"得"、"嗯"を挿入して可能、不可能の表現を作ることができる。一方、アスペクト助詞の"倒"は動詞との間にほかの文成分が入るこ

とができない。

(3-2-148) a. 米　　　　本　　　　书　　　　买　　　　嗯　　　　<u>倒</u>。
　　　　　　あの　　　冊　　　　本　　　　私　　　　NEG　　　COMP
　　　　　　［あの本は手に入れることができない。］（那本书买不到。）
　　　　　b. *晒　　　　　嗯　　　　倒　　　／　*晒　　　　　得　　　　倒
　　　　　　日干しする　　NEG　　　ASP　　　　　日干しする　　PART　　ASP
　　　　　c. *整　　　　　嗯　　　　倒　　　／　*整　　　　　得　　　　倒
　　　　　　調理する　　　NEG　　　ASP　　　　　調理する　　　PART　　ASP

　第2に、結果補語の"倒"を用いた文は、否定詞"没"（ない）と共起できるが、アスペクト助詞"倒"を用いた文は"没"と共起できない。

(3-2-149) 米　　　　本　　　　书　　　　我　　　　没　　　　买　　　　<u>倒</u>。
　　　　　あの　　　冊　　　　本　　　　私　　　　NEG　　　買う　　　COMP
　　　　　［私はあの本を手に入れることができなかった。］（我没买到那本书。）

(3-2-150) a. *我　　　　今年　　　　没　　　　秧　　　　<u>倒</u>　　　豆子。
　　　　　　わたし　　今年　　　　NEG　　　植える　　ASP　　　豆
　　　　　　［私は今年豆を植えなかった。］（我今年没种豆子。）
　　　　　b. 我　　　　今年　　　　没　　　　秧　　　　豆子。
　　　　　　わたし　　今年　　　　ない　　　植える　　豆
　　　　　　［私は今年豆を植えなかった。］（我今年没种豆子。）

　先に述べたように、北京語のアスペクト助詞"着"、"了"が否定詞"没"と共起しない（pp. 154-155）。

　蔡橋方言のアスペクト助詞"倒"は北京語の"着"、"了"と同様に「已然」を標識するものである。"倒"を用いながら、動作の「非実現」を表す"没(有)"を使うことは矛盾しているために、"倒"は"没(没有)"と共起できないのである。

　"倒"を用いた文はさらに、客体の存在場所を示す場所詞句（在+LP）を伴って、動作の限界達成性と、客体の存在する場所を複合的に表す。たとえば、

(3-2-151) 我　　　整　　　　　<u>倒</u>　　　菜　　　　在　　　　锅　　　　里。
　　　　　料理　　調理する　　ASP　　　料理　　　PREP　　　なべ　　　中
　　　　　［私は料理を鍋に調理している最中だ。］（我在锅里做鱼呢。）

(3-2-152) 辣子　　晒　　　倒　　在　　倒置　　高冲。
　　　　　唐辛子　日干しする　ASP　PREP　屋上　　上
　　　　　［唐辛子は屋上に日干しされている。］（辣椒在屋顶上晒着。）

　最後に、次のような「動きの局面」のみを捉える「主体動作動詞」では、"倒"は動作の開始後の状態が持続していること、すなわち「動作の持続性」のアスペクト的意味を表す。この場合、場所詞句との共起が構文的に要求される。

(3-2-153) 己摊人　　吃　　倒　　酒　　在　　米里。
　　　　　かれら　　飲む　ASP　お酒　PREP　あそこ
　　　　　［彼らはあそこでお酒を飲んでいる。］（他们在那儿喝着酒。）

(3-2-154) 己　　刚　　　讲　　倒　　话　　在　　米里。
　　　　　かれ　先ほど　話す　ASP　話　PREP　あそこ
　　　　　［彼は先ほどあそこで話していた。］（他刚才在那儿说话。）

　以下では、動詞類ごとに、「動詞＋"倒"」におけるアスペクト的意味について述べる。

3.2.2.2.2.1　「主体動作・客体変化動詞＋"倒"」の場合

　「主体動作・客体変化動詞」は、客体（もの）に変化をもたらすべくはたらきかけてゆく、主体（人）の能動的・意志的動作をとらえている動詞グループである。この動詞グループにおいては、主体動作の終了限界は、同時に客体変化の達成限界でもある（工藤（1995：81-82）参照）。

　"整"（調理する）、"煮"（煮る）、"晒"（日干しする）、"秧"（植える）などの「主体動作・客体変化動詞」では、"倒"は「動作の限界達成性＝客体変化の達成」というアスペクト的意味を表す。次のようなものである。

(3-2-155) 菜　　　整　　　　倒　　哩。
　　　　　料理　　調理する　ASP　MOD
　　　　　［料理は作ってある。］（菜已经在做了。）

(3-2-156) 己　煮　　　倒　　蛮　　　多　　饭。
　　　　　彼　煮る　ASP　とても　多い　ご飯
　　　　　［彼はご飯をたくさん炊いた。］（他煮了很多饭。）

第3章　蔡橋方言の文法

(3-2-157)　辣子　　晒　　　倒　　　哩。
　　　　　　唐辛子　日干しする　ASP　MOD
　　　　　［唐辛子は日干しされた。］（辣椒晒了。）

(3-2-158)　我　今年　秧　　　倒　　一百斤　豆子。
　　　　　　私　今年　植える　ASP　百キロ　豆
　　　　　［私は今年百キロの豆を植えた。］（我今天种了一百斤豆子。）

(3-2-159)　我　　殺　　倒　　両只　鶏。
　　　　　　私　　屠る　ASP　二羽　ニワトリ
　　　　　［私はニワトリを二羽屠っている。］（我殺了両只鶏。）

　上の用例では、"倒"は"整菜"（料理を調理する）、"煮飯"（ご飯を炊く）、"晒辣子"（唐辛子を日干しする）、"秧豆子"（豆を植える）、"殺"（屠る）などの動作の「限界達成性」を表す。前節で「限界達成性」を表すアスペクト助詞"刮"を論じたが、"刮"と"倒"はいずれも「限界達成性」を表すが、次の点において相違している。つまり、"刮"は「客体の消失」を含意しているが、"倒"は「客体の存在」を含意している。このことは以下の用例の成立・不成立によって明らかである。

(3-2-160)　a.＊我　　殺　　刮　　鶏，　在　　我屋　吃　　飯　　呐。
　　　　　　　 私　　屠る　ASP　ニワトリ　PREP　私家　食べる　ご飯　MOD
　　　　　　　［私は先ほどニワトリを屠った。私の家でご飯を食べましょう。］
　　　　　　（我刚才殺了只鶏，在我家吃飯吧。）

　　　　　　b.我　　殺　　倒　　鶏，　在　　我　屋　吃　　飯　　呐。
　　　　　　　 私　　屠る　ASP　ニワトリ　PREP　私　家　食べる　ご飯　MOD
　　　　　　　［私はニワトリを屠っている。私の家でご飯を食べましょう。］
　　　　　　（我刚才殺了只鶏，在我家吃飯吧。）

　上の例の"殺倒鶏"（ニワトリを屠っている）は、"鶏"（ニワトリ）を屠ったあと、自分の所に食料としての"鶏"（ニワトリ）が存在していることを表す。そのため、"刮"を用いた（a）は非文であるが、"倒"を用いた（b）は適格な文である。
　次に、「主体動作・客体変化動詞＋"倒"」は次のような客体の存在場所を表す場所詞句（"在"＋場所名詞）を伴う文では、客体変化の結果状態が焦点化（前面化）されて、「動作が達成されることと、客体がこの動作を受けて特定の場所に残されている」という２つの事態を複合的に捉える、いわゆる「動作パーフェクト（actional perfect）」のアスペ

クト的意味を表す。たとえば、

(3-2-161) 菜　　整　　<u>倒</u>　　在　　嗯　　锅　　里。
　　　　　おかず　調理する　ASP　PREP　その　なべ　中
　　　　　［おかずがその鍋に調理している。］（菜正在那口锅里边儿做着呢。）

(3-2-162) 饭　　煮　　<u>倒</u>　　在　　鼎　　里。
　　　　　ご飯　炊く　ASP　PREP　釜　なか
　　　　　［ご飯は釜に炊いている］（饭在饭锅里煮着呢。）

(3-2-163) 辣子　　晒　　<u>倒</u>　　在　　倒置　　高冲。
　　　　　唐辛子　日干しする　ASP　PREP　屋上　上
　　　　　［唐辛子は屋上に日干しされている。］（辣椒在楼顶上晒着。）

(3-2-164) 鸡　　杀　　<u>倒</u>　　在　　灶屋　　里。
　　　　　ニワトリ　屠る　ASP　PREP　厨房　中
　　　　　［ニワトリが厨房に屠られている。］（鸡杀了，在厨房里。）

「動作パーフェクト」については、工藤（1995）が次のように述べている。

　　　パーフェクトとは、＜先行する時点における運動の完成性＞と、＜後続する時点＝設定時点における運動の直接的結果あるいは間接的効力の継続性＞の両方を＜複合的＞にとらえるアスペクト的意味である。

（工藤 1995：145）

(3-2-162)では、"整"（料理する）動作が実現され、客体"菜"（おかず）がこの動作を受けて"嗯锅里"（その鍋の中）に留まるようになっているという「動作の完成→結果の継続」の複合的な出来事（event）が表される。同様に、例(3-2-162)～(3-2-164)では、客体の「"饭"（ご飯）、"辣子"（唐辛子）、"鸡"（ニワトリ）」がそれぞれ「"煮"（炊く）、"晒"（日干しする）、"杀"（殺す）」の動作を受けて、「"厨房"（厨房）、"倒置高冲"（屋上）、"果里"（ここ）」に存在するという複合的な出来事が表されている。

場所詞句には、「"嗯锅里"（その鍋）、"鼎里"（釜のなか）、"厨房"（厨房）、"倒置高冲"（屋上）」のような、客体の存在位置を具体的に表す名詞を用いることもあれば、「"米里"（あそこ）、"嗯里"（そこ）、"果里"（ここ）」のような指示代名詞を用いることもある。場所詞句の位置については動詞句の後ろに置かねばならない。

場所詞句は「何々が何処かに存在している」という意味を表し、話し手の「知覚」とい

うモーダルな要素と関係している。場所詞句は"倒"と共起して、「先行して起きた動作を発話現在と関わらせる」役割を果たし、文全体に「動作パーフェクト」のアスペクト的意味を付与すると考えられる。

"倒"はまた場所名詞が文頭に立つ「存在文」に用いることができる。文頭の場所名詞は客体の存在場所を表す。"倒"は"整"（調理する）、"晒"（日干しする）の動作を受けて、動作客体がこれらの場所に留まっているという「結果状態の持続」を表す。

(3-2-165) 锅　里　整　倒　菜。
　　　　　なべ　中　調理する　ASP　料理
　　　　　［鍋で料理を作っている最中だ。］（正在锅里做菜呢。）

(3-2-166) 倒置　高冲　晒　倒　辣子。
　　　　　屋上　上　日干しする　ASP　唐辛子
　　　　　［屋上で唐辛子を日干ししている最中だ。］（正在屋顶上晒辣椒呢。）

3.2.2.2.2.2 「主体変化動詞＋"倒"」の場合

「主体変化動詞」には次の三つの下位分類がある。このうち、①は無意志的な変化を表す動詞であり、②と③は人の意志的動作によりもたらされる変化を表す動詞である。

①ものの無意志的な状態・位置変化動詞："开"（沸く）、"停"（止まる）、"死"（死ぬ）、"熄"（消える）、"退"（下がる）、"涨"（上昇する）…

②再帰動詞：［＋付着］"穿"（着る）、"戴"（かぶる）、"披"（羽織る）…
　　　　　　［＋離脱］"脱"（脱ぐ）、"取"（はずす）…

③人の意志的な位置・姿勢変化動詞："去"（行く）、"来"（来る）、"进"（入る）、"出"（出る）、"坐"（座る）、"睏"（横たわる）、"徛"（立つ）…

まず、①の動詞グループは変化の境界点を表す動詞である。このような動詞は、"倒"と共起しない。先に見たように（3.2.2.2.1.2）、このような動詞には"刮"が用いられる。たとえば、

(3-2-167) a. ＊水　停　倒　哩。
　　　　　　　水　止まる　ASP　MOD
　　　　　　　［水が止まった。］（水停了。）

　　　　　 b. 水　停　刮　哩。
　　　　　　　水　止まる　ASP　MOD
　　　　　　　［水が止まった。］（水停了。）

(3-2-168) a. ＊火　　　　熄　　　　　倒　　　　哩。
　　　　　　 火　　　　消える　　 ASP　　　MOD
　　　　　　［火が消えた。］（火灭了。）

　　　　　b. 火　　　　熄　　　　　刮　　　　哩。
　　　　　　 火　　　　消える　　 ASP　　　MOD
　　　　　　［火が消えた。］（火灭了。）

(3-2-169) a. ＊鸡　　　　死　　　　　倒　　　　哩。
　　　　　　 ニワトリ　死ぬ　　　 ASP　　　MOD
　　　　　　［ニワトリが死んだ。］（鸡死了。）

　　　　　b. 鸡　　　　死　　　　　刮　　　　哩。
　　　　　　 ニワトリ　死ぬ　　　 ASP　　　MOD
　　　　　　［ニワトリが死んだ。］（鸡死了。）

次に、「②再帰動詞」について見てみよう。「再帰動詞」の中、"穿"（着る）、"盖"（かける）、"披"（はおる）、"戴"（つける）などのような［＋付着］の意味を含む動詞は"倒"と共起することができる。一方、"脱"（脱ぐ）、"取"（外す）のような［＋離脱］の意味を表す動詞は"倒"と共起することができない。［＋付着］の動詞に"倒"が付いた場合は、動作客体が動作を受けて特定の場所に留められるという結果的意味を表す。

(3-2-170) a. 戴　　　　　　倒　　　　　帽子！
　　　　　　 かぶる　　　 COMP　　 帽子
　　　　　　［帽子をかぶりなさい。］（戴上帽子！）

　　　　　b. ＊取　　　　　倒　　　　　帽子！
　　　　　　 かぶる　　　 COMP　　 帽子
　　　　　　［この帽子をはずしなさい。］（取了帽子！）

　　　　　c. ＊脱　　　　　倒　　　　　衣衫！
　　　　　　 脱ぐ　　　　 COMP　　 服
　　　　　　［服を脱ぎなさい。］（脱了衣服！）

(3-2-171) a. 己　又　　担　　　米　　身　　新　　　衣衫　　穿　　　倒　　　刮。
　　　　　　 彼　また　PREP　あの　着　新しい　服　　 着る　　COMP　 ASP
　　　　　　［彼はまたあの新しい服を着た。］（他又把那套新衣服穿上了。）

　　　　　b. ＊己　又　　担　　　米　　身　　新　　　衣衫　　脱　　　倒　　　刮。
　　　　　　 彼　また　PREP　あの　着　新しい　服　　 脱ぐ　　COMP　 ASP

173

［彼はまたあの新しい服を脱いだ。］（他又把那套新衣服脱下了。）

　「再帰動詞」の後ろにつく"倒"は、(3-2-171)a に示したように、"刮"を後ろに置くことができる。したがって、このような"倒"はアスペクト助詞ではなく、結果補語だと考えられる。「再帰動詞」が「結果状態の持続」を表すには後述のアスペクト助詞"起"を用いなければならない（例(3-2-172)、例(3-2-173)参照）。また、「動作の持続性」を表すには場所詞句を動詞の前に伴う必要がある（例(3-2-174)、例(3-2-175)参照）。

(3-2-172)　己　　　穿　　　<u>起</u>　　身　　　新　　　衣衫。
　　　　　　彼　　　着る　　ASP　　着　　　新しい　服
　　　　　　［彼が新しい服を着ている。］（他穿着身新衣服。）

(3-2-173)　己　　　戴　　　<u>起</u>　　个　　　新　　　帽子。
　　　　　　彼　　　かぶる　ASP　　個　　　新しい　帽子
　　　　　　［彼が新しい帽子をかぶっている。］（他戴着个新帽子。）

(3-2-174)　己　　　在　　　嗯里　　　穿　　　衣衫。
　　　　　　彼　　　で　　　そこ　　　着る　　服
　　　　　　［彼はそこで服を着ている最中だ。］（他正在那儿穿衣服。）

(3-2-175)　己　　　在　　　嗯里　　　戴　　　帽子。
　　　　　　彼　　　で　　　そこ　　　かぶる　帽子
　　　　　　［彼はそこで帽子を被っている最中だ。］（他正在那儿戴帽子。）

　最後に、"睏"（横になる）、"坐"（座る）、"徛"（立つ）のような「③人の意志的な姿勢変化動詞」について見てみよう。

　"倒"はこの類の動詞につくと、変化達成後の「結果状態の持続」を表す。このような"倒"は後述するアスペクト助詞"起"に置き換えても意味が変わらない。

(3-2-176) a. 己　　　招于　　　睏　　　<u>倒</u>　　看　　　书。
　　　　　　 彼　　　いつも　　横になる　ASP　　読む　　本
　　　　　　 ［彼はいつも横になって本を読む。］（他总是躺着看书。）

　　　　　 b. 己招于睏<u>起</u>看书。＝(a)

(3-2-177) a. 床上　　　　　睏　　　　　<u>倒</u>　　个　　　人。
　　　　　　 ベッド　　　　横になる　　ASP　　個　　　人
　　　　　　 ［ベッドに1人が横になっている。］（床上躺着一个人。）

　　　　　 b. 床上睏<u>起</u>个人。＝(a)

(3-2-178) a. 坐　　　倒　　吃　　比　　徛　　倒　　吃　　好　　滴。
　　　　　　座る　　ASP　食べる　比べる　立つ　ASP　食べる　良い　少し
　　　　　［座って食べることは立って食べることより良い。］（坐着吃比站着吃好点儿。）
　　　　b. 坐起吃比徛起吃好滴。＝(a)

「人の意志的な姿勢変化動詞」に接続する"倒"は、動作主体の存在場所を示す場所詞句を伴うことができる。場所詞句の位置は、動詞句の後ろでも、その前でもいい。たとえば、

(3-2-179) a. 己　　跍　　　倒　　在　　　嗯里。
　　　　　　彼　　しゃがむ　ASP　PREP　そこ
　　　　　［彼はそこにしゃがんでいる。］（他在那儿蹲着。）
　　　　b. 己在嗯里跍倒。＝(a)

(3-2-180) a. 己　　睏　　　倒　　在　　床　　　上。
　　　　　　彼　　横たわる　ASP　PREP　ベッド　上
　　　　　［彼はベッドに横たわっている。］（他在床上睡着。）
　　　　b. 己在床上睏倒。＝(a)

(3-2-181) a. 老李　　徛　　倒　　在　　米里。
　　　　　　李さん　座る　ASP　に　　そこ
　　　　　［李さんはそこに座っている。］（老李在那儿坐着。）
　　　　b. 老李在米里徛倒。＝(a)

(3-2-182) a. 蛮　　　多　　人　　徛　　倒　　在　　　門　　边边上。
　　　　　　とても　多い　人　　立つ　ASP　PREP　玄関　辺り
　　　　　［たくさんの人が玄関の辺りに立っている。］（很多人在门口站着。）
　　　　b. 蛮多人在门边边上徛倒。＝(a)

3.2.2.2.2.3　「主体動作動詞＋"倒"」の場合

「主体動作動詞」は"吃"（食べる）、"讲"（話す）、"行"（歩く）など、動きの局面をとらえる「非内的限界動詞」である。このグループの動詞に"倒"が付くと、動作の開始限界達成後の段階、すなわち「動作の持続性」を表す。この場合、場所詞句との共起が必須である。

(3-2-183) a. 己摊人　　吃　　倒　　酒　　　在　　　米里。
　　　　　　彼ら　　　飲む　ASP　お酒　　PREP　あそこ
　　　　　［彼らはあそこでお酒を飲んでいる。］（他们在那儿喝着酒。）

  b. ＊己攤人 吃 <u>倒</u> 酒。
    彼ら 飲む ASP お酒

(3-2-184) a. 己 刚 讲 <u>倒</u> 话 在 米里。
    彼 先ほど 話す ASP 話 PREP あそこ
   [彼は先ほどそこで話していた。]（他刚才在那儿说话。）

  b. ＊己 刚 讲 <u>倒</u> 话。
    彼 先ほど 話す ASP 話

(3-2-185) a. 己 嬉 <u>倒</u> 在 果里。
    彼 遊ぶ ASP PREP ここ
   [彼はここで遊んでいる。]（他在这儿玩儿。）

  b. ＊己 嬉 倒。
    彼 遊ぶ ASP

　場所名詞は「"屋里"（部屋の中）、"楼上"（上の階）」のような具体的な場所を表す一般名詞でもよいし、「"果里"（ここ）、"嗯里"（ここ、そこ）、"米里"（あそこ）」のような代名詞でもよい。これらの場所名詞は動作の行われる場所を表す。場所詞句の位置については、動詞句の前でも、後でもよい。

(3-2-186) a. 己 看 <u>倒</u> 书 在 屋 里。
    彼 読む ASP 本 PREP 部屋 なか
   [彼は部屋で本を読んでいる。]（他在房里看着书。）

  b. 己 在 屋 里 看 <u>倒</u> 书。
    彼 PREP 部屋 なか 読む ASP 本
   [彼は部屋で本を読んでいる。]（他在房里看着书。）

(3-2-187) a. 己攤人 吃 <u>倒</u> 酒 在 米里。
    彼ら 飲む ASP お酒 PREP あそこ
   [かれらはあそこでお酒を飲んでいる。]（他们在那儿喝着酒。）

  b. 己攤人 在 米里 吃 <u>倒</u> 酒。
    彼ら PREP あそこ 食べる ASP お酒
   [かれらはあそこでお酒を飲んでいる。]（他们在那儿喝着酒。）

(3-2-188) a. 己 写 <u>倒</u> 字 在 嗯里。
    彼 書く ASP 字 PREP そこ
   [彼はそこで字を書いているところだ。]（他在那儿写字。）

    b. 佢 在 嗯里 写 倒 字。
      彼 PREP そこ 書く ASP 字
      ［彼はそこで字を書いているところだ。］（他在那儿写字。）
(3-2-189) a. 佢 讲 倒 话 在 米里。
      彼 話す ASP 話し PREP あそこ
      ［彼はあそこで話しているところだ。］（他在那儿说话。）
    b. 佢 在 米里 讲 倒 话。
      彼 PREP あそこ 話す ASP 話し
      ［彼はあそこで話しているところだ。］（他在那儿说话。）

 動作の持続性を表す"倒"は、「V₁の持続中に、V₂が突然に起きた」ことを表す文型「V₁＋ASP＋V₁＋ASP, V₂」に用いることができる。

(3-2-190) 佢 讲 倒 讲 倒， 笑 出来。
      彼 話す ASP 話す ASP 笑う 〜だす
      ［彼は話しているうちに、笑い出した。］（他说着说着，笑出来了。）

(3-2-191) 我 看 倒 看 倒， 瞓 刮哩。
      私 読む ASP 読む ASP 寝る MOD
      ［私は（本を）読んでいる間、つい寝てしまった。］（我看着看着睡了。）

(3-2-192) 佢 哭 倒 哭 倒， 又 笑 哩。
      彼 泣く ASP 泣く ASP また 笑う MOD
      ［彼は泣いている間、（突然）笑い出した。］（他哭着哭着，又笑了。）

(3-2-193) 佢 行 倒 行 倒， 绊 倒 刮。
      彼 歩く ASP 歩く ASP 転がる COMP ASP
      ［彼は歩いている間、（突然）転がった。］（他走着走着摔倒了。）

3.2.2.2.2.4　「内的情態動詞＋"倒"」の場合

 「情態動詞＋"倒"」は「主体動作動詞＋"倒"」と同様に、動作の持続を表す。ただし、場所詞句との共起は必須ではない。

(3-2-194) 佢 总 挂 倒 屋里，劳 嗯 安心。
      彼 いつも 気にかける ASP 家中 少しも NEG 安心する
      ［彼は家のことをずっと気にしていて少しも安心できない。］
      （他总牵挂着家里，一点儿也不安心。）

(3-2-195) 我　　　今日　　　一直　　　想　　　<u>倒</u>　　　米滴　　　事。
　　　　　私　　　今日　　　ずっと　　考える　　ASP　　それらの　　こと
　　　　　［私は今日ずっとあのことを考えていた。］（我今天一直想着那些事。）

3.2.2.2.2.5 「静態動詞＋"倒"」の場合

　静態動詞は時間の展開性がない動詞である。北京語のアスペクト助詞"着"は静態動詞との結合が自由である。一方、蔡橋方言の"倒"は"有"（有する）、"在"（いる/在る）とは共起しないが、"跟"（～の後につく）、"向"（～に向かう）、"朝"（～に向かう）などのような位置関係を表す静態動詞と共起することができる。この場合、主体の状態（「状態性」）を表す。たとえば、

(3-2-196)〔北京語〕
　　　　　中国　　　有　　　<u>着</u>　　　占　　　人类　　　五分之一　　　的　　　人口。
　　　　　中国　　　有する　ASP　　　占める　人類　　　五分の一　　　PART　人口
　　　　　［中国は世界総人口の五分の一以上を有する。］

(3-2-197)〔蔡橋方言〕
　　　　a.中国　　　有　　　　占　　　人类　　　五分之一　　　的　　　人口。
　　　　　中国　　　有する　　占める　人類　　　五分の一　　　PART　人口
　　　　　［中国は世界総人口の五分の一以上を有する。］

　　　　b.＊中国　　　有　　　<u>倒</u>　　　占　　　人类　　　五分之一　　　的　　　人口。
　　　　　　中国　　　有する　ASP　　　占める　人類　　　五分の一　　　PART　人口

(3-2-198) a.〔北京語〕
　　　　　你　　　明天　　　跟　　　<u>着</u>　　　他　　　去。
　　　　　あなた　明日　　　後につく　ASP　　彼　　　行く
　　　　　［明日彼の後について行きなさい。］

　　　　b.〔蔡橋方言〕
　　　　　你　　　明日　　　跟　　　<u>倒</u>　　　己　　　去。
　　　　　あなた　明日　　　後につく　ASP　　彼　　　行く
　　　　　［明日彼の後について行きなさい。］（你明天跟着他去。）

(3-2-199) a.〔北京語〕
　　　　　这　　　间　　　房　　　向　　　<u>着</u>　　　南边。
　　　　　この　　間　　　部屋　　向かう　ASP　　　南
　　　　　［この部屋は南向きだ。］（这间房间朝南。）

3.2 助詞──アスペクトの枠組

b.〔蔡橋方言〕

果	間	屋	向	<u>倒</u>	南边。
この	間	部屋	向かう	ASP	南

[この部屋は南向きだ。]（这间房间朝南。）

以上、"倒"と動詞の種類（語彙的意味）との関係をまとめると、次表のとおりである。

表3-5　動詞種類と"倒"との関係

動詞の種類		意味
(A) 運動動詞	(A1) 主体動作・客体変化動詞	① 限界達成性
	(A2) 主体変化動詞	① 無意志的な変化動詞：× ② 再帰動詞： a.［客体の付着、獲得］動詞：結果補語 b.［客体の離脱、消失］動詞：× ③ 意志的な動詞：結果状態の持続性 　（S＋V倒＋(O)＋在＋場所）
	(A3) 主体動作動詞	動作の持続性 　（S＋在＋場所名詞＋V倒(O)； 　S＋V倒＋(O)＋在＋場所名詞； 　V倒V倒)
(B) 内的情態動詞		動作の持続性（V倒＋(O)）
(C) 静態動詞	是、有	×
	跟、同	状態性

179

3.2.2.2.3 「動詞＋"起"」のアスペクト的意味

蔡橋方言の"起"は本動詞、方向補語、結果補語、アスペクト助詞の３つの用法をもつ。以下はそれぞれについて見ていく。

本動詞の"起"は「起床する」(例(3-2-200))、「(吹き出物やこぶが) できる」(例(3-2-201))などの意味を表す。

(3-2-200) 今日　　比　　昨日　<u>起</u>　　　得　　　早　　　滴。
　　　　　今日　　より　昨日　起床する　PART　早い　少し
　　　　　［今日は昨日より少し早めに起きた。］（今天比昨天起得早。）

(3-2-201) 己　　額头　　高冲　<u>起</u>　　个　　好　　　大　　　个　　　坨坨。
　　　　　彼　おでこ　うえ　できる　個　とても　大きい　PART　こぶ
　　　　　［彼のおでこに大きなこぶができた。］（他額头上起了个很大的包。）

方向補語の"起"は動作の上向きの方向を表す。たとえば、座っている人に「立ち上がりなさい」と命令する場合、動詞"徛"（立つ）だけは使えず、"起"を用いて例(3-2-202)aのように言う。

(3-2-202) a. 徛　　<u>起</u>。
　　　　　　　立つ　COMP
　　　　　　　［立ち上がれ。］（站起来。）
　　　　　b. ＊徛。
　　　　　　　立つ

横たわっている人に対し、「(体を起こして) 座りなさい！」と命令する場合、"坐"（座る）だけでは使えず、必ず"起"を伴って次のように言う。

(3-2-203) a. 坐　　<u>起</u>。
　　　　　　　座る　COMP
　　　　　　　［上半身を起こしなさい。］（坐起来。）
　　　　　b. ＊坐。
　　　　　　　座る

動詞の後ろの"起"は結果補語とアスペクト助詞に分けられる。結果補語の"起"は動作客体がある望ましい状態に仕上げられたという意味を表す。このような"起"は北京語の"好"に相当する。

(3-2-204) 我　　　写　　　<u>起</u>　　　作业　　　哩。
　　　　　私　　　書く　　COMP　　宿題　　　MOD
　　　　　［私は宿題を完成させた。］（我写好作业了。）

(3-2-205) 作业　　　写　　　<u>起</u>　　　哩。
　　　　　宿題　　　書く　　ASP　　　MOD
　　　　　［宿題は完成した。］（作业写好了。）

(3-2-206) 屋　　　修　　　<u>起</u>　　　刮哩。
　　　　　家屋　　建てる　　COMP　　MOD
　　　　　［家が建てられた。］（房子建好了。）

(3-2-207) 菜　　　整　　　<u>起</u>　　　哩。
　　　　　料理　　調理する　COMP　　MOD
　　　　　［料理が作られた。］（菜做好了。）

(3-2-208) 己　　　洗　　　<u>起</u>　　蛮　　　多　　　苹果。
　　　　　かれ　　洗う　　ASP　　とても　　多い　　りんご
　　　　　［彼はたくさんのりんごを洗った。］

(3-2-209) 苹果　　　洗　　　<u>起</u>　　　哩。
　　　　　りんご　　洗う　　COMP　　MOD
　　　　　［りんごは洗った。］（苹果洗好了。）

アスペクト助詞の"起"は基本的に「結果状態の持続」を表す(例(3-2-210)、例(3-2-211)参照)が、一部の動詞に限って「動作の持続」を表すことがある(例(3-2-212)、例(3-2-213)参照)。たとえば、

(3-2-210) 李四　　　今日　　穿　　　<u>起</u>　　身　　　新　　　西装。
　　　　　李四　　　今日　　着る　　ASP　　1着　　　新しい　　背広
　　　　　［李四は新しい背広を着ている。］（李四穿着一套新西装。）

(3-2-211) 锅　　　里　　　回　　　<u>起</u>　　　肉。
　　　　　鍋　　　中　　　煮込む　　ASP　　　お肉
　　　　　［鍋の中に煮た肉がある。］（锅里煮着肉。）

(3-2-212) 面前　　　落　　　<u>起</u>　　好　　　大　　　个　　　雨。
　　　　　外　　　降る　　ASP　　とても　　大きい　　PART　　雨
　　　　　［外は大雨が降っている。］（外面下着很大的雨。）

(3-2-213) 张三　　　在　　　米里　　　行　　　<u>起</u>。
　　　　　張三　　　PREP　　あそこ　　歩く　　ASP
　　　　［張さんはそこを歩いている。］（张三在那儿走着。）

以下では、動詞類ごとに、「動詞＋"起"」の意味について考察する。

3.2.2.2.3.1 「主体動作・客体変化動詞＋"起"」の場合

「主体動作・客体変化動詞」に"起"が付く場合、基本的には客体の「結果状態の持続」の意味を表す。たとえば、

(3-2-214) 己　　　刚　　　买　　　<u>起</u>　　　个　　　大大　　　魚。
　　　　　彼　　先ほど　　買う　　ASP　　　匹　　大きな　　さかな
　　　　［彼は先ほど１匹の大きな魚を買っていた。］（他刚才买了一条大鱼。）

この場合、"起"は動詞"买"（買う）に付加して、「買う」動作が達成された後の段階に焦点を当て、客体の"魚"（魚）が入手されている状態を捉えている。したがって、文中の時間副詞"刚"（先ほど）は"买"（買う）動作が行われた時ではなく、「彼が魚を持っている」状態が確認された時を表している。

前節で述べたように、アスペクト助詞"倒"は「結果状態の持続」を表す場合、場所詞句が必須の条件であった（pp.171-172）。たとえば、

(3-2-215) a. 我　　　存　　　<u>倒</u>　　　滴　　　钱　　　<u>在</u>　　　銀行。
　　　　　　　私　　預金する　　ASP　　少し　　お金　　PREP　　銀行
　　　　　［私は銀行にお金を少し預けている。］（我在银行存着些钱。）
　　　　　b. ＊我　　　存　　　<u>倒</u>　　　滴　　　钱。
　　　　　　　　私　　預金する　　ASP　　少し　　お金

一方、"起"は必ずしも場所詞句を必要としない。次の２つの文はいずれも成立する。この場合、"起"は「主体動作」を焦点化して、「動作の達成」を表していると考えられる。

(3-2-216) 我　　　存　　　<u>起</u>　　　滴　　　钱，　　取　　　来　　　着。
　　　　　私　　預金する　　ASP　　少し　　お金　　　おろす　　来る　　MOD
　　　　［私はお金を少し預けている。おろしに来る。］
　　　　（我存了些钱，要把它取来。）

(3-2-217) 我　　存　　起　　滴　　钱　　在　　　　银行，　取　　　来　　着。
　　　　　私　預金する　ASP　少し　お金　PREP　　銀行　　おろす　来る　MOD
　　　　　［私は銀行にお金を少し預けている。おろしに来る。］
　　　　　（我在银行存了些钱，要把它取来。）

"起"と場所詞句が共起する場合は、目的語の後ろに置かれる。

(3-2-218)　己　　买　　起　　蛮　　多　　书　　在　　屋　　里。
　　　　　彼　　買う　ASP　とても　多い　本　　PREP　部屋　なか
　　　　　［彼の家にはたくさんの本が買ってある。］（他买了很多书在家里。）

上の文は、"买蛮多本书"（とてもたくさんの本を買う）という主体動作が達成し、その結果が"屋里"（部屋のなか）に存在するという意味を表す。

"屋里"（家の中）は普通、本の存在場所として考えられるが、"买书"（本を買う）場所としては考えにくい。したがって、"在屋里"（家で）を動詞の前に用いた文（(3-2-219)a）は非文となり、それを動詞句の後ろに用いた文（(3-2-219)b）は結果状態が持続する意味の文として成立する。

(3-2-219) a.＊己　　在　　屋　　里　　买　　起　　蛮　　多　　书。
　　　　　　彼　PREP　家　中　買う　ASP　とても　多い　本
　　　　　b.己　　买　　起　　蛮　　多　　书　　在　　屋　　里。
　　　　　　彼　買う　ASP　とても　多い　本　PREP　家　中
　　　　　［彼の家にはたくさんの本が買ってある。］（他家里买了很多书。）

これに対し、場所詞句が動詞の前に置かれる場合と、結果状態が持続する場所ではなく、動作行為が行われる場所を表すことになる。このような"起"は"倒"に言い換えることができる。

(3-2-220) a.己　　在　　米只　书店　　买　　起　　蛮　　多　　书。
　　　　　　彼　PREP　その　本屋　買う　ASP　とても　多い　本
　　　　　　［彼はその本屋さんでたくさんの本を買った。］（他在那家书店买了很多书。）
　　　　　b.己　　在　　米只　书店　　买　　倒　　蛮　　多　　书。
　　　　　　彼　PREP　その　本屋　買う　ASP　とても　多い　本
　　　　　　［彼はその本屋さんでたくさんの本を買った。］（他在那家书店买了很多书。）

(3-2-221) a. 我　在　　　塘　里　　捉　　　　起　　　個　　大大　　　魚。
　　　　　　私　PREP　池　中　　捕まえる　ASP　　匹　　大きな　さかな
　　　　　　［私は池の中で大きな魚を1匹捕まえた。］（我在塘里抓了一条大鱼。）
　　　　　b. 我　在　　　塘　里　　捉　　　　倒　　　個　　大大　　　魚。
　　　　　　私　PREP　池　中　　捕まえる　ASP　　匹　　大きな　さかな
　　　　　　［私は池の中で大きな魚を1匹捕まえた。］（我在塘里抓了一条大鱼。）

　"起"は"倒"と同じように「V₁＋ASP＋NP＋V₂」という「連動文」に用いられる。"倒"を用いた文では、V₁の表す動作が先行して起こった後、次の動作が起こるという「動作の継起性」が表される（p.163参照）。一方、"起"を用いた文は客体"衣衫"（服）が手に入った結果状態に焦点を当て、結果状態の持続中に、V₂が起きること（同時性）を表す。もし、"倒"を"起"に置き換えれたとしたら、出来事間の時間関係が「継起性」から「同時性」に変わってくる。"倒"が「客体結果」を焦点化する（p.167）のに対し、"起"は「主体動作」を焦点化するためである。

(3-2-222) 我　　買　　　　倒　　　件　　衣衫　　送　　　　把　　　己。＝継起性
　　　　　私　V₁＝買う　ASP　　枚　　服　　V₂＝贈る　与える　彼
　　　　　［私は一枚の服を買って彼に贈った。］（我买了件衣服送给他。）

(3-2-223) 我　　買　　　　起　　　件　　衣衫　　送　　　　把　　　己。＝同時性
　　　　　私　V₁＝買う　ASP　　枚　　服　　V₂＝贈る　与える　彼
　　　　　［私は一枚の服を買って彼に贈った。］（我买了件衣服送给他。）

　"起"はまた、客体の存在場所が文頭に立つ（焦点化される）「存在文」に用いることができる。一方、"倒"はこの文型に用いることができない。たとえば、次の文においては"起"を"倒"に言い換えることができない。

(3-2-224) a. 桌桌　　　　高冲　　放　　　起　　把　　刀。
　　　　　　テーブル　上　　置く　ASP　本　　包丁
　　　　　　［テーブルに1本の包丁が置いてある。］（桌子上放着一把刀。）
　　　　　b. ＊桌桌　　　高冲　　放　　　倒　　把　　刀。
　　　　　　テーブル　上　　置く　ASP　本　　包丁

(3-2-225) a. 窗子　高冲　　粘　　　起　　副　　　　　画。
　　　　　　窓　　上　　貼る　ASP　絵の数え方　絵
　　　　　　［窓には絵が貼ってある。］（窗户上贴着一幅画。）

b. *窓子　　高冲　　粘　　倒　　副　　　　　画。
　　窓　　　上　　　貼る　ASP　絵の数え方　絵

3.2.2.2.3.2　「主体変化動詞＋"起"」の場合

先述したように、「主体変化動詞」には次の三つの下位分類がある。

① ものの無意志的な状態・位置変化動詞："开"（沸く）、"停"（止まる）、"死"（死ぬ）、"熄"（消える）、"退"（下がる）、"涨"（上昇する）…

② 再帰動詞：［＋付着］"穿"（着る）、"戴"（かぶる）、"披"（羽織る）…
　　　　　　　［＋離脱］"脱"（脱ぐ）、"取"（はずす）…

③ 人の意志的な位置・姿勢変化動詞："去"（行く）、"来"（来る）、"进"（入る）、"出"（出る）、"坐"（座る）、"睏"（横たわる）、"徛"（立つ）…

"起"は①の動詞には接続することができない。その理由は、この動詞が限界性（telicity）の動詞で、内的限界点を有する（p.135 参照）が、動作性を持たないからである。"起"は動作が達成されたあとの段階に焦点をあてるため、これらの動詞では使えないのである。

次に、"起"が"穿"（着る）、"戴"（かぶる）などのような②「再帰動詞」につく場合、動作達成後の「結果状態の持続」を表す（例(3-2-226)、(3-2-227)参照）。

(3-2-226) 李四　今日　穿　起　身　　新　　　西装。
　　　　　李四　今日　着る　ASP　1着　新しい　背広
　　　　　［李四は新しい背広を着ている。］（李四穿着一套新西装。）

(3-2-227) 己　　今日　戴　起　个　　蛮　　　乖态　　个　　帽子。
　　　　　彼　　今日　かぶる　ASP　一つ　とても　きれい　PART　帽子
　　　　　［彼は今日きれいな帽子をかぶっている。］（他今天戴着个很漂亮的帽子。）

再帰動詞では、動作の主体と客体の移動後の位置が一致するため、次のような動作主不在の受動者主語文にも用いられる。

(3-2-228) 新　　　西装　　穿　起，　味　　死。
　　　　　新しい　背広　　着る　ASP　嬉しい　死ぬ
　　　　　［（彼）は新しい背広を着てとても嬉しそうだ。］（（他）穿着新西装很高兴。）

(3-2-229) 帽子　　斜斜里　　戴　　起。
　　　　　帽子　　斜めに　　かぶる　ASP
　　　　　［帽子を斜めにかぶっている。］（帽子歪着戴着。）

最後に、"起"は"坐"（座る）、"徛"（立つ）、"睏"（横たわる）のような③「主体に位置変化をもたらす自らの動作」を表す主体動作・主体変化動詞につくと、主体動作の達成後の「結果状態の持続」を表す。この場合、構文的には動作主体の存在位置を表す場所詞句が要求される。場所詞句の位置については、動詞句の前でも、その後ろでもいい。たとえば、

(3-2-230) a. 己　　　日倒日　　在　　　　米里　　　坐　　　　起。
　　　　　　彼　　　毎日　　　PREP　　あそこ　　座る　　　ASP
　　　　　［彼は毎日あそこに座っている。］（他毎天在那儿坐着。）

　　　　 b. 己　　　日倒日　　坐　　　起　　　　在　　　米里。
　　　　　　彼　　　毎日　　　座る　　ASP　　　PREP　　あそこ
　　　　　［彼は毎日あそこに座っている。］（他毎天在那儿坐着。）

　　　　 c.*己　　　日倒日　　坐　　　起。
　　　　　　彼　　　毎日　　　座る　　ASP

(3-2-231) a. 己　　在　　　門边　　　徛　　　　起。
　　　　　　彼　　PREP　　　玄関　　　立つ　　　ASP
　　　　　［彼は玄関のところに立っている。］（他在門口站着。）

　　　　 b. 己　　　徛　　　起　　　　在　　　門边。
　　　　　　彼　　　立つ　　ASP　　　PREP　　玄関
　　　　　［彼は玄関のところに立っている。］（他在門口站着。）

　　　　 c.*己　　　徛　　　起。
　　　　　　彼　　　立つ　　ASP

(3-2-232) a. 老张　　　在　　　床　　上　　　睏　　　　　起。
　　　　　　張さん　　PREP　　ベッド　上　　　横になる　　ASP
　　　　　［張さんはベッドに横になっている。］（老张在床上躺着。）

　　　　 b. 老张　　　睏　　　　　起　　　　在　　　床　　　上。
　　　　　　張さん　　横になる　　ASP　　　PREP　　ベッド　上
　　　　　［張さんはベッドに横になっている。］（老张在床上躺着。）

　　　　 c.*老张　　　睏　　　　　起。
　　　　　　張さん　　横になる　　ASP

　"起"は次のような「存在文」において、主体動作達成後の「結果状態の持続性」を表すこともできる。

(3-2-233) 壁　　脚底　　　睏　　　起　　　个　　　人。
　　　　　壁　　下　　横になる　ASP　　個　　　人
　　　　　[壁の下に人が1人横になっている。]（墙角下睡着一个人。）

(3-2-234) 凳　　　高冲　　　坐　　　起　　　个　　　人。
　　　　　椅子　　上　　　座る　　ASP　　　個　　　人
　　　　　[椅子に人が1人座っている。]（椅子上坐着一个人。）

(3-2-235) 门边　　　倚　　　起　　　蛮　　　多　　　人。
　　　　　玄関　　立つ　　ASP　　とても　多い　　人
　　　　　[玄関のところには多くの人が立っている。]（门口站着很多人。）

3.2.2.2.3.3 「主体動作動詞＋"起"」の場合

「主体動作動詞」は動作の動きの局面を捉える。

"写"（書く）、"画"（描く）、"洗"（洗う）など一部の「主体動作動詞」は"起"がつくことによって、動作客体がある望ましい状態に仕上げられた意味を表す。このような"起"は北京語の"好"（結果補語）に相当する結果補語である。

(3-2-236) 作业　　　写　　　起　　　哩。
　　　　　宿題　　書く　　ASP　　MOD
　　　　　[宿題は完成した。]（作业写好了。）

(3-2-237) 画　　　画　　　起　　　刮哩。
　　　　　絵　　描く　　COMP　　MOD
　　　　　[絵が描かれた。]（画画好了。）

(3-2-238) 己　　　洗　　　起　　　蛮　　　多　　　苹果。
　　　　　かれ　洗う　　ASP　　とても　多い　　りんご
　　　　　[彼はたくさんのりんごを洗った。]（他洗好了很多苹果。）

文中に動作客体の存在場所を示す語句がある場合は、動作達成後の結果段階に焦点を当てた「結果状態の持続」を表す。

(3-2-239) 字　　　写　　　起　　　在　　　米里。
　　　　　字　　書く　　ASP　　PREP　　そこ
　　　　　[字はそこに書いてある。]（字写在那儿。）

(3-2-240) 墙　　上　　　写　　　起　　　字。
　　　　　壁　　上　　書く　　ASP　　字

　　　　　　［壁に字が書いてある。］（墙上写着字。）

　アスペクト助詞の"起"と共起する場所詞句は客体の結果状態の持続の存在場所を表す。たとえば、例(3-2-241)における"米里"（あそこ）は字が書いてある場所を指し示す（(3-2-241)参照）。一方、"倒"と共起する場所詞句は動作が行われる場所を表す。たとえば、例(3-2-242)における"米里"（あそこ）は字を書く最中の先生がいる場所を指し示す。そのため、具体的な場所を表す"黒板高冲"（黒板の上）が場所詞句に用いられる場合、"起"を用いた例(3-2-243)は正しい文として成り立つが、"倒"を用いた例(3-2-244)は非文となる。"黒板高冲"（黒板の上）は、動作の結果としての"字"（字）の存在場所としては適切であるが、動作の存在場所としては不適切だからである。

(3-2-241) 老師　　写　　起　　字　　在　　米里。
　　　　　先生　　書く　ASP　字　　PREP　あそこ
　　　　　［先生はあそこに字を書いている。］（老师在那儿写了字。）

(3-2-242) 老師　　写　　倒　　字　　在　　米里。
　　　　　先生　　書く　ASP　字　　PREP　あそこ
　　　　　［先生はあそこで字を書いている最中だ。］（老师在那儿写字呢。）

(3-2-243) 老師　　写　　起　　字　　在　　黒板　　高冲。
　　　　　先生　　書く　ASP　字　　PREP　黒板　　上
　　　　　［先生は黒板に字を書いている。］（老师在黒板上写了字。）

(3-2-244) ＊老師　写　　倒　　字　　在　　黒板　　高冲。
　　　　　先生　　書く　ASP　字　　PREP　黒板　　上

　動作主体の存在場所を表す名詞が文頭に立つ「存在文」（「場所名詞＋V＋ASP＋NP」）では、"起"は"落"（降る）、"行"（あるく）などの主体動作動詞に接続して「動作の持続性」を表す。たとえば、

(3-2-245) 面前　　落　　起　　大雨，己　也　来　刮。
　　　　　外　　　降る　ASP　大雨　彼　も　来る　ASP
　　　　　［外は大雨が降っていたが、彼は来た。］（外面下着大雨，他也来了。）

(3-2-246) 米里　　行　　起　　个　　人。
　　　　　あそこ　歩く　ASP　個　　人
　　　　　［そこに1人の人が歩いている。］（那儿走着个人。）

(3-2-247) 天　　上　　飞　　起　　只　　麻雀子。
　　　　　空　　上　　飛ぶ　ASP　羽　　鳥
　　　　　［空を1羽の鳥が飛んでいる。］（天上飞着只鸟。）

主体動作の達成後の結果が問題とならない動詞、たとえば、"看"（見る）、"听"（聞く）、"讲"（話す）などは"起"を後ろに付加することができない。これらの動詞の「持続性」は前述したアスペクト助詞"倒"を用いて表す。

(3-2-248) a．＊己　　看　　起　　书　　在　　嗯里。
　　　　　　　彼　　読む　ASP　本　　PREP　そこ
　　　　　b．己　　看　　倒　　书　　在　　嗯里。
　　　　　　　彼　　読む　ASP　本　　PREP　そこ
　　　　　［彼がそこで本を読んでいる。］（他在那儿看着书。）

(3-2-249) a．＊己　　听　　起　　广播　　在　　嗯里。
　　　　　　　彼　　聞く　ASP　ラジオ　PREP　そこ
　　　　　b．己　　听　　倒　　广播　　在　　嗯里。
　　　　　　　彼　　聞く　ASP　ラジオ　PREP　そこ
　　　　　［彼がそこでラジオを聴いている。］（他在那儿听着广播。）

(3-2-250) a．＊己摊人　　讲　　起　　话　　在　　嗯里。
　　　　　　　彼ら　　話す　ASP　話し　PREP　そこ
　　　　　b．己摊人　　讲　　倒　　话　　在　　嗯里。
　　　　　　　彼ら　　話す　ASP　話し　PREP　そこ
　　　　　［彼らがそこでおしゃべりをしている。］（他们在那儿说着话。）

また、「主体動作動詞＋"起"」は動作 V_1 が持続している間に、V_2 が突然に起きたことを表す文型（「V_1＋ASP＋V_1＋ASP，V_2」）には用いられない。これらの文では、主体動作の達成後の結果を問題としないからである。この文型には「動作の持続」を表すアスペクト助詞"倒"が用いられる。

(3-2-251) a．＊己　　讲　　起　　讲　　起，　笑　　出来。
　　　　　　　彼　　話す　ASP　話す　ASP　笑う　〜しはじめる
　　　　　b．己　　讲　　倒　　讲　　倒，　笑　　出来。
　　　　　　　彼　　話す　ASP　話す　ASP　笑う　〜しはじめる
　　　　　［彼は話している途中，（突然）笑い出した。］（他说着说着，笑了起来）

(3-2-252) a. ＊我 　　看 　　起 　　看 　　起， 　　瞓 　　刮哩。
　　　　　　　私 　　読む 　　ASP 　　読む 　　ASP 　　寝る 　　MOD
　　　　b. 我 　　看 　　倒 　　看 　　倒， 　　瞓 　　刮哩。
　　　　　　私 　　読む 　　ASP 　　読む 　　ASP 　　寝る 　　MOD
　　　　　　［私は（本を）読んでいる間、つい寝てしまった。］（我看着看着，睡了。）

(3-2-253) a. ＊己 　　哭 　　起 　　哭 　　起， 　　又 　　笑 　　哩。
　　　　　　　彼 　　泣く 　　ASP 　　泣く 　　ASP 　　また 　　笑う 　　MOD
　　　　b. 己 　　哭 　　倒 　　哭 　　倒， 　　又 　　笑 　　哩。
　　　　　　彼 　　泣く 　　ASP 　　泣く 　　ASP 　　また 　　笑う 　　MOD
　　　　　　［彼は泣いている間、（突然）笑い出した。］（他哭着哭着，又笑了。）

(3-2-254) a. ＊己 　　行 　　起 　　行 　　起， 　　絆 　　倒 　　刮。
　　　　　　　彼 　　歩く 　　ASP 　　歩く 　　ASP 　　転がる 　　COMP 　　ASP
　　　　　　［彼は歩いている間、（突然）転がった。］（他走着走着，摔倒了。）
　　　　b. 己 　　行 　　倒 　　行 　　倒， 　　絆 　　倒 　　刮。
　　　　　　彼 　　歩く 　　ASP 　　歩く 　　ASP 　　転がる 　　COMP 　　ASP
　　　　　　［彼は歩いている間、（突然）転がった。］（他走着走着，摔倒了。）

3.2.2.2.3.4 「内的情態動詞＋"起"」の場合

「内的情態動詞＋"起"」は動作の開始限界達成性を表す。たとえば、

(3-2-255) 想 　　起 　　去年 　　个 　　晩会， 　　就 　　覚得 　　欢喜。
　　　　　思う 　　ASP 　　去年 　　PART 　　夕べ 　　～すると 　　感じる 　　喜ぶ
　　　　　［去年の夕べを思いだすたびに，うれしく感じる。］
　　　　　（想起去年的晩会，就觉得开心。）

(3-2-256) 悟 　　起 　　就 　　烦。
　　　　　考える 　　ASP 　　～すると 　　悩む
　　　　　［考え始めると頭を悩ませる。］（想起来就烦。）

3.2.2.2.3.5 「静態動詞＋"起"」の場合

「静態動詞」は"起"と共起しないため、ここでは議論の対象からはずす。

以上、動詞の種類と"起"のアスペクト的意味との関係を考察した。表にまとめると、次のようになる。

3.2 助詞——アスペクトの枠組

表3-6 動詞種類と"起"との関係

動詞の種類		意味
(A) 運動動詞	(A1) 主体動作・客体変化動詞	結果状態の持続性
	(A2) 主体変化動詞	①無意志的な変化動詞：× ②再帰動詞：結果状態の持続性 ③意志的な動詞：結果状態の持続性 　(S＋在＋場所名詞＋V起； 　　S＋V起＋在＋場所名詞； 　　場所名詞＋V起＋NP)
	(A3) 主体動作動詞	①結果状態の持続性 　(場所詞＋V起＋NP) ②動作の持続性 　("落"(降る)など一部の動詞に限る)
(B) 内的情態動詞		開始限界達成性
(C) 静態動詞	是、有	×
	跟、同	

3.2.2.3 湘語のアスペクト表現について

本節では蔡橋方言と周辺の湘語のアスペクト表現について、比較の視点から考察し、湘語のアスペクト表現に関する内的再構築を行う。

3.2.2.3.1 湘語の「完成性」表現について

湘語における「完成性」のアスペクト的意味は伍云姫（1996）によると、"整体完成"（全体完成性）と"部分完成"（部分完成性）の2種類に分けられる[17]。

"整体完成"（全体完成性）は「動作の完成」を表すと同時に、「客体の消失」という意味を必ず伴う。"整体完成"（全体完成性）を表す助詞は殆どの湘語方言に分布している。その音声には、[ka]（邵陽、長沙、益陽、東安、衡東、衡陽、冷水江、漣源、零陵、婁底、南県、祁東、桃江、望城、湘郷、新化、新寧、叙浦、益陽、永州、珠洲など）、[ku]（衡山、隆回、邵東）、[kua]（城歩、洞口、祁陽、武岡など）、[kɑ]（寧郷）、[kɛ]（双峰）などのバリエーションが存在しているが、舌根破裂音[k]を子音とする点において共通している。本論文では伍云姫（1996）に倣い、湘語における「全体完成性」表す助詞を「K類助詞」と総称する。蔡橋方言のアスペクト助詞"刮"（[kua]）はこの類に属する。

「部分完成性」は動作客体に与えた影響について関心を持たず、「動作の完成」のみを表す。「部分完成性」を表す助詞は[ta]（長沙、衡東、衡山、衡陽、南県、桃江、望城、湘潭、益陽、元江、岳陽、珠洲など）や[tɑ]（寧郷など）などのような舌尖破裂音[t]を子音とするグループと [li]、[lɛ]、[la]（婁底、湘郷）のような側面音 [l] を子音とするグループに分けられる。前者は主に湖南省北部に分布しているが、後者は主に湖南省南部に分布している。伍云姫（1996）に倣い、湘語における「部分完成性」を表す2つの助詞グループをそれぞれ「T類助詞」、「L類助詞」と総称する。蔡橋方言の"倒"（[təu]）はT類助詞に属する。L類助詞として [li]（"哩"）が挙げられるが、文末位置にしか用いられない点において、多くの北部湘語と異なっている。本節では、湘語のK類助詞、T類助詞、L類助詞の意味用法について見ていく。

3.2.2.3.1.1 K類助詞

湘語のK類助詞は[ka]、[ku]、[kua]、[kuɑ]、[kuo]などの音声的バリエーションがあり、"咖"、"咕"、"刮"、"夹"、"介"などの漢字で表記される。

湘語のK類助詞は蔡橋方言の"刮"と同様、基本的意味として「限界達成性」を表すが、先行動詞による語彙的意味の制限を受けている。つまり、「消失、離脱」などの意味を含む

---

[17]「全体完成性」と「部分完成性」の日本語訳は本書筆者によるものである。

動詞に接続できるが、一方、「獲得、付着」などの意味を含む動詞には接続することができない。次のような K 類助詞を用いた文はいずれも「動作客体の消失」という付随的意味を含んでいる。たとえば、

(3-2-258) 担　　　米　　　双　　　鞋子　　　□　　　刮。　　　〔湘語蔡橋〕
　　　　　PREP　　あの　　　足　　　靴　　　捨てる　　ASP
　　　　　［あの靴を捨てなさい。］（把那双鞋扔了。）

(3-2-259) 一　　　出　　　窩　　　就要　　　失　　　咖。　　　〔湘語長沙[18]〕
　　　　　すると　　出る　　　巣　　　すぐに　　なくす　　ASP
　　　　　［(鳩が) 巣を出るとすぐに見えなくなる。］（一出窝就会丢了。）

(3-2-260) 拿　　　衣　　　取　　　刮。　　　〔湘語常寧〕
　　　　　PREP　　服　　　脱ぐ　　ASP
　　　　　［服を剃りなさい。］（把胡子剃了。）

K 類助詞は時間量や数量を表す成分を後ろに伴う場合、動作客体の消失を表せず、当該の動作がその時間量や数量で成立する意味を表す。

(3-2-261) 己　　　去　　　刮　　　一　　　回　　　上海。　　　〔湘語蔡橋〕
　　　　　彼　　　行く　　　ASP　　1　　　回　　　上海
　　　　　［彼は上海に一回行ったことがある。］（他去过一次上海。）

(3-2-262) 我　　　在　　　草坪　　　里　　　坐　　　咖　　　一　　　天。〔湘語長沙〕
　　　　　私　　　PREP　　芝生　　　中　　　座る　　　ASP　　1　　　日
　　　　　［私は芝生に一日中座った。］（我在草坪里做了一天。）

(3-2-263) 毛毛　　　哭　　　咖　　　一　　　上午。　　　〔湘語湘潭〕
　　　　　赤ん坊　　泣く　　　ASP　　丸ごと　　午前
　　　　　［赤ん坊が午前中ずっと泣いた。］（婴儿哭了一上午。）

(3-2-264) 我　　　用　　　锄头　　　挖　　　介　　　两　　　下。　　　〔湘語漣源〕
　　　　　私　　　使う　　　鍬　　　掘る　　　ASP　　2　　　回
　　　　　［私は鍬を使って2回掘った。］（我用锄头挖了两下。）

(3-2-265) 己　　　一　　　天　　　就　　　上　　　咕　　　三　　　次　　　街。〔湘語隆回〕
　　　　　彼　　　1　　　日　　　も　　　行く　　　ASP　　3　　　回　　　街
　　　　　［彼は一日3回も街に出た。］（他一天就上了三次街。）

18　本節方言データ（蔡橋方言を除く）の引用文献については p. 217 の一覧を参照されたい。

第3章 蔡橋方言の文法

　湘語の各方言におけるK類助詞の発展は決して均衡的なものではない。たとえば、長沙方言などの"咖"は"有"（有する）、"当"（成る）などのような動詞に接続することができるが（例(3-2-266)、(3-2-267)参照）、蔡橋方言の"刮"はこれらの動詞に接続することができない（例(3-2-268)、(3-2-269)参照）。長沙方言の"咖"は蔡橋方言の"刮"より意味の一般化が進んでいるといえる。

(3-2-266) 她　　　　有　　　<u>咖</u>　　　一　　個　　崽　　　哒。　　〔湘語長沙〕
　　　　　彼女　　有する　　ASP　　　1　　個　　息子　　MOD
　　　　　［彼女には1人の息子がいる。］（她有了一个儿子了。）

(3-2-267) 多时　　　　当　　<u>咖</u>　　妈妈　　　哒。　　　　　　〔湘語長沙〕
　　　　　とっくに　　成る　ASP　　母　　　　MOD
　　　　　［とっくに母になった。］（早就当了妈妈了。）

(3-2-268) a. 己　　　　有　　　　一　　　个　　　崽　　　哩。　〔蔡橋方言〕
　　　　　　彼女　　　有する　　1　　　個　　　息子　　MOD
　　　　　　［彼女には1人の息子がいる。］（她有了一个儿子了。）

　　　　　b. ＊己　　　　有　　　<u>刮</u>　　一　　个　　　崽　　　哩。
　　　　　　　彼女　　　有する　　ASP　　1　　個　　　息子　　MOD

(3-2-269) a. 早就　　　　当　　　　娘　　　哩。　　　　　　　　〔蔡橋方言〕
　　　　　　とっくに　　成る　　　母　　　MOD
　　　　　　［とっくに母になった。］（早就当了妈妈了。）

　　　　　b. ＊早就　　　　当　　<u>刮</u>　　娘　　　哩。
　　　　　　　とっくに　　成る　　ASP　　母　　　MOD

3.2.2.3.1.2　T類助詞

　湘語のT類助詞は[ta]、[tɑ]、[tɔ]、[te]、[təɯ]、[tau]、[tau]、[tao]などの音声的バリエーションがあり、"哒"、"吓"、"倒"、"到"などの漢字で表記される。湘語のT類助詞は「動作の完成性」と「持続性」の意味を表す。本節では前者について考察する。後者については「3.2.2.3.2.1　「動作の持続」を表すアスペクト助詞」で述べる。

　長沙方言、常寧方言、衡陽方言などの北部湘語では、T類助詞とK類助詞がいずれも「動作の完成」を表すことができ、対立の関係を成している。次に挙げる例文の中、K類助詞を用いた文は数量詞（"两盆"（2つの洗面器の量）、"一个礼拜"（一週間）、"三只鸡腿"（3個の鶏の足）、"一天"（一日））に焦点を当て、「量が多い」ことを強調している。一方、T類助詞を用いた文は単に「動作の完成」だけを表すという（吴启主1996；彭兰玉1996）。

(3-2-270) a. 洗　　　咖　　　两　　　盆　　　水。　　　　　　　　　〔湘語常寧〕
　　　　　　洗う　ASP　　2　　洗面器　水
　　　　　［2つの洗面器の水<u>も</u>使って洗った。］（洗了两盆水。）

　　　　b. 洗　　　哒　　　两　　　盆　　　水。　　　　　　　　　〔湘語常寧〕
　　　　　　洗う　ASP　　2　　洗面器　水
　　　　　［2つの洗面器の水を使って洗った。］（洗了两盆水。）

(3-2-271) a. 卖　　　咖　　　一　　　个　　　礼拜　　哒。　　　〔湘語衡陽〕
　　　　　　売る　ASP　　1　　個　　週　　MOD
　　　　　［一週間<u>も</u>売った。］（卖了一个星期。）

　　　　b. 卖　　　哒　　　一　　　个　　　礼拜　　哒。　　　〔湘語衡陽〕
　　　　　　売る　ASP　　1　　個　　週　　MOD
　　　　　［一週間売った。］（卖了一个星期。）

(3-2-272) a. 我　早上　吃　　　咖　　三　只　　馒头。　　　　　〔湘語長沙〕
　　　　　　私　朝　　食べる　ASP　3　個　　饅頭
　　　　　［私はけさ3つ<u>も</u>饅頭を食べた。］（我早上吃了三个馒头。）

　　　　b. 我　早上　吃　　　哒　　三　只　　馒头。　　　　　〔湘語長沙〕
　　　　　　私　朝　　食べる　ASP　3　個　　饅頭
　　　　　［私はけさ3つの饅頭を食べた。］（我早上吃了三个馒头。）

(3-2-273) a. 第二天　　又　　睡　　　咖　　一　　天。　　　　〔湘語長沙〕
　　　　　　二日目　また　寝る　ASP　　1　　日
　　　　　［二日目はまた一日<u>も</u>寝過ごした。］（第二天又睡了一天。）

　　　　b. 第二天　　又　　睡　　　哒　　一　　天。　　　　〔湘語長沙〕
　　　　　　二日目　また　寝る　ASP　　1　　日
　　　　　［二日目はまた一日<u>も</u>寝過ごした。］（第二天又睡了一天。）

K類助詞"咖"は量の多いことを強調するため、数量の少ないことを表す副詞"只"（ただ〜だけ）とは共起しない。一方、"哒"はそういった含意を持たないため、"只"と共起することができる（伍云姫2006参照）。

(3-2-274) a. *那　　次　　　考试，我　只　　得　　　咖　　八十　分。
　　　　　　あの　回　　試験　　私　ただ　取る　ASP　八十　点
　　　　　［あの試験で、私は八十点しか取らなかった。］

　　　　b. 那　　　次　　考试，我　　只　　得　　哒　　八十　　分。
　　　　　　あの　　回　　試験　　私　　ただ　取る　ASP　八十　　点
　　　　　　［あの試験で、私は八十点しか取らなかった。］

　以上のように、長沙方言などの北部湘語において、「動作が（一定の量をもって）成立する」意味を表すK類助詞と単に「動作の完成性」を表すT類助詞とが対立している。
　北部湘語におけるT類助詞は次のように数量詞を伴わなくても良い。
(3-2-275)〔湘語長沙〕
　　　　他　　昨日子　　吃　　　哒　　酒。　　　　　　　　　（T類助詞）
　　　　彼　　昨日　　　飲む　　ASP　お酒
　　　　［彼は昨日お酒を飲んだ。］（他昨天喝了酒。）

(3-2-276)〔湘語長沙〕
　　　　该　　号　　乳鸽　　吃　　哒　　就　　补。　　（T類助詞）
　　　　この　種　　鳩のひな　食べる　ASP　すると　滋養をつける
　　　　［このような鳩のひなは食べるとすぐ力をつけられる。］（这种乳鸽吃了就补。）

　一方、蔡橋方言などの南部湘語では、「主体動作動詞」の述語文では、K類助詞"刮"のみを用いて「終了限界達成性＝完成性」を表す。数量詞との共起が構文的に要求される。
(3-2-277)〔湘語蔡橋〕
　　　　a. 我　　做　　刮　　个　　梦。　　　　　　　（K類助詞）
　　　　　　私　　する　ASP　個　　夢
　　　　　　［私は１つの夢を見た。］（我做了一个梦。）
　　　　b.＊我　　做　　倒　　个　　梦。　　　　　　（T類助詞）
　　　　　　私　　する　ASP　個　　夢
　　　　　　［私は１つの夢を見た。］（我做了一个梦。）

(3-2-278)〔湘語長沙〕
　　　　a. 我　　做　　哒　　个　　梦。　　　　　　　（T類助詞）
　　　　　　私　　する　ASP　個　　夢
　　　　　　［私は１つの夢を見た。］（我做了一个梦。）
　　　　b. 我　　做　　咖　　个　　梦。　　　　　　　（K類助詞）
　　　　　　私　　する　ASP　個　　夢
　　　　　　［私は１つの夢を見た。］（我做了一个梦。）

3.2 助詞──アスペクトの枠組

(3-2-279) 〔湘語蔡橋〕

 a. 后头 又 到 张方中学 读 <u>刮</u> 一年半。(K類助詞)
  その後 また 行く 張方中学校 勉強する ASP 一年半
  [その後、また張方中学校に行って一年半勉強した。]
  (之后又去张方小学学了一年半。)

 b. ＊后头 又 到 张方中学 读 <u>倒</u> 一年半。(T類助詞)
  その後 また 行く 張方中学校 勉強する ASP 一年半
  [その後、また張方中学校に行って一年半勉強した。]
  (之后又去张方小学学了一年半。)

(3-2-280) 〔湘語長沙〕

 a. 后头 又 到 张方中学 读 <u>哒</u> 一年半。(T類助詞)
  その後 また 行く 張方中学校 勉強する ASP 一年半
  [その後、また張方中学校に行って一年半勉強した。]
  (之后又去张方小学学了一年半。)

 b. 后头 又 到 张方中学 读 <u>咖</u> 一年半。(K類助詞)
  その後 また 行く 張方中学校 勉強する ASP 一年半
  [その後、また張方中学校に行って一年半勉強した。]
  (之后又去张方小学学了一年半。)

　蔡橋方言では、完成性(「限界達成性」)を表すT類助詞が「主体変化動詞」、「主体動作動詞」には付かない。"整"(調理する)、"煮"(にる)、"晒"(日干しする)などの「主体動作・客体変化動詞」では、「客体の存在(客体がある場所に留まるようになった)」という付随的意味を表す(pp.169-170)。表3-7は長沙方言と蔡橋方言の「完成性」表現における動詞の種類とT類助詞、K類助詞の使用状況をまとめている。

表3-7　「完成性」表現における動詞の種類とT類、K類助詞の使用

	長沙方言など	蔡橋方言など
主体動作・客体変化動詞	T類助詞	T類助詞：客体の存在 K類助詞：客体の消失
主体変化動詞	T類助詞	K類助詞
主体動作動詞	T類助詞、K類助詞	K類助詞

3.2.2.3.1.3 L類助詞、K類助詞、T類助詞の関係

湘語のL類助詞は[li]、[lɛ]、[le]、[la]、[lie]、[liɛ]などの音声的バリエーションがあり、"哩"、"咧"、"啦"、"来"などの漢字を用いて表記されている。L類助詞は主に南部湘語（蔡橋、綏寧、洞口、湘郷、邵陽、隆回、漣源、婁底、茶陵、攸県）に用いられる。

L類助詞は文末位置において「新事態の発生に対する確認」という発話者の心的態度を表す。北京語の文末助詞"了"に相当する。たとえば、

(3-2-281) 落　　　　雪　　　　<u>哩</u>。　　　　　　　　　　　　　〔湘語蔡橋〕
　　　　　降る　　　雪　　　　MOD
　　　　　［雪が降った。］（下雪了。）

(3-2-282) 下　　　　雪　　　　<u>咧</u>。　　　　　　　　　　　　　〔湘語綏寧〕
　　　　　降る　　　雪　　　　MOD
　　　　　［雪が降った。］（下雪了。）

(3-2-283) 落　　　　雪　　　　<u>来</u>。　　　　　　　　　　　　　〔湘語洞口〕
　　　　　降る　　　雪　　　　MOD
　　　　　［雪が降った。］（下雪了。）

(3-2-284) 落　　　　雪　　　　<u>啦</u>。　　　　　　　　　　　　　〔湘語茶陵〕
　　　　　降る　　　雪　　　　MOD
　　　　　［雪が降った。］（下雪了。）

長沙方言など、北部湘語（衡山、衡陽、湘潭、益陽、岳陽、常徳、石門、安郷、醴陵）においては、「新事態の発生に対する確認」のモダリティを表すものとして、T類助詞が用いられる。

(3-2-285) 下　　　　雪　　　　<u>哒</u>。　　　　　　　　　　　　　〔湘語長沙〕
　　　　　降る　　　雪　　　　MOD
　　　　　［雪が降った。］（下雪了。）

(3-2-286) 落　　　　雪　　　　<u>哒</u>。　　　　　　　　　　　　　〔湘語衡山〕
　　　　　降る　　　雪　　　　MOD
　　　　　［雪が降った。］（下雪了。）

(3-2-287) 落　　　　雪　　　　<u>到</u>。　　　　　　　　　　　　　〔湘語常寧〕
　　　　　降る　　　雪　　　　MOD
　　　　　［雪が降った。］（下雪了。）

南部湘語においても、北部湘語においても、動詞の後ろに目的語を伴わない場合、K類助詞とL類/T類助詞とが1つの複合助詞となり、文末に用いられる。

(3-2-288) 己　　来　　<u>刮</u>　　<u>哩</u>。　　　　　　　　　　　　〔南部湘語蔡橋〕
　　　　　彼　　来る　　ASP　　MOD
　　　　　［彼は来た。］（他来了。）

(3-2-289) 己　　早就　　　　去　　<u>咕</u>　　<u>哩</u>。　　　　　　　〔南部湘語隆回〕
　　　　　彼　　とっくに　　行く　　ASP　　MOD
　　　　　［彼はとっくに行った。］（他早去了。）

(3-2-290) 小李　　来　　<u>咖</u>　　<u>来</u>，　　不要　　　去　　尋。　〔南部湘語婁底〕
　　　　　李君　　来る　ASP　　MOD　　するな　行く　探す
　　　　　［李君が来た。探しに行かないで。］（小李来了，不要去找。）

(3-2-291) 作業　　　做　　<u>咖</u>　　<u>哒</u>。　　　　　　　　　　　〔北部湘語益陽〕
　　　　　宿題　　　する　　ASP　　MOD
　　　　　［宿題は終わった。］（作業写好了。）

(3-2-292) 単車　　　烂　　<u>咖</u>　　<u>哒</u>。　　　　　　　　　　　〔北部湘語湘潭〕
　　　　　自転車　　壊れる　ASP　　MOD
　　　　　［自転車は壊れた。］（自行車坏了。）

長沙方言などの北部湘語では、「K類助詞＋T類助詞」がアスペクト助詞として、動詞の直後において「動作の完成」を表すことができる。

(3-2-293) 后来　　只　　听得　　　讲　　她　　离　　<u>咖哒</u>　婚。　〔湘語長沙〕
　　　　　その後　ただ　聞こえる　話す　彼女　離婚する　ASP　離婚する
　　　　　［その後、彼女が離婚したのを耳にした。］（后来听説她離婚了。）

(3-2-294) 他　　做　　<u>咖哒</u>　　作業。　　　　　　　　　　　　〔湘語益陽〕
　　　　　彼　　する　ASP　　　宿題
　　　　　［彼は宿題を完成させた。］（他做好了作業。）

(3-2-295) 语文　　作業　　做　　<u>过哩</u>　　孟？　　　　　　　　〔赣語攸県〕
　　　　　国語　　宿題　　する　　ASP　　　MOD（疑問）
　　　　　［国語の宿題は書き終わったか？］（语文作業做完了没有？）

(3-2-296) 我　　做　　<u>过哩</u>　　数学　　作業　　哩。　　　　　〔赣語攸県〕
　　　　　私　　する　　ASP　　　数学　　宿題　　MOD
　　　　　［私は数学の宿題を書き終わった。］（我做了数学作業了。）

第3章　蔡橋方言の文法

　　T類助詞を文末助詞として持っている北部湘語は、それを「動作の完成」を表すアスペクト助詞として使うことができる。次のように、アスペクト助詞のT類助詞と文末助詞のT類助詞とが共起する場合もある。

(3-2-297)　我　　买　　哒　　书　　哒。　　　　　　　　　　　〔湘語長沙〕
　　　　　　私　　買う　ASP　本　　MOD
　　　　　［私は本を買った。］（我买了书了。）

(3-2-298)　我　　照　　哒　　相　　哒。　　　　　　　　　　　〔湘語長沙〕
　　　　　　私　　撮る　ASP　写真　MOD
　　　　　［私は写真を撮った。］（我照了相了。）

(3-2-299)　全部　　忘记　　哒　　外面　　的　　世界　　哒。　〔湘語長沙〕
　　　　　　全部　　忘れる　ASP　外　　　PRAT　世界　　MOD
　　　　　［外の世界をすっかり忘れた。］（全部忘记了外面的世界了。）

(3-2-300)　写　　哒　　回信　　哒。　　　　　　　　　　　　　〔湘語衡陽〕
　　　　　　書く　ASP　返信　　MOD
　　　　　［返信を書いた。］（写了回信了。）

(3-2-301)　王秀玉　　小学　　　毕　　哒　　业　　哒？　　　　〔湘語衡陽〕
　　　　　　王秀玉　　小学校　　終える　ASP　学業　MOD
　　　　　［王秀玉は小学校を卒業したか？］（王秀玉小学毕了业了？）

　　一方、蔡橋方言など、殆どの南部湘語では、L類助詞が語気助詞として働くが、アスペクト助詞としては働かない。

(3-2-302)　a. 吃　　刮　　饭　　哩。　　　　　　　　　　　　〔湘語蔡橋〕
　　　　　　　食べる　ASP　ご飯　MOD
　　　　　　［ご飯を食べた。］（吃了饭了。）
　　　　　b. *吃哩饭哩。

(3-2-303)　a. 我　　照　　刮　　相　　哩。　　　　　　　　　〔湘語蔡橋〕
　　　　　　　私　　撮る　ASP　写真　MOD
　　　　　　［私は写真を撮った。］（我照了相了。）
　　　　　b. *我照哩相哩。

(3-2-304)　a. 吃　　咕　　饭　　哩。　　　　　　　　　　　　〔湘語隆回〕
　　　　　　　食べる　ASP　ご飯　MOD
　　　　　　［ご飯を食べた。］（吃了饭了。）

200

b. ＊吃哩饭哩。

(3-2-304) a. 做　　　刮　　　作业　　　来。　　　　　　　〔湘語婁底〕
　　　　　　する　　 ASP　　 宿題　　　MOD
　　　　　［宿題を書いた。］（做了作业了。）

b. ＊做哩作业哩。

南部湘語のうち、婁底、湘郷という2地点だけは北部湘語と同様に、L類助詞が文末助詞としても、アスペクト助詞としても働くことができる。たとえば、

(3-2-305) 四伢唧　　 讨　　　来　　　个　　　堂客。　　　 〔湘語婁底〕
　　　　　四君　　　 もらう　　ASP　　　個　　　嫁
　　　　　［四君が嫁をもらった。］（四伢子娶了个老婆。）

(3-2-306) 我　　　生日　　　吃　　　来　　　好　　　东西。　〔湘語婁底〕
　　　　　私　　　誕生日　　食べる　　ASP　　　良い　　もの
　　　　　［私は誕生日にいいものを食べた。］（我生日吃了好东西。）

(3-2-307) 我　　　打烂　　　哩　　　只　　　碗。　　　　　〔湘語湘郷〕
　　　　　私　　　割る　　　ASP　　 個　　　茶碗
　　　　　［私は1個の茶碗を割った。］（我打烂了一个碗。）

北部湘語のT類助詞、婁底、湘郷という2地点のL類助詞は北京語の助詞"了"と共通した特徴を持っている。"了"は「完成性」を表すアスペクト助詞としても、「新事態の発生に対する確認」を表す文末助詞としても使われる。

(3-2-308) 上午　　写　　了　　一封　　信，　可是　　没　　写　　完。
　　　　　午前　　書く　ASP　 一通　　手紙　 しかし　 NEG　 書く　 終わる
　　　　　［午前手紙を書いたが、書き終わらなかった。］

(3-2-309) 我　　　写　　　了　　　作业　　　了。
　　　　　私　　　書く　　ASP　　 宿題　　　MOD
　　　　　［私は宿題を書いた。］

(3-2-310) 他　　　去　　　了　　　中国　　　了。
　　　　　彼　　　行く　　ASP　　 中国　　　MOD
　　　　　［彼は中国に行きました。］

王力（1958）、太田辰夫（1958）、梅祖麟（1981）、曹广順（1986）等は通時的観点から、

第3章　蔡橋方言の文法

北方官話におけるアスペクト助詞"了"と文末助詞"了"との変遷について考察し、図3-6のような経路を提示している（本書筆者作成）。文末の"了"は段階Ⅰでアスペクト助詞に先立って、「終了・完成」を意味する動詞から"虚化"（文法化）を成し遂げ、「S＋V＋O」という出来事の完成を表す助詞となった。次の段階Ⅱでは、文末の"了"が目的語の後ろからそれの前に移動して、アスペクト助詞へと変化した。最後に、文末の"了"はアスペクト的意味を失い、「新事態の発生に対する確認」のモダリティを表す語気助詞となった、という変化の過程である。

Ⅰ）S＋V＋O＋了＞Ⅱ）S＋V＋了＋O　＞Ⅲ）S＋V＋了＋O＋了
　　　　　　　　　　　　　　S＋V＋O＋了

図3-6　北京語の助詞"了"の発展経路 A

　この発展経路の中、Ⅰ＞Ⅱは最も重要な変化である。従来の説では、この変化は上述したように、文末助詞"了"が目的語の前に移動した結果だという"移前説"（前に移動する説）である。この説について、呉福祥（1998）はⅠ＞Ⅱの過程をより詳細に考察し、「文末助詞"了"がアスペクト助詞に文法化した」ことを判断する基準を立てた（図3-7参照）。その基準はⅡ-ⅱのように、"了"が「動作の終了」を表す補語"却"の後ろ、目的語の前に用いられることである。

Ⅰ）S＋V＋O＋了＞ | Ⅱ-ⅰ）S＋V＋"却"等＋O
Ⅱ-ⅱ）S＋V＋"却"等＋了＋O
Ⅱ-ⅲ）S＋V＋了 | ＞Ⅱ）S＋V＋了＋O＞Ⅲ）S＋V＋了＋O＋了
　　　　　　　　　　　　　　　　　　　　　　　　　　　S＋V＋O＋了
　　　　　　　　　　　　S＋V＋O＋了

図3-7　北京語の助詞"了"の発展経路 B

　以上のような"了"の変遷過程は湘語の文末助詞とアスペクト助詞の関係を考察する際、非常に示唆的である。湘語におけるL類、T類、L類助詞を用いた文型は図3-8のような5つのパターンにまとめられる。これらの文型を"了"の変遷経路と比較すると、文末助詞のL類助詞とT類助詞がK類助詞の意味領域に進出する傾向が南部湘語にも、北部湘語にもあることがわかる。このうち、パターンDは上のⅡ-ⅱの段階に相当し、L類/T類助

詞がK類助詞と目的語の間に挟まれており、次のEのパターンでL類/T類助詞がK類助詞に取って代わる段階とつながっている。南部湘語においても、北部湘語においても、K類助詞とT類/L類助詞の意味変化がA＞B＞C＞D＞Eのような発展経路の中にあることがわかる。

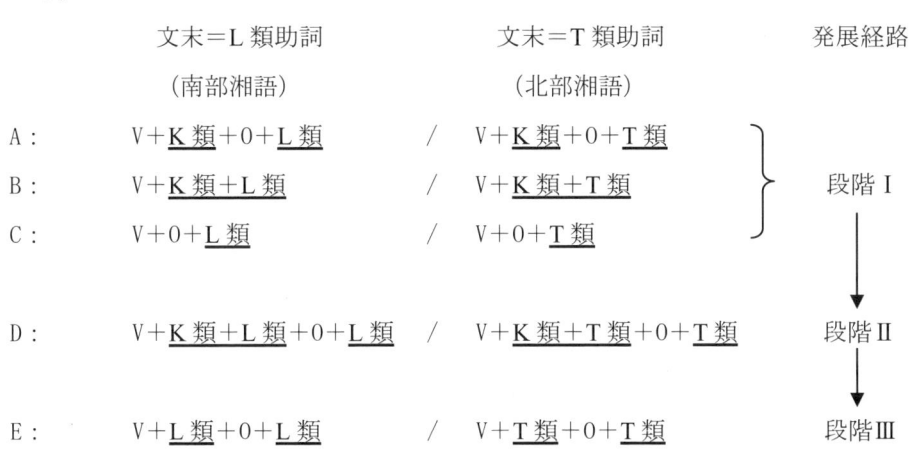

```
           文末＝L類助詞              文末＝T類助詞           発展経路
           （南部湘語）               （北部湘語）
A:      V＋K類＋O＋L類       /    V＋K類＋O＋T類        ⎫
B:      V＋K類＋L類          /    V＋K類＋T類           ⎬  段階Ⅰ
C:      V＋O＋L類            /    V＋O＋T類            ⎭
                                                            ↓
D:      V＋K類＋L類＋O＋L類  /    V＋K類＋T類＋O＋T類      段階Ⅱ
                                                            ↓
E:      V＋L類＋O＋L類       /    V＋T類＋O＋T類          段階Ⅲ
```

図3-8　L類、T類、L類助詞を用いた文型と北方官話"了"の発展経路との関係

湘語のK類、T類、L類助詞を用いた文型をまとめると、次表のようになる。

表3-8　各湘語におけるK類、T類、L類助詞の文型

地点＼文型	A	B	C	D	E
蔡橋、隆回など	○	○	○	×	×
攸県など	○	○	○	○	×
北部：長沙、衡陽など 南部：婁底、湘郷など	○	○	○	○	○

（注）「○」は当該文型が用いられること、「×」はそれがないことを表す。

3.2.2.3.2　湘語の「持続」表現について

「持続」のアスペクト的意味には「動作の持続」、「結果状態の持続」という2つの下位的意味がある。殆どの湘語はT類助詞を用いて「動作の持続」を表し、助詞"起"を用いて「結果状態の持続」を表す。本節では、蔡橋方言と湘語の相違点や共通点を比較し、湘

語における持続表現の体系を考察する。

3.2.2.3.2.1 「動作の持続」を表すアスペクト助詞

湘語では「動作の持続」を表す助詞として、T類助詞が最もよく用いられる。T類助詞は［ta］、［tau］、［tɑu］、［tao］などの音声的バリエーションがあり、"哒"、"吖"、"到"、"倒"などの漢字で表記される。T類助詞は湘語の広い範囲にわたって分布している。

南部湘語では、「動作持続」の意味を表すT類助詞は一般に、前置詞"在"を用いた場所詞句（"在"＋場所名詞）を伴う必要がある。

(3-2-312) 己攤人　吃　倒　酒　在　米里。〔湘語蔡橋〕
　　　　　彼ら　飲む　ASP　お酒　PREP　あそこ
　　　　　［彼らはあそこでお酒を飲んでいる。］（他们在那儿喝着酒。）

(3-2-313) 己　嬉　倒　在　果里。〔湘語蔡橋〕
　　　　　彼　遊ぶ　ASP　PREP　ここ
　　　　　［彼はここで遊んでいる。］（他在这儿玩儿。）

(3-2-314) 我　莳　倒　田　在　睐里。〔湘語隆回〕
　　　　　私　植える　ASP　田　PREP　そこ
　　　　　［私はそこで田を植えている。］（我在那儿种田呢。）

南部湘語の一つ、辰渓方言では場所名詞が脱落し、前置詞"在"のみがT類助詞"哒"と共起して「動作持続」を表す。

(3-2-315) 她　唱　哒　歌　在　就　措　喊　去　了。〔湘語辰渓〕
　　　　　彼女　歌う　ASP　歌　MOD　すると　PREP　呼ぶ　行く　MOD
　　　　　［彼女は歌を歌っていたが、突然だれかに呼ばれて姿を消した。］
　　　　　（他唱着歌突然被叫走了。）

(3-2-316) 我　向　哒　他　在。〔湘語辰渓〕
　　　　　私　見る　ASP　彼　MOD
　　　　　［私は彼を見ている。］（我正看着他。）

長沙方言などの北部湘語では、T類助詞は「動作の完成」と「結果状態の持続」を表すことが多いが、「V_1＋ASP＋V_1＋ASP，V_2」という特定の文型では「動作の持続」を表す。この文型は北部湘語にも、南部湘語にも使われている。この文型におけるT類助詞は、前項動作の反復を表す。

(3-2-317) 治　　　　哒　　　治　　　　哒　　　就　　　好　　　　哒。　　〔湘語長沙〕
　　　　　治療する ASP 治療する ASP する 治る MOD
　　　　　［治療し続けると、いつの間にか治った。］

(3-2-318) 讲　　　哒　　　讲　　　哒　　　就　　　到　　　咖　　　哩。　〔湘語湘郷〕
　　　　　話す ASP 話す ASP すると 着く ASP MOD
　　　　　［話しているうちに、着いた。］（说着说着就到了。）

(3-2-319) 己　　　讲　　　倒　　　讲　　　倒，　　笑　　　出来。　　　　〔湘語蔡橋〕
　　　　　彼 話す ASP 話す ASP 笑う ～だす
　　　　　［彼は話しているうちに、笑い出した。］

(3-2-320) 他　　　讲　　　倒　　　讲　　　倒，　　就　　　发脾气　　　哩。　〔湘語邵陽〕
　　　　　彼 話す ASP 話す ASP すると 怒る MOD
　　　　　［彼は話しているうちに、急に怒り出した。］

(3-2-321) 争　　　哒　　　争　　　哒，　　来　　　哒　　　一个　　走　　　路　　　咯。〔湘語益陽〕
　　　　　口論する ASP 口論する ASP 来る ASP 1個 歩く 道 MOD
　　　　　［言い争っているところ、1人の歩行者が来た。］

(3-2-322) 讲　　　哒　　　讲　　　哒　　　睏觉　　　到。　　　　　　　　〔湘語常寧〕
　　　　　話す ASP 話す ASP 寝る MOD
　　　　　［話している途中、つい寝てしまった。］（说着说着睡着了。）

　湘語のT類助詞は上述したように、「動作の完成」、「動作持続」、「結果状態の持続」などいろいろな意味を表す。以下ではこれらの複数の意味がいかなる経路を辿ってきたのかについて考察する。

　湘語のT類助詞は北京語の"着"と同様に、古代漢語における「付着する」を表す"著"（"箸"、"着"）を語源とする。『広韻』では、"著，附也"となっている。梅祖麟(1982)、徐丹(1992)などによると、本動詞の"著"はさらにほかの動詞の後ろについて、場所名詞を導く前置詞へ変化したという。以下の用例は古代文献（例(3-2-323)、(3-2-324)は六朝、例(3-2-325)、(3-2-326)は唐代）における場所名詞を導き出す"著"(着)であり、いずれも徐丹(1992)より引用したものである（日本語訳は丸尾ほか(2001)による）。

(3-2-323) 先　　　担　　　小儿，　　　度　　　著　　　彼岸。（北魏、慧覚等訳《賢明経》）
　　　　　まず 担ぐ 小さな息子 渡る に 彼岸
　　　　　［まず小さな息子を担いで、向こう岸に渡りついた。］

第 3 章　蔡橋方言の文法

(3-2-323) 负　　米　　一斗，送　<u>著</u>　寺　中。　　　　　　（六度集経）
　　　　　負う　米　　一斗　　送る　　に　　寺　中
　　　　　［米一斗を負い、寺まで送り届けた。］

(3-2-324) 単于　殊　　常　　之　義，坐　<u>著</u>　我　众　蕃　　之　上。（李陵）
　　　　　単于　異なる　通常　の　道理　座る　に　私　多い　蕃人　の　上座
　　　　　［単于（ぜんう）は通常の道理とは異なり、私を多くの蕃人の上座に座らせた。］

(3-2-325) 惟　只　　　　阿娘　床　脚　下　作　孔，盛　<u>著</u>　中央。（捜神記）
　　　　　これ　ただ〜だけ　母親　寝台　足　下　作る　孔　入れる　に　中央
　　　　　［仕方なく母親の寝台の足元に穴をほり、中に入れた。］

　"著"は空間表現から時間表現へと発展して、最終的に「持続性」を表すアスペクト助詞と変わり、場所詞を導く機能は"在"に受け継がれた。現代北京語の"着"はこのような変化の経路を辿っている。

　　中国語の北方語における「V 在」と「V 着」は「V 著」の 2 つの変異体であり、「V 著」が場所を表す語を導く用法は六朝時には既に出現していた。「在／著」がある時期混用され競合した後、「V 在」は北方語において「V 著」に取って代わった。同時にまた「付着」の意味特徴をも継承した。「著」は空間を表す語が時間を表す語へと変わったものであり、持続概念を表す。
　　　　　　　　　　　　　　　　　　　（徐丹（1992:460）、丸尾ほか訳（2001:175-176））

　現代北京語においては、"在"は場所名詞を導く前置詞として働き、"着"は場所名詞の直前に置くことがない（例(3-2-326)、(3-2-327)参照）。両者は明確な分業がなされている。

(3-2-326) a. 他　　站　<u>在</u>　　那儿。　　　　　　　　　　　　　〔北京語〕
　　　　　彼　　立つ　PREP　そこ
　　　　　［彼はそこに立っている。］
　　　　b. ＊他站<u>着</u>那儿。

(3-2-327) a. 那儿　　站　<u>着</u>　　一　个　人。　　　　　　　　　〔北京語〕
　　　　　そこ　　立つ　ASP　　1　個　人
　　　　　［そこに 1 人の人が立っている。］
　　　　b. ＊那儿站<u>在</u>一个人。

長沙方言、衡陽方言などの北部湘語においては、"著"の「場所前置詞」の機能が T 類助詞に受け継がれている。たとえば、

(3-2-329) 屋里　　　住　　哒　　　县城　　　　　　　　　里面。〔湘語長沙〕
　　　　　家族　　　住む　PREP　县城（県の役所のある町）　中
　　　　　［家族は県城に住んでいる。］（家住在县城里。）

(3-2-330) 再　　　　把　　鞋子　挂　　　哒　　　上面。〔湘語長沙〕
　　　　　さらに　　PREP　靴　　掛ける　PREP　　上
　　　　　［さらに靴をその上に掛ける。］（再把鞋挂在上面。）

(3-2-331) 放　　　哒　　　箱子　里　不　　　拿　　出来。〔湘語長沙〕
　　　　　置く　　PREP　　箱　　中　NEG　　持つ　出てくる
　　　　　［箱に入れて取り出さない。］（放在箱子里不拿出来。）

(3-2-332) 坐　　　哒　　　那　　树丫子　　上面　来　　吃。〔湘語長沙〕
　　　　　座る　　PREP　　その　木のまた　上　　来る　食べる
　　　　　［木のまたに座って食べる。］（坐在树杈上吃。）

(3-2-333) 咯前儿　落　　雨，不　　　坐　　哒　　屋　里头　啊？〔湘語衡陽〕
　　　　　いま　　降る　雨　NEG　　座る　PREP　部屋　中　　MOD
　　　　　［今雨が降っている。部屋の中に入って座らないか？］
　　　　　（现在下雨，不进房子里面坐吗？）

(3-2-334) 哄　　　哒　　　那里　看。〔湘語衡陽〕
　　　　　集まる　PREP　　そこ　見る
　　　　　［そこに集まって見る。］（在那儿哄着看。）

　一方、蔡橋方言などの南部湘語では、T 類助詞"倒"は場所前置詞として働くことができない。場所詞を導く前置詞としては T 類助詞"倒"（[təɯ²¹]）と同じ子音・母音を持ちながら、声調だけが異なった"到"（[təɯ⁵]）が用いられる。

　下に挙げる例文では、"住"（住む）、"坐"（座る）、"睏"（横になる）、"絆"（転がる）などの動詞が「"到"＋場所名詞」を後ろに伴って、動作主体が自らの動作によって特定の場所に到達したという意味を表している。

(3-2-335) a. 我　　蛮　　　多　　亲戚　　住　　到　　　邵阳。〔湘語蔡橋〕
　　　　　　 私　　とても　多い　親戚　　住む　PREP　　邵阳
　　　　　　　［私のたくさんの親戚は邵阳に住んでいる。］（我很多亲戚住在邵阳。）

　　　　　b. *我蛮多亲戚住倒邵阳。

207

第3章　蔡橋方言の文法

(3-2-335) a. 己　　还　　坐　　<u>到</u>　　沙发　　高冲。　　〔湘語蔡橋〕
　　　　　　彼　　まだ　座る　PREP　　ソファ　うえ
　　　　　［彼はまだソファに座っている。〕（他还坐在沙发上。）

　　　　b. *己还坐<u>倒</u>沙发高冲。

(3-2-336) a. 己　　长日短日　　睏　　<u>到</u>　　嗯里。　　〔湘語蔡橋〕
　　　　　　彼　　一日中　　　横になる　PREP　　そこ
　　　　　［彼は一日中そこで横になっている。〕（他一天躺在那儿。）

　　　　b. *己长日短日睏<u>倒</u>嗯里。

(3-2-337) a. 你　　看，一　个　人　绊　　<u>到</u>　　米里。〔湘語蔡橋〕
　　　　　　あなた　見る　1　個　人　転がる　PREP　　そこ
　　　　　［ほら見て、1人の人がそこに転がっている。〕（你看，有个人摔倒在那儿。）

　　　　b. *你看，一个人绊<u>倒</u>米里。

　蔡橋方言のアスペクト助詞"倒"は、この"到"に由来すると考えられる。変化のプロセスは次のように考えられる。「V 到＋場所名詞」＞「V 倒 O（倒：結果補語）」（O を V して獲得する）＞「V 倒 O（倒：アスペクト助詞）」（O を V した結果、O がここにある）

　アスペクト助詞"倒"は先述したように（pp.169-170）、「主体動作・客体変化動詞」に接続して、「限界達成性」のアスペクト的意味を表すと同時に、「客体がある場所に留まるようになった」という付随的意味を表す。(3-2-338)a の例では、「頭を覆った結果が頭に存在する」という意味を表すので、場所を表す"高冲"（上）は必要ないが、場所前置詞"到"では、場所を表す名詞"高冲"（上）が必要となる((3-2-338)c、d)。

(3-2-338) a. 衣衫　　罩　　<u>倒</u>　　脑壳。　　　　　　〔湘語蔡橋〕
　　　　　　服　　覆う　ASP　　頭
　　　　　［服で頭を覆った。〕（衣服罩住了头。）

　　　　b. *衣衫　　罩　　<u>倒</u>　　脑壳　高冲。　　　　〔湘語蔡橋〕
　　　　　　服　　覆う　ASP　　頭　　上

　　　　c. 衣衫　　罩　　<u>到</u>　　脑壳　高冲。　　　　〔湘語蔡橋〕
　　　　　　服　　覆う　PREP　　頭　　上
　　　　　［服が頭の上部を覆っている。〕（衣服罩在头上。）

　　　　d. *衣衫　　罩　　<u>到</u>　　脑壳。　　　　　　〔湘語蔡橋〕
　　　　　　服　　覆う　PREP　　頭
　　　　　［服が頭を覆った。〕（衣服罩住了头。）

蔡橋方言の場所前置詞"到"とT類助詞"倒"は場所名詞が後ろに来るか否かで構文上、相補関係を成している。文法機能の変化に伴い、"到"は声調の異なる"倒"を発生させ、「V到＋場所名詞」と「V倒＋客体名詞」の2つに分岐したのではないかと考える。これに対し、長沙方言における"哒"は1つの形式で2つの文法機能を果たしている。

表3-9　"到"、"倒"、"哒"と後続成分の共起関係

動詞後成分	後続成分	場所名詞	客体名詞
蔡橋方言	到	○	×
	倒	×	○
長沙方言	哒	○	○

場所前置詞"到"からアスペクト助詞"倒"を派生させた過程は後続成分の範囲が空間性を持つものから空間性を持たないものへ拡大したことと、それに伴って"到"と"倒"が意味をすみ分けるようになったことだと考えられる。

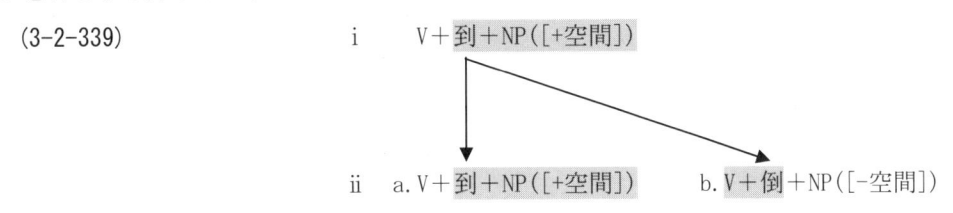

(3-2-339)　　　ⅰ　　V＋到＋NP([＋空間])

　　　　　　　ⅱ　a. V＋到＋NP([＋空間])　　b. V＋倒＋NP([－空間])

"住"（住む）、"睏"（横たわる）などの「主体変化動詞」では、"倒"の後ろに「"在"＋場所名詞」という場所詞句をとることがある。

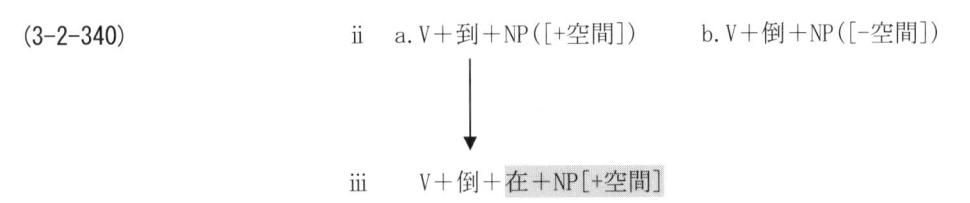

(3-2-340)　　　ⅱ　a. V＋到＋NP([＋空間])　　b. V＋倒＋NP([－空間])

　　　　　　　ⅲ　　V＋倒＋在＋NP[＋空間]

例(3-2-341)〜例(3-2-345)は蔡橋方言の用例である。

(3-2-341) a. 我　　蛮　　多　　亲戚　　住　　倒　　在　　邵阳。
　　　　　　私　とても　多い　親戚　　住む　ASP　PREP　邵陽
　　　　　［私のたくさんの親戚は邵陽に住んでいる。］（我很多亲戚住在邵阳。）
　　　　b. ＊我蛮多亲戚住倒邵阳。

(3-2-342) a. 己　　　长日短日　　　瞌　　　倒　　　在　　　嗯里。
　　　　　　彼　　　一日中　　　　横になる　ASP　PREP　そこ
　　　　　［彼は一日中そこで横になっている。］（他一天在那儿躺着。）

b. ＊己长日短日瞌倒嗯里。

(3-2-343) a. 你　　　看，　一个　　人　　绊　　倒　　在　　米里。
　　　　　　あなた　見る　１　個　人　　転がる　ASP　PREP　あそこ
　　　　　［ほら見て、１人の人がそこに転がっている。］（你看，有个人摔倒在那儿。）

b. ＊你看，一个人绊倒米里。

先にあげた(3-2-334)〜(3-2-337)と比べると、(3-2-334)〜(3-2-337)が主体の動作の場所を表すのに対し、(3-2-341)〜(3-2-343)は主体の「結果状態の持続」を表すという違いがある。

また、"挂"（掛ける）、"整"（調理する）、"放"（置く）などの「主体動作・客体変化動詞」も同じように、"倒"の後ろに「在＋場所名詞」をとることができる。

(3-2-344) a. 书包　　　挂　　　倒　　　在　　　墙　　上。　　〔湘語蔡橋〕
　　　　　　カバン　　掛ける　ASP　PREP　壁　　上
　　　　　［カバンは壁に掛けてある。］（书包刮在墙上。）

b. ＊书包挂倒墙上。

(3-2-345) a. 菜　　　整　　　　倒　　　在　　　锅　　里。　〔湘語蔡橋〕
　　　　　　料理　　調理する　ASP　PREP　鍋　　中
　　　　　［料理はいま鍋の中で作っている最中だ。］（菜正在锅里做着呢。）

b. ＊菜整倒锅里。

上のような文では、"倒"が動作の限界達成性と、客体が動作の働きかけを受けて特定の場所に留まっているという「パーフェクト性」（「動作の完成性＋状態の持続性」）を表し、「在＋場所名詞」が客体の存在場所を表している。このような構文は、次のような過程で生じたと考えられる。

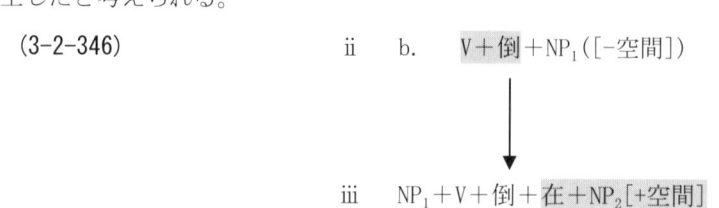

(3-2-346)　　　　ⅱ　b.　V＋倒＋NP₁（[−空間]）

　　　　　　　　　　　　　↓

　　　　　　　　ⅲ　NP₁＋V＋倒＋在＋NP₂[+空間]

3.2 助詞——アスペクトの枠組

さらに、動作客体に位置・場所などの変化が生じない「主体動作動詞」が(3-2-346)ⅲのような文型に用いられると、「V＋"倒"」は動作の持続を表し、「在＋NP」は動作の場所を表すようになる。

(3-2-347) 他们　　正　　　讲　　　倒　　话　　在　　　米里。　　〔湘語蔡橋〕
　　　　　彼ら　　ちょうど　話す　ASP　話　PREP　あそこ
　　　　　〔彼らは（あそこで）話をしている。〕（他们在说着话呢。）

(3-2-348) 我　　　听　　倒　　　在　　　　略落。　　〔湘語新化〕
　　　　　私　　　聞く　ASP　　PREP　　ここ
　　　　　〔私は（ここで）聞いているよ。〕（我在（这儿）听着呢。）

西南官話の四川成都方言や武漢方言では、次のように NP₂（場所名詞）が落ち、前置詞"在"だけが文末に残され、「V 起在」で動作の持続を表している。

(3-2-349) 包子　　　蒸　　　起　　　在。　　　　　　　　〔西南官話四川〕
　　　　　肉まん　　蒸す　ASP　　MOD
　　　　　〔肉まんは蒸しているところだ。〕（包子蒸着呢。）

(3-2-350) 他　　　还　　耍　　　起　　　在。　　　　　　〔西南官話四川〕
　　　　　彼　　まだ　遊ぶ　ASP　　MOD
　　　　　〔彼はまだ遊んでいる。〕（他还玩着呢。）

(3-2-351) 书　　在　　柜子　　头　　锁　　　起　　　在。　〔西南官話四川〕
　　　　　本　PREP　棚　　　中　　鍵を掛ける　ASP　MOD
　　　　　〔本は棚にロックされている。〕（书在柜子里锁着呢。）

(3-2-352) 包包　　在　　墙壁　　上　　挂　　起　　　在。　〔西南官話四川〕
　　　　　カバン　PREP　壁　　　上　　掛ける　ASP　MOD
　　　　　〔カバンは壁に掛けてある。〕（提包在墙上挂着呢。）

3.2.2.3.2.2　「結果状態の持続」を表すアスペクト助詞

湘語では「結果状態の持続」を表すアスペクト助詞として、"起"が最も多く用いられる。"起"と結びつく動詞は「主体動作・客体変化動詞」もしくは「主体変化動詞」である。"起"は多くの場合、次のような場所名詞が文頭に立つ「存在文」に用いられる。

(3-2-353) 桌面　　　上　　放　　起　　　一　　碗　　水。　〔湘語臨武〕
　　　　　テーブル　上　　置く　ASP　　1　　杯　　水
　　　　　〔テーブルに一杯の水が置いてある。〕（桌上放着一碗水。）

(3-2-354) 墙　　高头　　挂　　　起　　一　　幅　　画。　〔湘語湘郷〕
　　　　　壁　　上　　　掛ける　ASP　　1　　枚　　絵
　　　　　［壁に一枚の絵が掛けてある。］（墙上挂着一幅画。）

(3-2-355) 堂屋　　　里　　坐　　起　　好　　多　　客。　〔湘語長沙〕
　　　　　中央の部屋　中　座る　ASP　とても　多い　客
　　　　　［中央の部屋にたくさんのお客が座っている。］（堂屋里坐着很多客人。）

(3-2-356) 塘　　里　　浮　　起　　好　　多　　魚。　〔湘語湘潭〕
　　　　　池　　中　　浮く　ASP　とても　多い　魚
　　　　　［池にたくさんの魚が浮いている。］

(3-2-357) 身　　上　　肿　　起　　个　　大　　泡泡。　〔湘語隆回〕
　　　　　体　　上　　腫れる　ASP　個　　大きい　腫れ物
　　　　　［体に大きな腫れ物ができている。］

(3-2-358) 她　　身　　　上　　穿　　起　　身　　新　　衣。　〔湘語長沙〕
　　　　　彼女　体　　　上　　着る　ASP　着　　私　　服
　　　　　［彼女は新しい服を着ている。］（她穿着一套新衣。）

(3-2-359) 腰　　　上　　捆　　起　　一　　根　　麻　　绳子。　〔湘語益陽〕
　　　　　腰　　　上　　締める　ASP　1　　本　　麻　　ひも
　　　　　［腰に1本の麻のひもが締められている。］（腰上捆着一根麻绳。）

"坐"（座る）、"睏"（横たわる）、"倚"（立つ）などのような「主体変化動詞（主体動作・主体変化動詞）」では、"起"のみならず、T類助詞も用いられる。

(3-2-360) 门口　　站　　哒　　一　　堆　　人。　〔湘語長沙〕
　　　　　入り口　立つ　ASP　　一　　群　　人
　　　　　［入り口に一群の人が立っている。］（门口站着一群人。）

(3-2-361) 己　　在　　屋　　里　　睏　　哒。　〔湘語益陽〕
　　　　　彼　　PREP　家　　中　　寝る　ASP
　　　　　［彼は家で寝ている。］（他在家睡着呢。）

(3-2-362) 那垱　　围　　哒　　一　　堆　　人。　〔湘語衡山〕
　　　　　あそこ　囲む　ASP　一　　群　　人
　　　　　［あそこに一群の人が囲んで（何かをして）いる。］（那儿围着一群人。）

(3-2-363) 门口　　倚　　到　　一　　群　　人。　〔湘語臨武〕
　　　　　入り口　立つ　ASP　一　　群　　人

　　　　　　［入り口に一群の人が立っている。］（門口站着一群人。）

(3-2-365) 他　　　　在　　　　門口　　　站　　　到。　　　　　　　　〔湘語臨武〕
　　　　　　彼　　　PREP　　　入り口　　　立つ　　　ASP

　　　　　　［彼は入り口に立っている。］（他在門口站着。）

(3-2-366) 明伢子　　騎　　　哒　　　単車　　　去　　　買　　　票。　〔湘語湘潭〕
　　　　　　明君　　　乗る　　ASP　　自転車　　行く　　買う　　チケット

　　　　　　［明君は自転車に乗ってチケットを買いに行く。］（明伢子騎着自行車去買票。）

　"鼓"（大きくする）、"歪"（斜めにする）などの動詞では、蔡橋方言などの南部湘語が"起"を用いて「状態の持続性」を表す（例(3-2-367)、例(3-2-368)参照）のに対し、長沙方言などの北部湘語では"起"のみならず、T類助詞"哒"も「状態の持続性」を表すことができる（例(3-2-369)b、例(3-2-370)b参照）。

(3-2-367) a. 己　　　担　　　脳売　　　歪　　　　　起。　　　　　　〔湘語蔡橋〕
　　　　　　彼　　　PREP　　頭　　　斜めにする　　ASP

　　　　　　［ハトがいつも頭を斜めにしている。］（它老是把头歪着。）

　　　　　b. ＊己担脳売歪倒。

(3-2-368) a. 己　　　眼睛　　　鼓　　　　　　起，　吓　　　死人。　〔湘語蔡橋〕
　　　　　　彼　　　目　　　大きくする　　ASP　　驚かす　　死ぬほど

　　　　　　［彼は目を大きくして、人をたいへん驚かした。］
　　　　　　（他的眼睛瞪得老大，吓死人。）

　　　　　b. ＊己眼睛鼓倒吓死人。

(3-2-369) a. 它　　　　　総是　　　　把　　　头　　　一　　　歪　　　　　　起。
　　　　　　それ（鳩）　いつも　　PREP　　頭　　ずっと　　斜めにする　　ASP

　　　　　　［ハトがいつも頭を斜めにしている。］（它老是把头歪着。）　　〔湘語長沙〕

　　　　　b. 它総是把头一歪倒。

(3-2-370) a. 他　　眼睛　　一　　　　　鼓　　　　　　起，　吓　　死人　　的。
　　　　　　彼　　　目　　すぐに　　大きくする　　ASP　　驚かす　　死ぬほど　　PART

　　　　　　［彼は目を大きくして、人をたいへん驚かした。］
　　　　　　（他的眼睛瞪得老大，吓死人。）　　　　　　　　　　　　　　〔湘語長沙〕

　　　　　b. 他　　眼睛　　一　　　　　鼓　　　　　　哒，　吓　　死人　　的。
　　　　　　彼　　　目　　すぐに　　大きくする　　ASP　　驚かす　　死ぬほど　　PART

　　　　　　［彼は目を大きくして、人をたいへん驚かした。］

第3章　蔡橋方言の文法

　　　　　（他的眼睛瞪得老大，吓死人。）　　　　　　　　　　〔湘語長沙〕

　長沙、益陽など多くの北部湘語では、「主体変化動詞」のみならず、「主体動作・客体変化動詞」や「主体動作動詞」においても、T類助詞を用いることができる。

(3-2-371) 桌　　　　上　　放　　哒　　一　　碗　　水。　　　〔湘語長沙〕
　　　　　テーブル　　上　　置く　ASP　1　　杯　　水
　　　　　［テーブルに1杯の水が置いてある。］（桌上放着一碗水。）

(3-2-372) 門口　　　　停　　哒　　一　　部　　车。　　　　　〔湘語長沙〕
　　　　　入り口　　　止まる　ASP　1　　台　　車
　　　　　［入り口に1台の車が止まっている。］（門口停着一辆车。）

(3-2-373) 屋　　門口　　　栽　　哒　　几　　只　　树。　　　〔湘語益陽〕
　　　　　家　　入り口　　植える　ASP　幾つ　個　　木
　　　　　［家の入り口に何本かの木が植えてある。］（屋門口栽了几棵树。）

(3-2-374) 匾　　高头　　写　　哒　　两　　只　　字。　　　　〔湘語衡陽〕
　　　　　扁額　　上　　書く　ASP　2　　個　　字
　　　　　［扁額に字が2つ書いてある。］（匾上写了两个字。）

(3-2-375) 车子　　上　　装　　哒　　好　　多　　萝卜。　　　〔湘語辰渓〕
　　　　　車　　　上　　入れる　ASP　とても　多い　大根
　　　　　［車にたくさんの大根が入れてある。］（车上装着很多萝卜。）

　動作の局面と結果状態の維持の局面の両側面を持つ「主体動作・客体変化動詞」、たとえば、"开"（開く）、"关"（閉める）、"栽"（植える）では、"起"を用いて「結果状態の持続」を表す。このような場合、場所詞句との共起が必要ではない。以下は蔡橋方言の用例である。

(3-2-376) 门　　和　　窗户　　尽　　开　　起，嗯　　怕　　　贼　　进　　来。
　　　　　ドア　と　　窓　　全部　開く　ASP　NEG　恐れる　泥棒　入る　来る
　　　　　［ドアと窓が全部開いている。泥棒が入るのを心配しないのか。］
　　　　　（门和窗户都开着，也不担心贼进来。）

(3-2-377) 己　　开　　起　　窗子　　睏眼闭。
　　　　　彼　　開く　ASP　窓　　　寝る
　　　　　［彼は窓を開いて寝ている。］（他开着窗户睡觉。）

214

3.2 助詞——アスペクトの枠組

　羅自群（2006）によると、"起"は持続性を表すアスペクト助詞として、主に湖北、四川、重慶、貴州、雲南、湖南などの西南官話と湘語地域に分布している。一方、[t]を子音としたT類助詞は官話方言、晋語、湘語、贛語、呉語、徽語、粤語、客家語など、全国に広範に分布している。"起"を持つ方言では必ずT類助詞も用いられているが、T類助詞を持つ多くの方言では"起"が用いられないという。

　蔡橋方言などの南部湘語のT類助詞"倒"は"坐"（座る）、"睏"（横になる）などのような「主体変化動詞」に付加して「結果状態の持続」を表すが、"整"（調理する）、"晒"（日干しする）などのような「主体動作・客体変化動詞」と結合した場合は、結果状態の持続ではなく、動作の限界達成性を表す。一方、長沙方言などの北部湘語のT類助詞"哒"は「主体動作・客体変化動詞」にも、「主体変化動詞」にも接続して結果状態の持続を表す。"哒"の文法化の度合いが一歩進んで「結果状態の持続」の意味領域までに進出している。

表3-10　「結果状態の持続」を表すアスペクト助詞

方言＼動詞	主体動作・客体変化動詞	主体変化動詞	主体動作動詞
長沙方言	起/T類助詞	起/T類助詞	×
蔡橋方言	起	起/T類助詞	起

（注）「×」は当該動詞類が「結果状態の持続」を表さないことを示す。

3.2.2.4　まとめ

　以上、蔡橋方言のアスペクト助詞"刮"、"倒"、"起"について考察した。"倒"、"起"、"刮"と動詞の種類との関係をまとめると、表3-11のようになる。

　"刮"は、「主体動作・客体変化動詞」（「客体の獲得・付着」を表す動詞を除く）、「主体変化動詞」、「主体動作動詞」、「内的情態動詞」に接続する場合、動作の「終了限界達成性」を表す。"倒"は、「主体動作・客体変化動詞」、意志的な「主体変化動詞」に接続する場合、場所詞句の存在を条件として「結果状態の持続」を表す。場所詞句の位置は動詞句の後ろに置かねばならない。「主体動作動詞」に接続する場合、「動作の持続」を表す。この場合、場所詞句は動詞句の前でも、後ろでもよい。「内的情態動詞」の後について「動作の持続」を表す。位置関係を表す「静態動詞」に接続する場合、持続性を表す。"起"は「主体動作・客体変化動詞」、「主体変化動詞」に接続する場合、「結果状態の持続」を、「主体動作動詞」の後について「結果状態の持続」、「動作の持続」を表すのに対し、「内的情態動詞」で「開始限界達成性」を表す。

表3-11　動詞の種類と"刮"、"倒"、"起"との関係

動詞\意味\助詞		刮	倒	起
外的運動動詞	主体動作・客体変化動詞	①［客体の付着、獲得］動詞：× ②［客体の離脱、消失］動詞： 　　限界達成性	限界達成性	結果状態の持続性
	主体変化動詞	① 無意志的な変化動詞： 　　限界達成性 ② 再帰動詞： a.［客体の付着、獲得］動詞：× b.［客体の離脱、消失］動詞： 　　限界達成性 ③ 意志的な動詞： 　　限界達成性	① 無意志的な変化動詞：× ② 再帰動詞： a.［客体の付着、獲得］動詞： 　　結果補語 b.［客体の離脱、消失］動詞：× ③ 意志的な動詞： 　　結果状態の持続性 　　（S＋V倒＋(NP)＋在＋場所）	① 無意志的な変化動詞：× ② 再帰動詞：結果状態の持続性 ③ 意志的な動詞： 　　結果状態の持続性 　　（S＋在＋場所名詞＋V起； 　　　S＋V起＋在＋場所名詞； 　　　場所名詞＋V起＋NP）
	主体動作動詞	限界達成性	動作の持続性 （S＋在＋場所名詞＋V倒(NP)； 　S＋V倒＋(NP)＋在＋場所名詞； 　V倒V倒）	① 結果状態の持続性 （S＋V起＋NP＋在＋場所名詞； 　NP＋V起＋在＋場所名詞； 　場所名詞＋V起＋NP） ② 動作の持続性 　（一部の動詞に限る）
内的情態動詞		限界達成性	動作の持続性（V倒＋(O)）	開始限界達成性
静態動詞	在，有	×	×	×
	跟，向		状態性	

〔本節方言データの引用文献〕

方言類	地点名	文献・著者（出版年）
湘語	長沙	『湘方言动态助词的系统及其演变』・伍云姬（2006）
		『长沙方言的动态助词系统』・伍云姬（1996）
湘語	湘潭	「湘潭方言的动态助词」・曾毓美（1996）
湘語	湘郷	「湘乡方言的几个动态助词」・王芳（1996）
湘語	漣源	「涟源方言（桥头河区）动态助词研究」・陈晖（1996）
湘語	衡陽	「衡阳方言的动态助词」・彭兰玉（1996）
湘語	益陽	『益阳方言语法研究』・徐慧（1996）
湘語	邵陽	「邵阳方言语法研究」・赵烈安（1996）
湘語	辰渓	「辰溪方言的动态助词」・谢伯端（1996）
湘語	隆回	「隆回方言的动态助词」・丁加勇（1996）
湘語	綏寧	「绥宁方言的动态助词概述」・曾常红（1996）
湘語	婁底	「娄底方言的动态助词」・彭逢澍（1996）
湘語	常寧	「常宁方言的动态助词研究」・吴启主（1996）
湘語	新化	『湘方言动态助词的系统及其演变』・伍云姬（2006）
湘語	祁陽	『湘方言动态助词的系统及其演变』・伍云姬（2006）
西南官話	四川	『四川方言与普通话』・梁德曼（1982）
		「成都话的动态助词"倒"和"起"」・张清源（1991）
贛語	攸県	「攸县方言的动态助词」・董正谊（1996）

第 4 章

結語

　本書では、蔡橋方言の音韻、文法について考察を行った。考察の結果をまとめると、以下のようになる。

（一）　音韻について
　第 2 章では、蔡橋方言の音韻論について考察した。このうち、2.2 では子音、母音、声調という 3 つの音節構成素に対し、音韻論的な解釈を行った。2.3 では、通時的な視点から、中古声母、韻母、声調から今日の蔡橋方言まで遂げたさまざまな変化を取り上げた。中古音との対応関係から、蔡橋方言の子音、母音、声調はそれぞれ以下のような特徴を持つことが分かった。

(1.1)　子音の特徴
① 全濁声母（有声子音）は蔡橋方言において、平声・上声・去声の場合、殆ど有声子音で現れている。一方、入声に由来する字の場合、一部分だけが有声子音で現れ、大部分は有気の無声子音となっている。
② 中古の舌尖音系列（精組（*ts、*tsʰ、*s、*z、*dz）、端泥組（*t、*tʰ、*dʰ、*n））の子音は蔡橋方言で殆ど舌尖音が保持されている。
③ 中古の舌面音系列（知組（*ṭ、*ṭʰ、*ḍʰ）、庄組（*tʃ、*ʃ、*tʃʰ、*dʒ）、章組（*tɕ、*ɕ、*tɕʰ、*dʑʰ、*ʑ））のうち、知組子音は二等韻母の場合、庄組子音と同じ変化を遂げて舌尖音となったが、三等韻母は章組子音と合流して、舌面音、舌尖音の 2 種類で現れている。
④ 中古の舌根音・咽頭音系列の子音（見系（*k、*kʰ、*g、*x、*ɣ、*ŋ））は、開口一、二等、合口一、二等（介音 -i- を持たない韻母）では舌根音を保持しているが、開口三、四等、合口三、四等（介音 -i- を持つ韻母）では口蓋化が起きて舌面音で現れている。

第4章　結語

(1.2)　母音の特徴

① 主母音の高舌化

多くの鼻音韻母では母音の高舌化が起きている。変化の誘因としては中古介音の影響が考えられる。たとえば、咸摂、山摂、宕摂、江摂などは、介音を持たない開口一等・二等韻の場合、ほとんど広・低母音のままであるが、介音 -i- を持つ開口三等・四等韻では介音の同化を受けて [i] と高舌化されている。また、介音 -u- を持つ合口一等・二等韻においても同じく介音の同化により [ɯ] と高舌化されている。

② 鼻音韻尾の弱化

鼻音韻尾の弱化は漢語方言において広範に見られる現象である。たとえば、現代北京官話では –m が –n に合流し、-n と -ŋ の２種類の鼻音韻尾が存在する。呉方言では変化がより進んでおり、-ŋ １種類の鼻音韻尾しかない。蔡橋方言では鼻音韻尾 [-n、-m、-ŋ] の多くは鼻母音、開音節に変化している。鼻音韻尾の変化の度合いは介音の種類や声母子音の種類と関係がある。たとえば、山摂、咸摂では、介音を持たない開口一等・二等の字は鼻母音 ã に変化し、介音 -i- を持つ開口三等・四等の字は ĩ に変化している。また、介音 -u- を持つ合口一等・二等の字は鼻母音 ũ に変化し、介音 -i- を持つ三等・四等の字は声母が唇音の場合に鼻母音の ã に、非唇音の場合に母音 ye に変化している。

(1.3)　声調の特徴

① 平声字は全清、次清声母の場合には陰平（55）に発音される。全濁、次濁声母の場合には陽平（11）に発音される。

② 上声字は全清、次清、次濁声母の場合、上声（53）に発音される。全濁声母の場合には大部分が陽去（13）に発音され、一部分が上声（53）に発音される。

③ 去声字は有声音、有気音子音の場合に陽去（13）に発音され、無声音子音の場合には陰去（35）に発音される。

④ 入声字は全清、次清声母の場合には殆ど陰平（55）に発音される。全濁声母の場合には殆ど陰去（35）、陽去（13）に発音される。次濁声母では一部が陰去（35）に発音され、一部が陰平（55）に発音される。

第4章　結語

(二)　文法について

　　第3章では、考察対象を蔡橋方言のアスペクト助詞"刮"、"倒"、"起"に絞り、蔡橋方言の文法について論じた。3者には次のような特徴があることが分かった。

① "刮"は、「主体動作・客体変化動詞」(「客体の獲得・付着」を表す動詞を除く)、「主体変化動詞」、「主体動作動詞」、「内的情態動詞」に接続する場合、動作の「終了限界達成性」を表す。"倒"は、「主体動作・客体変化動詞」に接続する場合、「限界達成性」を表すが、「客体の存在」を含意している。「主体動作動詞」に接続する場合、「動作の持続」を表す。この場合、場所詞句は動詞句の前でも、後ろでもよい。「内的情態動詞」の後について「動作の持続」を表す。位置関係を表す「静態動詞」に接続する場合、「持続性」を表す。"起"は「主体動作・客体変化動詞」、「主体変化動詞」に接続する場合、「結果状態の持続」を、「主体動作動詞」の後について「結果状態の持続」、「動作の持続」(一部の動詞に限る)を表すのに対し、「内的情態動詞」で「開始限界達成性」を表す。

② "刮"、"倒"、"起"はいずれも先行動詞による語彙的意味の制限を受けたり、付随的な意味を伴っている。たとえば、動作客体が主語もしくは文の焦点となっている文型では、"倒"は動作の客体が「停止される」、「特定の場所に付着する」、「獲得される」などの意味を含意する。"起"は動作の客体が「理想的な状態」までに仕上げられる意味を含意する。"刮"は動作の客体が「消失する」、「特定の場所から離脱する」などの意味を含意する。

③ "倒"と"起"はいずれも持続を表すことができるが、次のように相違している。"倒"は「動作の持続」と「結果状態の持続」の両方を表せるのに対して、"起"は「結果状態の持続」のみを表す。「結果状態の持続」を表す場合、"倒"は「"在"＋場所」のような前置詞句を要するが、"起"はそれを必要としない。"倒"は「動作の持続」を表す場合、場所詞句が動詞の前に置かれることもあれば、動詞の後ろに置かれることもある。「結果状態の持続」を表す場合、場所詞句が動詞句の後ろに置かれねばならない。

④ 蔡橋方言と湘語との比較を通して、次のようなことがわかる。"刮"は湘語のK類助詞に属するが、数量補語がなければ、目的語を後ろに伴うことができないことや先行動詞の意味的制限を受けることなどから、長沙方言などの北部湘語に比べて、結果補語に共通する一面を持っているといえる。"倒"は湘語のT類助詞に属し、場所名詞が後ろに来るか否かで構文上、場所前置詞"到"と相補関係を成している。文法機能の変化に伴い、"到"は声調の異なる"倒"を発生させ、「V 到＋場所名詞」

第 4 章　結語

と「V 倒＋客体名詞」の 2 つに分岐したのではないかと考える。

⑤ "起" は多くの湘語に用いられるアスペクト助詞であり、「動作持続」を表せず、「結果状態の持続」を表す。蔡橋方言では、「主体変化動詞」に接続する場合、"起" と T 類助詞 "倒" との競合が起こるが、「主体動作・客体変化動詞」においてはこのような競合が起こらない。この点について、長沙方言などの北部湘語では、T 類助詞の文法化の度合いが蔡橋方言の "倒" に比べて一歩進んで、"起" との競合がすべての動詞に起きており、「結果状態の持続」の意味領域を侵食している。

参考文献

【中国語文献】

鲍厚星（1989）「湖南邵阳方言音系」,『方言』1989 年第 3 期：196-207 页。

鲍厚星（2006）『湘方言概要』。湖南：湖南师范大学出版社。

鲍厚星・陈晖（2005）「湘语的分区（稿）」,『方言』2005 年第 3 期：261-270 页。

鲍厚星・崔振华・沈若云・伍云姬（1998）『长沙方言研究』。湖南：湖南教育出版社。

北京大学中国语言文学系语言学教研室（1985）『汉语方言字汇(第二版)』。北京：文字改革出版社。

陈晖（2006）『湘方言语音研究』。湖南：湖南师范大学出版社。

陈立中（2004）『湘语与吴语音韵比较研究』。北京：中国社会科学出版社。

陈立中（2005）「论湘语、吴语及周边方言蟹假果遇摄字主要元音的连锁变化现象」,『方言』2005 年第 1 期：20-35 页。

储泽祥（1998）『邵阳方言研究』。湖南：湖南教育出版社。

夏剑钦（1998）『浏阳方言研究』。湖南：湖南教育出版社。

崔振华（1998）『浏阳方言研究』。湖南：湖南教育出版社。

陈晖（1999）『湖南方言研究丛书涟源方言研究』。湖南：湖南教育出版社。

戴耀晶（1997）『现代汉语时体系统研究』。浙江：浙江教育出版社。

丁声树・李荣（1984）『漢語音韻講義』。上海：上海教育出版社。

黄伯荣（2001）『汉语方言语法调查手册』。广东：广东人民出版社。

侯精一（2002）『现代汉语方言概论』。上海：上海教育出版社。

李蓝（1998）「贵州大方话的"到"和"起"」,『中国语文』1998 年第 2 期：113-122 页。

李荣（1996）「我国东南各省方言梗摄字的元音」,『方言』1996 年第 1 期：1-11 页。

李如龙（2001）『汉语方言的比较研究』。北京：商务印书馆。

李如龙（2007）『汉语方言学（第二版）』。北京：高等教育出版社。

李维琦（1998）『祁阳方言研究』。湖南：湖南教育出版社。

李小凡（1997）「苏州方言中的持续貌」,『语言学论丛』（第 19 辑）：164-178 页。北京：商务印书馆。

李星辉（2004）「古入声字在湘语中的分化」。中南大学学报（社会科学版）2004 年第 3 期：394-397 页。

梁德曼（1982）『四川方言与普通话』。四川：四川人民出版社。

刘丹青（1996）「东南方言的体貌标记」,张双庆主编『中国东南部方言比较研究丛书第二辑动词的体』：9-33 页。香港：香港中文大学中国文化研究所。

卢小群（2007）『湘语语法研究』。北京：中央民族大学出版社。

罗昕如（1998）『新化方言研究』。湖南：湖南教育出版社。

罗昕如（2004）「湖南方言的"在 N"」,『汉语学报』2004 年第 1 期：66-73 页。

罗昕如（2008）「湖南方言中的"动词＋动态助词＋介宾短语"句型」,『方言』2008 年第 4 期：333-339 页。

梅祖麟（1988）『汉语方言里虚词"著"字三种用法的来源』,『梅祖麟语言学论文集』：155-187 页。北京：商务印书馆。

梅祖麟（1994）「唐代、宋代共同语的语法和现代方言的语法」,『梅祖麟语言学论文集』：247-285 页。北京：商务印书馆。

彭建国（2006）「湘语音韵历史层次研究」,博士学位论文,中国：上海师范大学。

彭泽润（1998）『衡山方言研究』。湖南：湖南教育出版社。

Richard VanNess Simmons・顾黔・石汝杰（2006）『汉语方言词汇调查手册』。北京：中华书局。

邵阳县志编纂委员会编（1993）『邵阳县志』。北京：社会科学文献出版社出版。

邵阳县志编纂委员会编（2002）『邵阳县志（1978－2002）送审稿』。

邵阳县人民政府・中共邵陽县委编（2006）『邵阳县统计年鉴・2006』。

石汝杰（1988）「说轻声」,『语言研究』1988 年第 1 期：98-109 页。

石汝杰（1996）「苏州方言的体和貌」,張雙慶主編『動詞的體 中國東南方言比較研究叢書第二輯』。香港中文大學中國文化研究所吳多泰中國語文研究中心：349-372 页。

王力（1980）『汉语史稿』。北京：中华书局。

吴福祥（1998）「重谈"动＋了＋宾"格式的来源和完成体助词"了"的产生」,『中国语文』1998 年第 6 期：452-462 页。

伍云姬（1996）「长沙方言动态助词的系统」,『湖南方言的动态助词』：194-231 页。湖南：湖南师范大学出版社。

伍云姬主编（1996）『湖南方言的动态助词』。湖南：湖南师范大学出版社。

辛世彪（2004）『东南方言声调比较研究』。上海：上海世纪出版集团・上海教育出版社。

徐丹（1992）「汉语里的"在"与"着"」。『中国语文』1992 年第 6 期：453-461 页。

徐慧（2001）『益阳方言语法研究』。湖南：湖南教育出版社。

游汝杰（2004）『汉语方言学教程』。上海：上海教育出版社。

詹伯慧主编（1991）『汉语方言及方言调查』。湖北：湖北教育出版社。

张光宇（1991）「汉语发展的不平衡性」,『中国语文』1991 年第 6 期：431-438 页。

张光宇（1999）「东南方言关系综论」,『方言』1999 年第 1 期：33-34 页。

张清源（1991）「成都话的动态助词"倒"和"起"」,『中国语言学报』1991 年第 4 期：84-101 页。

张则顺（2006）「论湖南武冈市区方言的语法特点」,『邵阳学院学报（社会科学版）』第 5 卷：86-89 页。

周赛红（2005）「湘方言音韵比较研究」，博士学位论文，中国：湖南师范大学。

赵元任（1979）『汉语口语语法』。北京：商务印书馆。

朱德熙（1982）『语法讲义』。北京：商务印书馆。

中国社会科学院・澳大利亚人文科学院合编（1987-1989）『中国语言地图集』。香港：朗文出版公司。

【日本語文献】

井上優・生越直樹・木村英樹（2002）「テンス・アスペクトの比較対照―日本語・朝鮮語・中国語」，『シリーズ言語科学4　対照言語学』：125-160頁。東京大学出版会。

井上優（2002）「「テンスの有無」と文法現象―日本語と中国語―」，『次世代の言語研究Ⅱ』：87-102頁。筑波大学現代言語学研究会。

遠藤光暁（1984）「邵陽方言の声調」，『中国語学』231：39-49頁。

牛島徳次・香坂順一・藤堂明保編（1967）『中国文化叢書1　言語』。東京：大修館書店。

王育徳（1967）「中国の方言」，牛島徳次・香坂順一・藤堂明保編『中国文化叢書1　言語　Ⅴ』：407-446頁。東京：大修館書店。

太田辰夫（1958）『中国語歴史文法』。東京：江南書院。

亀井孝・河野六郎・千野栄一編（1996）『言語学大辞典（第6巻　術語編）』。東京：三省堂。

河野六郎（1979）「朝鮮漢字音の研究」，『河野六郎著作集2』：295-512頁。東京：平凡社。

菊田正信（1967）「現代語の音韻」，牛島徳次・香坂順一・藤堂明保編『中国文化叢書1　言語　Ⅱ-4』：167-178頁。東京：大修館書店。

北原博雄（2000）「限界性というアスペクチュアルな性質―動詞句についての意味論と統語論」，『日本語学』VOL.19（4月臨時増刊号）：72-75頁。

木部暢子（2005）「日本語の中の「九州方言」・世界の言の中の「九州方言」　東西対立のなかの九州方言アスペクト」，『日本語学』VOL.24：72-80頁。

木村英樹（1981）「「付着」の"着/zhe/"と「消失」の"了"/le/」，『中国語』1981年7月：24-27頁。東京：大修館書店。

木村英樹（1982）「テンス・アスペクト　中国語」，『講座日本語学11　外国語との対照Ⅱ』：19-39頁。東京：明治書院。

工藤真由美（1995）『アスペクト・テンス体系とテクスト―現代日本語の時間の表現』。東京：ひつじ書房。

工藤真由美（2001）「アスペクト体系の生成と進化―西日本諸方言を中心に―」，『ことばの科学　10』：117-173頁。言語学研究会。

工藤真由美編（2004）『日本語のアスペクト・テンス・ムード体系　標準語研究を超えて』。東京：ひつじ書房。

参考文献

クリスティーン・ラマール（2001）「中国語における文法化　方言文法のすすめ」，山中桂一・石田英敬編『シリーズ言語態1　言語態の問い』：155-174頁。東京大学出版会。

佐藤昭（2002）『中国語語音史』。東京：白帝社。

藤堂明保（1957）『中国語音韻論』。東京：江南書院。

藤堂明保（1960）「ki-とtsi-混同は18世紀に始まる」，『藤堂明保中国語学論集』。東京：汲古書院。

藤堂明保（1987）『藤堂明保中国語学論集』。東京：汲古書院。

橋本萬太郎（1978）『言語類型地理論』。東京：弘文堂。

平山久雄（1967）「中古漢語の音韻」，牛島徳次・香坂順一・藤堂明保編『中国文化叢書1　言語　Ⅱ-3』：112-166頁。東京：大修館書店。

丸尾誠・張勤（2001）訳「中国語における「在」と「着（著）」」，『中国語言語学情報4　テンスとアスペクトⅢ』：151-178頁。東京：好文出版。

楊凱栄（2001）「中国語の"了"について」，つくば言語文化フォーラム編『「た」の言語学』：61-95頁。東京：ひつじ書房。

C.E. ヤーホントフ（1957）『中国語動詞の研究』。橋本萬太郎訳。東京：白帝社。

【欧文文献】

Chao,Y.R.(1968).*A Grammar of Spoken Chinese*:Berkeley and Los Angeles:University of California Press.

Comrie, Bernard. (1976). *Aspect*. Cambridge:Cambridge University Press.

Li,Charle N. and Sandra A. Thompson.(1981). *Mandarin Chinese:A Functional Reference Grammar*.Berkeley and Los Angles+ University of California Press.

資　料　篇

資料篇Ⅰ　蔡橋方言同音字表 229

資料篇Ⅱ　蔡橋方言基礎語彙 243

資料篇Ⅲ　蔡橋方言文法調査項目 289

資料篇Ⅰ　蔡橋方言同音字表

　本字表は『方言調査字表』（中国社会科学院語言研究所）を元に作成した調査表をインフォーマントに発音してもらい、実際の発音に近い音声記号で記録し得たものである。調査は2007年8月14日〜16日に行われたものである。インフォーマントの王三定は55歳（2007年現在）、蔡橋郷で生まれ、幼少期から現在まで長期の外在歴がない。職業が小学校の教員である。

　本字表は次のような母音の順で配列されている。
　i,ɨ,ii,ɯ,y,a,ua,ɑ,iɑ,uɑ,ʊ,iʊ,e,ie,ye,ei,iei,uei,yei,əɯ,iəɯ,aŋ,iaŋ,əŋ,iəŋ,ĩ,ɑ̃,ũ,ŋ

　同じ韻母を持つ字は次のような子音の順に配列されている。
　ゼロ子音,p,pʰ,b,m,f,v,t,tʰ,d,n,ts,tsʰ,ʥ,s,z,tɕ,tɕʰ,ʥ,ɕ,ʑ,k,kʰ,g,ŋ,x,ɣ

　韻母、声母がいずれも同じである字は声調の順（［55］、［11］、［53］、［35］、［13］）に並べられている。

　『方言調査字表』に収録されていない字が調査で多く集められた。これらの字は本字不明の場合、□で表記したうえ、それぞれの意味や出現環境を小さいフォントで後ろに示す。文白異読を有する字に対し、白話音の場合は一重線、文言音の場合は二重線をそれぞれ引いて示す。

i

i	[55]	一衣依伊㗒_{㗒记}
	[53]	倚椅矣已以
	[35]	医肄意异毅又忆亿抑益亦译易
pi	[55]	卑笔逼蓖
	[53]	彼鄙比秕
	[35]	蔽敝弊币毙萆闭臂秘毕必碧璧滗_{倒;~汤}
pʰi	[55]	批披匹辟避僻
	[53]	痞譬
	[13]	屁
bi	[11]	皮疲脾婢琵枇
	[53]	被_{被子}
	[13]	鼻备
fi	[55]	非飞妃痱_{沙~子;痱子}
	[53]	匪翡
	[35]	废肺费
vi	[11]	维唯肥微
	[13]	未味
ti	[55]	低堤_{目的}
	[53]	底抵
	[35]	敌啼帝狄
tʰi	[55]	梯
	[53]	体□_刮
	[13]	替笛涕剃剔屉□_{遗传}
di	[11]	题
	[13]	弟递第地
ni	[55]	力利笠粒
	[11]	犁黎离篱璃厘狸梨
	[53]	李礼里理鲤
	[35]	例历厉励丽隶荔痢吏立笠粒栗
tsi	[55]	脐疾鲫积脊绩□_掐
	[53]	挤□_{~~;姐姐}
	[35]	祭际济剂_{~~药}即集辑迹寂籍
tsʰi	[55]	妻七漆膝戚□_{眯着眼睛看}
	[13]	砌
dzi	[11]	齐
si	[55]	西栖牺犀悉息熄媳昔惜席锡析
	[53]	徙洗
	[35]	细习席夕袭婿
tɕi	[55]	鸡饥肌基几_{几乎}机讥饥急冀
	[53]	几_{几个;茶几}□_{第三人称单数}己
	[35]	计继既季系_{系鞋带}寄记纪
tɕʰi	[55]	欺乞
	[53]	启起岂
	[13]	去契器弃气汽及极
dʑi	[11]	奇骑歧其棋期旗
	[53]	徛_{站立}
	[13]	技妓忌企
ɕi	[55]	溪牺熙希稀吸
	[53]	喜
	[35]	系_{联~,关~}戏携
zi	[11]	夷姨遗移饴_{高粱~}

ɿ

tsɿ	[55]	支枝肢资姿咨兹滋辎之芝只_{只有}
	[53]	紫纸姊脂指旨子梓滓止趾址
	[35]	制至致志痣置
tsʰɿ	[55]	雌疵差_{参差}嗤_{~笑}□_伸
	[53]	此齿耻侈
	[13]	刺赐次
dzɿ	[11]	词祠瓷糍慈磁辞
	[13]	誓似祀寺痔示自字牸_{牝牛}
sɿ	[55]	斯厮撕斯施私师狮尸司丝思诗
	[53]	死矢屎使史驶始
	[35]	世势誓逝四肆嗜厕试侍祀巳嗣饲式诉_{告诉}
zɿ	[11]	时匙
	[13]	市是氏视侍豉士仕柿事

230

ɿ

tsɿ	[55]	□~~,寨子
	[53]	嘴
	[35]	醉
tsʰɿ	[55]	蛆趋觑~黑;很黑
	[53]	取娶
	[13]	序趣
dzɿ	[11]	徐
	[13]	聚骤绪叙
sɿ	[55]	须必~,胡~需虽绥成
	[35]	岁絮绪
nɿ	[55]	虑滤律率效~
	[53]	女吕旅缕屡履
tɕi	[55]	猪箸诸车~马炮朱蛛珠诛株知蜘执汁织职居痴
	[53]	煮举主矩
	[35]	著据驻注蛀拘驹句智质橘剧菊局蛰
tɕʰi	[55]	区枢驱吹出屈斥曲
	[53]	处~理,保卫~
dʑi	[11]	除薯渠厨瞿池驰迟持随槌锤储
	[53]	竖柱拄
	[13]	巨拒距住俱具惧治侄直值植
ɕi	[55]	书舒虚墟输湿失识
	[53]	水暑鼠署许
	[35]	十拾实室食饰适释
zi	[55]	芋淤迂
	[11]	鱼渔如于余姓~余剩~殊儒愚虞娱于盂榆愉
	[53]	汝语与雨宇禹羽乳
	[35]	御誉预豫遇寓喻裕域疫役郁育玉狱欲欲浴饫~饭,喂饭
	[13]	树入

u

pu	[53]	补
	[35]	布怖
pʰu	[55]	铺~床朴仆瀑
	[53]	普谱浦
	[13]	铺店~
bu	[11]	蒲菩脯胸脯□端
	[13]	部步□监视
fu	[55]	乎夫肤敷忽孵呼复复原
	[53]	虎浒府腑俯甫斧抚辅
	[35]	赴俘付赋傅附富副佛神佛缚福幅蝠腹覆服伏符
vu	[55]	乌污坞巫诬屋
	[11]	吴蜈吾梧胡湖葫狐壶扶芙无
	[53]	五伍午腐武舞侮鹉
	[13]	户护沪互务雾物勿误悟父妇负
tu	[55]	都都城督
	[53]	赌堵肚肚子,胃
	[35]	毒
tʰu	[55]	突秃
	[53]	土
	[13]	兔吐~口水
du	[11]	徒屠途涂图
	[53]	肚抱肚:肚兜
	[13]	度渡镀独读
nu	[55]	路鹿绿录禄
	[11]	卢炉芦鸬庐驴奴
	[53]	鲁橹虏卤努
	[35]	赂露怒
tsu	[55]	租筑祝足烛嘱竹卒兵~
	[53]	祖组阻
	[35]	做
tsʰu	[55]	粗初畜
	[53]	楚础
	[13]	醋族促触逐轴
dzu	[11]	锄
	[13]	助褥
su	[55]	苏酥梳疏蔬宿缩速肃粟束属叔淑
	[53]	数动词
	[35]	素诉上诉数名词宿星宿漱漱口速俗赎嗽续
ku	[55]	姑孤箍谷
	[53]	古估牯股鼓
	[35]	故固雇顾
kʰu	[55]	枯窟哭
	[53]	苦
	[13]	库裤酷

gɯ	[11]	□_蹲		[35]	昼宙咒救
			tɕʰy	[55]	抽
				[53]	丑
	y			[13]	臭
			dʑy	[11]	囚绸稠筹酬柔揉求球仇
y	[55]	优忧右幽		[13]	舅旧
	[53]	有友酉	ɕy	[55]	收休叔_{阿~}
	[35]	诱又佑柚幼□_{用清水涤净}		[53]	晓手首守朽
py	[55]	标彪		[35]	熟兽
	[53]	表	zy	[11]	喉猴尤由油邮游犹
pʰy	[55]	飘		[53]	后_{后天；~日}厚
	[53]	漂_{~白}		[13]	后_{~来}候受寿授售
	[13]	票漂_{漂亮}	ky	[55]	勾钩沟阄
by	[11]	瓢嫖		[53]	狗苟
	[53]	□_{~~：蚊虫叮咬的小疙瘩}		[35]	够构购_{液体凝固成冻，油腻}
my	[55]	庙	kʰy	[55]	丘_{一~田}抠眍_{眼眍}
	[11]	苗描谋		[53]	口
	[53]	藐渺秒亩某牡		[13]	扣寇
	[35]	妙	ŋy	[55]	欧殴
fy	[53]	否		[53]	偶呕
ty	[55]	刁貂雕兜逗丢竹		[35]	沤_{久浸水中}
	[53]	斗_{一~米}抖陡	xy	[55]	□_{驼背}
	[35]	钓吊掉斗_{斗争}		[53]	吼
tʰy	[55]	偷挑			
	[13]	跳透粜		**a**	
dy	[11]	头条投调_{调和}			
	[13]	调_{调动}豆	a	[53]	矮
ny	[55]	料漏溜陋		[35]	隘
	[11]	燎疗聊辽楼流刘留硫琉	pa	[55]	跛杯碑悲
		□_{睡：~眼闭}		[53]	摆
	[53]	了_{~结}篓搂柳		[35]	贝拜背_{背包袱}
	[35]	六陆	pʰa	[55]	坏_{土坯}
tsy	[55]	焦椒邹		[53]	□_{倚仗}
	[53]	走酒		[13]	沛派配佩
	[35]	奏皱_{旋紧；把水龙头~紧}	ba	[11]	排牌培陪赔装
tsʰy	[55]	雀秋锹_{~尿：把尿}		[53]	背_{避人耳目：背诵~书}□_{动弹不得}
	[13]	凑		[13]	败倍
dʑy	[11]	愁	ma	[55]	没
	[13]	就		[11]	埋梅枚媒煤霉
sy	[55]	修消宵霄销萧箫羞搜馊		[53]	买每美
	[53]	小		[35]	卖迈妹
	[35]	笑秀绣锈瘦	ta	[55]	呆
tɕy	[55]	周舟州洲鸠灸究纠粥		[53]	逮歹
	[53]	帚九久韭			

232

	[35] 戴带	
tʰa	[55] 胎态	
	[13] 太泰	
da	[11] 台苔抬	
	[53] 袋	
	[13] 大_{大人}待怠殆贷代	
na	[55] 奈_{奈何}	
	[11] 来泥_{泥巴}	
	[53] 乃奶_{牛奶}	
	[35] 耐赖癞□_烫	
tsa	[55] 灾栽斋	
	[53] 崽宰载_{三年两载}	
	[35] 再载_{载重}债	
tsʰa	[55] 差_{出差}	
	[53] 猜彩采睬	
	[13] 菜蔡	
dza	[11] 才材财裁柴豺	
	□_{牙齿～～里：说话时滔滔不绝的样子}	
	[53] 在□_{毛雨～～里：毛雨不断的样子}	
	[13] 塞	
sa	[55] 腮鳃筛	
	[53] 洒	
	[35] 赛晒□_小	
ka	[55] 该皆阶街铗_{铁～：火钳}	
	[53] 改解	
	[35] 盖丐介界芥尬疥届戒械	
kʰa	[55] 开揩	
	[53] 凯楷	
	[13] 概	
ŋa	[55] 哀埃挨	
	[11] 呆_{呆板}皑_{研磨}捱_{～打；挨打}	
	[35] 碍艾爱隘薆	
xa	[55] □_{玩耍}	
	[53] 海	
	[35] 狭_窄□_{接触}	
ɣa	[11] 孩谐鞋还	
	[13] 害亥	

ua

ua	[55] 歪	
kua	[55] 乖	
	[53] 拐	

kʰua	[35] 怪	
	[53] 块	
	[13] 快筷会_{～计}	
ɣua	[11] 怀槐淮回	
	[13] 坏	

ɑ

ɑ	[55] 鸭丫_{丫杈}	
	[53] 哑	
pɑ	[55] 巴芭疤八□_{披：～件衣服}	
	[53] 把_{动词：～守，数量词：一～}爸	
	[35] 霸坝罢辈_{班辈}	
pʰɑ	[55] □_{东西煮烂的样子}	
	[53] □_{劈开，把门用力关上}	
	[13] 怕帕白_{～眼话；故事}	
bɑ	[11] 琶钯耙划	
	[53] □_趴	
mɑ	[55] 妈骂抹_{～布，～桌子}	
	[11] 杷麻蟆	
	[53] 马码_{动词：垒}	
	[35] 麦	
fɑ	[55] 法发	
	[35] 伐筏	
tɑ	[55] 答搭达	
	[53] 打	
	[35] □_{耷落}	
tʰɑ	[55] 他塔榻塌	
	[13] 沓踏搨_{叠放}	
dɑ	[13] 大_{～～：伯伯}	
nɑ	[55] 拉腊蜡	
	[11] 爬拿□_{～粪/～：拉尿，拉尿}	
	[53] 哪	
	[35] 那纳捺辣	
tsɑ	[55] 渣抓眨摘	
	[53] 扎_{～头丝}	
	[35] 诈榨炸乍杂闸	
tsʰɑ	[55] 叉杈钗差插擦察拆	
	[13] 岔择	
dzɑ	[11] 茶查搽_堡	
sɑ	[55] 沙纱杉杀涮刷	
	[53] 耍撒	
	[35] 萨_{一～西瓜；一瓣西瓜}	

233

ka	[55]	袷~衣;棉衣 家行人~ 夹 夹菜
	[53]	□不通融
	[35]	架~子 嫁
kʰa	[55]	恰掐客
	[53]	卡
	[13]	胯
ga	[11]	□~~;螃蟹
ŋa	[55]	额~头
	[11]	牙芽伢
xa	[55]	虾哈吓瞎
	[53]	傻蟹
ɣa	[11]	蛤
	[53]	下~山
	[13]	□都(副词) 夏姓

ia

ia	[55]	丫~环 夜押压亚
	[53]	雅也 □把(量词) 野~猪
pia	[55]	壁 □非常(淡)
pʰia	[53]	劈
tia	[55]	爹
	[35]	滴
tʰia	[55]	踢 □编织
dia	[11]	提
nia	[53]	□衣服领口太大,往下掉的样子 □膝
tsia	[53]	姐~~;姐姐
	[35]	借
dʑia	[11]	邪斜
	[13]	谢
sia	[53]	写
	[35]	泻
tɕia	[55]	加嘉遮佳甲家家具 只量词 炙烘烤
	[53]	假贾
	[35]	驾稼价
tɕʰia	[55]	车水~ 赤~脚 尺吃
	[53]	扯~猪草
dʑia	[11]	茄瘸蛇
	[53]	惹
	[13]	□量词;两指之间的距离 □动词;跨 量词;一步的距离
ɕia	[55]	赊畲
	[53]	舍~得

	[35]	厦偏厦;偏屋 石辖
zia	[11]	衙霞瑕暇爷父亲 崖
	[53]	□量词;用手抓的一把
	[13]	夏夏天 厦厦门(城市名) 射

ua

ua	[55]	蛙洼话挖
	[53]	瓦剜
kua	[55]	瓜括刮
	[53]	寡剐
	[35]	挂卦
kʰua	[55]	夸
	[53]	垮
	[13]	跨
xua	[55]	花
	[35]	化罚
ɣua	[11]	华
	[13]	袜画滑猾划~得来

ʊ

ʊ	[55]	阿阿弥陀佛 倭恶凶狠 窝握
pʊ	[55]	波菠玻钵博剥驳饽帛勃拔
	[35]	□亲嘴;做~
pʰʊ	[55]	颇坡泼泊梁山泊
	[13]	破剖
bʊ	[11]	婆
	[13]	薄簿
mʊ	[55]	摸
	[11]	魔磨动词;~刀 摩馍
	[35]	磨名词;~末 沫莫
tʊ	[55]	多
	[53]	朵躲
	[35]	垛剁跺夺
tʰʊ	[55]	托拖脱
	[53]	妥椭唾
	[13]	唾□掉落
dʊ	[11]	驼驮
	[13]	惰舵
nʊ	[55]	罗罗嗦

	[11] 挪罗_姓锣箩骡螺脶		**e**
	[53] 裸□_{把饭倒入锅或食器里}		
	[35] 糯诺落骆酪洛络烙乐_{快乐}		
tsʊ	[55] 桌卓琢啄捉	e	[55] 二贰
	[53] 左佐		[11] 儿而
	[35] 作镯啄		[53] 尔耳饵
tsʰʊ	[55] 错搓□_{~灰:把垃圾扫到簸箕里}		
	[13] 锉措戳浊		
dzʊ	[53] 坐		**ie**
	[13] 昨座		
sʊ	[55] 蓑梭唆_{罗~索 绳~}		
	[53] 锁琐所	ie	[55] 噎
	[35] 塑		[35] 叶页燕乙翼液腋
kʊ	[55] 哥歌锅戈鸽各阁郭角	pie	[55] 鳖憋北百柏伯帛
	[53] 果裹□_{指示词:这}	pʰie	[55] 拍魄
	[35] 个过		[53] 撇
kʰʊ	[55] 科窠棵磕壳渴	bie	[13] 白别
	[53] 可颗	mie	[55] 默陌□_看
	[13] 课阔扩确		[35] 灭墨
gʊ	[53] 我	tie	[55] 得德
ŋʊ	[55] 饿	tʰie	[55] 帖贴铁
	[11] 蛾鹅俄		[13] 碟牒蝶谍特
	[35] 讹鄂卧	nie	[55] 聂镊
xʊ	[55] 喝		[35] 猎列烈裂劣
	[53] 火伙	tsie	[55] 接节截宅责
	[35] 货合盒活获霍藿□_{模仿}		[35] 藉_{藉故}则侧
ɣʊ	[11] 河何荷和禾	tsʰie	[55] 切_{切开}测策册
	[13] 贺祸		[53] 且
			[13] 泽
	iʊ	dzie	[13] 贼
		sie	[55] 色涩虱塞
			[53] 些
iʊ	[55] 约		[35] 解_姓卸泄薛
	[35] 钥疟药跃岳乐_{音乐}	tɕie	[55] 折_{~被}劫毡哲浙揭结洁吉击
niʊ	[55] 略		[53] 者展
tɕiʊ	[55] 脚觉_{知觉}		[35] 占战颤
tɕʰiʊ	[13] 却着_{~冻}□_{丢失}	tɕʰie	[55] 妾怯彻撤车_{汽车}
ɕiʊ	[35] 勺_{勺子}学		[13] 杰
ʑiʊ	[13] 若弱	dʑie	[11] 佘缠蝉禅
			[13] 社
		ɕie	[55] 奢掀歇蝎赊
			[53] 陕闪
			[35] 赦涉协扇舌设□_{赔本}
		ʑie	[53] 染

	[13] 善		[35] 殡鬓并□拉拙	
kie	[55] 夹夹菜格革隔	pʰei	[55] 拼喷喷水烹	
	[35] 割□锯子		[53] 品	
kʰie	[55] 刻名词;时刻,动词;用刀刻克		[13] 聘	
ŋie	[55] 额名额	bei	[11] 贫频盆凭彭膨坪评瓶屏萍平	
	[35] 扼		[53] 笨	
xie	[55] 黑核审核,果子核		[13] □倚靠病	
		mei	[11] 眉民门鸣名铭明清明	
			[53] □那米闽悯敏抿皿	
	ye		[35] 谜~子;谜语密蜜蚊饭~子;苍蝇觅闷	
		fei	[55] 分芬纷	
ye	[55] 院悦阅月冤怨越曰渊		[53] 粉	
	[53] 远软		[35] 愤忿粪奋喷喷嚏	
	[35] 愿	vei	[11] 文坟纹蚊闻焚	
nye	[11] □缝		[53] 吻	
	[35] 劣□翻滚,滚动		[13] 份问	
tsʰye	[53] 浅□舔	tei	[55] 登灯丁	
	[13] □噘		[53] 等顶	
sye	[55] 雪削		[35] 凳订	
	[53] 选鲜新鲜癣	tʰei	[55] 厅	
	[35] 羡		[53] 艇挺	
dʑye	[11] 全泉□拔禽类的细毛		[13] □攀比	
	[13] 践贱旋绝	dei	[11] 腾誊藤亭停廷庭蜓	
tɕye	[55] 专砖拙捐决诀		[13] 邓定	
	[53] 转量词;一个来回卷	nei	[55] □唠叨	
	[35] 转动词;反身,旋转卷绢倦券传传记		[11] 林淋临邻鳞磷仑伦轮能陵凌菱灵零铃翎	
tɕʰye	[55] 川穿圈~~;圆圈缺旋		[53] 领领导,领袖	
	[53] 犬		[35] 论令另	
	[13] 串劝	tsei	[55] 津曾姓增赠晶睛	
dʑye	[11] 传船拳权颧		[53] 尽力求最大限度	
ɕye	[55] 靴轩宣说喧血穴		[35] 浸进晋	
	[53] □扔	tsʰei	[55] 参参亲蜻	
zye	[11] 弦圆员缘沿铅元原源园玄悬袁援辕		[13] 侵寝亲亲家衬蹭撑	
	[13] 县	dzei	[11] 寻秦层情曾	
kye	[55] 国骨		[13] 睁净挣静尽完,穷尽	
		sei	[55] 心森参人参辛新薪僧生学生	
	ei		[53] 省节省,反省	
			[35] 信性姓	
ei	[35] 应答应	kei	[55] 跟根更老的计时法;一更,三更打更庚羹耕	
pei	[55] 彬宾槟奔冰兵		[53] 埂耿	
	[53] 禀本丙秉柄饼		[35] 更更加	
		kʰei	[53] 恳垦啃肯	
			[13] 去去年	

gei	[11]	□压		[35]	对顿
ŋei	[55]	恩	tʰuei	[55]	推吞
	[53]	摁		[53]	腿
	[35]	硬		[13]	退蜕褪
xei	[55]	亨	duei	[11]	臀
	[53]	很□厉害		[13]	队
	[35]	□~气;争气	nuei	[55]	□非常(胖):~壮 累困 嫩
ɣei	[11]	痕恒衡		[11]	雷
	[13]	恨杏		[53]	累累积垒
				[35]	内类泪
			tsuei	[55]	追尊遵
				[35]	最缀赘俊

iei

			tsʰuei	[55]	催崔炊
				[53]	忖
iei	[55]	音阴荫因姻殷鹰莺鹦英婴		[13]	脆翠粹寸村
	[53]	饮引隐影电影 颖	dʑuei	[11]	垂谁存
	[35]	印映应响应,应该		[13]	罪
tɕiei	[55]	针今金禁禁不住珍真巾斤筋徵蒸	suei	[55]	孙酸甥
		筝茎京荆惊鲸贞侦正正月征经		[53]	髓损笋
	[53]	枕锦疹紧谨拯境景警整		[35]	碎税睡遂隧迅术述
	[35]	禁禁止振震镇劲证症敬竟镜竞	kuei	[55]	圭闺规龟归
		正政劲		[53]	轨诡鬼滚
tɕʰiei	[55]	钦称称呼 卿		[35]	鳜桂贵棍
	[53]	逞	kʰuei	[55]	盔亏窥昆坤
	[13]	趁称相称 秤庆撑		[53]	捆
dʑiei	[11]	琴陈尘辰臣勤芹澄橙承丞澄		[13]	溃愧困睏
		橙呈程成城诚	guei	[11]	逵葵癸
	[53]	晨近忍		[13]	跪柜
	[13]	沉阵仅瞪郑盛盛满	xuei	[55]	恢灰挥辉徽昏婚荤
ɕiei	[55]	深身申伸升兴兴旺 牲欣		[53]	毁
	[53]	沈审婶		[35]	贿悔讳或惑
	[35]	肾慎胜胜利圣兴高兴	ɣuei	[11]	为作为回蛔围桅违魂馄浑横蛮横
ziei	[11]	淫人银寅蝇行品行 迎盈形型刑			□煮危
		仍神赢		[13]	汇会混
	[13]	甚任认幸纫剩			

uei

yei

uei	[55]	煨威温瘟	yei	[55]	晕运
	[53]	萎委伟苇纬稳		[53]	允尹永
	[35]	卫喂为位魏畏慰胃谓蔚伪		[35]	熨韵泳
tuei	[55]	堆	tɕyei	[55]	均钧君军
	[53]	□积压		[53]	准
				[35]	郡□水渠

tɕʰyei	[55]	春		dzəɯ	[11]	曹槽巢□饿
	[53]	蠢倾顷□脾气暴躁			[13]	皂
dzyei	[11]	纯醇酒味~群裙		səɯ	[55]	骚梢稍捎
	[13]	菌			[53]	嫂
ɕyei	[55]	熏勋薰			[35]	潲猪食扫扫地
	[35]	讯迅训		kəɯ	[55]	高膏羔糕
zyei	[11]	匀云荣营纯醇			[53]	稿搞
	[13]	闰顺			[35]	告教窖觉
				kʰəɯ	[55]	敲
					[53]	考烤
		əɯ			[13]	靠犒
				gəɯ	[11]	□搞
əɯ	[53]	袄			[53]	咬
	[35]	坳		ŋəɯ	[11]	熬
pəɯ	[55]	褒包胞			[35]	傲
	[53]	保堡宝饱		xəɯ	[55]	蒿蓬蒿
	[35]	报豹爆			[53]	好好坏郝姓
pʰəɯ	[55]	泡水泡抛雹			[35]	耗孝好喜好
	[53]	跑		ɣəɯ	[11]	豪壕毫
	[13]	炮泡泡菜			[13]	号呼号,号数浩
bəɯ	[11]	袍刨刨地浮				
	[53]	□~~:泡泡				**iəɯ**
	[13]	抱暴苞菢小雞鲍				
məɯ	[55]	猫帽		iəɯ	[55]	妖尿邀腰要要求么二三吆
	[11]	毛茅锚矛			[53]	淆舀鸟杳
	[53]	卯			[35]	要耀
	[35]	冒貌茂贸		tɕiəɯ	[55]	交郊胶召昭招诏骄娇浇朝今朝焦蕉椒
təɯ	[55]	刀叨			[53]	绞狡铰搅较剿沼矫缴侥饺
	[53]	祷岛倒打~			[35]	教教校,教对酵照叫
	[35]	到倒~水		tɕʰiəɯ	[55]	超锹悄
tʰəɯ	[55]	滔掏涛			[53]	巧
	[53]	讨			[13]	窍鞘俏
	[13]	套		dʑiəɯ	[11]	樵瞧朝朝代潮乔侨桥荞
dəɯ	[11]	桃逃淘陶萄□绑			[13]	赵兆轿
	[13]	导道稻盗		ɕiəɯ	[55]	烧
nəɯ	[11]	唠劳捞牢			[53]	少多少
	[53]	脑恼老			[35]	孝绍少少年邵
	[35]	涝闹		ziəɯ	[11]	肴摇谣窑姚鹞尧
tsəɯ	[55]	遭糟			[13]	效校学校
	[53]	早枣蚤澡找				
	[35]	灶罩				
tsʰəɯ	[55]	操糙抄钞				
	[53]	草炒吵				
	[13]	躁造				

aŋ

aŋ	[55]	瓮
	[53]	影
taŋ	[55]	当~官
	[53]	党挡
	[35]	当~铺
tʰaŋ	[55]	汤
	[53]	倘躺
	[13]	烫
daŋ	[11]	堂棠螳唐糖塘
	[13]	荡
naŋ	[55]	□晾
	[11]	囊郎廊狼
	[53]	朗冷
	[35]	浪□推
tsaŋ	[55]	赃庄装桩争偏袒
	[35]	脏葬壮肉肥
tsʰaŋ	[55]	仓苍疮窗
dzaŋ	[11]	藏隐藏
	[13]	撞藏西藏脏心脏
saŋ	[55]	桑丧霜生
	[53]	嗓
	[35]	丧丧失
kaŋ	[55]	冈岗刚纲钢缸江豇
	[53]	讲港
	[35]	降霜降杠虹
kʰaŋ	[55]	康糠慷坑
	[53]	□咳嗽
	[13]	抗坑
ŋaŋ	[55]	肮硬
xaŋ	[35]	□嗓子嘶哑的样子
ɣaŋ	[11]	昂行走;银行航杭
	[13]	项巷

iaŋ

iaŋ	[55]	央秧殃样
	[53]	仰养痒
	[35]	映
biaŋ	[11]	平坪

miaŋ	[13]	病
	[55]	命
tiaŋ	[55]	装钉名词
	[53]	长涨鼎
	[35]	钉动词胀
niaŋ	[55]	娘~~;姑姑
	[11]	凉量量长短粮梁粱良娘~~;母亲
	[53]	领衣领两辆岭
	[35]	亮量数量谅腻烦
tsiaŋ	[55]	将将来浆精肉精
	[53]	浆蒋奖桨井
	[35]	酱将大将
tsʰiaŋ	[55]	枪清水很清青绿
	[53]	抢请
	[13]	呛
dziaŋ	[11]	墙详祥晴
	[13]	匠象像橡橡树
siaŋ	[55]	相互相箱厢湘襄镶星腥
	[53]	想醒饭菜变质
	[35]	相相貌
tɕiaŋ	[55]	张章樟疆僵姜礓缰
	[53]	□做菜诊掌整颈
	[35]	仗杖帐账障降降落伞
tɕʰiaŋ	[55]	昌菖腔轻轻重
	[53]	厂
	[13]	畅唱倡提倡
dʑiaŋ	[11]	长长短肠场常裳尝偿强强弱
	[53]	上壤强倔强
	[13]	丈让尚
ɕiaŋ	[55]	香商伤乡声
	[53]	赏晌享响饷
	[35]	向□给菜调味;~菜
ziaŋ	[11]	羊洋烊杨阳扬疡降投降赢萤
	[53]	壤攘嚷
iaŋ	[35]	酿□累□绕（毛线）

əŋ

pəŋ	[55]	崩
	[35]	迸
pʰəŋ	[55]	蜂
	[53]	捧
bəŋ	[11]	朋棚篷蓬□跳

məŋ	[55]	幕寞木梦目牧			**iəŋ**
	[11]	模摹萌盟蒙			
	[53]	母猛懵			
	[35]	孟慕墓募穆	iəŋ	[55]	雍庸用
fəŋ	[55]	风枫疯丰封峰锋		[53]	拥勇涌
vəŋ	[11]	逢缝_{缝纫机}		[35]	扭
	[53]	缝~~_{缝隙}	niəŋ	[55]	肉
	[13]	凤奉俸		[11]	牛
təŋ	[55]	东冬	tɕiəŋ	[55]	中_{当中}忠终钟锺
	[53]	董懂		[53]	迥肿种
	[35]	冻栋		[35]	众中_{射中}
tʰəŋ	[55]	通	tɕʰiəŋ	[55]	冲
	[53]	捅桶统		[53]	充宠
	[13]	疼痛		[13]	铳
dəŋ	[11]	同铜桐筒童瞳	dʑiəŋ	[11]	虫穷重_{重复}
	[53]	动		[53]	重_{轻重}
	[13]	洞	ɕiəŋ	[55]	兄胸凶
nəŋ	[55]	聋		[35]	嗅
	[11]	笼农脓浓龙隆	ziəŋ	[11]	茸戎绒熊雄融浓容蓉鎔
	[53]	拢陇垅			
	[35]	弄			
tsəŋ	[55]	棕鬃宗综踪			
	[53]	总			
	[35]	粽纵			**ã**
tsʰəŋ	[55]	聪匆葱囱			
	[53]	□_推			
	[13]	□_{生闷气}□_{做汤}			
dzəŋ	[11]	从丛崇松	pã	[55]	班斑颁扳
	[13]	诵颂		[53]	板版
səŋ	[55]	松_{松开}		[35]	扮绊
	[35]	送宋讼	pʰã	[55]	攀
kəŋ	[55]	公蚣工功攻弓躬宫恭		[13]	盼襻
	[53]	拱巩	bã	[13]	办
	[35]	贡供□_钻	mã	[55]	慢
kʰəŋ	[55]	空_{天空}		[11]	蛮明_{~日,~年}
	[53]	孔恐		[53]	晚~~_{:小叔叔}
	[13]	控制空_{余暇}		[35]	漫幔蔓瓣_{一两瓣}
gəŋ	[11]	□_{打一拳}	fã	[55]	藩翻番
	[13]	共		[53]	反
xəŋ	[55]	轰哄_{哄出去}烘_{烘干}		[35]	乏泛贩
	[53]	哄_{哄骗}	vã	[11]	凡帆藩烦繁
	[35]	□_{牛皮~~里:瞧不起人的样子}		[53]	挽晚_{晚稻}
ɣəŋ	[11]	弘宏红洪鸿冯虹_{讨厌}		[13]	范犯饭万
			tã	[55]	耽担_{~责任}丹单_{~独}

	[53]	胆掸
	[35]	担~子 旦但诞
tʰã	[55]	贪坍滩摊
	[53]	毯坦□快速过火烤
	[13]	探炭叹听
dã	[11]	潭谭谈痰檀坛弹弹琴
	[53]	淡
	[13]	弹子弹 蛋
nã	[55]	烂难患难
	[11]	南男蓝篮难难易 兰拦栏
	[53]	览揽榄滥缆懒
	[35]	□马蜂町
tsã	[55]	沾簪
	[53]	斩盏攒
	[35]	站赞栈
tsʰã	[55]	参餐
	[53]	惨铲产
	[13]	灿
dzã	[11]	蚕逸馋残惭
	[13]	暂
sã	[55]	三杉衫珊山删裳
	[53]	散鞋带散了 伞□抱
	[35]	疝散分散
kã	[55]	甘柑尴干干涉 肝竿干干湿 艰间空间 奸肩坚
	[53]	感敢橄减杆秆稻秆 擀赶简
	[35]	监鉴干干部 间间断
kʰã	[55]	堪刊
	[53]	龛嵌坎砍
	[13]	勘看
ŋã	[55]	庵安鞍
	[11]	颜谚岩
	[53]	眼
	[35]	暗岸按案雁晏晚也
xã	[55]	憨酣鼾
	[53]	喊罕
	[35]	汉
ɣã	[11]	含函咸寒韩闲
	[13]	撼憾旱汗焊翰限

ĩ

ĩ	[55]	蔫焉心不在~ 验淹阉业念烟孽
	[53]	掩碾演捻以指捻碎
	[35]	厌艳焰咽咽宴热
pĩ	[55]	鞭编边辫
	[53]	贬扁匾
	[35]	变
pʰĩ	[55]	偏篇
	[13]	骗片
bĩ	[11]	便便宜
	[13]	辨辩便方~
mĩ	[55]	面篾
	[11]	绵棉眠
	[53]	尾免勉娩缅
tĩ	[55]	颠
	[53]	点典
	[35]	店
tʰĩ	[55]	添天
	[53]	腆~肚子
dĩ	[11]	甜田填
	[13]	电殿奠佃垫
nĩ	[55]	拈~起来 奶~~：祖母
	[11]	廉镰帘鲇~鱼 连联年怜莲
	[53]	脸
	[35]	练炼恋
tsĩ	[55]	尖歼煎
	[53]	剪
	[35]	箭荐
tsʰĩ	[55]	签迁千
	[13]	□水冷
dzĩ	[11]	潜钱前
sĩ	[55]	仙先
	[53]	□小木刺
	[35]	线□阉割
tɕĩ	[55]	兼
	[53]	检拣茧
	[35]	剑建见
tɕʰĩ	[55]	谦歉
	[53]	遣
	[13]	欠歉
dʑĩ	[11]	钳乾虔捐
	[13]	件俭键健腱

ɕĩ	[53] 险显		[53] 款	
	[35] 献宪		[13] 旷况矿	
zĩ	[11] 炎盐阎檐盐严嫌涎然燃延言研贤	gũ	[11] 狂	
			[13] 逛	
	[13] 现	xũ	[55] 欢荒慌方芳	
			[53] 缓谎仿纺访	
	ũ		[35] 放	
		ɣũ	[11] 桓丸玩顽还环黄簧皇蝗妨房防亡王	
ũ	[55] 豌弯湾汪			
	[53] 碗腕网柱□~排:任凭		[53] 往	
	[35] 旺望		[13] 换幻患宦唤焕舫妄	
pũ	[55] 般搬帮邦			
	[53] 榜绑		**ŋ**	
	[35] 半□藏			
pʰũ	[55] 潘□撑	ŋ	[55] 日翁	
	[13] 判叛胖		[11] 人泥水泥宜仪谊尼疑凝宁	
bũ	[11] 盘滂旁螃傍庞□承包		[53] 拟你女侄~蚁嗯那	
	[13] 伴棒		[35] 艺义议逆□不	
mũ	[55] 忘			
	[11] 瞒忙芒茫芒盲虹牛虹			
	[53] 满莽蟒			
tũ	[55] 端			
	[53] 短			
	[35] 锻			
dũ	[11] 团			
	[53] 断			
	[13] 段缎			
nũ	[55] 乱			
	[11] □圆			
	[53] 暖卵			
tsũ	[55] 钻动词			
	[53] 撰			
	[35] 纂钻名词			
tsʰũ	[55] 装西装□乱跑			
	[53] 闯			
	[35] 窜创			
dzũ	[13] 赚状脏藏西藏			
sũ	[55] 酸拴双			
	[35] 算蒜			
kũ	[55] 官棺观冠观关光			
	[53] 管馆广			
	[35] 贯灌罐冠惯			
kʰũ	[55] 宽匡筐眶			

資料篇Ⅱ　蔡橋方言基礎語彙

　蔡橋方言基礎語彙表は 2007 年 8 月 14 日～16 日に行われた調査で得られたデータを整理し、まとめたものである。インフォーマントは王三定である（p.229 参照）。

　調査票は『汉语方言词汇调查手册』（Richard VanNess Simmons ほか 2006）に基づき、作成した。調査語彙は天文地理、方向場所、時間季節、農事農具、住居器具、植物農産物、動物、親族呼称、身体部位など 16 項目、2000 余りの語彙数からなっている。

　各項目の語彙は対応する北京語のピンイン順で並ぶ。語形は本字が分からない場合、同音字を使って当てる（波線を引いて示す）。同音字がなければ、□で示す。

索　　引

- （一）天文地理...244
- （二）方向位置...246
- （三）時間季節...247
- （四）農事農具...248
- （五）住居器具...250
- （六）植物...254
- （七）動物...257
- （八）呼称親族...259
- （九）身体...263
- （十）病気医療...265
- （十一）衣服装飾..266
- （十二）食物..267
- （十三）日常生活..269
- （十四）文化風習..271
- （十五）動作変化..273
- （十六）性質状態..283

(一) 天文地理

発音（蔡橋方言）	語形（蔡橋方言）	意味（北京語）
ɣʊ¹¹ kʰũ⁵ pĩ⁵⁵ dʑiaŋ²¹	河矿边上	岸
ky³⁵ tsɿ²¹	够子	冰
fəŋ⁵⁵ pʰəɯ⁵	风雹	冰雹
ky³⁵ tsɿ²¹ dã¹¹ dã⁵/ɣʊ¹¹ ɕii²¹ sɿ³³ sɿ⁵	够子弹弹 / 河水线线	冰锥儿
tsɑ⁵⁵ tsɑ²¹	渣渣	沉淀
dʑiei¹¹ ni²¹	城里	城里
tɕʰiəŋ⁵⁵ nã⁵⁵	冲烂	冲垮
dʑi¹¹ daŋ²¹	祠堂	祠堂
ye⁵⁵ tsɿ²¹	院子	村子
dəŋ⁵³ nuei¹¹	动雷	打雷
vɯ⁵⁵ dʑiaŋ²¹	屋场	地基
dəŋ¹³	洞	洞
tiaŋ⁵³ ŋ¹¹ ɕii²¹	长洪水	发洪水
vei¹¹	坟	坟墓
fəŋ⁵⁵	风	风
kaŋ⁵⁵	钢	钢
kye⁵⁵ tɕia²¹	国家	国家
xa⁵³	海	海
tʰĩ⁵⁵ kã⁵⁵	天干	旱灾
ɣʊ¹¹	河	河
ɣʊ¹¹ kʰũ⁵	河矿	河堤
kaŋ³⁵	虹	虹
vɯ¹¹	湖	湖
xuei⁵⁵	灰	灰
xuei⁵⁵	灰尘	灰尘
xʊ⁵³	火	火
nəɯ¹¹ zii⁵	牢狱	监狱
tɕʰi⁵³ ky³⁵	起够	结冰
dʑii¹¹ nɯ⁵⁵	直路	捷径
tɕiei⁵⁵ tsɿ²¹	金子	金子
dʑiei⁵⁵ nɯ⁵	近路	近路
tsiaŋ⁵³ ɕii²¹	井水	井水
kʰaŋ⁵⁵ kʰaŋ²¹	坑坑	坑
ʊ⁵⁵ tɕʰiʊ²¹	腥臜	垃圾
nuei¹¹ kəŋ²¹ nəɯ⁵³ tsɿ²¹	雷公老子	雷
pʰəŋ¹³ zii²¹	碰雨	雷阵雨
məɯ¹¹ zii²¹ dʑa⁵³ dʑa⁵³ ni²¹	毛雨在在里	连阴雨
dʑəɯ¹¹ zii²¹	漕雨	淋雨
siaŋ⁵⁵ tsɿ²¹ sia³⁵ sɿ²¹	星子泻屎	流星
nɯ⁵⁵ ɕii²¹	露水	露水
nɯ⁵⁵	路	路

発音（蔡橋方言）	語形（蔡橋方言）	意味（北京語）
ni⁵³	铝	铝
məɯ¹¹ zɨ²¹	毛雨	毛毛雨
saŋ⁵⁵ dʑyei¹³ tsɨ²¹ ki²¹ zɨ⁵³	生菌子的雨	梅雨
mei³⁵ ʑie¹³	闷热	闷热
bəɯ⁵⁵ bəɯ⁵	泡泡	沫子
tʰɯ⁵³	土	泥土（干）
na¹¹ pa²¹	泥巴	泥土（湿）
ŋa³⁵ fəŋ²¹	□风	逆风
ɕye⁵⁵ pʰəɯ⁵	血泡	泡儿
bəɯ⁵⁵ bəɯ⁵	泡泡	泡沫
tsa³⁵ nuei²¹	炸雷	霹雳
tɕʰi¹³	气	气
dʑiaŋ¹¹	墙	墙
dʑiəɯ¹¹	桥	桥
dʑiaŋ¹¹	晴	晴
sã⁵⁵/sã⁵⁵ ni²¹	山/山里	森林
sa⁵⁵ tsɨ²¹	沙子	沙子
sa³⁵ kɯ²¹ biaŋ²¹	晒谷坪	晒谷场
ɣʊ¹¹ daŋ²¹	禾堂	晒谷坪
sã⁵⁵	山	山
sã⁵⁵ pĩ⁵⁵ pĩ²¹ dʑiaŋ⁵³	山边边上	山旁边
ta⁵³ ɕie⁵³	打闪	闪电
pʰy¹³ zɨ²¹	□雨	潲雨
ɕia³⁵ xuei²¹	石灰	石灰
ɕia³³ dy⁵/di⁵/ni⁵	石头	石头
saŋ⁵⁵	霜	霜
ɕɨ⁵³	水	水
ɕɨ⁵³ kʰaŋ²¹	水坑	水沟
pa³³ tɕi⁵	坝基	水库坝
tɕyei³⁵	□	水渠
dʑyei¹³ fəŋ⁵⁵	顺风	顺风
tʰa⁵⁵	塔	塔
ŋ⁵⁵ di⁵	日头	太阳
daŋ¹¹ kʰũ⁵	塘矿	塘堤
ŋ⁵⁵	日	天
tĩ⁵⁵ dʑiaŋ²¹	天上	天空
tʰĩ⁵⁵ kũ⁵⁵	天光	天亮
tʰĩ⁵⁵ tɕʰi⁵	天气	天气
dĩ¹¹ kʰũ⁵	田圹	田埂
dĩ¹¹ pa⁵ kʰy²¹	田巴口	田埂缺
tʰie⁵⁵	铁	铁
dəŋ¹¹	铜	铜
tʰɯ⁵⁵ di⁵	土地	土地

発音（蔡橋方言）	語形（蔡橋方言）	意味（北京語）
vu¹³	雾	雾
ta⁵³ sɑŋ⁵⁵	打霜	下霜
nʋ³⁵ zɿ⁵³	落雨	下雨
ʑye¹³	县	县
nəŋ¹¹ tsʰuei⁵	农村	乡下
kaŋ⁵⁵	江	小溪
siaŋ⁵⁵ tsɿ²¹	星子	星星
dʑye¹³ fəŋ²¹	旋风	旋风,龙卷风
sye⁵⁵	雪	雪
sɑ⁵⁵ ni⁵⁵ tsɿ²¹	沙粒子	雪珠
iei⁵⁵ tʰĩ²¹	阴天	阴天
tʰĩ⁵⁵ ɣʋ²¹	天河	银河
ɑŋ⁵³ tsɿ²¹	影子	影子
zɿ³³ ɕɿ⁵	玉石	玉
ye⁵⁵	月	月
ye⁵⁵ kũ²¹	月光	月亮
tʰĩ⁵⁵ ky²¹ ɕy⁵⁵ ye³⁵	天狗收月	月食
zyei¹¹	云	云
tsɑ⁵⁵ tsɑ²¹	渣渣	渣滓
tiaŋ⁵³ ɕɿ⁵³	涨水	涨水
tɕye⁵⁵ iɯ⁵	砖窑	砖窑

（二）方向位置

発音（蔡橋方言）	語形（蔡橋方言）	意味（北京語）
pie⁵⁵ xũ²¹	北方	北边
taŋ³⁵ / ɕiaŋ³⁵ / taŋ³⁵ xũ²¹	当 / 向 / 当方	地方
təŋ⁵⁵ xũ²¹	东方	东边
tuei³⁵ mei¹¹	对门	对面
fã⁵³	反	反
pa³³ mĩ⁵	背面	反面
mĩ⁵⁵ dʑĩ⁵	面前	附近
zy¹¹ dy⁵/di⁵/ni⁵	后头	后边
i⁵⁵ dy⁵/di⁵/ni⁵	里头	里边
ny¹¹ dʑiaŋ²¹	楼上	楼上
ɕiei⁵⁵ mĩ⁵ dʑĩ²¹	身面前	面前
nã¹¹ xũ²¹	南方	南边
mei⁵³ pĩ⁵⁵ tsɑ²¹	米边崽	旁边
dy¹¹ dʑĩ⁵	头前	前面
kəɯ⁵⁵ tɕʰiəŋ⁵	高冲	上面
mĩ⁵⁵ dʑĩ⁵	门前	外边
si⁵⁵ xũ²¹	西方	西边
ɣa⁵⁵ di⁵ / ni⁵ / tɕiʋ⁵⁵ tie⁵	下头 / 脚底	下面

発音（蔡橋方言）	語形（蔡橋方言）	意味（北京語）
tɕiəŋ⁵⁵ kã³⁵	中间	中间
tsʊ⁵³ pĩ²¹	左边	左边

（三）時間季節

発音（蔡橋方言）	語形（蔡橋方言）	意味（北京語）
bie¹¹ nɯ⁵	白露	白露
ŋ⁵⁵ ni²¹ ka²¹	日里家	白天
ia⁵⁵ ka⁵ dʑĩ¹¹ tsa²¹	夜家前崽	傍晚
tsʰɯ⁵⁵ i⁵⁵	初一	初一
sã⁵⁵ ɕiɨ ia⁵⁵ ka⁵	三十夜家	除夕
kʊ³⁵ nĩ¹¹	过年	春节
tɕʰyei⁵⁵ dʑiaŋ²¹	春场	春天
i⁵³ dʑĩ¹¹	以前	从前(过去)
ye³³ kʊ⁵ ye³⁵ zy⁵³ ia⁵⁵ ka⁵	越个越后夜家	大大后天晚上
ye³³ kʊ⁵ ye³⁵ zy⁵³ tsəɯ⁵³ dʑiei²¹	越个越后早晨	大大后天早晨
ɕiaŋ³³ kʊ⁵ ɕiaŋ³⁵ dʑĩ¹¹ ia⁵⁵ ka⁵	向个向前夜家	大大前天晚上
ɕiaŋ³³ kʊ⁵ ɕiaŋ³⁵ dʑĩ¹¹ tsəɯ⁵³ dʑiei²¹	向个向前早晨	大大前天早晨
ye³⁵ zy⁵³ nĩ²¹	越后年	大后年
ye³³ kʊ⁵ ye³⁵ zy⁵³ nĩ²¹	越个越后年	大后年的来年
ye³⁵ zy⁵⁵ ŋ⁵	越后日	大后天
ye³³ kʊ⁵ ye³⁵ zy⁵⁵ ŋ⁵	越个越后日	大后天的下一天
ye³⁵ zy⁵³ ia⁵⁵ ka⁵	越后夜家	大后天晚上
ye³⁵ zy⁵³ tsəɯ⁵³ dʑiei²¹	越后早晨	大后天早晨
ɕiaŋ³⁵ dʑĩ¹¹ nĩ²¹	向前年	大前年
ɕiaŋ³³ kʊ⁵ ɕiaŋ³⁵ dʑĩ¹¹ nĩ²¹	向个向前年	大前年的前一年
ɕiaŋ³⁵ dʑĩ¹¹ ŋ⁵	向前日	大前天
ɕiaŋ³³ kʊ⁵ ɕiaŋ³⁵ dʑĩ¹¹ ŋ⁵⁵	向个向前日	大前天的前一天
ɕiaŋ³⁵ dʑĩ²¹ ia⁵⁵ ka⁵	向前夜家	大前天晚上
ɕiaŋ³⁵ dʑĩ²¹ tsəɯ⁵³ dʑei²¹	向前早晨	大前天早晨
təŋ⁵⁵ dʑiaŋ²¹ / təŋ⁵⁵ dʑiei²¹	冬场 / 冬成	冬天
təŋ⁵⁵ tsɨ⁵	冬至	冬至
tsən³⁵ tsɨ²¹ tsie⁵⁵/tũ⁵⁵ vɯ²¹ tsie⁵⁵	粽子节/端午节	端午节
sã⁵⁵ fɯ⁵⁵ tʰĩ²¹	三伏天	伏天
kɯ⁵⁵ zɨɨ²¹	谷雨	谷雨
ʐy¹¹ dy⁵/di⁵/ni⁵	后头	后来
ʐy⁵³ nĩ²¹	后年	后年
ʐy⁵⁵ ŋ⁵	后日	后天
ʐy⁵³ tsəɯ⁵⁵ ziei⁵	后早晨	后天早晨
ʐy⁵³ ia⁵⁵ ka⁵	后夜家	后晚
tɕi³⁵	季	季
tsie⁵⁵ tɕʰi⁵	节气	节气

発音（蔡橋方言）	語形（蔡橋方言）	意味（北京語）
tɕiei⁵⁵ nĩ²¹	今年	今年
tɕiei⁵⁵ ŋ⁵	今日	今天
tɕiei⁵⁵ ia⁵⁵ kɑ⁵	今夜家	今晚
tɕiei⁵⁵ tsɤɯ⁵⁵ dʑiei⁵	今早晨	今早
tɕiei⁵⁵ tɕiɨ⁵	惊蛰	惊蛰
ɕiɨ³⁵ e⁵⁵ ye⁵	十二月	腊月
ni³⁵ tsʰy⁵⁵	立秋	立秋
dʑiɨ¹¹ tɕi⁵³ nɑ⁵³ nĩ²¹	除其哪年	每年
ma⁵⁵ i⁵⁵ ŋ⁵	米一日	每天
mã¹¹ nĩ²¹	明年	明年
mã¹¹ ŋ⁵	明日	明天
mã¹¹ ia⁵⁵ kɑ⁵	明夜家	明晚
mã¹¹ tsɤɯ⁵⁵ dʑiei⁵	明早晨	明早晨
nĩ¹¹ dy¹¹	年头	年初
nĩ¹¹ vi⁵³	年尾	年底
dʑĩ¹¹ nĩ⁵	前年	前年
dʑĩ¹¹ ŋ⁵	前日	前天
dʑĩ¹¹ tsɤɯ⁵⁵ dʑiei⁵	前早晨	前天早晨
dʑĩ¹¹ ia⁵⁵ kɑ⁵	前夜家	前晚
tsʰei⁵⁵ mei²¹	清明	清明
kʰei¹³ nĩ²¹, tɕʰĩ¹³ nĩ²¹	去年	去年
ŋ⁵⁵ tsɨ²¹	日子	日子
ʑiaŋ⁵⁵ pũ⁵⁵ ŋ²¹	上半日	上午
zɨ¹¹ ʐy²¹	时候	时候
saŋ⁵⁵ kɑ⁵	霜降	霜降
ŋã³⁵	暗	晚
ia⁵⁵ kɑ⁵	夜家	晚上
ɣa⁵⁵ pũ⁵⁵ ŋ²¹	下半日	下午
ny³³ ye⁵ kɑ²¹	六月家, 三伏天	夏天
tsʰei⁵⁵ tsɤɯ²¹	清早	早晨
kʊ⁵⁵ i⁵⁵ ŋ⁵	果一日	整天
kʊ⁵⁵ kʊ⁵ ye⁵	果个月	整月
tɕiəŋ⁵⁵ tsʰy²¹	中秋	中秋
pũ³³ ŋ⁵⁵	半日	中午
dʑiaŋ¹¹ ziaŋ²¹/dʑiaŋ¹¹ ziaŋ⁵ tsie⁵⁵	重阳 / 重阳节	重阳
dzʊ¹¹ ŋ⁵	昨日	昨天
dzʊ¹³ tsɤɯ⁵⁵ dʑiei⁵	昨早晨	昨天早晨
dzʊ¹³ ia⁵⁵ kɑ⁵	昨夜家	昨晚

（四）農事農具

発音（蔡橋方言）	語形（蔡橋方言）	意味（北京語）
pĩ⁵⁵ tã⁵	扁担	扁担

発音（蔡橋方言）	語形（蔡橋方言）	意味（北京語）
tɕiɨ⁵⁵ tɕiəŋ⁵³	出种	播种
pʰy⁵⁵ tɕi⁵	瓢箕	簸箕
zɨ¹³ tĩ¹¹	伺田	插秧
tɕʰia⁵⁵ iaŋ⁵⁵	扯秧	扯秧
tɕʰiei¹³ kã⁵⁵ kã⁵	秤杆杆	秤杆
tɕʰiei¹³ kã²¹ sʊ²¹	秤杆索	秤纽
tɕʰiei¹³ dʊ¹¹	秤砣	秤砣
tʰa¹³ mei⁵³	踏米	舂米
ʥɯ¹¹ dy⁵/di⁵/ni⁵	锄头	锄头
tiaŋ⁵⁵ ʥiɨ²¹	钉锤	锤子
ta⁵³ bəŋ¹¹ bəŋ⁵	打棚棚	搭棚子
ty⁵⁵ məŋ⁵	斗口	斗笠
fa⁵⁵ ɕiəɯ³⁵	发酵	发酵
vi¹¹ ny⁵	肥料	肥料
fei³⁵	粪	粪
fɯ⁵⁵ dy⁵/di⁵/ni⁵	斧头	斧头
sa⁵⁵ ɣʊ¹¹	杀禾	割稻子
sa⁵⁵ ma³⁵ tsɨ²¹	杀麦子	割麦子
ni¹¹ dĩ¹¹	犁田	耕田
bəɯ¹¹ tɕiɨ⁵⁵ məɯ²¹	刨猪毛	刮猪毛
nei¹¹ ziɨ⁵/nei¹¹ da¹¹ ziɨ⁵	淋淤/淋大淤	浇粪
nei¹¹ ɕiɨ⁵³	淋水	浇水
kie³⁵	割	锯子
na⁵⁵ fəŋ⁵⁵ siaŋ²¹	拉风箱	拉风箱
ni¹¹	犁	犁
nʊ¹¹ nʊ⁵	箩箩	箩筐
mĩ⁵⁵ kɯ⁵⁵ kɯ²¹	篾箍箍	篾箍
mie³⁵ ty²¹	墨斗	墨斗
ĩ⁵³ mei⁵³	碾米	碾米
ba¹¹ dĩ¹¹	耙田	耙田
tɕia⁵⁵ vi¹¹	加肥	施肥
mʊ³⁵	磨	石磨
ta⁵³ ɣʊ¹¹	打禾	收稻子
sa⁵⁵ ma³⁵ tsɨ²¹	杀麦子	收麦子
ɕiɨ⁵³ tɕʰia²¹	水车	水车
tɕia⁵⁵ ɕiɨ⁵³	吃水	踏水车
tʰie⁵⁵ kɯ⁵⁵ kɯ²¹	铁箍箍	铁箍
tɕʰye⁵⁵ tɕʰye²¹	圈圈	铁环
ua⁵⁵ kʰaŋ⁵⁵ kʰaŋ²¹	挖坑坑	挖坑
ua⁵⁵ suei⁵³	挖笋	挖竹笋
sɨ³⁵	线	阉割
sɨ³⁵ tɕi²¹	线鸡	阉鸡
sɨ³⁵ niəŋ¹¹	线牛	阉牛

発音（蔡橋方言）	語形（蔡橋方言）	意味（北京語）
sĩ³⁵ tɕiɨ⁵⁵	线猪	阉猪
ʑiɨ³⁵ tɕiɨ⁵⁵	育猪	养猪
xəɯ⁵⁵ dĩ¹¹	薅田	耘田
tsɯ³⁵ tsʰa¹³	做菜	种菜
tsʋ⁵⁵ dĩ¹¹/tsʋ⁵⁵ tʰɯ⁵³	捉田/捉土	种地
iaŋ⁵⁵ dy¹³ tsɿ²¹	秧豆子	种豆子
tsɯ³⁵ ɣʋ¹¹	做禾	种水稻
tsũ³⁵ tsɿ²¹	钻子	锥子

（五）住居器具

発音（蔡橋方言）	語形（蔡橋方言）	意味（北京語）
mũ¹¹ dʑiɨ⁵	瞒槌	棒槌
pa⁵⁵ tsɿ²¹	杯子	杯子
dʑaŋ¹¹ tã²¹	床单	被单
bi⁵³ kʰʋ²¹	被窠	被窝
bi⁵³	被	被子
bi¹³ kie²¹	篦割	篦子
pa³³ pa⁵	把把	柄
dʑã¹³	暂	菜橱
tsʰie⁵⁵ tsʰa⁵⁵ təɯ²¹	切菜刀	菜刀
tsʰa¹¹ kã⁵ tsɿ²¹	菜间子	菜畦
tsʰa¹³ ʑye²¹ tʰɯ⁵³	菜园土	菜园
məɯ¹¹ sɿ⁵	茅厕	厕所
dʑa¹¹ vɯ²¹	茶壶	茶壶
daŋ¹¹	塘	池塘
tɕʰia⁵⁵ / tɕʰia⁵⁵ pʰĩ⁵	尺 / 尺片	尺子
tɕʰy⁵⁵ xʋ⁵	抽盒	抽屉
tɕiɨ⁵³ vã¹³ mei⁵³ kã²¹ vɯ⁵⁵	煮饭米间屋	厨房
ɣaŋ¹¹ dy⁵	昂头	橼子
tsʰaŋ⁵⁵ tsɿ⁵	窗子	窗户
dʑaŋ¹¹	床	床
dʑɿ¹¹ tʰie²¹	磁铁	磁铁
tsʰa¹³ ũ²¹	菜碗	大碗
təɯ⁵⁵ pa⁵⁵ pa⁵	刀把把	刀柄
təɯ⁵⁵	刀	刀子
tsʰəɯ⁵⁵ dĩ⁵ tsɿ²¹	草垫子	稻草垫
tei⁵⁵	灯	灯
tei³⁵	凳	凳子（凳子的统称）
kɯ⁵⁵ ba²¹ tei³⁵	骨牌凳	凳子（长凳）
tʰɯ¹¹ tei⁵	兔凳	凳子（高无靠背的凳子）
ti⁵⁵ ti⁵	底底	底

発音（蔡橋方言）	語形（蔡橋方言）	意味（北京語）
dĩ¹³ bi²¹	垫被	垫被
dy¹¹ kei²¹	调羹	调羹
tsʰa¹³ tʰie¹³	菜碟	碟子
ti⁵³ ɕy²¹	抵手	顶针
tǝŋ⁵⁵ si²¹	东西	东西
vã¹¹ ɕiʊ⁵	饭勺	饭勺
vɯ⁵⁵	屋	房间
vɯ⁵⁵	屋	房子
vi¹¹ dzɯ⁵	肥皂	肥皂
fǝŋ⁵⁵ tɕʰia²¹	风车	风车
fǝŋ⁵⁵ siaŋ²¹	风箱	风箱
vǝŋ¹¹ i²¹ tɕi⁵⁵	缝衣机	缝纫机
tsʰa⁵⁵ tsʰa²¹	叉叉	（墙上的）缝
tɕʰi⁵³ tsɨ²¹	起子	改锥
ka³³ ka⁵	盖盖	盖子
ɕiɨ⁵³ kaŋ²¹	水缸	缸子
kaŋ⁵⁵ pi⁵	钢笔	钢笔
zia¹¹ tǝɯ²¹	粘倒	隔壁
ky⁵⁵ ky⁵	钩钩	钩子
ky⁵³ kʰʊ²¹	狗窠	狗窝
pa³³ kuei⁵	坝棍	拐杖
kũ³³ kũ⁵	罐罐	罐子
i⁵⁵ dzɨ⁵	衣橱	柜子(放衣服)
bei¹¹ xũ²¹	平方	柜子(放衣服杂物)
dzã¹³	簪	柜子(放碗碟)
kuei³³ kuei⁵	棍棍	棍子
kʊ⁵⁵	锅	锅
kʊ⁵⁵ tsʰy²¹	锅锹	锅铲
kʊ⁵⁵ ti²¹	锅底	锅底
kʊ⁵⁵ ka⁵	锅盖	锅盖
kʊ⁵⁵ mie⁵	锅墨	锅灰
xʊ³³ xʊ⁵	盒盒	盒子
ziaŋ¹¹ xʊ²¹	洋火	火柴
tʰie⁵⁵ ka⁵	铁夹	火钳
tɕi⁵⁵ kʰʊ²¹	鸡窠	鸡窝
tɕi⁵⁵ nǝŋ¹¹ nǝŋ⁵	笼笼	笼子（竹编关禽类）
a⁵⁵ tsi⁵	鸭积	鸡鸭圈（木制。置于堂屋碗筷柜下）
tɕia⁵⁵ dzɨ⁵	家具	家具
ka³⁵ tsɨ²¹	架子	架子
nu¹¹ kʰa⁵	炉开	架子（熏肉用）
tsʰaŋ⁵⁵ ka⁵	仓盖	架子（架锅用）
nĩ⁵⁵ ka⁵	脸架	架子（放洗脸盆用）

発音（蔡橋方言）	語形（蔡橋方言）	意味（北京語）
tsɿ^{55} təɯ^5	剪刀	剪刀
tsɿ^{35}	箭	箭
tsiaŋ^{35}	浆	糨糊
kʊ^{55} nʊ^5	角落	角落
tɕiʊ^{55} bei^{21}	脚盆	脚盆
kəɯ^{35}	窑	窑
ka^{33} tsɿ^5	戒指	戒指
tɕiəɯ^{35} tsɿ^{21}	照子	镜子
kʰua^{13} tsɿ^{21} nəŋ^{11} nəŋ^5 / kʰua^{13} nəŋ^{11} nəŋ^5	筷子笼笼 / 筷笼笼	筷笼
kʰua^{13} tsɿ^{21} dəŋ^{11} dəŋ^5	筷子筒筒	筷子筒
nɑ^{55} tsɯ^{21}	蜡烛	蜡烛
sa^{55} sa^{21}	塞塞	篮子
kã^{33} tɕi^5	间基	篱笆
si^{53} nĩ^{21} bei^{21}	洗脸盆	脸盆
ɣaŋ^{11} dy^{21}	昂头	梁
ny^{11} tʰĩ^5	楼天	楼梯
nɯ^{11} tsɿ^{21}	炉子	炉子
si^{53} tsəɯ^{21} pɯ^{21}	洗澡布	毛巾（长）
si^{53} nĩ^{21} pɯ^{21}	洗脸布	毛巾（短）
tɕiei^{53} nəɯ^{21} pɯ^{21}	枕脑布	毛巾（枕巾）
ziəŋ^{11} sʊ^{21} i^{55} sã^{21}	绒索衣衫	毛衣
ma^{11} / ma^{11} tʰã^5	煤 / 煤炭	煤
ma^{11} y^{21}	煤油	煤油
ma^{11} y^{21} tei^5	煤油灯	煤油灯
mei^{11} kʰã^{21}	门槛	门槛
mei^{11} kʰũ^{21}	门框	门框
ma^{55} tsəɯ^{21} pɯ^{21}	抹桌布	抹布
pã^{55} pã^5	板板	木板
ʥa^{11}/ʥa^{11}xʊ^5	柴/柴火	木柴
sɿ^{53}	显	木刺
ɑŋ^{11} dy^{21}	昂头	木头（大）
xũ^{55} xũ^{21}	方方	木头（小）
kie^{33} məŋ^5 sɿ^{21}	割木丝	木屑
tɕʰiəŋ^{13}	铳	鸟铳
ka^{55} tsɿ^{21}	夹子	镊子
bəŋ^{11} bəŋ^5	棚棚	棚子
pĩ^{55} ɕiɑ^5	偏厦	披屋
bei^{11} kʰy^{55} kʰy^5	瓶口口	瓶口
vʊ^{11} vʊ^5	壶子	瓶子
pʰɯ^{55} ka^5	铺盖	铺盖
ɣʊ^{11} pəɯ^{21}	荷包	钱包
ʥiei^{11}	琴	琴

発音（蔡橋方言）	語形（蔡橋方言）	意味（北京語）
kuɑ³³ ni⁵	挂历	日历
tsɨ⁵⁵ tsɨ²¹	□□	塞子
ziaŋ¹¹ sã²¹	洋伞	伞
səɯ³³ kũ⁵	扫光	扫帚
sa⁵⁵ sa²¹	筛	筛
xuei⁵⁵ sa²¹	灰筛	筛子
bɯ¹¹ ie⁵	蒲叶	扇子
ɕiʊ³⁵	勺	勺子
tɕiəɯ³³ tɕiəɯ⁵	叫叫	哨子
sʊ⁵⁵ sʊ²¹	索索	绳子
ɕiɨ⁵⁵ tsʊ²¹	书桌	书桌
sɯ⁵⁵	梳	梳子
sa⁵⁵ tsɨ²¹	刷子	刷子
ɕiɨ⁵³ tʰəŋ²¹	水桶	水桶
sʊ⁵⁵ tsɨ²¹	梭子	梭子
sʊ⁵³	锁	锁
aŋ⁵⁵ kũ⁵	瓮罐	坛子
tʰã⁵³ tsɨ²¹	毯子	毯子
daŋ¹¹ vɯ²¹	堂屋	堂屋
tʰĩ⁵⁵ tsʰaŋ²¹	天窗	天窗
tĩ⁵⁵ xua²¹ pã²¹	天花板	天花板
tʰĩ⁵⁵ tɕiei²¹	天井	天井
tʰəŋ⁵⁵ tʰəŋ⁵	桶桶	桶
uɑ⁵³	瓦	瓦
uɑ⁵⁵ pʰĩ⁵	瓦片	瓦片
uɑ⁵³ iəɯ²¹	瓦窑	瓦窑
pa⁵⁵ ɕi⁵	把戏	玩具
ũ⁵⁵ tsã⁵	碗盏	碗
tɕiaŋ³⁵ tsɨ²¹	帐子	蚊帐
vɯ⁵⁵ tei⁵⁵ tei⁵	屋顶顶	屋顶
vɯ⁵⁵ ĩ²¹	屋檐	屋檐
si³⁵ tsɨ²¹	席子	席子
mũ¹¹ dʑiɨ⁵	忙锤	洗衣锤
sĩ³⁵ dʊ¹¹ dʊ⁵	线坨坨	线团
siaŋ³³ pʰĩ⁵	相片	相片
siaŋ⁵⁵ kã⁵⁵	厢间	厢房
bi¹¹ siaŋ²¹	皮箱	箱子
vã³⁵ ũ²¹	饭碗	小碗
ĩ⁵⁵ tsʰəŋ²¹	烟囱	烟囱
ĩ⁵⁵ nəɯ⁵⁵ kʰəŋ⁵	烟脑壳	烟斗
i⁵³ tsɨ²¹	椅子	椅子
ziaŋ¹¹ kʰaŋ²¹	阳坑	阴沟
ye⁵⁵ tsɨ²¹	院子	院子

発音（蔡橋方言）	語形（蔡橋方言）	意味（北京語）
sʊ⁵⁵ zɿ⁵	锁匙	钥匙
tʰaŋ¹³ ty²¹	烫斗	熨斗
tɕiʊ⁵⁵ bei²¹	脚盆	澡盆
tsəɯ³⁵	灶	灶
pɑ⁵⁵ pi²¹	巴笔	蘸水钢笔
tɕiei⁵⁵ sɿ̃⁵	针线	针线
tei⁵⁵ pã²¹	灯板	砧板
tɕiei⁵³ dy²¹	枕头	枕头
tɕiei⁵⁵ nəŋ²¹	蒸笼	蒸笼
tɕiəŋ⁵⁵	钟	钟
tɕiɿ⁵⁵ nã²¹	猪廊	猪圈
ty⁵⁵ kã²¹	竹竿	竹竿
dʑiɿ⁵³ tsɿ²¹	柱子	柱子
tɕye⁵⁵	砖	砖
tsʊ⁵⁵ tsʊ²¹	桌桌	桌子
tsʊ⁵⁵ tsʊ²¹ mei⁵⁵ pĩ⁵⁵ tsa²¹	桌桌米边崽	桌子边上

（六）植物

発音（蔡橋方言）	語形（蔡橋方言）	意味（北京語）
ba⁵³ tsɿ²¹	稗子	稗子
ie⁵⁵ kɯ²¹	□谷	瘪谷
tɕʰiɑ⁵³ ky⁵⁵ tsʰa⁵	扯狗菜	菠菜
tsʰa¹³	菜	菜
vɯ¹¹ dy⁵⁵ tsɿ²¹	胡豆子	蚕豆
tsʰəɯ⁵³	草	草
mɑ³⁵ ty⁵⁵ ty²¹	麦兜兜	茬（麦子）
ɣʊ¹¹ ty⁵⁵ ty²¹	禾兜兜	茬（水稻）
tsʰəŋ⁵⁵	葱	葱
dy¹³ tsɿ²¹	豆子	大豆
mĩ⁵⁵ mɑ⁵	面麦	大麦
tsʰəɯ⁵³	草	稻草
kɯ⁵⁵ tsɿ²¹	谷子	稻谷
ɣʊ¹¹ sɿ̃⁵⁵ sɿ̃⁵	禾线线	稻穗
ɣʊ¹¹	禾	稻子
təŋ⁵⁵ kuɑ²¹	冬瓜	冬瓜
dy¹³ kie²¹	豆格	豆荚
dy¹³ tsɿ²¹	豆子	豆子
ziaŋ¹¹ na⁵⁵ tsɿ²¹ / si⁵⁵ ɣəŋ¹¹ zɿ¹³	洋辣子 / 西红柿	番茄
vã¹³	饭	饭
kaŋ⁵⁵ kaŋ⁵	岗岗	甘蔗
kəɯ⁵⁵ niaŋ⁵	高粱	高粱
kuɑ⁵⁵	瓜	瓜

発音（蔡橋方言）	語形（蔡橋方言）	意味（北京語）
kuɑ⁵⁵ pɑ³³ pɑ⁵	瓜把把	瓜蒂
dei¹¹ dei⁵	藤藤	瓜蔓
kuei³⁵ xuɑ²¹	桂花	桂花
kye⁵⁵ dy⁵/di⁵/ni⁵	骨头	果核
tsa⁵⁵ tsa⁵	崽崽	果仁
kye⁵⁵ dy⁵/di⁵/ni⁵	骨头	核儿
xie³⁵ dəɯ²¹	核桃	核桃
ɣʊ¹¹ xuɑ²¹	荷花	荷花
dʑiɿ¹¹	薯	红薯
ɣəŋ¹¹ nʊ¹¹ bʊ²¹	红萝卜	胡萝卜
vɯ¹¹ nɯ⁵	葫芦	葫芦
xuɑ⁵⁵	花	花
xuɑ⁵⁵ pəɯ⁵⁵ pəɯ²¹	花苞苞	花蕾
nʊ³⁵ xuɑ²¹ sei²¹	落花生	花生
tsĩ⁵⁵ tsĩ⁵	尖尖	尖儿
tɕiaŋ⁵⁵	姜	姜
kaŋ⁵⁵ dy⁵	豇豆	豇豆
tsie⁵⁵ pʊ⁵	节播	节
ka³³ tsʰa⁵	芥菜	芥菜
tɕy⁵⁵ tsʰa⁵	韭菜	韭菜
tɕiɿ³⁵ xuɑ²¹	菊花	菊花
kã⁵⁵ tsɿ²¹	柑子	橘子
pəɯ⁵⁵ tsʰa⁵	包菜	卷心菜
kʰa⁵⁵ xuɑ⁵⁵	开花	开花
kʰaŋ⁵⁵	糠	糠
kʰʊ⁵⁵ kʰʊ²¹	壳壳	壳
kʰəŋ⁵⁵ sei²¹ tsʰa¹³	空心菜	空心菜
na³⁵ tsɿ²¹	辣子	辣椒
ni⁵³ tsɿ²¹	李子	李子
gʊ¹¹ ni⁵	鹅梨	梨子
ni³⁵ tsɿ²¹	栗子	栗子
niaŋ¹¹ dʑiɿ²¹	凉薯	凉薯
nʊ³³ bʊ⁵	萝卜	萝卜
ziaŋ¹¹ ziɿ⁵⁵ dy⁵/di⁵/ni⁵	洋芋头	马铃薯
mɑ³³ sĩ⁵⁵ sĩ⁵	麦线线	麦穗
mɑ³⁵ tsɿ²¹	麦子	麦子
ma¹¹ xuɑ²¹	梅花	梅花
mĩ¹¹ xuɑ²¹	棉花	棉花
dʑyei¹³ tsɿ²¹	菌子	蘑菇
nã¹¹ kuɑ²¹	南瓜	南瓜
ŋy⁵³	藕	藕
bi¹¹ bi⁵	皮皮	皮儿
bi¹¹ mɑ²¹	枇杷	枇杷

発音（蔡橋方言）	語形（蔡橋方言）	意味（北京語）
vɯ^{11} iaŋ^{21}	无央	葡萄
ʥie^{11} tsɿ^{21}	茄子	茄子
ʥiei^{11} tsʰa^{5}	芹菜	芹菜
tsʰiaŋ^{55} tsʰa^{5}	青菜	青菜
tsʰiaŋ^{55} tsʰəɯ^{21}	青草	青草
tsʰy^{55} da^{21}	丘苔	青苔
ʥã^{11} ie^{55} ʑi̹^{5}	蚕叶树	桑树
ʑi̹^{55} di^{5}	芋头	山芋
ʑi^{13} tsɿ^{21}	柿子	柿子
sy^{55} tsʰa^{5}	小菜	蔬菜
ʑi̹^{13}	树	树
ʑi̹^{13} kei^{55} kei^{5}	树根根	树根
ʑi̹^{13} bi^{11} bi^{5}	树皮皮	树皮
ʑi̹^{11} ie^{55} ie^{5}	树叶叶	树叶
ʑi̹^{13} kʰua^{55} tɕi^{5}	树垮基	树枝
sɿ^{35} kua^{21}/sɿ^{55} kua^{21}	线瓜/丝瓜	丝瓜
ʥəŋ^{11} ʑi̹^{5}	松树	松树
sũ^{35}	蒜	蒜
sɿ̃^{33} sɿ^{5}	线线	穗
suei^{53}	笋	笋
dəɯ^{11} tsɿ^{21}	桃子	桃子
dĩ^{11} kua^{21}	甜瓜	甜瓜
ʥəŋ^{11} xəɯ^{21}	丛蒿	茼蒿
ũ^{55} dy^{55} tsɿ^{21}	豌豆子	豌豆
vã^{55} dəɯ^{5}	晚稻	晚稻
ia^{55} vã^{5}	夜饭	晚饭
ʋ^{55} suei^{21}	莴笋	莴笋
si^{55} kua^{21}	西瓜	西瓜
ɕiaŋ^{33} ʑi̹^{5} niəŋ^{55} niəŋ^{21}	向日肉肉	向日葵
kua^{55} tsa^{55} tsa^{5}	瓜崽崽	小瓜
mĩ^{55} ma^{5}	面麦	小麦
sy^{55} mei^{21}	肖米	小米
ŋa^{11} ŋa^{21}	芽芽	芽
iaŋ^{55}	秧	秧苗
ie^{33} ie^{5}	叶叶	叶子
iei^{55} dəɯ^{21}	樱桃	樱桃
ʐy^{11} tsʰa^{5}	油菜	油菜
pəɯ^{55} kɯ^{21}	包谷	玉米
ʑi̹^{55} dy^{5}/di^{5}/ni^{5}	芋头	芋头
tsəɯ^{55} dəɯ^{5}	早稻	早稻
tsəɯ^{53} tsɿ^{21}	枣子	枣儿
tɕiəŋ^{53}	种	种子
ty^{55} tsɿ^{21}	竹子	竹子

発音（蔡橋方言）	語形（蔡橋方言）	意味（北京語）
tsa³⁵ tsa⁵	籽籽	籽

（七）動物

発音（蔡橋方言）	語形（蔡橋方言）	意味（北京語）
tɕiɿ⁵⁵ tsa⁵⁵ tsa⁵ dʑia¹¹ / ky⁵⁵ pʰi⁵ dʑia¹¹	猪崽崽蛇 / 狗屁蛇	壁虎
zĩ¹¹ fi⁵⁵ ɕiɿ⁵	檐飞鼠	蝙蝠
dzã¹¹ dʑiəŋ²¹	蚕虫	蚕
dzã¹¹ dʑiəŋ²¹ kʰʊ⁵⁵	蚕虫壳	蚕茧
mei³⁵ tsɿ²¹ / vã¹¹ mei⁵ tsɿ²¹	蚊子 / 饭蚊子	苍蝇（个头小的）
tsʰiaŋ⁵⁵ daŋ⁵ mei⁵	青塘蚊	苍蝇（个头大的）
ĩ⁵⁵ aŋ⁵⁵ dʑɿ¹¹ dʑɿ⁵	因安词词	蝉
ie³³ ka⁵	叶□	翅膀
dʑiəŋ¹¹ mʊ⁵ tsɿ²¹	虫婆子	虫子
sie⁵⁵	虱	臭虫
tsʰɿ⁵⁵ uei⁵	刺猬	刺猬
ŋa⁵⁵ ŋʊ²¹	哀鹅	大雁
ŋʊ¹¹	鹅	鹅
pʰəŋ⁵⁵ kʰʊ²¹	蜂窠	蜂窝
kuɑ⁵³ dã²¹	寡蛋	孵化失败的蛋
bəɯ¹³ tɕi⁵⁵ tsa⁵⁵ tsa⁵	抱鸡崽崽	孵小鸡
kʊ⁵⁵ tsɿ⁵	鸽子	鸽子
ky⁵⁵ kəŋ⁵⁵	狗公	公狗
tɕi⁵⁵ kəŋ²¹	鸡公	公鸡
səɯ⁵⁵ kɯ²¹	骚牯	公牛（黄牛）
ɕii⁵³ kɯ²¹	水牯	公牛（水牛）
tɕiɿ⁵⁵ naŋ²¹ kũ²¹ / tɕiɿ⁵⁵ kəŋ⁵⁵	猪郎倌 / 猪公	公猪
ky⁵³	狗	狗
zy¹¹ tsɿ²¹	猴子	猴子
fi⁵⁵ ŋʊ⁵	飞蛾	蝴蝶
ɣũ¹¹ niəŋ²¹	黄牛	黄牛
ɣũ¹¹ ɕii⁵⁵ nã⁵	黄鼠狼	黄鼠狼
zy¹¹ mɑ⁵ pəɯ³⁵ kəŋ²¹	油麻爆公	蝗虫
ɣuei¹¹ dʑiəŋ²¹	蛔虫	蛔虫
xʊ³⁵ ziɿ²¹	活鱼	活鱼
tɕi⁵⁵	鸡	鸡
tɕi⁵⁵ dã⁵	鸡蛋	鸡蛋
dã¹³ bi¹¹ bi⁵	蛋皮皮	鸡蛋壳
tɕi⁵⁵ kũ⁵	鸡冠	鸡冠
tɕi⁵⁵ məɯ²¹	鸡毛	鸡毛
tɕi⁵⁵ ba⁵ tsɿ²¹	鸡巴子	鸡腿

発音（蔡橋方言）	語形（蔡橋方言）	意味（北京語）
tɕi⁵⁵ dʑyei¹³ tsɿ²¹	鸡菌子	鸡胗
tsi⁵⁵ zɿɿ²¹	鲫鱼	鲫鱼
dʑia¹¹ dʑia²¹	□□	鸡爪
dũ¹¹ zɿɿ²¹	团鱼	甲鱼
iaŋ⁵⁵ ma⁵	秧蟆	蝌蚪
na³⁵ bi¹¹ ma¹¹ kye⁵ / ma¹¹ ɕia⁵⁵ pa⁵	癞皮麻骨 / 麻石巴	癞蛤蟆
nəu⁵⁵ dʑiəŋ⁵	老虫	老虎
nəu⁵⁵ ɕiɿ⁵/nəu⁵⁵ ɕiɿ⁵ tsɿ²¹	老鼠/老鼠子	老鼠
ta⁵⁵ ie⁵⁵ tsɿ⁵	打叶子	老鹰
ni⁵³ zɿɿ²¹	鲤鱼	鲤鱼
nəŋ¹¹	龙	龙
dĩ¹¹ nʊ⁵	田螺	螺蛳
ma¹¹ tsʰy⁵⁵ tsɿ²¹	麻雀子	麻雀
ma⁵³	马	马
ɣũ¹¹ ɕiɿ⁵⁵ nã⁵ pʰəŋ²¹ / nũ¹¹ pʰəŋ²¹	黄水烂蜂 / 圆蜂	马蜂
ma⁵³ ɣũ²¹	蚂蝗	蚂蝗
nã⁵⁵ ŋ⁵ tsɿ²¹	奶蚁子	蚂蚁
mũ³³ ŋ⁵	猫嗯	猫
mũ³³ ŋ⁵ dʊ¹¹	猫嗯坨	猫头鹰
pʰəŋ⁵⁵	蜂	蜜蜂
mĩ¹¹ iaŋ²¹	绵羊	绵羊
ky⁵³ niaŋ²¹	狗娘	母狗
tɕi⁵⁵ niaŋ²¹	鸡娘	母鸡
ɣũ¹¹ niəŋ⁵ bʊ²¹	黄牛婆	母牛（黄牛）
ɕiɿ⁵⁵ niəŋ⁵ bʊ²¹	水牛婆	母牛（水牛）
niaŋ¹¹ / niaŋ¹¹ niaŋ²¹	娘 / 娘娘	母亲
tɕii⁵⁵ niaŋ²¹	猪娘	母猪
na¹¹ tsʰy⁵	泥鳅	泥鳅
ma¹¹ tɕʰy⁵⁵ tsɿ²¹	麻雀子	鸟（统称）
ma¹¹ tsʰy⁵ tsɿ²¹ kʰʊ⁵⁵	麻雀子窠	鸟窝
niəŋ¹¹	牛	牛
niəŋ¹¹ kʊ²¹	牛角	牛角
niəŋ¹¹ tɕiei⁵⁵ tɕiei²¹	牛筋筋	牛筋
niəŋ¹¹ sɿ⁵⁵ bi²¹	牛絮被	牛虻
ga¹¹ ga²¹/ŋa¹¹ ŋa²¹	牙牙	螃蟹
dʑĩ¹¹ tɕiʊ²¹	前脚	前腿（牛）
tsʰiaŋ⁵⁵ bi²¹ ma¹¹ kye⁵	青皮蟆蝈	青蛙
daŋ¹¹ dʑɿ⁵	塘士	蜻蜓
dʑiəŋ¹¹ sĩ⁵	虫线	蚯蚓
tsʰɿ⁵⁵	蛆	蛆
dʑia¹¹ mʊ⁵ tsɿ²¹	蛇婆子	蛇

発音（蔡橋方言）	語形（蔡橋方言）	意味（北京語）
tsʰɯ⁵⁵ sei²¹	畜生	牲畜
sie⁵⁵ mʊ⁵ tsɿ²¹	虱婆子	虱子
ɕiɨ⁵³ niəŋ²¹	水牛	水牛
ɣɣ¹¹ tsɿ²¹	猴子	螳螂
dĩ¹¹ nʊ⁵	田螺	田螺
ky⁵³ sie²¹	狗虱	跳蚤
tʰũ¹³ sɿ⁵⁵	□丝	吐丝
tʰɯ¹³ tsɿ²¹	兔子	兔子
ɣũ¹³ məɯ¹¹	换毛	脱毛
vei¹¹ tsɿ²¹	蚊子	蚊子
sã⁵⁵ dĩ¹¹ nʊ⁵	山田螺	蜗牛
vɯ⁵⁵ kuei²¹	乌龟	乌龟
nəɯ⁵³ a²¹	老鸦	乌鸦
ziɨ¹¹ kəŋ²¹ / ziɨ¹¹ kəŋ²¹ tsʰa²¹	鱼蚣 / 鱼蚣叉	蜈蚣
tʰɯ⁵⁵ pəɯ⁵ kəŋ²¹	土包公	蟋蟀
si⁵⁵ tɕʰiʊ⁵	喜鹊	喜鹊
xa⁵⁵ kəŋ⁵	虾公	虾
saŋ⁵⁵ dã¹³	生蛋	下蛋
a⁵⁵	鸭	鸭子
ie³³ tsɿ⁵	燕子	燕子
ʑiaŋ¹¹ / ʑiaŋ¹¹ kɯ²¹ tsɿ²¹	羊 / 羊牯子	羊
ʑiaŋ¹¹ xʊ²¹ dʑiəŋ¹¹	萤火虫	萤火虫
ziɨ¹¹	鱼	鱼
ziɨ¹¹ pʰəɯ⁵	鱼泡	鱼鳔
ziɨ¹¹ tsʰɿ¹³	鱼刺	鱼刺
ziɨ¹¹ nei¹¹ nei⁵	鱼鳞鳞	鱼鳞
sa⁵⁵ pa²¹ tsɿ²¹	腮巴子	鱼腮
ɕiɨ⁵³ a²¹	水鸭	鱼鹰
ziɨ⁵³ məɯ²¹	羽毛	羽毛
tɕʰia⁵³ sɿ⁵⁵	扯丝	织网
pʊ⁵⁵ sɿ⁵	播丝	蜘蛛
pʊ⁵⁵ sɿ⁵ ũ⁵³	播丝网	蜘蛛网
tɕiɨ⁵⁵	猪	猪
dʑia¹¹ dʑia⁵	□□	爪

(八) 呼称親族

発音（蔡橋方言）	語形（蔡橋方言）	意味（北京語）
da¹³ niaŋ²¹	大娘	阿姨（母亲的姐姐）
ʑi¹¹ niaŋ²¹	姨娘	阿姨（母亲的妹妹）
ba¹¹ tsɿ²¹ ɕy²¹	扒子手	扒手
da¹¹ da⁵	大大	伯父

発音（蔡橋方言）	語形（蔡橋方言）	意味（北京語）
da^{35} niaŋ^{21}	大娘	伯母
tsʰa^{13}	蔡	蔡（姓）
dʑiei^{11}	陈	陈（姓）
dʑiei^{11} ni^{21} ŋ^{21}	城里人	城里人
da^{11} dʑy^{55} dʑy^{5}	大舅舅	大舅子
da^{13} bʊ^{11} niaŋ^{21}	大婆娘	大老婆
tã^{55} ɕiei^{21} kəŋ^{21}	单身公	单身汉
sɨ^{55} kəŋ^{21}	私公	道士
nɤɯ^{55} di^{5}/ni^{5}	老弟	弟弟
nɤɯ^{55} di^{5} sɨ^{55} vʊ^{21}	老弟媳妇	弟媳
tã^{55} ɕiei^{21} bʊ^{21}	单身婆	独身女人
tsa^{53} mã^{53} ŋ^{53}	崽满女	儿女
tsa^{53}	崽	儿子
tĩ^{55} tsɨ^{21}	颠子	疯子
ɣəŋ^{11}	冯	冯
niaŋ^{53} kʰy^{21} ŋ^{21}	两口人	夫妻
niaŋ^{11} ʑia^{21}	娘爷	父母
ʑia^{11}/ʑia^{11} ʑia^{21}	爷/爷爷	父亲
tsʰei^{55} ʑia^{21}	亲爷	干爹
ŋei^{55} tsa^{21}	恩崽	干儿子
tsʰei^{55} niaŋ^{21}	亲娘	干娘
dʑiaŋ^{11} tsɨ^{21}	长子	高个子
kʊ^{55} kʊ^{21}	哥哥	哥哥
ʑia^{11} ʑia^{21}	爷爷	公公（丈夫的父亲）
kɯ^{55} ʑia^{21}	姑爷	姑夫
niaŋ^{55} niaŋ^{5}	娘娘	姑姑
ma^{35} tsɨ^{21} ka^{21}	妹子家	姑娘
tã^{55} ɕiei^{21} bʊ^{21}	单身婆	寡妇
kũ^{55}	官	官
kũ^{55} nɤɯ^{55} kʰəŋ^{5}	光脑壳	光头
sa^{35} ŋ^{21} tsa^{21}	小人崽	孩子
ɣʊ^{11}	何	何（姓）
ɣʊ^{11} dʑiaŋ^{5}	和尚	和尚
kəŋ^{55} fɯ^{21}	工夫	伙计
ʑy^{13} nɤɯ^{21} ʑia^{11}	后老爷	继父
ʑy^{13} niaŋ^{21}	后娘	继母
tɕia^{55} xʊ^{21}	家伙	家伙
ɣəɯ^{13}	号	叫（名字）
tsie^{55} sei^{21} bʊ^{11}	接生婆	接生婆
ta^{53} nʊ^{53}	打啰	结巴
tsia^{53} fɯ^{21}	姐夫	姐夫
tsia^{55} tsia^{5}	姊姊	姐姐
dʑy^{11} dʑy^{5}	舅舅	舅舅

発音（蔡橋方言）	語形（蔡橋方言）	意味（北京語）
dʑy¹³ niaŋ²¹	舅娘	舅母
kʰa⁵⁵	客	客人
na³⁵ tsɿ²¹	癞子	癞痢
nɤɯ⁵³ kɯ⁵⁵ niaŋ²¹	老姑娘	老姑娘
nɤɯ⁵³ sɿ²¹	老师	老师
nɤɯ ɕiɿ⁵⁵ ŋ²¹	老实人	老实人
nɤɯ⁵⁵ ŋ⁵ ka²¹	老人家	老太太
nɤɯ⁵⁵ ŋ⁵ ka²¹	老人家	老头子
pɤɯ⁵⁵ fɯ⁵	包袱	累赘
nəŋ⁵⁵ tsɿ²¹	聋子	聋子
tsɯ³⁵ ma¹¹ ki²¹ ŋ¹¹	做媒的人	媒人
ma³⁵ naŋ²¹	妹郎	妹夫
ma³³ ma⁵	妹妹	妹妹
ɣɤɯ¹³	号	名字
saŋ⁵⁵ ŋ²¹	生人	陌生人
məŋ⁵⁵ kəŋ²¹	木工,木匠	木匠
ŋa¹¹ tsɿ²¹ ka²¹	伢子家	男孩
nã¹¹ ŋ²¹ ka²¹	男人家	男人
nĩ¹¹ tɕi²¹	年纪	年龄
tsɯ³⁵ kəŋ⁵⁵ ki²¹ ŋ¹¹	做工的人	农民
mã⁵³ ŋ²¹	满女	女儿
ma³⁵ tsɿ²¹ ka²¹	妹子家	女孩
vɯ¹³ ŋ²¹ ka²¹	妇人家	女人（已婚）
naŋ¹¹ pa⁵⁵ kəŋ²¹	郎把公	女婿
tsaŋ³⁵ dʊ¹¹ dʊ⁵	壮坨坨	胖子
bəŋ¹¹ y²¹	朋友	朋友
bei¹¹	彭	彭（姓）
niaŋ¹¹	娘	婆婆（丈夫的母亲）
bʊ¹¹ niaŋ²¹	婆娘	妻子
kɤɯ³³ xua⁵⁵ tsɿ²¹	叫花子	乞丐
dʑiaŋ¹¹ dɤɯ⁵	强盗	强盗
tsʰei¹³ ka²¹	亲家	亲家
tsʰei⁵⁵ tsi⁵	亲戚	亲戚
ia⁵⁵ dy²¹	丫头	青年女佣
tɕʰye⁵⁵ pa⁵	缺巴	缺口
pa⁵⁵ tsɿ²¹	跛子	瘸子
ŋ¹¹	人	人
sɤɯ⁵⁵ sɤɯ⁵	嫂嫂	嫂子
xa⁵⁵ xa⁵	傻傻	傻子
ɕiei⁵³ niaŋ²¹	姊娘	姊姊
sɿ⁵⁵ vɯ²¹	师傅	师傅
a⁵³ ɕy⁵⁵	阿叔	叔叔
sũ⁵⁵ sũ⁵⁵	双双	双胞胎

発音（蔡橋方言）	語形（蔡橋方言）	意味（北京語）
ia^{53} tsa^{55} tsa^{5}	野崽崽	私生子
suei^{55}	孙	孙（姓）
suei^{21} ŋ^{53}	孙女	孙女
suei^{55}	孙	孙子
ʑye^{11} suei^{21}	原孙	孙子的孙子
dʑia^{11} tsɿ^{21}	瘸子	瘫子
daŋ^{11} ɕiəŋ^{21} daŋ^{11} di^{13} /daŋ^{11} tsɿ^{21} daŋ^{11} ma^{35}	堂兄堂弟 / 堂姊堂妹	堂兄弟姐妹
dəŋ^{11} dʑiaŋ^{5} sɿ^{55} vɯ^{21}	铜匠师傅	铜匠
kũ^{55} nəŋ^{55} kʰəŋ^{5}	光脑壳	秃子
du^{11} di^{5}	徒弟	徒弟
dʊ^{11} tsɿ^{21}	驼子	驼子
uei^{55} ɕiaŋ^{21} ŋ^{11} / ye^{53} ɕiaŋ^{21} ŋ^{11}	外乡人 / 远乡人	外地人
ʑiaŋ^{11} ŋ^{5}	洋人	外国人
uei^{55} bʊ^{21} nĩ^{55} nĩ^{21}	外婆奶奶	外婆
uei^{55} suei^{21}	外甥	外甥
uei^{55} suei^{21} ŋ^{53}	外甥女	外甥女
uei^{55} bʊ^{21} tia^{55} tia^{21}	外婆爹爹	外祖父
ɣũ^{11}	王	王
sɿ^{55} vɯ^{21}	媳妇	媳妇
xa^{55} tsɿ^{21}	瞎子	瞎子
ŋa^{11} tsɿ^{21} ka^{21}	伢子家	小伙子
sa^{35} bʊ^{11} niaŋ^{21}	小婆娘	小老婆
nã^{11} uei^{21}	难为	谢
sei^{55} naŋ^{11} kəŋ^{21}	新郎公	新郎
sei^{55} niaŋ^{11} tsɿ^{21}	新娘子	新娘
sei^{35}	姓	姓
ɕiəŋ^{55} di^{5}	兄弟	兄弟
ɕiʊ^{35} sei^{21}	学生	学生
du^{11} di^{5}	徒弟	学徒
a^{55} pa^{5}	哑巴	哑巴
naŋ^{11} tɕiaŋ^{21}	郎中	医生
ʑi^{11} ʑia^{21}	姨爷	姨夫
ʑi^{11} niaŋ^{21}	姨娘	姨母
dʑiei^{11} pəɯ^{55} pəɯ^{21}	裙包包	婴儿
tsʰei^{55} ʑia^{21}	亲爷	岳父
tsʰei^{55} niaŋ^{21}	亲娘	岳母
ɣua^{11} tsa^{21} da^{13} niaŋ^{21} / ɣua^{11} tsa^{21} bʊ^{21}	怀崽大娘 / 怀崽婆	孕妇
dʑie^{13}	贼	贼
dzei^{11} suei^{21}	曾孙	曾孙
kəŋ^{55} kəŋ^{21}	公公	曾祖父

発音（蔡橋方言）	語形（蔡橋方言）	意味（北京語）
bʊ¹¹ bʊ⁵	婆婆	曾祖母
nã¹¹ ŋ²¹ kɑ²¹	男人家	丈夫
dʑiɿ¹³ e²¹ tsɿ²¹	侄儿子	侄儿
dʑiɿ¹³ ŋ⁵³	侄女	侄女
ɕy⁵⁵ pɑ⁵ məŋ²¹	叔巴母	妯娌
taŋ⁵⁵ tɕia⁵	当家	主人
tia⁵⁵ tia²¹	爹爹	祖父
nĩ⁵⁵ nĩ²¹	奶奶	祖母
tsʊ⁵³ pʰie²¹ tsɿ²¹	左撇子	左撇子

（九）身体

発音（蔡橋方言）	語形（蔡橋方言）	意味（北京語）
nəŋ¹¹ kɯ²¹ kye⁵⁵	龙股骨	背（身体部分）
bi¹¹ nã⁵	鼻烂	鼻涕
bi¹³ tsɿ²¹	鼻子	鼻子
pĩ⁵⁵ tsɿ²¹	辫子	辫子
tɕiaŋ⁵⁵ kye⁵	颈骨	脖子
pʰy⁵³	瓢	簸箕(指纹)
dʑiaŋ¹¹ tsɿ²¹	肠子	肠子
tɕʰia⁵⁵ tɕiʊ²¹	赤脚	赤脚
da¹³ ɕy⁵⁵ tsɿ⁵ nəɯ²¹	大手指老	大拇指
da¹³ tɕiʊ²¹ pɑ⁵	大脚巴	大腿
pie⁵⁵ tsɿ⁵	憋脐	肚脐
tɯ⁵³ tsɿ²¹	肚子	肚子
ŋa⁵⁵ dy⁵/di⁵/ni⁵	额头	额头
e⁵⁵ tʊ⁵	耳朵	耳朵
fi³⁵	肺	肺
fei³⁵ mei²¹	粪门	肛门
ɕy⁵⁵ kie⁵	手胳	胳膊
ɕie³³ ka⁵⁵ ʊ⁵	胁胳窝	胳肢窝
kɯ⁵⁵ suei²¹	骨髓	骨髓
kye⁵⁵ ni⁵	骨头	骨头
ɣã¹³ məɯ²¹	汗毛	寒毛
ɣã¹³	汗	汗
tɕi⁵⁵ ʐʅ²¹	鸡喉	喉结
ʐʅ¹¹ nəŋ⁵⁵ kaŋ²¹	喉咙岗	喉咙
ʐʅ¹³ nəŋ⁵³ kʰəŋ²¹	后脑壳	后脑勺
ʐʅ¹³ naŋ²¹ kei²¹	后郎跟	后腿
ʐʅ¹³ tɕiʊ²¹	后脚	后腿（牛）
vɯ¹¹ tsɿ²¹	胡子	胡子
fɯ⁵³ kʰy²¹	虎口	虎口

263

発音（蔡橋方言）	語形（蔡橋方言）	意味（北京語）
tɕi⁵⁵ bi²¹ nã⁵⁵ nã⁵	鸡皮奶奶	鸡皮疙瘩
nəŋ¹¹ kɯ²¹ kye⁵⁵	龙股骨	脊椎骨
kã⁵⁵ pa⁵	肩巴	肩膀
tɕiʊ⁵⁵	脚	脚
tɕiʊ⁵⁵ naŋ²¹ kie²¹	脚郎格	脚跟
tɕiʊ⁵⁵ pã²¹	脚板	脚心
tɕiʊ⁵⁵ iei⁵	脚印	脚印
tɕiʊ⁵⁵ pã²¹	脚板	脚掌
tsy⁵⁵ niaŋ⁵ daŋ¹¹ daŋ⁵	酒娘塘塘	酒窝
kʰy⁵⁵ ɕɨ⁵	口水	口水
ni³³ tɕʰi⁵	力气	力气
ba¹¹ tsɨ²¹ kye⁵	排子骨	肋骨
nĩ⁵³/mĩ⁵⁵ kɯ²¹	脸/面股	脸
mĩ⁵⁵ kɯ²¹	面股	脸颊
nʊ¹¹	朒	朒（指纹）
tɕʰia⁵⁵ kã²¹	赤杆	裸体
nĩ¹¹ pã⁵ vɯ¹¹ tsɨ²¹	连攀胡子	络腮胡子
məɯ¹¹	毛	毛
taŋ⁵⁵ bũ⁵ ŋa¹¹ tsɨ⁵	当棒牙子	门牙
nəɯ⁵⁵ kʰəŋ⁵	脑壳	脑袋
nəɯ⁵³ suei²¹	脑髓	脑子
pʰi¹³ kɯ²¹	屁股	屁股
dʑɨ¹¹ tsɨ²¹	锤子	拳头
mĩ⁵⁵ pa³³ pa⁵	面□□	颧骨
xie⁵⁵ pã⁵⁵	黑斑	雀斑
nã³³ nã⁵	□□	乳房
ɕie³³ tsi⁵	舌子	舌头
ɕie³³ tsɨ⁵ tsĩ⁵⁵ tsɨ⁵	舌子尖尖	舌尖
ɕiei⁵⁵ tɕi²¹	身基	身体
iəɯ⁵⁵ tsɨ²¹	腰子	肾脏
ɕiaŋ⁵⁵ tɕʰi⁵	声气	声音
e⁵⁵ ɕy⁵⁵ tsɨ⁵ nəɯ²¹	二手指老	食指
ɕy⁵³	手	手
nie³³ ɕie⁵ kye²¹	烈舌骨	锁骨
tʰa¹³ iaŋ²¹ ɕye⁵⁵	太阳穴	太阳穴
dəŋ¹¹ dʑiei⁵	瞳仁	瞳仁
dy¹¹ sɨ⁵	头丝	头发
dʑye¹³	旋	头发旋儿
na³⁵ bi²¹	赖皮	头屑
mĩ⁵⁵ pa⁵	尾巴	尾巴
tɯ⁵³ tsɨ²¹	肚子	胃
nã⁵⁵ kie²¹	烂搁	污垢（身上）
sɨ³⁵ mã⁵³ ɕy⁵⁵ tsɨ⁵ nəɯ²¹	四瓣手指老	无名指

発音（蔡橋方言）	語形（蔡橋方言）	意味（北京語）
ɣa⁵³ kʰʊ²¹	下巴	下巴
zĩ¹¹ pɑ²¹ tɯ⁵³ tsɿ²¹	盐巴肚子	小腿
sa³⁵ mã²¹ ɕy⁵⁵ tsɿ⁵ nəɯ²¹	小手指老	小指
sei⁵⁵	心	心
tɕʰi¹³ mei²¹ sei⁵	气门心	囟门
bi¹¹ tɕʰi⁵	脾气	性子
ɕiəŋ⁵⁵ bɯ²¹ daŋ²¹	胸脯膛	胸膛
ŋa¹¹ tsɿ⁵	牙子	牙
ŋa¹¹ ʊ²¹ iəŋ⁵	牙窝肉	牙龈
ŋã⁵⁵ ni⁵ məɯ²¹	眼泪毛	眼睫毛
ŋã⁵³ tɕiɿ²¹	眼珠	眼睛
ŋã⁵⁵ ni⁵	眼泪	眼泪
dəŋ¹¹ dʑiei⁵	瞳仁	眼珠
iaŋ⁵⁵ / ba¹¹ tsɿ²¹	样 / 牌子	样子
iəɯ⁵⁵ kã²¹ tsɿ²¹	腰杆子	腰
y⁵⁵ ɕy²¹	右手	右手
ɕy⁵⁵ tsɿ⁵⁵ kie²¹	手指夹	指甲
ɕy⁵⁵ tsɿ⁵⁵ nəɯ²¹	手指老	指头
tsɿ⁵³ vei²¹	指纹	指纹
tsɿ³⁵	痣	痣
tɕiəŋ⁵⁵ kã³⁵ mei⁵⁵ mã²¹ ɕy⁵⁵ tsɿ⁵ nəɯ²¹	中间米瓣手指老	中指
kʰy⁵⁵ pɑ⁵⁵ tsɿ²¹	口巴子	嘴
tsɿɿ⁵³ tsɿ²¹ / tsɿɿ⁵⁵ pɑ⁵⁵ tsɿ²¹	嘴子 / 嘴巴子	嘴巴
tsɿɿ⁵⁵ ɕie⁵⁵ bi²¹	嘴舌皮	嘴唇
tsʊ³⁵ ɕy²¹	左手	左手

（十）病気医療

発音（蔡橋方言）	語形（蔡橋方言）	意味（北京語）
pa⁵⁵	疤	疤
mʊ⁵⁵ mie⁵⁵	摸脉	把脉
biaŋ¹³	病	病
tɕʰia⁵³ tɕi⁵⁵ dʑia²¹ / tɕye³⁵ kei⁵⁵	扯鸡爪 / 转跟	抽筋
pa⁵⁵	巴	传染
fa⁵⁵ ɕiəɯ⁵⁵	发烧	发烧
sa⁵⁵ fi⁵⁵	沙痱	痱子
sia³⁵ tɯ⁵³ tsɿ²¹	泻肚子	腹泻
ɕiaŋ⁵⁵ fəŋ⁵⁵	伤风	感冒
kəɯ⁵⁵ iʊ⁵	膏药	膏药
dʊ¹¹ dʊ⁵	坨坨	疙瘩
kũ³⁵ tɕiɿ⁵⁵	灌汁	化脓
tɕi⁵⁵ ŋã⁵³ tɕiɿ²¹	鸡眼珠	鸡眼
pa⁵⁵ tsɿ²¹/pa⁵⁵	疤子/疤	痂

発音（蔡橋方言）	語形（蔡橋方言）	意味（北京語）
ka^{53} tɯ^{35}	解毒	解毒
tɕhia^{53} sa^{55} / kua^{55} sa^{55}	扯痧 / 刮痧	解暑
dʑiei^{11} zɿ^{55} ŋã^{53}	近视眼	近视眼
khã^{13} biaŋ^{13}	看病	看病
khaŋ^{53}	□	咳嗽
nɘɯ^{53} pã^{21}	老斑	老人斑
nɘŋ^{55}	聋	聋
thy^{53} tɕiei^{21} tsɿ^{21}	挑针子	麦粒肿
tɕiɿ^{55}	汁	脓
ta^{53} pa^{53} tsɿ^{21}	打摆子	疟疾
dʑia^{11} iaŋ^{53}	□痒	搔痒
biaŋ^{13} / fa^{55} biaŋ^{13}	病 / 发病	生病
dʑia^{11} tɕhi^{21}	瘫起	瘫痪
dʑã^{11}	痰	痰
thəŋ^{13}	痛	疼
nɘɯ^{55} khəŋ^{5} yei^{55}	脑壳晕	头晕
tɕhye^{55} pa^{5}	缺巴	兔唇
si^{55} iʊ^{5}	西药	西药
dəŋ^{11} dʑĩ^{5} tshaŋ^{55}	铜钱疮	癣
ɕye^{55}	血	血
iaŋ^{53}	痒	痒
iʊ^{35}	药	药
zɿ^{55} ɕye^{21}	淤血	淤血
yei^{55} tɕhie^{55}	晕车	晕车
tɕiəŋ^{35} fəŋ^{55}	中风	中风
fã^{35} sa^{55}	泛痧	中暑
tɕiəŋ^{55} iʊ^{5}	中药	中药
tɕiəŋ^{53}	肿	肿
tɕhiʊ^{13} təŋ^{35}	着冻	着凉

（十一）衣服装饰

発音（蔡橋方言）	語形（蔡橋方言）	意味（北京語）
pa^{35} ta^{21}	背搭	背心（坎肩）
pɯ^{35}	布	布（做衣服的布）
tshɘɯ^{55} mɘɯ^{5} tsɿ^{21}	草帽子	草帽
tshɘɯ^{55} ɣa^{5}	草鞋	草鞋
ɣã^{13} i^{21}	汗衣	衬衫
ta^{33} ta^{5}	带带	带子
da^{55} da^{5}	袋袋	袋子
bɘɯ^{13} dɯ^{21}	抱肚	肚兜
tũ^{55} khɯ^{5}	短裤	短裤
ɣã^{13} i^{21} sã^{21}	汗衣衫	汗衫

発音（蔡橋方言）	語形（蔡橋方言）	意味（北京語）
da⁵⁵ da⁵	袋袋	口袋
kʰy¹³ tsɨ²¹	扣子	扣子
kʰɯ¹³ tsɨ²¹	裤子	裤子
i⁵⁵ di⁵	里地	里子
i⁵⁵ niaŋ²¹	衣领	领子
məɯ⁵⁵ tsɨ²¹	帽子	帽子
mĩ¹¹ siɨ⁵	棉絮	棉花胎
mĩ¹¹ siɨ⁵ ɣa²¹	棉絮鞋	棉鞋
kɑ⁵⁵ i²¹ / kɑ⁵⁵ i²¹ sã²¹	夹衣 / 夹衣衫	棉衣
iəɯ⁵⁵	尿	尿
tʰie⁵⁵ pɯ⁵	贴布	尿布
dʑyei¹¹	裙	裙子
çy⁵³ tɕiei²¹	手巾	手巾
çy⁵³ tɕiei²¹	手巾	手绢
çy⁵⁵ tʰəɯ⁵	手套	手套
sʊ⁵⁵ i²¹	蓑衣	蓑衣
ɣuɑ³⁵ tsɨ²¹	袜子	袜子
ɣuei¹¹ tɕiei²¹	围巾	围巾
dʑyei¹¹	裙	围裙
kʰy⁵⁵ çiɨ⁵ tɑ²¹	口水搭	围嘴儿
ɣa¹¹	鞋	鞋
ɣa¹¹ ta⁵⁵ ta⁵	鞋带带	鞋带
ɣa¹¹ ti⁵⁵ ti⁵	鞋底底	鞋底
i⁵⁵ si⁵	衣袖	袖子
kəɯ⁵⁵ tʰəŋ⁵³ tsɨ²¹	高筒子	靴子
i⁵⁵ sã²¹	衣衫	衣服

(十二) 食物

発音（蔡橋方言）	語形（蔡橋方言）	意味（北京語）
sye⁵⁵ daŋ²¹	雪糖	白糖
pəɯ⁵⁵ tsɨ²¹	包子	包子
pei⁵⁵ bũ⁵	冰棒	冰棍儿
pei⁵⁵ pei⁵	饼饼	饼
ɕiaŋ⁵⁵ zy²¹	香油,菜油	菜油
dʑa¹¹	茶	茶
dʑa¹¹ i⁵⁵ tsɨ⁵	茶溢子	茶垢
tsʰɯ¹³	醋	醋
dã¹³	蛋	蛋
dã¹³ bie¹³	蛋白	蛋白
dã¹³ ɣũ¹¹	蛋黄	蛋黄
nei¹¹ suei⁵	零碎	点心
dy¹³ vɯ²¹	豆腐	豆腐

発音（蔡橋方言）	語形（蔡橋方言）	意味（北京語）
na^{55} dy^{55} vu^{21}	腊豆腐	豆腐干
ma^{11} dy^{55} vu^{21}	霉豆腐	豆腐乳
dy^{13} y^{21}	豆油	豆油
sĩ^{35} fei^{21}	线粉	粉丝
mei^{35} daŋ^{21}	蜜糖	蜂蜜
pa^{55} pa^{21}	粑粑	糕（米）
pei^{55} pei^{5}	饼饼	糕（小麦）
nəu^{55} pa^{5}	捞巴	锅巴
dɑ^{13} daŋ^{21}	大糖	红糖
xuei^{55}	荤	荤
xuei^{55} tsʰa^{5}	荤菜	荤菜
tsiaŋ^{35}	酱	酱
tsiaŋ^{35} y^{21}	酱油	酱油
tsiaŋ^{55} iəŋ^{5}	精肉	精肉
tsy^{53}	酒	酒
kʰa^{55} ɕii^{21}	开水	开水
na^{55} iəŋ^{5}	腊肉	腊肉
naŋ^{55} vã^{5}	冷饭	冷饭
naŋ^{53} dʑa^{21}	冷茶	凉茶
nei^{11} suei^{5}	零碎	零食
mʊ^{11} mʊ^{21}	馍馍	馒头
vã^{13}	饭	米饭
vã^{13} tiaŋ^{21} ɕii^{21}	饭鼎水	米汤
mĩ^{55} fei^{21}	面粉	面粉
mĩ^{55}	面	面条
nã^{55} nã^{5}	奶奶	奶
nʊ^{35} mei^{21}	糯米	糯米
ĩ^{35} ɕii^{21}	热水	热水
bei^{11} kʊ^{21}	苹果	苹果
iəŋ^{55}	肉	肉
suei^{33} suei^{5} iəŋ^{55}	碎碎肉	肉末
iəŋ^{55} sɨ^{55} sɨ^{21}	肉丝丝	肉丝
pei^{55} pei^{5}	饼饼	烧饼
tsɨ^{53} pəu^{21} daŋ^{21}	纸包糖	水果糖
tsa^{55}	斋	素
sy^{55} tsʰa^{5}	小菜	素菜
tʰaŋ^{55}	汤	汤
tʰaŋ^{55} ye^{21}	汤圆	汤圆
daŋ^{11}	糖	糖
dəu^{11} mei^{21} ɕii^{21}	淘米水	淘米水
uei^{55} na^{55} ɕii^{21}	温焣水	温水
pũ^{33} vã^{5}	半饭	午饭
zĩ^{11} tsʰa^{5}	咸菜	咸菜

発音（蔡橋方言）	語形（蔡橋方言）	意味（北京語）
zĩ¹¹ ʑiɿ²¹	咸鱼	咸鱼
tsɿ⁵³ ĩ²¹	纸烟	香烟
zĩ¹¹	盐	盐
ʑy¹¹	油	油
ʑy¹¹ dy²¹	油条	油条
yei³⁵	熨	熨
tsa⁵⁵ suei⁵	杂碎	杂碎
tsəɯ⁵⁵ vã⁵	早饭	早饭
ʑy¹¹ ma²¹	油麻	芝麻
tɕy⁵⁵	粥	粥
dʑəɯ¹¹ tɕʰye⁵ iəŋ⁵⁵	槽圈肉	猪脖子的肉
tɕiɿ⁵⁵ iəŋ⁵⁵	猪肉	猪肉
tɕiɿ⁵⁵ ɕie³³ tsɿ⁵	猪舌子	猪舌头
tɕiɿ⁵⁵ ɕye⁵⁵	猪血	猪血
tɕiɿ⁵⁵ ɕye²¹ zye¹¹ tsɿ²¹ / tsiaŋ⁵⁵ iəŋ⁵ zye¹¹ tsɿ²¹ / dy¹³ vɯ²¹ zye¹¹ tsɿ²¹	猪血丸子/ 精肉丸子/ 豆腐丸子	猪血丸子
tɕiɿ⁵⁵ ʑy²¹	猪油	猪油
tɕiɿ⁵⁵ tɕiʊ²¹	猪脚	猪肘子
tsəŋ³⁵ tsɿ²¹	粽子	粽子
ɕiaŋ³³ ny⁵	相料	作料

(十三) 日常生活

発音（蔡橋方言）	語形（蔡橋方言）	意味（北京語）
tsʰy⁵⁵ iəɯ⁵⁵	□尿	把尿
pɯ⁵³ ɣua¹³ tsɿ²¹	补袜子	补袜子
tsʰəɯ⁵³	炒	炒菜
tɕʰia⁵³ ky⁵⁵	扯阄	抽签
tɕʰia⁵⁵ ĩ⁵⁵	吃烟	抽烟
na³⁵ dʑa¹¹	□茶	冲茶
tsʰy³⁵ tʊ⁵⁵	凑多	凑热闹儿
ta⁵⁵ pã⁵	打扮	打扮
ta⁵³ pəɯ⁵³ ɕie²¹	打饱歇	打饱嗝
ta⁵³ tɯ⁵³	打赌	打赌
ta⁵³ ŋa³⁵ y²¹	打压油	打嗝儿
ta⁵³ kʰʊ⁵⁵ ɕie⁵	打科歇	打哈欠
kɯ⁵³ xã⁵⁵	鼓鼾	打鼾
ta⁵³ tɕia³⁵	打架	打架
kʰuei¹³ ŋaŋ⁵⁵ pi³	睏眼闭	打瞌睡
ta⁵³ naŋ⁵⁵ tɕie⁵ tɕie⁵	打冷颤颤	打冷战
tɕiɿ⁵⁵ iəŋ¹¹ sʊ²¹ i⁵⁵ sã²¹	织绒索衣衫	打毛衣
tɕʰia⁵⁵ dã¹³	吃蛋	打水漂

発音（蔡橋方言）	語形（蔡橋方言）	意味（北京語）
ɣuei¹¹ iəŋ⁵⁵	回肉	炖肉
ka³⁵ bi⁵³	盖被	盖被子
tsɯ³⁵ zɿ¹³	做事	干活儿
kã⁵³ dʑiaŋ¹¹	赶场	赶集
kʊ³⁵ ma⁵⁵ nɯ⁵	过马路	过马路
təɯ³⁵ dʑiei¹¹ zɿ⁵⁵ ni²¹ tɕʰi¹³	到城市里去	进城
tsy⁵⁵ si⁵	酒席	酒席
tsy⁵³ iei²¹	酒瘾	酒瘾
kʰa⁵⁵ tɕʰie⁵	开车	开车
kʰa⁵⁵ mei¹¹	开门	开门
kʰã¹³ mei¹¹	看门	看门
kʰã¹³ niəŋ¹¹	看牛	看牛
kʰã¹³ ɕi³⁵	看戏	看戏
na¹¹ iəɯ⁵⁵	拿尿	拉尿
tʰi¹³ nəŋ⁵⁵ kʰəŋ⁵	剃脑壳	理发
tsa⁵⁵ tɕiaŋ⁵⁵ iʊ⁵	抓中药	买中药
tsʰiaŋ⁵⁵ ɕiɿ²¹ tɕiɿ⁵³	清水煮	清水煮
tɕʰi⁵³ dʑaŋ¹¹	起床	起床
tsʰei⁵³ kʰie⁵⁵	请客	请客
na¹¹ iəɯ⁵⁵	拿尿	撒尿
sã³⁵ dʑiaŋ¹¹	散场	散场
sã³⁵ ɣuei¹³	散会	散会
sa³⁵ ŋ⁵⁵ di⁵	晒日头	晒太阳
ziaŋ⁵³ ka⁵⁵	上街	上街
ziaŋ⁵³ niaŋ¹¹	上梁	上梁
ka³⁵ ɕiɿ⁵³	架水	烧水
ɕiəɯ⁵⁵ dʑa¹¹	烧柴	烧柴
tɕiɿ⁵³ vã¹³	煮饭	烧饭
tɕʰia⁵³ nã⁵³ iəɯ²¹	扯懒腰	伸懒腰
tʰĩ⁵⁵ vã¹³	添饭	盛饭
sɯ⁵⁵ nəɯ⁵⁵ kʰəŋ⁵	梳脑壳	梳头
sɯ³⁵ kʰy⁵³	漱口	漱口
si⁵³ ũ⁵⁵ tsã⁵	洗碗盏	涮碗
kʰuei¹¹ ŋ⁵ nʊ³⁵	睏嗯落	睡不着
kʰuei¹³ ŋã⁵⁵ pi⁵ / ny¹¹ ŋã⁵⁵ pi⁵	睏眼闭 / 留眼闭	睡着
dəɯ¹¹ mei⁵³	淘米	淘米
tsʰɿ⁵³ i⁵⁵ sã²¹	取衣衫	脱衣服
ua⁵⁵ e⁵⁵ tʊ⁵	挖耳朵	挖耳朵
tɕʰia⁵⁵ ĩ⁵⁵	吃烟	吸烟
bi¹¹ tɕʰi⁵	脾气	习惯
si⁵³ nĩ⁵³	洗脸	洗脸
si⁵³ tsəɯ⁵³	洗澡	洗澡
sye⁵⁵ bi¹¹ bi⁵	削皮皮	削皮

発音（蔡橋方言）	語形（蔡橋方言）	意味（北京語）
ɕie⁵⁵	歇	休息
sɿ⁵⁵	修	修理
sɿ³⁵ xua⁵⁵	绣花	绣花
ĩ⁵⁵ iei²¹	烟瘾	烟瘾
na¹¹ məŋ⁵⁵ iəɯ²¹	拿梦尿	遗尿
iəŋ⁵⁵ dʑiaŋ²¹	用场	用场
tie⁵⁵ kʰəŋ¹³	得空	有空
tsʰa¹³ tsʰa¹³	择菜	择菜
tsa³³ iʊ⁵⁵	炸药	炸药
tsa³⁵ y¹¹	榨油	榨油
kaŋ⁵³ mei¹¹ daŋ²¹	讲名堂	找茬儿
tɕiəɯ³⁵ siaŋ³⁵	照相	照相
tɕiei⁵⁵ pəɯ⁵⁵ tsɿ²¹	蒸包子	蒸包子
tɕiei⁵⁵ vã¹³	蒸饭	蒸饭
tɕiɨ⁵³ vã¹³	煮饭	煮饭
tɕʰiəŋ⁵⁵ tʰaŋ⁵⁵	冲汤,打汤	煮汤
ɣuei¹¹ tɕy⁵⁵	回粥	煮粥
nʊ³⁵ ye⁵⁵	落月	坐月子
tɕiaŋ⁵³	□	做（菜）
tsɯ³⁵ kəŋ⁵⁵	做工	做工
tsɯ³⁵ sei⁵⁵ i⁵	做生意	做买卖
fa⁵⁵ məŋ⁵⁵ / fa⁵⁵ məŋ⁵⁵ / tɕʰiəŋ²¹ / tie⁵⁵ məŋ⁵⁵	发梦 / 发梦冲 / 得梦	做梦

（十四）文化風習

発音（蔡橋方言）	語形（蔡橋方言）	意味（北京語）
tɕiəɯ³⁵ bɯ¹¹ sa²¹	照菩萨	拜佛
pa³⁵ nĩ¹¹	拜年	拜年
tɕiəɯ³⁵ tsɯ⁵³ kəŋ²¹ nəɯ⁵³ tsɿ²¹	照祖公老子	拜祖先
pei⁵³ tsɿ²¹	本子	本子
pʰəɯ¹³ tɕiaŋ²¹	炮仗	鞭炮
sa⁵³ pa⁵⁵ ɕi⁵	耍把戏	变戏法
ka³⁵	嫁	出嫁
dɯ¹³ ɕiɨ⁵⁵	读书	读书（受教育）
tɯ⁵³ pəɯ⁵³	赌博	赌博
bɯ¹¹ sa²¹	菩萨	佛
fɯ³⁵	符	符
ka³⁵ e⁵⁵ ka⁵	嫁二嫁	改嫁
kʊ⁵⁵	歌	歌儿
tɕiəɯ³⁵ bɯ¹¹ sa²¹	照菩萨	供佛
tɕiəɯ³⁵ tsɯ⁵³ kəŋ²¹ nəɯ⁵³ tsɿ²¹	照祖公老子	供祖先
nəɯ⁵³ dza²¹	老材	棺材

発音（蔡橋方言）	語形（蔡橋方言）	意味（北京語）
kuei^{53}	鬼	鬼
kʊ^{53} tɕiʊ^{21}	裹脚	裹脚
ɣuɑ^{13}	画	画儿
ʥiəɯ^{13}	轿	轿子
tɕiei^{55} xuei^{55}	结婚	结婚
mɑ^{11} tsiaŋ^{5}	麻将	麻将
sĩ^{55} ʥɨ^{55} kie^{21}	写字的	毛笔
mei^{35} tsɨ^{21}	谜子	谜语
my^{55}	庙	庙
mie^{55}	墨	墨
mʊ^{55} ʑɨ^{21}	木鱼	木鱼
ĩ^{55} tɕiei^{55}	念经	念经
du^{13} ɕɨ^{55}	读书	念书
ʥi^{11} tsɨ^{21}	棋子	棋子
ʑye^{11} pi^{21}	铅笔	铅笔
ʑy^{11} aŋ^{5}	油瓮	秋千
ʥy^{11}	球	球
sã^{55} kʊ^{21}	山歌	山歌
səɯ^{53} vei^{11}	扫坟	上坟
ɕiəɯ^{55} ɕiaŋ^{55}	烧香	烧香
sei^{55} sy^{21}	生肖	生肖
zɨ^{13}	事	事情
ɕiɨ^{55}	书	书
gei^{11} kəɯ^{55} tsɨ^{21}	□跤子	摔跤
dĩ^{11} ɣũ^{11}	填房	填房
ɕi^{35}	戏	戏
dəŋ^{53} ʥi^{11}	动棋	下棋
ɕiaŋ^{55}	香	香
ʥiaŋ^{13} bi^{21} dʊ^{11} dʊ^{5}	橡皮坨坨	橡皮
sia^{53} sei^{35}	写信	写信
sia^{53} zɨ^{13}	写字	写字
sei^{35} kʰʊ^{53} tsɨ^{21}	信壳子	信封
ɕiu^{33} ʑiəɯ^{5}	学校	学校
mʊ^{11} mie^{55}	磨墨	研墨
iaŋ^{53} xua^{55}	养花	养花
ʑy^{11} ɕiɨ^{53}	游水	游泳
ʑye^{11} tɕiɨ^{55} pi^{21}	圆珠笔	圆珠笔
tɕiəɯ^{55} naŋ^{11}	招郎	招赘
tsɨ^{53}	纸	纸
pũ^{35} tʊ^{55} tʊ^{5}	绊躲躲	捉迷藏

（十五）動作変化

発音（蔡橋方言）	語形（蔡橋方言）	意味（北京語）
tsʰũ¹³ təɯ²¹	刨	（用肘）撑
kʰei⁵³	肯	按（电铃）
ba¹¹	扒	扒
dʑye¹¹	拃	拔（鸡毛）
tɕʰia⁵³	扯	拔（草，牙）
mie⁵⁵	搣	掰
pa⁵³ ka³⁵ tsɿ²¹	摆架子	摆架子
pã⁵⁵	扳	扳（倒石碑）
kʰuei⁵³	□	扳（指头）
pũ⁵⁵ tɕia⁵⁵	搬家	搬家
ɣʊ¹³	和	拌（匀）
pũ⁵⁵ mũ¹¹	帮忙	帮忙
pũ⁵⁵ mũ¹¹	帮忙	帮助
dəɯ¹¹	绹	绑
kʰei⁵³	捆	绑(只限于"捆柴")
pəŋ⁵³	捧	抱(小孩)
nɯ¹¹	搎	抱(稻草)
pa³⁵	背	背
dʊ¹¹	驮	背（用马）
ba⁵³	背	背（书）
pi³⁵	滗	滗（干）
kã⁵³	赶	拨（饭)
pʊ⁵⁵	剥	剥（蛋壳）
ma⁵⁵	抹	擦（玻璃，桌子）
tsʰa⁵⁵	擦	擦（黑板）
ma⁵⁵ tsəɯ⁵³	抹澡	擦身子
tsʰa⁵³	猜	猜
dza¹¹	裁	裁
tsʰa⁵³	踩	踩（一般）
kye³⁵	□	踩（用力狠）
ziei¹¹	萦	（苍蝇在食物上）爬
pũ³⁵	绊	藏
tsʰa⁵⁵	插	插
tsʰa⁵⁵	拆	拆
tsʰã⁵⁵ / ɣʊ¹¹	搀 / 和	搀
dʑie¹¹	缠	缠
tiaŋ⁵³	长	长（长身体）
dʑiaŋ¹¹	尝	尝
tɕʰiaŋ¹³ kʊ⁵⁵	唱歌	唱歌
tsaŋ⁵⁵	争	吵（争吵）
siaŋ⁵³ ma⁵⁵ / ma⁵⁵ tɕia³⁵	相骂 / 骂架	吵架

発音（蔡橋方言）	語形（蔡橋方言）	意味（北京語）
dʑiei¹³	沉	沉
dʑiei¹³ tsʰiaŋ⁵⁵	沉清	沉淀
tɕʰiei⁵⁵	称	称（用秤称）
ba¹¹	划	撑（船）
ta⁵³	打	撑（伞）
ɕie⁵⁵ niaŋ¹¹	歇凉	乘凉
tɕiei⁵⁵ i⁵⁵ tʰy¹³	惊一跳	吃惊
tɕʰiɿ⁵⁵ na²¹	出来	出来
tɕʰiɿ⁵⁵ tɕʰi⁵	出去	出去
tɕʰye⁵⁵	穿	穿
di¹³	递	传
tʰy⁵³ tɕʰi¹³ / tɕʰi¹³ fɯ⁵⁵ fɯ⁵³ ni²¹	口气 / 气呼呼哩	喘气
tɕʰye¹³	串	串
tɕʰiɿ⁵⁵ tei⁵⁵	吹灯	吹灯
ta⁵³ tɕʰiɿ¹³ tsɿ²¹	打赤子	吹口哨
tɕʰiɿ⁵⁵ si²¹	吹熄	吹灭
kaŋ⁵³ ta³⁵ ua²¹	讲大话	吹牛
dʑiɿ¹¹ pa³⁵	捶背	捶背
tsʰʊ¹³ /tʰəŋ⁵⁵	戳/通	刺
ei³⁵	应	答应
dʑiɿ¹¹	捶	打（用拳头）
tɕiei⁵⁵ ni⁵ tɕʰia³⁵ kã²¹	金里赤杆	打赤膊
tsa³⁵ ŋã⁵⁵ pi⁵	炸眼闭	打盹
tɕʰy⁵⁵ e⁵³ pa²¹ tsɿ²¹	抽耳巴子	打耳光
tɕia³⁵ sɿ³⁵	架势	打算
ta⁵³	打（补丁）	补（补丁）
da¹¹ tʰi⁵	代替	代替
ta³⁵	带	带（孩子去）
ŋa¹¹	捱	待
ta³⁵	戴	戴（帽子，眼镜）
pa⁵⁵ (xəɯ³³ pɯ⁵)	巴（孝布）	戴（孝）
dã¹¹	弹	弹
taŋ³⁵	当	当（典当）
vɯ¹³	悟	当（以为）
taŋ⁵⁵ kũ⁵⁵	当官	当官
tiaŋ⁵⁵ sei⁵⁵	当心	当心
nã¹¹	拦	挡
təɯ³⁵	倒	倒（茶）
kʰəŋ³⁵	控	倒（垃圾）
ŋa³⁵ tɕiei⁵⁵ ty²¹	轧筋斗	倒立
təɯ³⁵ / kʰəŋ¹³	倒 / 控	倒（水）
nəɯ⁵⁵ təɯ²¹	捞倒	得到

発音（蔡橋方言）	語形（蔡橋方言）	意味（北京語）
tei⁵³	等	等
təŋ⁵⁵ i⁵ ɣa²¹	等一下	等一下
kɯ⁵⁵ ŋã⁵³ tɕiɨ²¹	鼓眼珠	瞪眼
tsa³⁵ nəɯ⁵⁵ kəŋ⁵	炸脑壳	低头
nei⁵⁵ suei³⁵ tsɨ²¹	论碎嘴	嘀咕
tɕiəɯ³⁵ tei⁵⁵	照灯	点灯
tsa³⁵ nəɯ⁵⁵ kəŋ⁵	眨脑壳	点头
tĩ⁵³ ɕiaŋ⁵⁵	点香	点香
ti⁵³ tɕiu⁵⁵	抵脚	踮脚
dĩ¹³	垫	垫（一张纸）
pã³⁵ təɯ²¹/pa³⁵ təɯ²¹	绊倒/罢倒	跌倒
tʰa¹³	踏	叠放
tɕie⁵⁵ bi⁵³	折被	叠被子
nã³⁵	难	（被马蜂）叮
gəɯ⁵³/ ŋəɯ⁵³	咬	（被蚊子）叮
tiaŋ³⁵	钉	钉
dei¹³	定	定
ɕye³⁵	□	丟
tʰʊ¹³	拓	掉（到地上）
təŋ⁵³	懂	懂
dəŋ⁵³	动	动
tɕie³⁵	颤	抖搂
ty⁵⁵	逗	逗
nəɯ³⁵ nəɯ⁵⁵ ɕiɨ⁵	痨老鼠	毒老鼠
nəɯ³⁵ sɨ²¹	痨死	毒死
nəɯ³³ iʊ⁵	痨药	毒药
nəɯ³⁵ ʑiɨ¹¹	痨鱼	毒鱼
ɖʐɨ¹¹	捐	端（凳子）
gɯ¹¹	□	蹲
pũ³⁵ təɯ	半倒	躲起来
ta⁵³ pʰəɯ⁵³	打跑	发抖
tĩ⁵⁵	颠	发疯
məŋ⁵⁵	木	发愣
tɕʰi⁵³ ma¹¹	起霉	发霉
fa⁵⁵ xʊ⁵³	发火	发脾气
fã⁵⁵	翻	翻
tsa⁵⁵ tɕiei⁵⁵ ty²¹	栽筋斗	翻筋斗
tsʰəɯ⁵³ vã²¹	吵烦	麻烦
xũ³⁵	放	放
kʰã¹³	看	放（牛）
ta⁵³ pʰi¹³	打屁	放屁
fi⁵⁵	飞	飞
fei⁵⁵	分	分

発音（蔡橋方言）	語形（蔡橋方言）	意味（北京語）
fei^{55} fɯ^5	吩咐	吩咐
nye^{11} bi^{53}	□被	缝被子
vɯ^{11} / tsʰã^{55}	扶/搀	扶（扶他走路）
bəɯ^{11}	浮	浮
vɯ^{13} tɕʰi^{21} ma^{55} vi^{13}	悟起没味	尴尬
kã^{55} niəŋ^{11}	赶牛	赶牛
kã^{53} tɕii^{55}	赶猪	赶猪
kã^{53} tsy^{53}	赶走	赶走
kã^{53}	敢	敢
kã^{53} mĩ^{55}	擀面	擀面
kəɯ^{33} xã^5 / kəɯ^{33} si^5	告撼/告诉	告诉
xɯ^{33} təɯ^5 mei^{55} pĩ^5	放到米边	搁
kã^{35}	间	隔
kɯ^{53}	鼓	鼓
tiaŋ^{35}	胀	（肚子）鼓（起来）
xã^{53}	喊	雇
kuɑ^{55}（vɯ^{11} tsɨ^{21}）	刮（胡子）	刮（胡子）
kuɑ^{35}	挂	挂
kuɑ^{35} təɯ^{21}	挂倒	挂念
kũ^{55}（tsʰaŋ^{55} tsɨ^5）	关（窗子）	关（窗）
kũ^{55} mei^{11}	关门	关门
kũ^{35}	灌	灌
xa^{55}	哈	逛
kʰuei^{53}	跪	跪
nye^{35}	㨃	滚
nɨ^{55}	滤	过滤
pʰɑ^{13} tɕʰy^{53}	怕丑	害羞
ɣã^{11}	含	含
xã^{53}	喊	喊
xɑ^{53} tɕʰi^{13}	哈气	呵气
tɕʰia^{55} dʑa^{11}	吃茶	喝茶
tɕʰia^{55} tsy^{53}	吃酒	喝酒
tɕʰia^{55} kʰɑ^{55} ɕii^{21}	吃开水	喝开水
pũ^{55} tɕʰii^{55} tɕʰi^5	攀出去	轰出去
tɕia^{55}	炙	烘
xuei^{35} sei^{21}	悔心	后悔
xuɑ^{35} dzĩ^{11}	花钱	花钱
ba^{11} dʑye^{11}	划船	划船
ɣuɑ^{11} ziaŋ^{11} xʋ^{21}	划洋火	划火柴
ɣuɑ^{13} fɯ^{35}	画符	画符
ɣuɑ^{13} ɣuɑ^{13}	画画	画画
ɣuɑ^{11} tsɑ^{53}	怀崽	怀孕
ɣũ^{11} tɕiaŋ^{35}	还帐	还债

発音（蔡橋方言）	語形（蔡橋方言）	意味（北京語）
ɣũ¹³ / tʰy⁵³	换 / <u>挑</u>	换
ei³⁵	应	回答
ɣuei¹¹ tɕʰi⁵	回去	回家
ɣuei¹¹ na²¹	回来	回来
ɣuei¹¹ tɕʰi⁵	回去	回去
tɑ⁵³ tɕye³⁵ ɕiei²¹	打转身	回头
ɕy⁵⁵ tie⁵	晓得	会
tsʰɿ⁵⁵ sy⁵	耻笑	讥笑
tsi⁵⁵	□	挤（牙膏）
tɕi³⁵ tie²¹	记得	记得
tɕi³⁵ ʣuei¹¹	寄存	寄存
tɕi³⁵ sei³⁵	寄信	寄信
tɕiɑ⁵⁵	加	加
kie⁵⁵	夹	夹
kie⁵⁵ tsʰa¹³	夹菜	夹菜
tsĩ³⁵	煎	煎（使液体蒸发）
tsĩ⁵⁵	煎	煎（油炸）
tɕĩ⁵³	捡	捡（起来）
kã⁵³ ɕiəɯ⁵³	减少	减少
tsĩ⁵³	剪	剪
tsã³⁵	溅	溅
kɑŋ⁵³ məŋ⁵⁵ uɑ²¹	讲梦话	讲梦话
ɣʊ¹³	和	搅拌
kəɯ⁵³	<u>搞</u>	搅匀
xã⁵³	喊	叫（牛吃食）
ny³⁵	<u>六</u>	叫（猪、鸡、鸭吃食）
kəɯ³⁵	教	教
tsie⁵⁵	接	接（球）
tsie⁵⁵	接	接（人）
tsie⁵⁵ sei⁵⁵	接生	接生
ɕie⁵⁵,tɕie⁵⁵	揭	揭
ka⁵³ y⁵⁵	解忧	解闷儿
ka⁵³	解	解（鞋带）
tsiɑ³⁵	借	借
tɕiɨ⁵³	举	举（手）
kie³⁵	割	锯（木头）
tɕye⁵³	卷	卷
tɕiʊ³⁵ tie²¹	觉得	觉得
tsʰye¹³	□	嚼
tɑ⁵³ xuɑ⁵⁵	打花	开花
kʰa⁵⁵ ũ¹¹ sy⁵	开玩笑	开玩笑
tʊ¹³ ʣa¹¹	剁柴	砍柴
tʊ¹³ ʑiɨ¹³	剁树	砍树

277

発音（蔡橋方言）	語形（蔡橋方言）	意味（北京語）
kʰã¹¹ ŋ⁵ tɕʰi⁵³	看嗯起	看不起
ta³⁵ sa³⁵ ŋ²¹ tsa²¹	带小人崽	看孩子
kʰã¹³ vɯ⁵⁵	看屋	看家
kʰã¹¹ tɕĩ⁵	看得见,看见	看见
kʰã¹³ ɣa²¹	看一下	看一下
dʑĩ¹¹	掮	扛
kʰəɯ⁵³	烤	烤（红薯）
tɕiɑ⁵⁵	炙	烤（火）
kʰɑŋ¹³	炕	烤（肉）
nɑ⁵⁵	拉	啃
kʰy⁵⁵	抠	抠
kʰɯ⁵⁵	哭	哭
dʑia¹³	□	跨
iɑŋ³⁵/ny¹¹	样/留	睏
pei³⁵	迸	拉
na¹¹	来	来
nã¹¹	拦	拦
nɑŋ³³ fi⁵	浪费	浪费
nəɯ¹¹	捞	捞（面条）
nəɯ³⁵ ʑɨ¹¹	捞鱼	捞（鱼）
dʑiəɯ¹¹	瞧	理睬
ni³⁵ kã⁵	沥干	沥干
tɕʰɨ⁵⁵	吹	晾
əɯ³⁵	坳	量（米）
ny¹¹	流	流
ny¹¹	留	留（下来）
dʑəɯ⁵³	漕	淋（雨）
ny⁵⁵	漏	漏
mɑ⁵⁵	骂	骂
ma¹¹	埋	埋
ma⁵³	买	买（一般）
ɣəɯ¹³	号	买（酒）
tʰy¹³	粜	买（米）
tɕʰiei⁵⁵	称	买（油）
ma³⁵	卖	卖
tɕʰɨ⁵⁵ ĩ⁵⁵	出烟	冒烟
mei³⁵	闷	闷
mʊ¹¹	磨	磨（刀）
ĩ⁵³	碾	磨（米）
dʑa¹¹ y¹¹	搭油	抹油
tã⁵⁵	担	拿
tsi⁵⁵	□	捏
tsy³⁵	□	拧（螺丝）

発音（蔡橋方言）	語形（蔡橋方言）	意味（北京語）
nie⁵⁵	捏	拧（人）
niəŋ³⁵	扭	扭（伤）
xuei⁵³	悔	呕吐
bɑ⁵³	□	趴
nɑ¹¹ （tɕʰi⁵⁵ nɑ⁵）	拿（起来）	爬（起来）
nɑ¹¹	拿	爬（树）
nɑ¹¹	拿	爬行
pʰɑ¹³	怕	怕
pʰɑ⁵⁵	拍	拍（手）
tsɿ⁵³	走	跑
tsei³⁵	浸	泡
nɑ³⁵ ʥɑ¹¹	耐茶	泡茶
bɑ¹¹	陪	陪
tɑ⁵³ fei³⁵ tsʰɿ²¹	打喷秋	打喷嚏
pʰəŋ⁵³	捧	捧
ʥɑŋ¹³	撞	碰
ɣuei¹³ təɯ²¹	会倒	碰见
pʰiɑ⁵⁵	劈	劈
pʰĩ⁵⁵	骗	骗
y³⁵	□	漂洗
pʰʊ¹³	剖	剖
pʰɯ⁵⁵	铺	铺（桌子）
xɑ³⁵	□	铺（床铺）
tɕʰi⁵⁵ təɯ²¹	欺倒	欺负
tsʰi⁵⁵	漆	漆
ʥʊ⁵³	坐	骑（脚踏车）
ʥʊ⁵³	坐	骑（马）
tɕʰi⁵³/tɕʰi⁵³ ʥɑŋ¹¹	起/起床	起床
nuei¹¹	搯	掐（死）
kʰĩ⁵⁵	牵	牵（手）
si⁵⁵ mei⁵⁵ tsɿ²¹	西闷子	潜水
tsʰiɑŋ¹³	呛	呛
tsʰiɑŋ⁵³	抢	抢
tɑ⁵³	打	敲（门）
kʰəɯ⁵⁵ bũ¹¹ bũ⁵	敲棒棒	敲竹杠
sʊ⁵³	锁	缲（边儿）
ʥiəɯ¹¹	桥	翘（木板受潮翘起）
pie⁵⁵	憋	撬
tsʰie⁵⁵	切	切
tʊ³⁵ suei³⁵	剁（碎）	切（碎）
tsɯ³⁵ pʊ³⁵	做□	亲嘴
tsʰiɑŋ⁵³	请	请
tʰəɯ⁵³	讨	取

279

発音（蔡橋方言）	語形（蔡橋方言）	意味（北京語）
tɕʰi¹³	去	去
tɕʰye³⁵	劝	劝
tɕʰye⁵⁵	缺	缺
zie⁵³	染	染
dʑiaŋ¹³	让	让
tɕye³⁵	转	绕（圈子）
dʑia⁵³	惹	惹
tɕiei⁵⁵	禁	忍
dʑiei¹³ tie²¹	认得	认识
tiaŋ³⁵ / ɕye³⁵	□/□	扔
ziaŋ¹¹	烊	溶化
zɿ¹¹	揉	揉
xũ³⁵ na⁵⁵	放赖	撒娇
xũ³⁵	放	撒（盐）
ia³⁵	□	撒（种）
fɯ³⁵	付	洒（水）
tsɿ⁵⁵	□	塞
səɯ³⁵ di¹³	扫地	扫地
sa⁵⁵	杀	杀
pʰʊ¹³	剖	杀（鱼）
sa³⁵	晒	晒
pʰɯ⁵⁵	铺	扇（扇子）
ziaŋ⁵³	上	上
ɕiəɯ⁵⁵	烧	烧
tsʰɿ⁵⁵	□	伸（手）
iaŋ⁵³ tɕʰɨ²¹	养出	生（出生）
fa⁵⁵ bi¹¹ tɕʰi⁵	发脾气	生气
saŋ⁵⁵ sy³⁵	生锈	生锈
tsɿ⁵⁵ tsã⁵³/tsã⁵³	积攒/攒	省
dʑiei¹³ tie²¹	剩	剩
sɿ³⁵	试	试
ɕy⁵⁵	收	收
ɕy⁵⁵ dzũ²¹	收藏	收藏
sa⁵⁵ tʰĩ⁵⁵	纱添	收拾
ɕɨ⁵⁵	输	输
pa³⁵	坝	摔（东西）
dəɯ¹¹	绚	拴
mei⁵³	抿	吮吸
kaŋ⁵³	讲	说
kaŋ⁵³ tɕia⁵³ ua⁵⁵	讲假话	说谎
vɯ¹³	悟	思索
sɿ⁵⁵	撕	撕
səŋ⁵⁵	松	松（松开）

発音（蔡橋方言）	語形（蔡橋方言）	意味（北京語）
səŋ³⁵	送	送
sʊ⁵⁵	缩	缩
tʰɑ⁵⁵	塌	塌
da¹¹	抬	抬
mũ³⁵	望	抬（头）
tʰã⁵⁵	摊	摊
kʰuei¹³	睏	躺
mʊ⁵⁵	摸	掏
tsy⁵³	走	逃走
tʰəɯ⁵³ ĩ³⁵	讨厌	讨厌
tʰiɑ⁵⁵	踢	踢
diɑ¹¹	提	提
tʰi¹³	替	替
tʰĩ⁵⁵	添	添
tsʰye⁵³	浅	舔
sye⁵³	选	挑
tã⁵⁵（ɕii⁵³）	担	挑（水）
bəŋ¹¹	朋	跳
tʰã¹³	听	听
tʰy⁵⁵	偷	偷
tʰɯ¹³	吐	吐（口水，痰）
naŋ³⁵	浪	推
tʰuei¹³ sie⁵⁵	褪色	褪色
ie⁵⁵	噎	吞
tsʰiaŋ⁵³	请	托（人帮忙）
ny¹¹	流	拖（鼻涕）
tʰʊ⁵⁵	拖	拖（车子）
tɕʰiɑ⁵³	扯	拖（时间）
ky⁵⁵	勾	弯腰
xa⁵⁵	□	玩
mũ⁵⁵ tɕi⁵	忘记	忘记
zii³⁵	饫	喂
ɕiəŋ³⁵	嗅	闻
vei¹³	问	问
mʊ⁵⁵	摸	握（刀子）
vɯ⁵³	捂	捂
ɕi⁵⁵ tɕʰi¹³	吸	吸（气）
siaŋ⁵³	想	稀罕
si⁵⁵	熄	熄
si⁵³	洗	洗
xũ⁵⁵ ɕi²¹	欢喜	喜欢
ty³⁵	吊	下垂
ɣa⁵³	下	下（山）

281

発音（蔡橋方言）	語形（蔡橋方言）	意味（北京語）
ɣã¹¹	衔	衔
siaŋ⁵³	想	羡慕
siaŋ⁵⁵ sei⁵	相信	相信
vɯ¹³	悟	想
kuɑ³⁵	挂	想念
ɕy⁵⁵ tie⁵	晓得	晓得
sy³⁵	笑	笑
mei³⁵	闷	（心里）闷
sei³⁵	信	信
tɕiaŋ⁵⁵	张	醒
ɕɿ⁵³ ye⁵⁵	许愿	许愿
tɕiei³⁵	禁	蓄（发，胡须）
ɕiʊ³⁵	学	学
ŋɑ¹³	轧	压（死）
ŋɑ¹³	轧	压（住）
ie⁵⁵	噎	咽
ie³⁵	咽	咽（下）
tsei³⁵ sɿ²¹	浸死	淹死
ŋɑ¹¹	挨	研
pɑ⁵³	摆	摇（手）
iɯ¹¹	摇	摇（头）
gəɯ⁵³/ŋəɯ⁵³	咬	咬
iəɯ⁵³	舀	舀
ie⁵⁵	噎	噎
kʰəɯ¹³	靠	依靠
ʑi¹¹	移	移动
bei¹¹	澎	溢（出来）
tʰiɑ⁵⁵ tɕiaŋ⁵³	踢颈	缢（死）
fã³⁵	泛	涌（出来）
ɕiɑ⁵³ ni⁵⁵	舍力	用力
gei¹¹	□	用手按住
y⁵³	有	有
tɕyei⁵³	准	允许
tsa³⁵ ɣuei¹³	再会	再会
tsʰʊ¹³	戳	凿
kuɑ³⁵	怪	责怪
tsũ³⁵	钻	扎
tsa⁵⁵	眨	眨（眼睛）
tsʰɿ⁵³	取	摘（帽子）
ʑiɑ¹¹	粘	粘
tɕie³⁵	占	占（便宜）
dʑi⁵³	倚	站
pɑ⁵⁵	巴	蘸墨水

発音（蔡橋方言）	語形（蔡橋方言）	意味（北京語）
ŋa⁵⁵ kʰa⁵⁵	丫开	张（嘴）
tiɑŋ³⁵	胀	胀
ziəɯ¹¹ ɕy⁵³	摇手	招手
dzei¹¹	寻	找
tɕiəɯ³⁵	照	照（镜子）
tsəɯ³⁵	罩	罩
kʰuei⁵³	傀	折（断）
sa⁵⁵	洒	掼（酒）
tsaŋ⁵⁵	争	争
dzei¹³	睁	睁（开）
ɕy⁵⁵ ɕiɨ⁵	收拾	整理
ɕy⁵³ tie⁵	晓得	知道
tɕiɨ⁵⁵	织	织（布）
tsɨ⁵³	指	指
tsa⁵⁵	栽	种（树，花）
iɑŋ⁵⁵	秧	种（庄稼）
fei⁵⁵ fɯ⁵	吩咐	嘱咐
dziɨ¹³	住	住
iɑ⁵³	也	抓（五个手指和手掌一起抓）
tsa⁵⁵	抓	抓（只用手指抓）
dzia¹¹（iɑŋ⁵³）	□（痒）	抓（痒）
tɕye⁵³	转	转（身）
tɕye³⁵ ũ⁵⁵	转弯	转弯
tsũ⁵⁵	装	装
ty³⁵	斗	装（锄头柄）
dzaŋ¹³	撞	撞
pʰũ⁵⁵	攀	追
tsʊ⁵⁵	捉	捉
xəŋ⁵³/sa⁵³	哄/耍	捉弄
tsʊ³⁵	啄	啄
zĩ¹¹ xʊ⁵³	燃火	着火
ɣɑŋ¹¹	行	走
kəŋ³⁵	□	钻（进去）
tsʰʊ¹³	戳	钻（一个洞）
ɕiɑŋ⁵⁵	声	作声
dzʊ⁵³	坐	坐

(十六) 性質狀態

発音（蔡橋方言）	語形（蔡橋方言）	意味（北京語）
a⁵³	矮	矮
si⁵⁵ dzei⁵	息静	安静，净
iei⁵⁵	阴	暗

283

発音（蔡橋方言）	語形（蔡橋方言）	意味（北京語）
mɑ¹¹ vɯ²¹	麻污	肮脏
ie⁵⁵	噎	凹
bie¹³	白	白色
pei⁵⁵ zɿ⁵	本事	本领
xɑ⁵³	傻	笨
tsɿ³⁵ dʑiɿ¹³	箭直	笔直
pĩ⁵³	扁	扁
bĩ¹¹ i²¹	便宜	便宜
ie⁵⁵	瘪	瘪
bʊ¹³	薄	薄
kaŋ⁵⁵ ni⁵³	讲理	讲理
dʑia¹¹	斜	不正
kie⁵⁵ dʑiaŋ¹¹	隔长	差（很次）
xəɯ³⁵ tɕʰia⁵⁵	好吃	馋
dʑiaŋ¹¹	长	长
dʑəɯ¹¹	嘈	吵（声音杂乱）
tɕʰia⁵⁵ kʰuei⁵⁵	吃亏	吃亏
ŋã³⁵	晏	迟
ŋei³⁵	硬	稠(粥很稠)
mɑ¹¹ tsi²¹ mei³⁵ tsi²¹	麻挤密挤	稠密（草）
tɕʰy⁵³	丑	丑
tɕʰy¹³	臭	臭
xʊ³⁵ tɕʰiɿ⁵³/nei¹¹ kã⁵	活处/能干	聪明
tsaŋ³⁵	壮	粗
tsəɯ⁵⁵	糙	脆
dʑəɯ¹³	造	错
da¹³	大	大
tã⁵³ sa³⁵	胆小	胆小
dã⁵³	淡	（味道）淡
dã⁵³	淡	（颜色）淡
ba¹³ zɿ¹¹	背时	倒霉
a⁵³	矮	低
tsʰəɯ⁵³	吵	调皮
ma⁵⁵ mĩ⁵⁵ tsɿ²¹	没面子	丢脸
təŋ³⁵	冻	冻
ty⁵³	陡	陡
tũ⁵³	短	短
dũ⁵³	断	断
tɕye⁵³	卷	钝₁
kʊ⁵⁵	角	钝₂
tʊ⁵⁵	多	多₁
ka⁵⁵ zɿ¹³	皆是	多₂
ŋʊ⁵⁵	饿	饿

発音（蔡橋方言）	語形（蔡橋方言）	意味（北京語）
xũ⁵⁵ bĩ	方便	方便
tsaŋ³⁵	壮	肥
kã⁵⁵	干	干
ɣã¹¹ vã²¹	闲饭	干饭
kã⁵⁵ ʥei⁵	干净	干净
kɯ⁵⁵	高	高
xũ⁵⁵ ɕi²¹	欢喜	高兴
kɑ³⁵ tsɿ²¹	架子	个子
y⁵³ kua²¹ ni²¹	有刮哩	够了
tsɿ³³ i⁵	恣意	故意
ʥei¹¹ ɣaŋ¹¹	寻行	乖
kuei³⁵	贵	贵
xɯ⁵³ / iɯ³⁵ tie²¹	好 / 要得	好
kua⁵⁵ tʰa²¹	乖态	好看
xie⁵⁵	黑	黑
xie⁵⁵	黑	黑色
kʰəŋ⁵⁵ bie¹³	空白	很白
tsʰɿ⁵⁵ xie⁵⁵	黢黑	很黑
tsy⁵⁵ sũ⁵⁵	□酸	很酸
nɯ⁵⁵ ye⁵³	捞软	很软
tsʰei⁵⁵ dĩ¹¹	亲甜	很甜
pʰei¹³ ɕiaŋ⁵⁵	喷香	很香
pũ⁵⁵ ŋei³⁵	梆硬	很硬
nũ¹¹ tʰia⁵⁵ tʰia⁵ ni²¹ tsa²¹	□踢踢哩崽	很圆
ɣei¹³	恨	恨
ɣuei¹¹	横	横
ɣuei¹¹ ɣuei¹¹（ni²¹ xũ³⁵ tɕʰi²¹）	横横里（放起）	横（放）
ɣəŋ¹¹	红	红
ʐy⁵³	厚	厚
vu¹¹ dɯ²¹	糊涂	糊涂
ɣua¹³	滑	滑
ɣua¹³	坏	坏
ɣũ¹¹	黄	黄
tsʰʊ⁵⁵	错	浑浊
nei¹¹ xʊ⁵	灵活	机灵
tɕia⁵³	假	假
tsĩ⁵⁵	尖	尖
ʥye¹³	贱	贱
mɑ¹¹	麻	（脚）麻
tɕie⁵⁵ ɕɿ⁵ / nɯ¹¹ ɕɿ⁵	结实 / 牢实	结实
tɕiei⁵³	紧	紧
ʥiei⁵³	近	近
tɕʰi¹¹ sie⁵ xɯ⁵³	气色好	有精神

発音（蔡橋方言）	語形（蔡橋方言）	意味（北京語）
dʑy¹³	旧	旧
dʑiaŋ⁵³	强	倔强
zyei¹¹ dʑei⁵	匀净	均匀
kʰã¹³ çy⁵³	看首	看头
dʑɤɯ¹¹ ĩ⁵⁵	造孽	可怜
(kʰy⁵³) kã²¹	（口）干	（口）渴
kʰie⁵⁵ tɕʰi⁵	客气	客气
kʰəŋ⁵⁵	空	空
kʰəŋ¹³	空	空闲
kʰɯ⁵³	苦	苦
kʰua¹³	快	快
xũ⁵⁵ çi²¹	欢喜	快活
kũ⁵⁵	宽	宽
nɑ³⁵	辣	辣
nã¹¹	蓝	蓝
nã⁵³	懒	懒
nã⁵⁵	烂	烂/破烂
nɤɯ⁵³	老	老 年齢大；菜不嫩
nɤɯ⁵³ dʑiei²¹	老成	老练
iaŋ³⁵	样	累
təŋ³⁵	冻	冷₁
naŋ⁵³	冷	冷₂
ni⁵⁵ xʊ²¹	厉火	利害
niaŋ¹¹ kʰua⁵	凉快	凉快
niaŋ³⁵	亮	亮
ty⁵⁵ ŋa³⁵	逗爱	伶俐
xʊ³⁵ tɕʰii²¹	活处	灵活
nɨ⁵⁵	绿	绿
nũ⁵⁵	乱	乱
nʊ⁵⁵ sʊ²¹ / nʊ⁵⁵ ni⁵ pa⁵⁵ sʊ²¹	罗嗦/罗里巴嗦	罗嗦
ma¹¹	麻	麻
ma¹¹ ni⁵/ni⁵ sʊ²¹	麻利/利索	麻利
mũ⁵³	满	满
bei¹¹	溢	满（得溢出来）
mã⁵⁵	慢	慢
mũ¹¹	忙	忙
ma¹¹ tsɨ²¹ mei³⁵ tsɨ²¹	麻□密□	密（禾）
mie⁵⁵ ŋ⁵ çii³⁵	篾嗯实	模糊
iaŋ⁵⁵ tsɨ²¹	样子	模样
nã¹¹	难	难
tɕʰy⁵³	丑	难看
sei⁵⁵ tɕiei⁵³	心紧	难受

発音（蔡橋方言）	語形（蔡橋方言）	意味（北京語）
nuei⁵⁵	嫩	嫩
nei¹¹ kã⁵	能干	能干
kɣ³⁵	够	腻
nĩ¹¹ tɕʰiei⁵⁵	年轻	年轻
ziəŋ¹¹	浓	浓
ĩ³³ xʋ⁵	热和	暖和
tsaŋ³⁵	壮	胖
biaŋ¹¹	平	平
pʰʋ⁵⁵	泼	泼（泼辣）
dʑi¹¹	齐	齐
kɯ⁵⁵ kua⁵	古怪	奇怪
tɕʰi¹³	气	气味
tsʰye⁵³	浅	浅
dʑiei¹¹ kʰua⁵	勤快	勤快
tɕʰiaŋ⁵⁵	轻	轻
tsʰiaŋ⁵⁵	清	清澈
tsʰei⁵⁵ tsʰɯ²¹	清楚	清楚
dʑiəŋ¹¹	穷	穷
ĩ³⁵	热	热
ɕia⁵³ ni³⁵	舍力	认真
i⁵⁵ tie²¹	易得	容易
ye⁵³	软	软
tɕia⁵⁵	加	涩
xɑ⁵³	傻	傻
nəɯ⁵⁵	捞	（饭烧）焦
dʑəɯ	嘈	烧心
ɕiəɯ⁵³ vi²¹	稍微	稍微
ɕiəɯ⁵³	少	少
ɕiei⁵⁵	深	深
saŋ⁵⁵	生	生（不熟）
ɕiɨ⁵⁵	湿	湿
sy³⁵	瘦	瘦
cy³⁵	熟	熟
dʑiɨ⁵³	竖	竖
sɨ⁵³	死	死
sy⁵⁵	馊	馊
sũ⁵⁵	酸	酸
suei³⁵ /sɨ³⁵	岁	岁
suei³⁵	碎	碎
na³⁵	燢	烫
dĩ¹¹	甜	甜
tʰəŋ⁵⁵	通	通
kɯ⁵³	鼓	凸

発音（蔡橋方言）	語形（蔡橋方言）	意味（北京語）
ũ³⁵	旺	旺
uei⁵³	稳	稳
ɕi⁵⁵	稀	（粥）稀
ɕi⁵⁵	稀	稀疏
si³⁵	细	细
xɑ⁵⁵ ŋ¹¹	吓人	吓人
ɣã¹¹	咸	咸
dziaŋ¹³	像	像₁（他长得像妈妈）
xʊ³⁵	或	像₂（我不像他那么有钱）
siaŋ³³ məɯ⁵	相貌	相貌
mɑ⁵⁵ mɑ⁵ / sa³⁵	□□ / 小	小
sy⁵⁵ tɕʰi⁵	小气	小气
dzia¹¹	斜	斜
sei⁵⁵ sye²¹	新鲜	新鲜
tɕiei⁵³	紧	紧要
ŋei³⁵	硬	硬
tsi⁵³	挤	拥挤
y⁵³ tɯ³⁵	有毒	有毒
nũ¹¹	□	圆
ye⁵³	远	远
tsəɯ⁵³	早	早
dzəɯ¹¹ ĩ⁵⁵	造孽	造孽
xa³⁵	狭	窄
dzi¹¹	齐	齐
dziəŋ⁵³	重	重
tsy³⁵	皱	皱
tsɿ⁵³	紫	紫
tsɨ³⁵	醉	醉

資料篇Ⅲ　蔡橋方言文法調査項目

　本資料は蔡橋方言の文法調査で得られた調査結果をまとめたものである。調査は 2007 年 8 月 17 日に行われたものである。インフォーマントは王三定である（p.229 参照）。

　調査文は詹伯慧主編（1991：472-478）所収の調査文に基づき，一部の作例を付け加えて作成した。語順、比較文、アスペクト助詞（"了"、"着"、"过"）、前置詞、語気助詞などの項目，合計 358 文からなっている。

索　引

番号	調査項目	ページ
（1）～（57）	常用調査文	pp. 290-292
（58）～（80）	語順	pp. 292-293
（81）～（92）	比較文	p. 293
（93）～（160）	"了"	pp. 294-297
（161）～（214）	"着"	pp. 297-300
（215）～（225）	"过"	p. 300
（226）～（240）	"得"	pp. 300-301
（241）～（255）	"的"	pp. 301-302
（256）～（280）	前置詞 "给"	pp. 302-304
（281）～（309）	前置詞 "把"	pp. 304-306
（310）～（335）	前置詞 "被"	pp. 306-307
（336）～（358）	語気助詞 "着"	pp. 307-308

番号	調査項目	北京語調査文	蔡橋方言
1.	常用調査文	这句话用蔡桥话怎么说?	kʊ⁵⁵ tɕiɪ⁵⁵ ua⁵⁵ iəŋ²³ tsʰa¹³ dʑiəɯ¹¹ ua⁵⁵ ɣʊ¹¹ ka⁵⁵ kaŋ⁵³? 果句话用蔡桥话何嘎讲?
2.	常用調査文	――你贵姓? ――我姓王。	――ŋ⁵³ kuei³⁵ sei³⁵? 你贵姓? ――gʊ⁵³ sei³⁵ ɣũ¹¹。 我姓王。
3.	常用調査文	你姓王，我也姓王，咱们两个人都姓王。	ŋ⁵³ sei³⁵ ɣũ¹¹, gʊ⁵³ ia¹³ sei³⁵ ɣũ¹¹,gʊ⁵³ niaŋ⁵⁵ kʊ⁵ ŋ²¹ dʑei¹³ sei³⁵ ɣũ¹¹。 你姓王,我也姓王,我两个人尽姓王。
4.	常用調査文	――〔有人敲门〕谁呀? ――我是老三。	――na⁵⁵ kʊ⁵ a²¹? 哪个啊? ――gʊ⁵³ zi¹³ nəɯ¹³ sã³⁵。 我是老三。
5.	常用調査文	――老四呢? ――他正在跟一个朋友说着话呢。	――nəɯ⁵³ sɿ³⁵ nei²¹? 老四呐? ――tɕi⁵³ tɕiei⁵⁵ dʑa⁵ kei⁵⁵ kʊ⁵ bəŋ¹¹ y²¹ kaŋ⁵³ təɯ²¹ ua⁵⁵ dʑa³³ mei⁵³ ni²¹。 己正在跟一个朋友讲倒话在米里。
6.	常用調査文	自行车放在棚子里。	sɿ³⁵ tɕʰie²¹ xũ³³ dʑa⁵ bəŋ¹¹ bəŋ⁵ ni²¹。 线车放在棚棚里。
7.	常用調査文	――她们在干什么呢? ――她们在吃着饭呢。	――tɕi⁵³ tʰã²¹ ŋ²¹ tɕʰia⁵⁵ təɯ²¹ vã¹³ dʑa⁵³ mei⁵³ ni²¹。 己摊人正在做么事呐? ――tɕi⁵³ tʰã²¹ ŋ²¹ tɕiei⁵⁵ dʑa⁵ tsʊ³⁵ mʊ⁵⁵ zi¹³ nei²¹? 己摊人吃倒饭在米里。
8.	常用調査文	――他还没有说吗? ――还没有。大约再有一会儿就说完了。	――tʰa⁵⁵ ɣa¹¹ ma⁵⁵ y⁵³ kaŋ⁵³? 他还没有讲? ――ɣa¹¹ ma⁵⁵ y⁵³。 da¹³ kʰa¹³ tsa³⁵ iəɯ³⁵ i⁵⁵ ɣa⁵³ tsa⁵³ dʑy¹³ kaŋ⁵³ ye¹¹ kua²¹ ni²¹。 还没有。大概再要一下崽就讲完刮哩。
9.	常用調査文	他说马上就走，怎么这半天了还在家呢?	tɕi⁵³ kaŋ⁵³ dʑy¹³ ɣaŋ¹¹, ɣʊ¹¹ ka²¹ kʊ⁵³ pũ³⁵ ŋ⁵⁵ ni²¹ ɣa¹¹ dʑa⁵³ vɯ⁵⁵ ni²¹ nei²¹? 己讲就行,何嘎果半日哩还在屋里呐?
10.	常用調査文	他正在那儿跟一个朋友说着话呢。	tʰa⁵⁵ tɕiei⁵⁵ dʑa⁵ dəŋ¹¹ i⁵⁵ kʊ³⁵ bəŋ¹¹ y²¹ kaŋ⁵³ təɯ²¹ ua⁵⁵ dʑa⁵³ mei⁵³ ni²¹。 他正在同一个朋友讲倒话在米里。
11.	常用調査文	――你到哪里去? ――我到城里去。	――ŋ⁵³ təɯ³⁵ na⁵³ ni²¹ tɕʰi¹³? 你到哪里去? ――gʊ⁵³ təɯ³⁵ dʑiei¹¹ ni²¹ tɕʰi¹³。 我到城里去。
12.	常用調査文	――你什么时候去? ――我说完话马上就去。	――ŋ⁵³ mʊ⁵⁵ kʊ⁵³ dʑi¹¹ zy¹¹ tsa⁵³ tɕʰi¹³? 你果时候崽去? ――gʊ⁵³ kaŋ⁵³ zye¹¹ ua⁵⁵ dʑy¹³ ɣaŋ¹¹。 我讲完话就行。
13.	常用調査文	――你去干什么去? ――我去买菜去。	――ŋ⁵³ tsɯ³⁵ mʊ⁵⁵ tɕʰi¹³? 你做么去? ――gʊ⁵³ tɕʰi¹³ ti⁵ mei⁵⁵ tsʰa¹³ tsa⁵³。 我去买滴菜崽。
14.	常用調査文	你先去吧，我们等一会儿再去。	ŋ⁵³ ɣaŋ¹¹ dy¹¹,gʊ⁵³ tei²¹ ɣa¹³ dʑy¹³ na¹¹。 你行头,我等下就来。
15.	常用調査文	好好儿的走!不要跑!	mã⁵⁵ mã⁵⁵ suei³⁵ tsa⁵ ɣaŋ¹¹,ŋ³⁵ iəɯ³⁵ tsy⁵³。 慢慢碎崽行,嗯要走。
16.	常用調査文	你告诉他。	ŋ⁵³ kəɯ³³ sɿ⁵ tɕi⁵³。 你告诉己。
17.	常用調査文	他跟他说。	tɕi⁵⁵ kei⁵ tɕi⁵³ kaŋ⁵³。 己跟己讲。
18.	常用調査文	她不在那儿，也不在这儿。到底是在哪儿呢?	tɕi⁵⁵ ma⁵⁵ dʑa⁵³ mei⁵³ ni²¹,ia⁵³ ma⁵⁵ dʑa⁵³ kʊ⁵³ ni²¹。 ŋ³⁵ ɕy⁵⁵ tie⁵³ dʑa⁵³ na⁵³ ni²¹。 她没在米里,也没在果里。嗯晓得在哪里。
19.	常用調査文	在那儿，不在这儿。	dʑa⁵³ mei⁵³ ni²¹,ma⁵⁵ dʑa⁵³ kʊ⁵³ ni²¹。 在米里,没在果里。
20.	常用調査文	怎么办呢?	ɣʊ¹¹tsɿ³⁵ ka²¹? 何恣嘎?

番号	調查項目	北京語調查文	蔡橋方言
21.	常用調查文	不是那么做，是要这么做的。	ma⁵⁵ zɿ¹³ mei⁵³ kɑ²¹ tsu³⁵,ŋei³⁵ iəɯ³⁵ kʊ⁵³ kɑ²¹ tsu³⁵。 没是米嘎做，硬要果嘎做。
22.	常用調查文	要多少才够呢？	iəɯ³⁵ xəɯ⁵³ tʊ⁵⁵ ʥa¹¹ y⁵³ kua²¹？ 要好多才有刮？
23.	常用調查文	太多了，用不着那么多，只要这么多就够了。	tʰa¹³ tʊ⁵⁵ ni²¹,iəɯ³⁵ kʊ⁵³ tʊ⁵⁵ tsu³⁵ mʊ⁵³ kʊ³⁵？ tsi⁵⁵ iəɯ⁵⁵ kʊ⁵³ tʊ⁵⁵ tsa²¹ ʥy¹³ y⁵³ kua²¹。 太多哩，要果多做么个？只要果多崽就有刮。
24.	常用調查文	越走越远，越说越多。	ye⁵⁵ ɤŋ¹¹ ye⁵⁵ ye⁵³,ye⁵⁵ kaŋ⁵³ ye⁵⁵ tʊ⁵⁵。 越行越远，越讲越多。
25.	常用調查文	他今年多大岁数？	tɕi⁵³ tɕiei¹³ nĩ¹¹ xəɯ⁵³ da¹³ ĩ¹¹ tɕi²¹？ 己今年好大年纪？
26.	常用調查文	大概有三十来岁罢。	da¹¹ kʰa⁵ y⁵³ sã⁵⁵ ɕiɿ⁵⁵ tʊ⁵⁵ suei³⁵ tsa²¹。 大概有三十多岁崽。
27.	常用調查文	这个东西有多重呢？	kʊ⁵⁵ kʊ⁵ təŋ⁵⁵ si⁵⁵ y⁵³ xəɯ⁵³ ʥiaŋ⁵³？ 果个东西有好重？
28.	常用調查文	有五十多斤重呢。	y⁵³ vɯ⁵⁵ ɕiɿ⁵ tʊ⁵⁵ tɕiei⁵⁵ tsa²¹。 有五十多斤崽。
29.	常用調查文	拿得动吗？	tã⁵⁵ tie⁵⁵ dəŋ⁵³ məɯ²¹？ 担得动卯？
30.	常用調查文	我拿得动，他拿不动。	gʊ⁵³ tã⁵⁵ tie²¹ dəŋ⁵³, tɕi⁵³ tã⁵⁵ ŋ⁵ dəŋ⁵³。 我担得动，己担嗯动。
31.	常用調查文	你说得很好，我还会说点儿什么呢？	ŋ⁵³ kaŋ⁵³ tie⁵⁵ kʊ⁵⁵ i⁵ xəɯ⁵³, gʊ⁵³ ɤa¹¹ kaŋ⁵³ mʊ⁵³ kʊ⁵³ mei¹¹ daŋ⁵。 你讲得果一好，我还讲么果名堂。
32.	常用調查文	给我一本书。	pa⁵³ gʊ⁵³ tã⁵⁵ pei⁵³ ɕiɿ⁵⁵。 tã⁵⁵ (tɕʰi⁵⁵) pei⁵³ ɕiɿ⁵⁵ pa⁵³ gʊ⁵³。 把我担本书。担（乞）本书把我。
33.	常用調查文	我实在没有书。	gʊ⁵³ tɕiei¹¹ ki²¹ ma⁵⁵ tie⁵⁵ ɕiɿ⁵⁵。 我真个没得书。
34.	常用調查文	他给我一本书。	tɕi⁵³ pa⁵³ (tɕʰi⁵⁵) gʊ⁵³ i⁵⁵ pei⁵³ ɕiɿ⁵⁵。 tɕi⁵³ tɕʰi¹³ tɕʰi²¹ i⁵⁵ pei⁵³ ɕiɿ⁵⁵ pa⁵³ gʊ⁵³。 己把（乞）我一本书。己乞起一本书把我。
35.	常用調查文	叫他快来找我。	xã⁵³ tɕi⁵³ ʥy¹³ na¹¹ ʥei¹³ gʊ⁵³。 喊己就来寻我。
36.	常用調查文	赶快把他请来！	kʰua¹¹ siaŋ⁵ pa⁵³ tɕi⁵³ xã⁵³ na¹¹。 kʰua¹³ xã⁵³ tɕi⁵³ na¹¹。 快相把他喊来。快喊己来。
37.	常用調查文	饭好了，快来吃来罢。	vã¹¹ tsʰa⁵ ʥei¹³ ɕy³⁵ kua²¹ ni²¹, kʰua¹³ na¹¹ tɕʰia⁵⁵ nei²¹。 饭菜尽熟刮哩，快来吃勒。
38.	常用調查文	锅里还有饭没有？	tiaŋ⁵³ ni²¹ ɤa¹¹ y⁵³ vã¹³ məɯ²¹？ 鼎里还有饭没？
39.	常用調查文	你去看一看去。	ŋ⁵³ tɕʰi¹³ kʰã¹¹ i⁵ ɤa²¹。 你去看一下。
40.	常用調查文	我去看了，没有了。	gʊ⁵³ tɕʰi¹³ kʰã¹³ kua²¹ ni²¹, ma⁵⁵ tie⁵⁵ ni²¹。 i³⁵ ma⁵⁵ tie⁵⁵。 我去看刮哩，没得哩。又没得。
41.	常用調查文	香得很，是不是？	pʰei¹³ ɕiaŋ⁵⁵, ŋ⁵³ kaŋ⁵³ zɿ¹³ məɯ²¹？ 喷香，你讲是没？
42.	常用調查文	你抽不抽烟？	ŋ⁵³ na⁵³ ka²¹ tɕʰia⁵⁵ ŋ⁵ tɕʰia⁵⁵ ĩ⁵⁵？ 你老家吃嗯吃烟？
43.	常用調查文	吸烟或者喝酒都不行。	tɕʰia⁵⁵ ĩ⁵⁵ ɤɯ¹¹ tɕʰia⁵⁵ tsy⁵³ ʥei¹¹ ma⁵⁵ ɕiʊ³⁵ təɯ²¹。 吃烟和吃酒尽没学倒。
44.	常用調查文	烟也好(也罢)，茶也好(也罢)，我都不喜欢。	ĩ⁵⁵ ia⁵³ xəɯ⁵³, ʥa¹¹ ia⁵³ xəɯ⁵³, gʊ⁵³ zɿ¹³ ma⁵⁵ ɤã¹¹ tɕiɿ⁵。 烟也好，茶也好，我是没限局。

番号	調査項目	北京語調査文	蔡橋方言
45.	常用調査文	小心跌下去爬也爬不上来！	tɕia³⁵ si³⁵ nei²¹, tʰʊ¹³ nʊ³³ tɕʰi⁵ na¹¹ ŋ⁵ ziaŋ⁵³ ki²¹ nei²¹。 架势呐，拓落去爬嗯上个呐。
46.	常用調査文	医生叫你多睡一睡。	i³⁵ sei²¹ tɕiəɯ³⁵ ŋ³⁵ tʊ⁵⁵ kʰuei¹¹ ti⁵ ŋã⁵⁵ pi⁵ tsa²¹。 医生叫你多睏滴眼闭崽。
47.	常用調査文	不早了，快去罢！	ŋ³⁵ tsəɯ⁵³ ni²¹, kʰua¹³ tɕʰi¹³。　嗯早哩，快去。
48.	常用調査文	现在还很早着呢，等一会儿再去罢。	kye⁵⁵ tsa²¹ ɣa¹¹ tsəɯ⁵³ tie²¹ xei²¹, kʊ³⁵ ɣa²¹ tsa²¹ dza¹¹ tɕʰi¹³。 □崽还早得很，过下崽才去。
49.	常用調査文	吃了饭再去好吗？	tɕʰia⁵⁵ kua²¹ vã¹³ tsa³⁵ tɕʰi¹³ iəɯ³⁵ tie²¹ məɯ²¹? 吃刮饭再去要得卯？
50.	常用調査文	慢慢儿吃啊，不要着急。	mã⁵⁵ mã⁵⁵ suei³⁵ tsa²¹ tɕʰia⁵⁵, ŋ³⁵ iəɯ³⁵ tɕi⁵⁵。 慢慢碎崽吃，嗯要急。
51.	常用調査文	来闻闻这朵花香不香。	ɕiaŋ³⁵ ɣa²¹ kʊ⁵³ tʊ⁵³ xua⁵⁵, kʰã¹³ ɕiaŋ⁵⁵ məɯ²¹ tɕia⁵? 嗅下果朵花，看香没着？
52.	常用調査文	不管你去不去，反正我是要去的。	dzii¹¹ ŋ⁵³ tɕʰi¹³ ia⁵³ xəɯ³⁵ ŋ³⁵ tɕʰi¹³ ia⁵³ xəɯ⁵³, fã⁵⁵ tɕiei⁵ gʊ⁵³ zɿ¹³ iəɯ³⁵ tɕʰi¹³ ki²¹。 随你去也好嗯去也好，反正我是要去个。
53.	常用調査文	我非去不可。	gʊ⁵³ dzii¹¹ tɕi⁵³ ɣʊ¹¹ tsɿ³⁵ ka²¹, gʊ⁵³ zɿ¹³ iəɯ³⁵ tɕʰi¹³。 我随己何恣嘎，我是要去。
54.	常用調査文	说了一遍，又说一遍。	kaŋ⁵³ kua²¹ i⁵⁵ təɯ³⁵, i³⁵ kaŋ⁵³ i⁵⁵ təɯ³⁵。讲刮一到，又讲一到。
55.	常用調査文	请你再说一遍。	tsʰei⁵³ ŋ³⁵ i³⁵ kaŋ⁵⁵ i⁵ təɯ³⁵。　请你一讲一到。
56.	常用調査文	他在哪儿吃的饭？	tɕi⁵³ dza⁵³ na⁵³ ni²¹ tɕʰia⁵⁵ kua²¹ vã¹³ ki²¹（tɕiəɯ⁵）? 己在哪里吃刮饭个（着）？
57.	常用調査文	他(是)在我家里吃的饭。	tɕi⁵³ dza⁵³ gʊ⁵³ vu⁵⁵ ni²¹ tɕʰia⁵⁵ kua²¹ vã¹³ ki²¹。 己在我屋里吃刮饭个。
58.	語順	他愿意说不愿意？	tɕi⁵³ siaŋ⁵³ ŋ³⁵ siaŋ⁵³ kaŋ⁵³？／ tɕi⁵³ siaŋ⁵³ kaŋ⁵³ ŋ³⁵ siaŋ⁵³ kaŋ⁵³? 己想嗯想讲？／己想讲嗯想讲？
59.	語順	我能不能来？	gʊ⁵³ na¹¹ iəɯ³⁵ tie²¹ məɯ²¹?　我来要得卯？
60.	語順	你到过北京没有？	ŋ⁵³ təɯ⁵⁵ kʊ⁵ pie⁵⁵ tɕiei²¹ ma⁵⁵ i²¹?　你到过北京没有？
61.	語順	——(这事情)他知道不知道？ ——他不知道。	——tɕi⁵³ ɕy⁵⁵ tie⁵ ŋ³⁵ ɕy⁵⁵ tie⁵? 己晓得嗯晓得？ ——tɕi⁵³ ŋ³⁵ ɕy⁵⁵ tie⁵。　己嗯晓得。
62.	語順	你还记得不记得？	ŋ⁵³ ɣa¹¹ tɕi³⁵ tie²¹ məɯ²¹?　你还记得卯？
63.	語順	你认得那个人不认得？	a. ŋ⁵³ dziei¹³ ŋ³⁵ dziei¹³ tie⁵⁵ mei⁵⁵ kʊ⁵ ŋ¹¹?　你认嗯认得米个人？ b. ŋ⁵³ dziei¹¹ tie⁵⁵ mei⁵⁵ kʊ⁵ ŋ¹¹ məɯ²¹?　你认得米个人卯？
64.	語順	我对不起他。	gʊ⁵³ tuei³⁵ tɕi⁵³ pu³⁵ dzii¹³。　我对己不住。
65.	語順	你前面走。	ŋ⁵³ ɣaŋ¹¹ dy¹¹。　你行头。
66.	語順	我告诉过他。	gʊ⁵³ dəŋ¹¹ tɕi⁵³ kaŋ⁵⁵ kʊ⁵。　我同己讲过。

番号	調査項目	北京語調査文	蔡橋方言
67.	語順	我嘴笨，我说不过他。	gʊ⁵³ tsi⁵³ pa⁵⁵ tsi⁵³ tɕye⁵⁵ tie⁵⁵ xei⁵³, gʊ⁵³ kaŋ⁵³ tɕi⁵³ ŋ³⁵ ziaŋ¹¹。 我嘴巴子拙得很，我讲己嗯赢。
68.	語順	我跑不过他。	gʊ⁵³ tsɯ⁵³ tɕi⁵³ ŋ³⁵ ziaŋ¹¹。 我走己嗯赢。
69.	語順	娘儿俩	niaŋ¹¹ tsa²¹ ka²¹ 娘崽家
70.	語順	爷儿俩	zia¹¹ tsi²¹ ka²¹ 爷子家
71.	語順	妯娌俩	ɕy⁵⁵ pa⁵ mən²¹ 叔巴母
72.	語順	爷孙俩	kən⁵⁵ suei²¹ ka²¹ 公孙家
73.	語順	姐弟俩	tsi⁵⁵ ma⁵ ka²¹ 姊妹家
74.	語順	舅甥俩	dʑy¹³ suei²¹ niaŋ⁵⁵ kʊ⁵ 舅甥两个
75.	語順	叔侄俩	sɯ⁵⁵ dʑïi⁵ ka²¹ 叔侄家
76.	語順	夫妻俩	fu⁵⁵ tsʰi²¹ ka²¹ 夫妻家
77.	語順	兄弟俩	ɕiaŋ⁵⁵ di⁵ ka²¹ 兄弟家
78.	語順	姐妹俩	tsi⁵⁵ ma⁵ ka²¹ 姊妹家
79.	語順	兄妹俩	tsi⁵⁵ ma⁵ ka²¹ 姊妹家
80.	語順	师徒俩	师徒家 sɿ⁵⁵ dɯ²¹ ka²¹
81.	比較文	这个大，那个小，这两个哪一个好一点儿呢？	a. kʊ⁵⁵ kʊ⁵ da¹³ ti⁵, mei⁵⁵ kʊ⁵ sy⁵³ ti⁵, kʊ⁵³ niaŋ⁵³ kʊ³⁵ na⁵⁵ kʊ⁵ xəɯ⁵⁵ tie²¹ ti³⁵ tsa²¹? 果个大滴，米个小滴，果两个哪个好得滴崽? b. kʊ⁵³ niaŋ⁵³ kʊ³⁵ na⁵⁵ kʊ⁵ xəɯ⁵³ ti⁵ tɕiəɯ⁵? 果两个哪个好滴着?
82.	比較文	我比他大三岁。	gʊ⁵³ pi⁵³ tɕi⁵³ da¹³ sã⁵⁵ suei³⁵。 我比己大三岁。
83.	比較文	这个比那个好。	kʊ⁵⁵ kʊ⁵ pi⁵³ mei⁵⁵ kʊ⁵ xəɯ⁵³。 果个比米个好。
84.	比較文	今天比昨天好多了。	tɕiei⁵⁵ ŋ⁵ pi⁵³ dzʊ¹³ ŋ⁵ dʑiaŋ¹¹ tʊ⁵⁵ ni²¹。 今日比昨日强多哩。
85.	比較文	那个没有这个好。	mei⁵³ kʊ⁵ ma⁵⁵ tie⁵⁵ kʊ⁵⁵ kʊ⁵ xəɯ⁵³。 米个没得果个好。
86.	比較文	这些房子不如那些房子好。	kʊ⁵⁵ ti⁵ vɯ⁵⁵ ma⁵⁵ tie⁵⁵ mei⁵⁵ ti⁵ vɯ⁵⁵ xəɯ⁵³。 果滴屋没得米滴屋好。
87.	比較文	这个有那个大没有？	kʊ⁵⁵ kʊ⁵ y⁵³ mei⁵⁵ kʊ⁵ da¹³ məɯ²¹? 果个有米个大卯?
88.	比較文	哥哥跟弟弟一般高。	kʊ⁵⁵ kʊ⁵⁵ ɣʊ¹¹/dən¹¹ nəɯ⁵⁵ di⁵ i⁵⁵ iaŋ⁵ kəɯ⁵⁵。 哥哥和/同老弟一样高。
89.	比較文	弟弟比哥哥高。	nəɯ⁵⁵ di⁵ pi⁵³ kʊ⁵⁵ kʊ²¹ ɣa¹¹ kəɯ⁵⁵ ti⁵。 老弟比哥哥还高滴。
90.	比較文	我比不上他。	gʊ⁵³ pi⁵³ tɕi⁵³ ŋ³⁵ iaŋ¹¹。 我比己嗯赢。
91.	比較文	这个跟那个不一样。	kʊ⁵⁵ kʊ⁵ ɣʊ¹¹/dən¹¹ mei⁵⁵ kʊ⁵ ma⁵⁵ i⁵⁵ iaŋ⁵⁵。 果个和/同米个没一样。
92.	比較文	这群孩子像猴儿是似的，到处乱爬。	kʊ⁵⁵ ti⁵ sa³⁵ ŋ²¹ tsa²¹ kʰa⁵⁵ zy¹¹ tsi⁵ iaŋ⁵⁵,təɯ³³ ɕiaŋ⁵ nũ⁵⁵ na¹¹。 果滴小人崽恰猴子样，到相乱爬。

番号	調査項目	北京語調査文	蔡橋方言
93.	"了"	把书买了。	tã⁵⁵ ɕii⁵⁵ ma⁵³ təu²¹。　担书买倒。
94.	"了"	把衣服脱了。	a. tã⁵⁵ i⁵⁵ sã²¹ tsʰi⁵³ tʊ²¹。　担衣衫取脱。 b. tã⁵⁵ i⁵⁵ sã²¹ tsʰi⁵³ kua²¹。　担衣衫取刮。
95.	"了"	昨天下了一场大雪。	dzʊ¹¹ ŋ⁵ nʊ³⁵ kua²¹ i⁵⁵ dziaŋ²¹ xəu⁵³ da¹³ ki³⁵ sye⁵⁵ a²¹。 昨日落刮一场好大个雪啊。
96.	"了"	孩子醒了。	sa³⁵ ŋ²¹ tsa²¹ tɕiaŋ⁵⁵ na²¹ kua²¹ ni²¹。　小人崽张来刮哩。
97.	"了"	我喝了茶了还喝。	gʊ⁵³ tɕʰia⁵⁵ kua²¹ dza¹¹ ɣa¹¹ tɕʰia⁵⁵。　我吃刮茶还吃。
98.	"了"	他上了课就回去了。	tɕi⁵³ ziaŋ⁵³ kua²¹ kʰʊ¹³ dzy¹³ ɣuei¹¹ tɕʰi⁵ kua²¹。 己上刮课就回去刮。
99.	"了"	今天我读了半本小说。	tɕiei⁵⁵ ŋ⁵ gʊ⁵³ kʰã¹¹ kua²¹ pũ³⁵ pei²¹ sy⁵³ ɕye²¹。 今日我看刮半本小说。
100.	"了"	昨晚上他来叫我的时候，我已经睡了。	dzʊ¹³ ia⁵⁵ ka⁵,tɕi⁵³ na¹¹ xã⁵³ gʊ⁵³ ki²¹ dzi¹¹ zy²¹, gʊ⁵³ i⁵³ tɕiei²¹ kʰuei¹³ kua²¹ ni²¹。 昨夜家，己来喊我个时候，我已经睏刮哩。
101.	"了"	明天这个时候，他已经到了北京了。	mã¹¹ ŋ⁵ kʊ⁵³ dzĩ¹¹ ka²¹ tsa²¹, tɕi⁵³ xəu⁵³ tɕy²¹ təu³⁵ kua²¹ pie⁵⁵ tɕiei²¹ ni²¹。 明日果前家崽，己好久到刮北京哩。
102.	"了"	大家一说，他脸都红了。	da¹¹ si⁵ i⁵⁵ kaŋ⁵³, tɕi⁵³ ki²¹ mĩ⁵⁵ kuu²¹ dzy¹³ ɣəŋ¹¹ kua²¹ ni²¹。 大肆一讲，己个面股就红刮哩。
103.	"了"	叶子红了。	ie³³ ie⁵ ɣəŋ¹¹ kua²¹ ni²¹。　叶叶红刮哩。
104.	"了"	天不下雨，塘里河里都干了。	tʰĩ⁵⁵ ziaŋ⁵³ ɣa¹¹ ŋ⁵ nʊ³⁵ zii⁵³, kʊ⁵³ daŋ¹¹ ni²¹ a²¹, ɣʊ¹¹ ni²¹ a²¹, dzei¹³ kã⁵⁵ kua²¹ ni²¹。 天上还嗯落雨，果塘里啊，河里啊，尽干刮哩。
105.	"了"	病已经好了一点儿。	biaŋ¹³ tɕiəu⁵ xəu⁵³ kua²¹ ti³⁵ tsa²¹ ni²¹。　病都好刮滴崽哩。
106.	"了"	这两天又重了点儿了。	kʊ⁵³ niaŋ⁵⁵ ŋ⁵ i³⁵ dziaŋ⁵³ kua²¹ ti⁵ tsa²¹。　果两日一重刮滴崽。
107.	"了"	吃了这碗饭！	tɕʰia⁵⁵ a²¹ kʊ⁵⁵ ũ⁵³ vã¹³ nei²¹。/ tã⁵⁵ kʊ⁵³ ũ⁵³ vã¹³ tɕʰia⁵⁵ kua²¹ nei²¹。 吃啊果碗饭呐。/ 担果碗饭吃刮呐。
108.	"了"	脱了这件衣裳。	tsʰii⁵³ tʰʊ²¹ kʊ⁵⁵ dzĩ⁵ i⁵⁵ sã²¹。　取脱果件衣衫。
109.	"了"	不要把茶碗砸了！	mʊ³⁵ pa⁵³ dza¹¹ ũ²¹ ta⁵⁵ nã⁵。　莫把茶碗打烂。
110.	"了"	迟了就不好了，咱们快点走吧！	ŋã³⁵ kua²¹ ni²¹ dzy¹¹ iəu³³ ŋ⁵ tie²¹, gʊ⁵³ ŋ²¹ ɣa¹¹ zi¹³ kʰua¹¹ ti⁵ tsa²¹ ɣaŋ¹¹ (kʰua¹¹ siaŋ⁵ ti⁵ tsa²¹ ɣaŋ¹¹)。 暗刮哩就要嗯得，我人还是快滴崽行（快相滴崽行）。
111.	"了"	我在银行存了些钱，要把它取来。	a. gʊ⁵³ dzuei¹¹ tɕʰi²¹ ti⁵ dzĩ¹¹ dza⁵³ ziei¹¹ ɣaŋ²¹ ni²¹, tsʰi²¹ na¹¹ tɕiəu⁵⁵。 我存起滴钱在银行里，取来着。 b. gʊ⁵³ dzuei¹¹ təu²¹ ti⁵ dzĩ¹¹ dza⁵³ ziei¹¹ ɣaŋ²¹ ni²¹, tsʰi²¹ na¹¹ tɕiəu⁵⁵。 我存倒滴钱在银行里，取来着。

番号	調査項目	北京語調査文	蔡橋方言
112.	"了"	我晒了谷在坪里，你可要记得收啊。	a. gʊ⁵³ sa³⁵ tɕʰi²¹ ti⁵ kɯ⁵⁵ dza⁵³ sa³⁵ kʊʔ²¹ biaŋ¹¹, ŋ⁵³ ɣei¹¹ tsɿ⁵ tɕi³⁵ tie²¹ ɕy⁵⁵。 我晒起滴谷在晒谷坪，你恒之记得收。 b. gʊ⁵³ sa³⁵ təu²¹ ti⁵ kɯ⁵⁵ dza⁵³ sa³⁵ kʊʔ²¹ biaŋ¹¹, ŋ⁵³ ɣei¹¹ tsɿ⁵ tɕi³⁵ tie²¹ ɕy⁵⁵。 我晒倒滴谷在晒谷坪，你恒之记得收。 c. sa³⁵ kʊʔ²¹ biaŋ¹¹ gʊ⁵³ sa³⁵ tɕʰi²¹/təu²¹ ti⁵ kɯ⁵⁵ dza⁵³ mei⁵³ ni²¹, ŋ⁵³ ɣei¹¹ tsɿ⁵ tɕi³⁵ tie²¹ ɕy⁵⁵。 晒谷坪我晒 起/倒 滴谷在米里，你恒之记得收。
113.	"了"	我买了几本书，你看吗？	a. gʊ⁵³ ma⁵³ tɕʰi²¹ tɕi⁵³ pei⁵³ ɕiɿ⁵⁵, ŋ⁵³ kʰã¹³ məu²¹? 我买起几本书，你看卯？ b. gʊ⁵³ ma⁵³ təu²¹ tɕi⁵³ pei⁵³ ɕiɿ⁵⁵, ŋ⁵³ kʰã¹³ məu²¹? 我买倒几本书，你看卯？
114.	"了"	我昨天在他家借了一把镰刀。	a. gʊ⁵³ dzʊ¹¹ ŋ⁵ dza⁵³ tɕi⁵³ vɯ²¹ ni²¹ tsia³⁵ tɕʰi²¹ pɑ²¹ nĩ¹¹ tsɿ²¹。 我昨日在己屋借起把镰子。 b. gʊ⁵³ dzʊ¹¹ ŋ⁵ dza⁵³ tɕi⁵³ vɯ²¹ ni²¹ tsia³⁵ təu²¹ pɑ²¹ nĩ¹¹ tsɿ²¹。 我昨日在己屋借倒把镰子。 c. gʊ⁵³ dzʊ¹¹ ŋ⁵ dza⁵³ tɕi⁵³ vɯ²¹ ni²¹ tsia³⁵ kua²¹ pɑ²¹ nĩ¹¹ tsɿ²¹。 我昨日在己屋借刮把镰子。
115.	"了"	他弄了我一身灰。	gʊ⁵³ tɕʰiʊ⁵⁵ tɕi⁵³ ia³⁵ tɕʰi²¹ i⁵⁵ ɕiei⁵⁵ xuei⁵⁵。 我着己丫起一身灰。
116.	"了"	要做了作业才能看电视。	a. iəu³⁵ tsu³⁵ kua²¹ tsʊ³³ ĩ⁵ dza¹¹ kʰã¹³ dĩ¹¹ zɿ⁵。 要做刮作业才看电视。 b. iəu³⁵ tsu³⁵ zye¹¹ tsʊ³³ ĩ⁵ dza¹¹ kʰã¹³ dĩ¹¹ zɿ⁵。 要做完作业才看电视。 c. iəu³⁵ tsu³⁵ tɕʰi²¹ tsʊ³³ ĩ⁵ dza¹¹ kʰã¹³ dĩ¹¹ zɿ⁵。 要做起作业才看电视。
117.	"了"	写了作业了吗？	a. tsu³⁵ kua²¹ tsʊ³³ ĩ⁵ məu²¹? 做刮作业卯？ b. tsu³⁵ tɕʰi²¹ tsʊ³³ ĩ⁵ məu²¹? 做起作业卯？
118.	"了"	单车修好了吗？	sĩ³⁵ tɕie²¹ sy⁵⁵ xəu⁵³ məu²¹? 线车修好卯？
119.	"了"	我想了一下，还是不去好。	gʊ⁵³ vɯ¹³ kua²¹ ɣa²¹, ŋ³⁵ tɕʰi¹³ ɣa¹¹ xəu⁵⁵ ti⁵。 我悟刮下，嗯去还好滴。
120.	"了"	肚子痛了好几天还没好。	tu⁵ tsɿ²¹ tʰəŋ¹³ kua²¹ mã¹¹ tʊ⁵⁵ ŋ⁵, ɣa¹¹ ma⁵⁵ xəu⁵³ dza⁵³ kʊ⁵³ ni²¹。 肚子痛刮蛮多日，还没好在果里。
121.	"了"	他等你等了半天了。	tɕi⁵³ tei⁵³ kua²¹ ŋ⁵³ i⁵⁵ pũ³⁵ ŋ⁵⁵ ni²¹。 己等刮你一半日哩。
122.	"了"	这个问题我想了好久还没有想出来。	kʊ⁵ kʊ⁵ zɿ¹³ gʊ⁵³ vɯ¹³ kua²¹ xəu⁵³ tɕy⁵³ tɕiəu²¹ ma⁵⁵ vɯ¹³ tɕʰiĩ⁵⁵ na¹¹。 果个事我悟刮好久都没悟出来。
123.	"了"	我照了一张相。	gʊ⁵³ tɕiəu³⁵ tɕʰi²¹ i⁵⁵ kʊ⁵ siaŋ³⁵。 我照起一个相。
124.	"了"	我看了一个小时书。	gʊ⁵³ kʰã¹³ kua²¹ i⁵⁵ tĩ⁵³ tɕiəŋ⁵⁵ ɕiɿ⁵⁵。 我看刮一点钟书。
125.	"了"	我只看了一个小时书。	gʊ⁵³ tsɿ⁵⁵ kʰã¹³ kua²¹ i⁵⁵ tĩ⁵³ tɕiəŋ⁵⁵ ɕiɿ⁵⁵。 我只看刮一点钟书。
126.	"了"	他睡了一个小时。	tɕi⁵³ kʰuei¹³ kua²¹ i⁵⁵ tĩ⁵³ tɕiəŋ⁵⁵。 己睏刮一点钟。

番号	調查項目	北京語調查文	蔡橋方言
127.	"了"	他只睡了一个小时。	tɕi⁵³ tsɿ⁵⁵ kʰuei¹³ kuɑ²¹ i⁵⁵ ti⁵³ tɕiəŋ⁵⁵。　己只瞓刮一点钟。
128.	"了"	这条裤子长了一寸。	ku⁵³ dy¹¹ kʰu¹³ tsɿ⁵³ dʑiaŋ¹¹ kuɑ²¹ i⁵⁵ tsʰuei¹³。 果条裤子长刮一寸。
129.	"了"	这块肉肥了点儿。	ku⁵³ du¹¹ niəŋ⁵⁵ tsaŋ³⁵ kuɑ²¹ ti⁵ tsa⁵³。　果坨肉壮刮滴崽。
130.	"了"	啤酒少了一箱。	bi¹¹ tsy⁵³ ɕiəu³⁵ kuɑ²¹ i⁵⁵ siaŋ⁵⁵。　啤酒少刮一箱。
131.	"了"	他重了两斤。（超标）	tɕi⁵³ dʑiəŋ⁵³ kuɑ²¹ niaŋ⁵³ tɕiei⁵⁵。　己重刮两斤。
132.	"了"	他重了两斤了。	tɕi⁵³ dʑiəŋ⁵³ kuɑ²¹ niaŋ⁵³ tɕiei⁵⁵ ni²¹。　己重刮两斤哩。
133.	"了"	逃了两次	tsy⁵³ kuɑ²¹ niaŋ⁵³ təu³⁵　走刮两到
134.	"了"	打了一下	ta⁵³ kuɑ²¹ i⁵⁵ ɣa⁵³　打刮一下
135.	"了"	去了一趟	təu³⁵ kuɑ²¹ i⁵⁵ ɣuei¹¹　到刮一回
136.	"了"	我们家昨天请了一桌客人。	gu⁵³ vu⁵⁵ ni²¹ dʑi¹³ ŋ⁵⁵ tsʰei⁵³ kuɑ²¹ i⁵⁵ tsu⁵ kʰa⁵⁵。 我屋里昨日请刮一桌客。
137.	"了"	张三娶了老婆了。	tɕiaŋ⁵⁵ sã⁵⁵ tʰəu⁵³ tɕʰi²¹ bu¹¹ niaŋ²¹ ni²¹。　张三讨起婆娘哩。
138.	"了"	李四穿了一套新西装。	ni⁵³ sɿ³⁵ tɕʰye⁵⁵ tɕʰi²¹ i⁵⁵ tʰəu¹³ sei⁵⁵ si⁵⁵ tsaŋ²¹。 李四穿起一套新西装。
139.	"了"	她买了一台电视机。	tɕi⁵³ ma⁵³ tɕʰi²¹ i⁵⁵ da¹¹ dĩ¹¹ zɿ⁵ tɕi⁵⁵。　己买起一台电视机。
140.	"了"	他戒烟戒了几次，没戒掉。	a. tɕi⁵³ ka³⁵ ĩ⁵⁵ ka³⁵ kuɑ²¹ mã¹¹ tu⁵⁵ ɣuei¹¹, ma⁵⁵ ka³⁵ kuɑ²¹。　　己戒烟戒刮蛮多回,没戒刮。 b. tɕi⁵³ ka³⁵ ĩ⁵⁵ ka³⁵ kuɑ²¹ mã¹¹ tu⁵⁵ ɣuei¹¹, ma⁵⁵ ka³⁵ tʰu⁵⁵。　　己戒烟戒刮蛮多回,没戒脱。
141.	"了"	我刚才出去走了走。	gu⁵³ kʰa⁵⁵ kʰa⁵⁵ tɕʰiɿ⁵⁵ tɕʰi¹³ ɣaŋ⁵⁵ kuɑ²¹ niaŋ⁵³ dʑia¹¹。 我恰恰出去行刮两□步。
142.	"了"	他坐了坐就走了。	tɕi⁵³ dzu⁵³ kuɑ²¹ i⁵⁵ ɣa⁵³ dzy¹³ ɣaŋ⁵⁵ kuɑ²¹。　己坐刮一下就行刮。
143.	"了"	他吃了饭了，你吃了饭没有呢？	tɕi⁵³ tɕʰia⁵⁵ kuɑ²¹ vã¹³ ni²¹, ŋ⁵³ tɕʰia⁵⁵ kuɑ²¹ vã¹³ məɯ²¹?　己吃刮饭哩,你吃刮饭卯?
144.	"了"	——吃了饭了吗？ ——吃了。	——tɕʰia⁵⁵ kuɑ²¹ vã¹³ məɯ²¹?　吃刮饭卯? ——tɕʰia⁵⁵ kuɑ²¹ ni²¹。　吃刮哩。
145.	"了"	我照了相了。	a. gu⁵³ tɕiəu³⁵ kuɑ²¹ siaŋ³⁵ ni²¹。　我照刮相哩。 b. gu⁵³ tɕiəu³⁵ tɕʰi²¹ siaŋ³⁵ ni²¹。　我照起相哩。
146.	"了"	我弟弟中学已经毕了业了。	gu⁵³ nəɯ⁵³ di¹³ tɕiəŋ³⁵ ɕiu⁵⁵ bi¹³ kuɑ²¹ ĩ⁵⁵ ni²¹。 我老弟中学毕刮业哩。
147.	"了"	我已经洗了澡了。	gu⁵³ si⁵³ kuɑ²¹ təu⁵³ ni²¹。　我洗刮澡哩。
148.	"了"	她有一个儿子了。	tɕi⁵³ y⁵³ i⁵⁵ ku³⁵ tsa²¹ ni²¹。　己有一个崽哩。
149.	"了"	再过三年就是 2010 年了。	ɣa¹¹ ku³⁵ sã⁵⁵ nĩ¹¹ dʑy¹³ zɿ¹³ e⁵⁵ nei¹¹ i⁵⁵ nei¹¹ ĩ¹¹ ni²¹。 还过三年就是 2010 年哩。

番号	調査項目	北京語調査文	蔡橋方言
150.	"了"	再过三个礼拜她就回来了。	ɣa¹¹ kʊ³⁵ sã⁵⁵ kʊ³⁵ siaŋ⁵⁵ dzi²¹ tɕi⁵³ dʑy¹³ ɣuei¹¹ na¹¹ ni²¹。 还过三个星期己就回来哩。
151.	"了"	照了啊，一，二，三，笑！	tɕiəu³⁵ ni²¹ a²¹, i⁵⁵, e⁵⁵, sã⁵⁵, sy³⁵！ 照哩啊，一，二，三，笑！
152.	"了"	都十点了，还睡呢。	kʰua¹³ siaŋ⁵ ciɿ³⁵ tĩ⁵ tɕiəŋ⁵⁵ ni²¹, ɣa¹¹ kʰuei¹³ a²¹。 快相十点钟哩，还睏啊。
153.	"了"	水开了！	ɕiɿ⁵³ kʰa⁵⁵ kua²¹ ni²¹。 水开刮哩。
154.	"了"	下雨了。	nʊ³⁵ ziɿ⁵³ ni²¹。 落雨哩。
155.	"了"	下雪了。	nʊ³⁵ sye⁵⁵ ni²¹。 落雪哩。
156.	"了"	雨不下了。	ziɿ⁵³ dei¹¹ kua²¹ ni²¹。 雨停刮哩。
157.	"了"	天要晴了。	a. tʰĩ⁵⁵ iəu³⁵ dziaŋ¹¹ ni²¹。 天要晴哩。 b. tʰĩ⁵⁵ iəu³⁵ dziaŋ¹¹ tɕʰi²¹ ni²¹。 天要晴起哩。
158.	"了"	天快亮了，起来！	kʰua³³ siaŋ⁵ tʰĩ⁵⁵ kũ⁵⁵ ni²¹, tɕʰi⁵³ na²¹。 快相天光哩，起来。
159.	"了"	昨天通知六点起床，我五点半就起来了，你怎么七点才起来？	dzʊ¹³ ŋ⁵⁵ tʰəŋ⁵⁵ tɕiɿ⁵⁵ ny³⁵ tĩ⁵³ tɕiəŋ⁵⁵ tɕʰi⁵³ na²¹, gu⁵³ vu⁵³ tĩ⁵³ pũ³⁵ dʑy¹³ tɕʰi⁵³ na²¹ kua²¹, ŋ⁵³ ɣʊ¹¹ ka²¹ tsʰi⁵³ tĩ⁵³ tɕiəŋ⁵⁵ tɕiaŋ⁵⁵ kaŋ⁵⁵ tɕʰi⁵³ na²¹？ 昨日通知六点钟起来，我五点半就起来刮，你何嘎七点钟将刚起来？
160.	"了"	谷子挑上去了。	kuɯ⁵⁵ tsɿ²¹ tã⁵⁵ ziaŋ⁵⁵ tɕʰi⁵ kua²¹ ni²¹。 谷子担上去刮哩。
161.	"着"	着凉了。	tɕʰiʊ¹³ təŋ³⁵ ni²¹。 着冻哩。
162.	"着"	着火了。	zĩ¹¹ xʊ⁵³ ni²¹。 燃火哩。
163.	"着"	不要着急，慢慢儿的来。	ŋ³⁵ iəu³⁵ tɕi⁵, mã⁵⁵ mã⁵⁵ suei³⁵ tsa⁵³ na¹¹。 嗯要急，慢慢碎崽来。
164.	"着"	睡着了。	kʰuei¹³ kua²¹ ni²¹。 睏刮哩。
165.	"着"	猜着了。	tsʰa⁵³ tɕiəŋ³⁵ kua²¹。 猜中刮。
166.	"着"	还没找着呢。	ɣa¹¹ ma⁵⁵ dzei¹¹ təu²¹ nei²¹。 还没寻倒呐。
167.	"着"	我在银行存着些钱，要把它取来。	a. gu⁵³ dzuei¹¹ təu²¹ ti³⁵ dzĩ¹¹ dza⁵³ ziei¹¹ ɣaŋ¹¹, tsʰi⁵³ na¹¹ tɕiəu⁵⁵。 我存倒滴钱在银行，取来着。 b. gu⁵³ dzuei¹¹ tɕʰi⁵³ ti³⁵ dzĩ¹¹ dza⁵³ ziei¹¹ ɣaŋ¹¹, tsʰi⁵³ na¹¹ tɕiəu⁵⁵。 我存起滴钱在银行，取来着。
168.	"着"	我晒着谷在坪里，你可要记得收啊。	a. gu⁵³ sa³⁵ təu²¹ ti⁵ kuɯ⁵⁵ dza⁵³ sa³⁵ kuɯ²¹ biaŋ¹¹, ŋ⁵³ tɕi³⁵ tie²¹ iəu³⁵ ɕy⁵⁵ a²¹。 我晒倒滴谷在晒谷坪，你记得要收啊。 b. gu⁵³ sa³⁵ tɕʰi²¹ ti⁵ kuɯ⁵⁵ dza⁵³ sa³⁵ kuɯ²¹ biaŋ¹¹, ŋ⁵³ tɕi³⁵ tie²¹ iəu³⁵ ɕy⁵⁵ a²¹。 我晒起滴谷在晒谷坪，你记得要收啊。 c. gu⁵³ dza⁵³ sa³⁵ kuɯ²¹ biaŋ¹¹ sa³⁵ təu²¹ ti⁵ kuɯ⁵⁵, ŋ⁵³ tɕi³⁵ tie²¹ iəu³⁵ ɕy⁵⁵ a²¹。 我在晒谷坪晒倒滴谷，你记得要收啊。 d. gu⁵³ dza⁵³ sa³⁵ kuɯ²¹ biaŋ¹¹ sa³⁵ tɕʰi²¹ ti⁵ kuɯ⁵⁵, ŋ⁵³ tɕi³⁵ tie²¹ iəu³⁵ ɕy⁵⁵ a²¹。我在晒谷坪晒起滴谷，你记得要收啊。
169.	"着"	桌子上放着一把刀。	tsʊ⁵⁵ tsʊ²¹ kəu⁵⁵ tɕʰəŋ⁵ xũ³⁵ tɕʰi²¹ pa⁵³ təu⁵⁵。 桌桌高冲放起把刀。

番号	調査項目	北京語調査文	蔡橋方言
170.	"着"	门口站着很多人。	mei¹¹ pĩ²¹ dzi⁵³ tɕʰi²¹ mã¹¹ tʊ⁵⁵ ŋ¹¹。 门边倚起蛮多人。
171.	"着"	墙角下睡着一个人。	pia⁵⁵ tɕiʊ⁵⁵ tie⁵³ kʰuei¹³ tɕʰi²¹ kʊ³⁵ ŋ¹¹。 壁脚底睏起个人。
172.	"着"	墙上挂着衣服。	pia⁵⁵ dziaŋ⁵³ kua³⁵ tɕʰi²¹i⁵⁵ sã²¹。 壁上挂起衣衫。
173.	"着"	墙上挂着一件衣服。	pia⁵⁵ dziaŋ⁵³ kua³⁵ tɕʰi²¹ i⁵⁵ dzĩ¹³i⁵⁵ sã²¹。 壁上挂起一件衣衫。
174.	"着"	他穿着一件红色的衣服。	tɕi⁵³ tɕʰye⁵⁵ tɕʰi²¹ i⁵⁵ dzĩ¹³ ɣəŋ¹¹i⁵⁵ sã²¹。 己穿起一件红衣衫。
175.	"着"	他正在镜子前面穿着衣服。	tɕi⁵³ tɕiei³⁵ taŋ³⁵ dza⁵³ tɕiəu³⁵ tsi⁵³ mĩ⁵⁵ dzĩ¹¹ tɕʰye⁵⁵i⁵⁵ sã²¹。 己正当在照子面前穿衣衫。
176.	"着"	老李在那里站着。	nəu⁵³ ni⁵³ dza⁵³ mei⁵³ ni²¹dzi⁵³ tɕʰi²¹。 老李在米里倚起。
177.	"着"	外面下着大雨。	mei¹¹ dĩ¹¹ nʊ³⁵ da¹³ zii⁵³。 门前落大雨。
178.	"着"	缸子里养着两条鱼。	kaŋ⁵⁵ tsi²¹ ni²¹ iaŋ²¹ tɕʰi²¹ niaŋ⁵³ kʊ³⁵ zii¹¹。 缸子里养起两个鱼。
179.	"着"	床上躺着一个人。	a. dzaŋ¹¹ dziaŋ⁵³ kʰuei¹³ tɕʰi²¹ i⁵⁵ kʊ³⁵ ŋ¹¹。 床上睏起一个人。 b. dzaŋ¹¹ dziaŋ⁵³ kʰuei¹³ təu²¹ i⁵⁵ kʊ³⁵ ŋ¹¹。 床上睏倒一个人。
180.	"着"	门前晾着很多衣服。	vu⁵⁵ mĩ⁵⁵ dzĩ²¹ tɕʰii⁵⁵ təu²¹ mã¹¹ tʊ⁵⁵i⁵⁵ fu³⁵。 vu⁵⁵ mĩ⁵⁵ dzĩ¹¹ tɕʰii⁵⁵ təu²¹ mã¹¹ tʊ⁵⁵i⁵⁵ fu³⁵ dza⁵³ mei⁵³ ni²¹。 屋面前吹倒蛮多衣服。屋面前吹倒蛮多衣服在米里。
181.	"着"	坐着吃好，还是站着吃好？	dzʊ⁵³ təu²¹ (tɕʰi²¹) tɕʰia⁵⁵ xəu⁵⁵ ti⁵，ɣa¹¹ zi¹³ dzi⁵³ təu²¹ (tɕʰi²¹) tɕʰia⁵⁵ xəu⁵⁵ ti⁵? 坐倒（起）吃好滴，还是倚倒（起）吃好滴？
182.	"着"	坐着吃比站着吃好些。	dzʊ⁵³ tɕʰi²¹ (təu²¹) tɕʰia⁵⁵ pi⁵³ dzi⁵³ tɕʰi²¹ (təu²¹) tɕʰia⁵⁵ xəu⁵³ ti³⁵? 坐起（倒）吃比倚起（倒）吃好滴？
183.	"着"	放着明天吃。	xũ³⁵ təu³⁵ (xũ³⁵) mei⁵³ ni²¹ mã¹¹ ŋ⁵ tɕʰia⁵⁵。 放到（放）米里明日吃。
184.	"着"	想着说，不要抢着说。	vu¹³ kua²¹ tɕiəu⁵ kaŋ⁵³, ŋ³⁵ iəu³⁵ ŋ⁵³ ka²¹ tsʰiaŋ⁵³ tɕʰi²¹ kaŋ⁵³。 悟刮着讲，嗯要你嘎抢起讲。
185.	"着"	走着去。	tã⁵⁵ ɣaŋ¹¹ a²¹ tɕʰi¹³。 担行啊去。
186.	"着"	坐着吃饭。	dzʊ⁵³ təu²¹ tɕʰia⁵⁵ vã¹³。 坐倒吃饭。
187.	"着"	跟着他走。	a. kei⁵⁵ təu²¹ tɕi⁵³ ɣaŋ¹¹。 跟倒己行。 b. kei⁵⁵ tɕʰi²¹ tɕi⁵³ ɣaŋ¹¹。 跟起己行。
188.	"着"	大着胆子说罢！	ŋ⁵³ kaŋ⁵³ ua⁵⁵ tã⁵³ da¹³ ti⁵。 你讲话胆大滴。
189.	"着"	扯着嗓子骂	tsaŋ⁵⁵ tɕʰi²¹ ŋa¹¹dziaŋ²¹ ma⁵⁵。 争起牙场骂。
190.	"着"	别躺着说话。	ŋ³⁵ iəu³⁵ kʰuei¹³ tɕʰi²¹ (təu²¹) kaŋ⁵³。 嗯要睏起（倒）讲。
191.	"着"	他说着说着，笑起来了。	tɕi⁵³ kaŋ⁵³ təu²¹ kaŋ⁵³ təu²¹, sy³⁵ tɕʰii⁵⁵ na²¹。 己讲倒讲倒，笑出来。

番号	調査項目	北京語調査文	蔡橋方言
192.	"着"	写着写着就写错了。	a. sia⁵³ təɯ²¹ sia⁵³ təɯ²¹ dzy¹³ sia⁵³ tsʰʊ⁵⁵ kua²¹。 写倒写倒就写错刮。 b. sia⁵³ tsʰã⁵⁵ sia⁵³ tsʰã⁵⁵ dzy¹³ sia⁵³ tsʰʊ⁵⁵ kua²¹。 写餐写餐就写错刮。
193.	"着"	我看着看着睡了。	gʊ⁵³ kʰã¹³ təɯ²¹ kʰã¹³ təɯ²¹ kʰuei¹³ kua²¹ ni²¹。 我看倒看倒，睏刮哩。
194.	"着"	他衣服披着，帽子斜戴着，就像个痞子。	tɕi⁵³i⁵⁵ sã⁵⁵ pʰi⁵⁵ pʰi⁵⁵ ni²¹ pʰi⁵⁵ tɕʰi²¹,məɯ⁵⁵ tsi⁵³ dzia¹¹ dzia¹¹ ni²¹ tɕʰi²¹, kʰa²¹ i⁵⁵ kʊ³⁵ e⁵⁵ ny¹¹ tsi²¹ iaŋ⁵⁵。 己衣衫披披哩（披起），帽子斜斜哩（戴起），恰一个二流子样。
195.	"着"	我刚才去小卖部了，门是关着的。	gʊ⁵³ kʰa⁵⁵ kʰa⁵⁵ təɯ²¹ mei⁵³ pʰu¹³ tsi⁵³ ni²¹ kʰã¹³ kua²¹,zi¹³ kũ⁵⁵ təɯ²¹ mei¹¹ ki²¹/ mei¹¹ zi¹³ kũ⁵⁵ təɯ²¹ ki²¹。 我恰恰到米铺子里看刮，是关倒门个 / 门是关倒个。
196.	"着"	电视关着，好像没人在家。	dĩ¹³ zi¹³ kũ⁵⁵ təɯ²¹ kʊ³⁵, xəɯ⁵³ dziaŋ¹¹ ŋ²¹ ma⁵⁵ dza⁵³ vɯ⁵⁵ ni²¹。 电视关倒个，好像人没在屋里。
197.	"着"	他们正在说着话呢。	a. tɕi⁵³ tʰã²¹ ŋ²¹ tɕiei⁵⁵ dza⁵³ kaŋ⁵³ ua⁵⁵ ni²¹。 己摊人正在讲话哩。 b. tɕi⁵³ tʰã²¹ ŋ²¹ kaŋ⁵³ təɯ²¹ ua⁵⁵ dza⁵³ mei⁵³ ni²¹。 己摊人讲倒话在米里。
198.	"着"	正读着呢。	tɕiei³⁵ taŋ³⁵ du¹³ ni²¹。　正当读哩。
199.	"着"	他正在看着书。	tɕi⁵³ kʰa⁵⁵ kʰa⁵⁵ dza⁵³ kʰã¹³ ɕɨ⁵⁵。　己恰恰在看书。
200.	"着"	那本书他正看着。	a. mei⁵³ pei⁵³ ɕɨ⁵⁵ tɕi⁵³ kʰa⁵⁵ kʰa⁵⁵ kʰã¹³。 米本书己恰恰看。 b. mei⁵³ pei⁵³ ɕɨ⁵⁵ tɕi⁵³ kʰã¹³ təɯ²¹ dza⁵³ mei⁵³ ni²¹。 米本书己看倒在米里。
201.	"着"	他们正在喝着酒。	a. tɕi⁵³ tʰã²¹ ŋ²¹ kʰa⁵⁵ kʰa⁵⁵ tɕʰia⁵⁵ tsy⁵³。 己摊人恰恰吃酒。 b. tɕi⁵³ tʰã²¹ ŋ²¹ tɕʰia⁵⁵ tɕʰi²¹ tsy⁵³ dza⁵³ kʊ⁵³ ni²¹。 己摊人吃起酒在果里。
202.	"着"	他玩着呢。	a. tɕi⁵³ dza⁵³ xa⁵⁵。　己在嬉。 b. tɕi⁵³ xa⁵⁵ təɯ²¹ dza⁵³ mei⁵³ ni²¹。　己嬉倒在米里。
203.	"着"	吃着饭呢。	a. gʊ⁵³ kʰa⁵⁵ kʰa⁵⁵ tɕʰia⁵⁵ vã¹³。　我恰恰吃饭。 b. gʊ⁵³ tɕʰia⁵⁵ təɯ²¹ vã¹³ dza⁵³ kʊ⁵³ ni²¹。　我吃倒饭在果里。
·204.	"着"	这个东西重着呢。	kʊ⁵⁵ kʊ⁵ təŋ⁵⁵ si⁵⁵ xəɯ⁵³ dziəŋ⁵³ a²¹。　果个东西好重啊。
205.	"着"	他对人可好着呢。	tɕi⁵³ tuei³⁵ bĩ⁷³ tɕia⁵⁵ mã¹¹ xəɯ⁵³。　己对别家蛮好。
206.	"着"	他利害着呢。	tɕi⁵³ ni³⁵ xʊ⁵³ tie⁵⁵ xei⁵³ nei²¹。　己厉火得很勒。
207.	"着"	有钱着呢。	tɕi⁵³ mã¹¹ y⁵³ dzĩ¹¹ nei²¹。　己蛮有钱勒。
208.	"着"	这条裤子长着一寸。	kʊ⁵³ dy¹¹ kʰu¹³ tsi⁵³ tiaŋ⁵³ kua²¹ i⁵⁵ tsʰuei¹³。 果条裤子长刮一寸。

番号	調査項目	北京語調査文	蔡橋方言
209.	"着"	站着!	a. dʑi⁵³ təɯ²¹。 倚倒。 b. dʑi⁵³ tɕʰi²¹。 倚起。
210.	"着"	坐着!	a. dʑʊ⁵³ təɯ²¹。 坐倒。 b. dʑʊ⁵³ tɕʰi²¹。 坐起。
211.	"着"	拿着!	tã⁵⁵ təɯ²¹。 担倒。
212.	"着"	看着黑板!	kʰã¹³ təɯ²¹ xie⁵⁵ pã⁵³。 看倒黑板。
213.	"着"	打着伞!	a. tɑ⁵³ tɕʰi²¹ sã⁵³。 打起伞! b. tɑ⁵³ təɯ²¹ sã⁵³。 打倒伞!
214.	"着"	这几十块钱你拿去先用着。	kʊ⁵³ tɕi⁵³ ɕii³⁵ kʰua²¹ dʑi¹¹, ŋ⁵³ tã⁵⁵ tɕʰi¹³ iən⁵⁵ təɯ²¹ tɕʰiəɯ⁵。 果几十块钱，你担去用倒着。
215.	"过"	他去过上海，我没有去过。	tɕi⁵³ tɕʰi¹³ (təɯ³⁵) kʊ³⁵ dʑian⁵³ xa⁵³,ɡʊ⁵⁵ ma⁵⁵ tɕʰi¹³ (təɯ³⁵) kʊ³⁵。 己去(到)过上海，我没去(到)过。
216.	"过"	那只狗咬死过他家的鸡。	mei⁵³ tɕia⁵⁵ ky⁵³ ɡəɯ⁵³ sɨ⁵³ tɕi⁵³ vu⁵⁵ ni²¹ kʊ⁵³ tɕi⁵⁵。 米只狗咬死己屋里个鸡。
217.	"过"	他没来过这里。	tɕi⁵³ ma⁵⁵ kʰa⁵⁵ tɕiɑŋ⁵⁵ na¹¹。 tɕi⁵³ ma⁵⁵ na¹¹ kʊ⁵³ kʊ⁵³ ni²¹。 己没开张来。己没来过果里。
218.	"过"	我们从没去过北京。	ɡʊ⁵³ ŋ¹¹ ma⁵⁵ kʰa⁵⁵ tɕiɑŋ⁵⁵ tɕʰi¹³ kʊ³⁵ pie⁵⁵ tɕiei⁵⁵。 我人没开张去北京。
219.	"过"	他们谈过两年对象。	tɕi⁵³ niɑŋ⁵³ kʊ³⁵ ŋ¹¹ dã¹¹ kua²¹ niɑŋ⁵³ nĩ¹¹ ŋa³⁵ ni²¹。 己两个人谈刮两年爱哩。
220.	"过"	我去过广州五次。	a. ɡʊ⁵³ təɯ³⁵ kũ⁵³ tɕy²¹ vu⁵⁵ tsʰɨ⁵。 我到广州五次。 b. ɡʊ⁵³ tɕʰi²¹ kʊ⁵³ kũ⁵³ tɕy²¹ vu⁵⁵ tsʰɨ⁵。 我去广州五次。
221.	"过"	这个人我见过。	a. kʊ⁵⁵ kʊ⁵ ŋ¹¹ ɡʊ⁵³ kʰã¹¹ tɕĩ⁵。 果个人我看见。 b. kʊ⁵⁵ kʊ⁵ ŋ¹¹ ɡʊ⁵³ ɣuei¹³ təɯ²¹ kʊ³⁵。 果个人我会倒过。
222.	"过"	你们吃过饭了吗?	ŋ⁵³ tʰa⁵⁵ ŋ¹¹ tɕʰia⁵⁵ kua²¹ vã¹³ məɯ²¹? 你摊人吃刮饭卯?
223.	"过"	你们吃过饭再走吧。	ŋ⁵³ tʰa⁵⁵ ŋ¹¹ tɕʰia⁵⁵ kua²¹ vã¹³ dʑa¹¹ ɣaŋ¹¹ nei²¹。 你摊人吃刮饭才行勒。
224.	"过"	他们吃过饭就走了。	tɕi⁵³ tʰa²¹ ŋ²¹ tɕʰia⁵⁵ kua²¹ vã¹³ dʑy¹³ ɣaŋ¹¹ kua²¹。 己摊人吃刮饭就行刮。
225.	"过"	每天我都要走过那个水库旁边。	ŋ⁵⁵ təɯ²¹ ŋ⁵⁵ / ŋ⁵⁵ ŋ⁵⁵ tsy⁵³ mei⁵³ ɕii⁵³ kʰu⁵ pĩ⁵⁵ kʊ³⁵。 日倒日 / 日日 走米水库边过。
226.	"得"	这些果子吃得吃不得?	kʊ⁵⁵ ti⁵ kʊ⁵³ tsi⁵³ tɕʰia⁵⁵ ŋ³⁵ tɕʰia⁵⁵ tie²¹? 果滴果子吃嗯吃得?
227.	"得"	这是熟的,吃得。	kʊ⁵³ ni²¹ ɕy³⁵ kua²¹ ni²¹, tɕʰia⁵⁵ tie²¹ kʊ³⁵。 果里熟刮哩，吃得个。
228.	"得"	那是生的,吃不得。	mei⁵³ ni²¹ zɨ¹³ saŋ⁵⁵ kʊ³⁵, tɕʰia⁵⁵ ŋ³⁵ tie²¹。 米里是生个，吃嗯得。
229.	"得"	这个东西很重,拿得动拿不动?	kʊ⁵³ ni²¹ təŋ⁵⁵ si⁵⁵ mã¹¹ dʑiəŋ⁵³,tã⁵ ŋ⁵ tã⁵⁵ tie²¹ tɕʰi²¹? 果里东西蛮重，担嗯担得起?

番号	調查項目	北京語調查文	蔡橋方言
230.	"得"	我拿得动,他拿不动。	gʊ⁵³ tã⁵⁵ tie²¹ tɕʰi²¹,tɕi⁵³ tã⁵⁵ ŋ³⁵ tɕʰi²¹。 我担得起,己担嗯起。
231.	"得"	真不轻,重得连我都拿不动了。	ŋeŋ³⁵ zɿ¹³ dʑiəŋ⁵³, nĩ¹¹ gʊ⁵³tɕiəɯ⁵ tã⁵⁵ ŋ³⁵ tɕʰi²¹。 硬是重,连我都担嗯起。
232.	"得"	他说得快不快?(问情况)	tɕi⁵³ kaŋ⁵³ tie⁵⁵ kʰua¹³ ŋ³⁵ kʰua¹³? 己讲得快嗯快?
233.	"得"	他说得快说不快?(问能力)	tɕi⁵³ kaŋ⁵³ tie⁵⁵ kʰua¹³ ŋ³⁵ kʰua¹³? 己讲得快嗯快?
234.	"得"	他手巧,画得很好看。	tɕi⁵³ nei¹¹ sei⁵, ɣua¹³ ɣua¹³ tie⁵⁵ mã¹¹ xəɯ⁵³。 己灵性,画画得蛮好。
235.	"得"	他忙得很,忙得连饭都忘了吃了。	tɕi⁵³nəɯ¹¹ tɕi⁵³ tie⁵⁵ kʰəŋ⁵⁵, tɕʰi¹³ ŋ³⁵ tie⁵⁵ vã¹³tɕiəɯ⁵ mũ⁵⁵ tɕi³⁵ kua²¹ tɕʰia⁵⁵。 己劳嗯得空,气嗯得饭都忘记刮吃。
236.	"得"	别走了,住得我家(家)里吧!	mʊ³⁵ ɣaŋ¹¹ sũ³⁵ ni²¹, təɯ³⁵ gʊ⁵³ vʊ⁵⁵ ni²¹ dʑi¹³ təɯ²¹ sũ³⁵ ni²¹。 莫行算哩,到我屋里住倒算哩。
237.	"得"	我得去一趟。	gʊ⁵³ ŋei³⁵ zɿ¹³ iəɯ¹¹ tɕʰi¹³ ta⁵⁵ kʊ⁵ tɕye³⁵ ɕiei²¹。 我硬是要去打个转身。
238.	"得"	好得了不得。	xəɯ²¹ tie⁵⁵ ŋ³⁵ tie⁵⁵ ny⁵³。 好得嗯得了。
239.	"得"	你办不了,我办得了(能办到)。	ŋ⁵³ na³⁵ ŋ³⁵ ɣʊ¹¹, gʊ⁵³ na³⁵ tie⁵⁵ ɣʊ¹¹。 你奈嗯何,我奈得何。
240.	"得"	你骗不了我。	ŋ⁵³ sa⁵³ gʊ⁵³ ŋ³⁵ tɕʰi²¹ ki²¹。 你要我嗯起个。
241.	"的"	这是他的书。	kʊ⁵³ ni²¹ zɿ¹³ tɕi⁵³ ki²¹ ɕɿ⁵⁵。 果里是己个书。
242.	"的"	那本书是他妹妹的。	mei⁵³ pei⁵³ ɕɿ¹³ zɿ¹³ tɕi⁵³ ma³³ ma⁵ ki²¹。 米本书是己妹妹个。
243.	"的"	桌子上的书是谁的?	kʊ⁵³ tsʊ⁵⁵ tsʊ⁵⁵ dʑiaŋ⁵³ kʊ³⁵ ɕɿ⁵⁵ zɿ¹³ na⁵⁵ kʊ⁵ ki²¹? 果桌桌上个书是哪个个?
244.	"的"	是我爸爸的。	zɿ¹³ gʊ⁵³ ia¹¹ nəɯ⁵³ tsɿ⁵³ ki²¹。 是我爷老子个。
245.	"的"	屋里坐着很多的人,看书的看书,看报的看报,写字的写字。	vʊ⁵⁵ ni²¹ dzʊ⁵³ tɕʰi²¹ mã¹¹ tʊ⁵⁵ ki²¹ ŋ¹¹,kʰã¹³ ɕɿ⁵⁵ ki²¹ kʰã¹³ ɕɿ⁵⁵, kʰã¹³ pəɯ³⁵ tsɿ⁵³ ki²¹ kʰã¹³ pəɯ³⁵ tsɿ⁵³, sia⁵³ zɿ¹³ ki²¹ sia⁵³ zɿ¹³。 屋里坐起蛮多个人,看书个看书,看报纸个看报纸,写字个写字。
246.	"的"	要说他的好话,不要说他的坏话。	iəɯ³⁵ kaŋ⁵³ tɕi⁵³ ki²¹ xəɯ⁵³ ua⁵⁵,mʊ³⁵ kaŋ⁵³ tɕi⁵³ ki²¹ ɣua¹³ ua⁵⁵。 要讲己个好话,莫讲己个坏话。
247.	"的"	上次是谁请的客?	dy¹¹ ɣuei¹¹ zɿ¹³ na⁵⁵ kʊ⁵ tsʰiei⁵³ ki²¹ kʰa⁵⁵? 头回是哪个请个客?
248.	"的"	是我请的。	zɿ¹³ gʊ⁵³ tsʰiaŋ⁵³ ki²¹。 是我请个。
249.	"的"	你是哪一年来的?	ŋ⁵³ zɿ¹³ na⁵⁵ i⁵⁵ nĩ¹¹ na¹¹ ki²¹? 你是哪一年来个?
250.	"的"	我是前年到的北京。	gʊ⁵³ zɿ¹³ dĩ¹¹ nĩ¹¹ təɯ³⁵ pie⁵⁵ tɕiei⁵⁵ ki²¹。 我是前年到北京个。
251.	"的"	今天开会,谁的主席?	tɕiei⁵⁵ ŋ⁵⁵ kʰa⁵⁵ ɣuei¹³, na⁵⁵ kʊ⁵ zɿ¹³ tɕʉ⁵³ si³⁵? 今日开会,哪个是主席?
252.	"的"	老王的主席。	nəɯ⁵⁵ ɣa¹¹ zɿ¹³ tɕʉ¹³ si³⁵。 老王是主席。
253.	"的"	你说的是谁?	ŋ⁵³ kaŋ⁵³ ki²¹ zɿ¹³ na⁵⁵ kʊ⁵ əɯ²¹? 你讲个是哪个哦?
254.	"的"	我不是说的你。	gʊ⁵³ ma⁵⁵ zɿ¹³ kaŋ⁵³ ŋ⁵³。 我没是讲你。

番号	調査項目	北京語調査文	蔡橋方言
255.	"的"	上街买个葱啊蒜的,也方便。	təu³⁵ ka⁵⁵ dziaŋ⁵³ mei⁵³ tiˢnei¹¹ suei³⁵ təŋ⁵⁵ si⁵⁵ tsa⁵³ mã¹¹ xũ⁵⁵ bĩ¹³。 到街上买滴零碎东西崽蛮方便。
256.	前置詞"給"	给他一本书。	a. tã⁵⁵ pei⁵³ ɕii⁵⁵ pa⁵³ tɕi⁵³。 担本书把己。 b. pa⁵³ tɕi⁵³ tã⁵⁵ pei⁵³ ɕii⁵⁵。 把己担本书。

257.	前置詞"給"	你有这么多,给他一点儿。	a. ŋ⁵³ y⁵³ kʊ⁵³ tʊ⁵⁵ pa⁵³ tʊ⁵⁵, fei⁵⁵ tiˢ tsa²¹ pa⁵³ (təu³⁵) tɕi⁵³。
			  你有果多把多,分滴崽把(到)己。
			b. ŋ⁵³ y⁵³ kʊ⁵³ tʊ⁵⁵ pa⁵³ tʊ⁵⁵, tɕʰi⁵⁵ / tã⁵⁵ tiˢ tsa²¹ pa⁵³ tɕi⁵³。
			  你有果多把多,乞/担滴崽把己。
			c. ŋ⁵³ y⁵³ kʊ⁵³ tʊ⁵⁵ pa⁵³ tʊ⁵⁵, pa⁵³ tɕi⁵³ tã⁵⁵ tiˢ tsa⁵³。
			  你有果多把多,把己乞滴崽。
			d. ŋ⁵³ y⁵³ kʊ⁵³ tʊ⁵⁵ pa⁵³ tʊ⁵⁵, pa⁵³ tɕi⁵³ tɕʰi⁵⁵ tiˢ tsa⁵³。
			  你有果多把多,把己担滴崽。
			e. ŋ⁵³ y⁵³ kʊ⁵³ tʊ⁵⁵ pa⁵³ tʊ⁵⁵,pa⁵³ tɕi⁵³ tiˢ tsa⁵³。
			  你有果多把多,把己滴崽。

258.	前置詞"給"	这个队长我不当了,给你当。	kʊ⁵⁵ kʊ⁵ duei¹³ tiaŋ⁵³ gʊ⁵³ ŋ³⁵ taŋ³⁵ ni²¹, pa⁵³ (təu³⁵) ŋ⁵³ taŋ³⁵。 果个队长我嗯当哩,把(到)你当。
259.	前置詞"給"	这些东西给他吃吧。	kʊ⁵⁵ tiˢ təŋ⁵⁵ sĩ⁵⁵ pa⁵³ (təu³⁵) tɕi⁵³ tɕʰia⁵⁵ kua²¹ sũ³⁵ ni²¹。 果滴东西把(到)己吃刮算哩。
260.	前置詞"給"	别给小孩吃太多甜食。	mʊ³⁵ zaŋ¹³ sa⁵⁵ ŋ²¹ tsa²¹ tɕʰia⁵⁵ tʊ⁵⁵ ni²¹ dĩ¹¹ təŋ⁵⁵ sĩ²¹。 莫让小人崽吃多哩甜东西。
261.	前置詞"給"	请卖斤油给我。	a. tsʰei⁵³ tɕʰiei⁵⁵ tɕiei⁵⁵ y¹¹ pa⁵³ gʊ⁵³。 请称斤油把我。 b. tsʰei⁵³ tɕʰiei⁵⁵ tɕiei⁵⁵ y¹¹ tɕʰi⁵⁵ gʊ⁵³。 请称斤油乞我。 c. tsʰei⁵³ pa⁵³ gʊ⁵³ tɕʰiei⁵⁵ tɕiei⁵⁵ y¹¹ tɕia⁵。 请把我称斤油着。
262.	前置詞"給"	我给只鸭给你。	a. gʊ⁵³ tã⁵⁵ tɕia²¹ a⁵⁵ pa⁵³ ŋ⁵³。 我担只鸭把你。 b. gʊ⁵³ tã⁵⁵ tɕia²¹ a⁵⁵ pa⁵³ təu³⁵ ŋ⁵³。 我担只鸭把到你。 c. gʊ⁵³ tã⁵⁵ tɕia²¹ a⁵⁵ tɕʰi⁵⁵ ŋ⁵³。 我担只鸭乞你。

263.	前置詞"給"	你挤点牙膏给我。	a. ŋ⁵³ tsi⁵⁵ tiˢ ŋa¹¹ kəu⁵⁵ tsa²¹ pa⁵³ gʊ⁵³。
			  你挤滴牙膏崽把我。
			b. ŋ⁵³ tsi⁵⁵ tiˢ ŋa¹¹ kəu⁵⁵ tsa²¹ pa⁵⁵ təu⁵ gʊ⁵³。
			  你挤滴牙膏崽把到我。

264.	前置詞"給"	你倒点热水给我。	ŋ⁵³ təu³³ tiˢ na³⁵ ɕii⁵³ tsa²¹ pa⁵³ gʊ⁵³。 你倒滴熭水崽把我。

265.	前置詞"給"	我叠个纸飞机给你,你要吗?	a. gʊ⁵³ tɕie⁵⁵ kʊ⁵ tsi⁵³ fi⁵⁵ tɕi²¹ pa⁵³ ŋ⁵³。
			  我折个纸飞机把你。
			b. gʊ⁵³ tɕie⁵⁵ kʊ⁵ tsi⁵³ fi⁵⁵ tɕi²¹ tã⁵⁵ (təu⁵) ŋ⁵³。
			  我折个纸飞机担(到)你。

266.	前置詞"給"	你捡地上的那个针给我。	ŋ⁵³ tɕĩ⁵³ təu²¹ di¹³ zaŋ²¹ mei⁵³ kei⁵⁵ tɕiei⁵⁵ pa⁵³ gʊ⁵³。 你捡倒地上米根针把我。

番号	調査項目	北京語調査文	蔡橋方言
267.	前置詞"给"	前两天你送给我一本书，还记得吗？	a. dy¹¹ dʑĩ¹¹ niaŋ⁵³ ŋ⁵⁵,ŋ⁵³ səŋ³⁵ tɕʰi²¹ pei⁵³ ɕii⁵⁵ pa⁵³ təu³⁵ gʊ⁵³,ɣa¹¹ tɕi³⁵ tie²¹ məu²¹? 头前两日，你送起本书把到我，还记得卯？ b. dy¹¹ dʑĩ¹¹ niaŋ⁵³ ŋ⁵⁵,ŋ⁵³ tɕʰi⁵⁵ tɕʰi²¹ pei⁵³ ɕii⁵⁵ pa⁵³ təu³⁵ gʊ⁵³,ɣa¹¹ tɕi³⁵ tie²¹ məu²¹? 头前两日，你乞起本书把到我，还记得卯？
268.	前置詞"给"	我借给他两本书。	a. gʊ⁵³ tsia³⁵ tɕʰi²¹ niaŋ⁵³ pei⁵³ ɕii⁵⁵ pa⁵³ tɕi⁵³。 我借起两本书把己。 b. gʊ⁵³ tsia³⁵ pa⁵³ tɕi⁵³ niaŋ⁵³ pei⁵³ ɕii⁵⁵。 我借把己两本书。
269.	前置詞"给"	他倒给我一杯茶。	a. tɕi⁵³ təu³⁵ tɕʰi²¹ i⁵⁵ pa⁵⁵ dza¹¹ pa⁵³ gʊ⁵³。 己倒起一杯茶把我。 b. tɕi⁵³ pa⁵³ gʊ⁵³ təu³⁵ tɕʰi²¹ i⁵⁵ pa⁵⁵ dza¹¹。 己把我倒起一杯茶。
270.	前置詞"给"	他寄给我两封信。	a. tɕi⁵³ tɕi³⁵ tɕʰi²¹（kua²¹） niaŋ⁵³ fəŋ⁵⁵ sei³⁵ pa⁵³ gʊ⁵³。 己寄起（刮）两封信把我。 b. tɕi⁵³ pa⁵³ gʊ⁵³ tɕi³⁵ kua²¹（tɕʰi²¹）niaŋ⁵³ fəŋ⁵⁵ sei³⁵。 己把我寄刮（起）两封信。 c. tɕi⁵³ tɕi³⁵ pa⁵³ gʊ⁵³ niaŋ⁵³ fəŋ⁵⁵ sei³⁵。 己寄把我两封信。
271.	前置詞"给"	那本书是老师奖给他的。	mei⁵³ pei⁵³ ɕii⁵⁵ zï¹³ nəu⁵³ sï⁵⁵ tsiaŋ⁵³（təu³⁵） pa⁵³ tɕi⁵³ kʊ³⁵。 米本书是老师奖（到）把己个。
272.	前置詞"给"	那把剪刀你递给我。	a. ŋ⁵³ tã⁵⁵ mei⁵³ pa⁵³ tsĩ⁵³ təu⁵⁵ di¹¹ təu⁵ gʊ⁵³。 你担米把剪刀递到我。 b. ŋ⁵³ tã⁵⁵ mei⁵³ pa⁵³ tsĩ⁵³ təu⁵⁵ di¹³ təu²¹ pa⁵³ gʊ⁵³。 你担米把剪刀递到把我。
273.	前置詞"给"	你来给我烧火，我来给你洗菜。	ŋ⁵³ na¹¹ pa⁵³ gʊ⁵³ ɕiəu⁵⁵ xʊ⁵³,gʊ⁵³ na¹¹ pa⁵³ ŋ⁵³ si⁵³ tsʰa¹³。 你来把我烧火，我来把你洗菜。
274.	前置詞"给"	你给我看着小孩，我去买点菜来。	ŋ⁵³ pa⁵³ gʊ⁵³ kʰã²¹ təu²¹ sa³⁵ ŋ²¹ tsa²¹, gʊ⁵³ tɕʰi¹³ mei⁵³ ti⁵ tsʰa¹³ na¹¹ tɕiəu⁵。 你把我看倒小人崽，我去买滴菜来着。
275.	前置詞"给"	我念给你听。	gʊ⁵³ ĩ⁵⁵ tɕʰi²¹ pa⁵³ ŋ⁵³ tʰã¹³。 我念起把你听。
276.	前置詞"给"	我给了一些钱给他。	a. gʊ⁵³ tã⁵⁵ tɕʰi²¹ i⁵⁵ ti⁵ dʑĩ¹¹ pa⁵³ tɕi⁵³。 我担起一滴钱把己。 b. gʊ⁵³ pa⁵³ ni²¹ i⁵⁵ ti⁵ dʑĩ¹¹ pa⁵³ tɕi⁵³。 我把哩一滴钱把己。
277.	前置詞"给"	明天我生日，他也许会送件衣服给我。	a. mã¹¹ ŋ⁵ gʊ⁵³ saŋ⁵⁵ ŋ⁵⁵,tɕi⁵³ dzaŋ¹¹ pʰa⁵ iəu³⁵ tã⁵ dʑĩ⁵⁵ sã²¹ pa⁵³ gʊ⁵³。 明日我生日，己撞怕要担件衣衫把我。 b. mã¹¹ ŋ⁵ gʊ⁵³ saŋ⁵⁵ ŋ⁵⁵,tɕi⁵³ dzaŋ¹¹ pʰa⁵ iəu³⁵ pa⁵³ gʊ⁵³ səŋ³³ dʑĩ⁵ i⁵⁵ sã²¹ na¹¹。 明日我生日，己撞怕要把我送件衣衫来。
278.	前置詞"给"	我把那些钱还给你吧。	gʊ⁵³ pa⁵³ mei⁵⁵ ti⁵ dʑĩ¹¹ tʰuei¹¹ təu⁵ ŋ⁵³ sũ³⁵ ni²¹。 我把米滴钱退到你算哩。

番号	調査項目	北京語調査文	蔡橋方言
279.	前置詞"给"	你要是调皮，我就给你一棒。	ŋ⁵³ iəɯ³⁵ zɨ¹³ tsəɯ⁵³, gʊ⁵³ dʑy¹³ i⁵⁵ bũ¹¹ bũ⁵ tɕʰi⁵⁵ ŋ⁵³。 你要是调皮，我就一棒棒乞你。
280.	前置詞"给"	你还要骂，我就给你两脚。	ŋ⁵³ ɣa¹¹ iəɯ⁵ ma⁵⁵, gʊ⁵³ dʑy²¹ pa⁵³ ŋ⁵³ fa⁵⁵ niaŋ⁵³ tɕiʊ⁵⁵。 你还要骂，我就把你翻两脚。
281.	前置詞"把"	把碗递给我。	a. tã⁵⁵ ũ⁵ tsã⁵³di¹³ pa⁵³ gʊ⁵³。　　担碗盏递把我。 b. pa⁵³ ũ⁵³ tsã⁵³ di¹³ pa⁵³ gʊ⁵³。　　把碗盏递把我。
282.	前置詞"把"	把那个东西拿给我。	pa⁵³ mei⁵⁵ kʊ⁵ təŋ⁵⁵ si⁵⁵ tã⁵⁵ pa⁵³ gʊ⁵³。　　把米个东西担把我。
283.	前置詞"把"	你把这件房子扫一下吧。	a. ŋ⁵³ pa⁵³ kʊ⁵³ vʊ⁵⁵ səɯ³³ i⁵⁵ ɣa²¹。　　你把果屋扫一下。 b. ŋ⁵³ tã⁵⁵ kʊ⁵³ vʊ⁵⁵ səɯ³³ i⁵⁵ ɣa²¹。　　你担果屋扫一下。 c. ŋ⁵³ tã⁵⁵ kʊ⁵³ vʊ⁵⁵ tã⁵⁵ səɯ³³ i⁵⁵ ɣa²¹。　　你担果屋担扫一下。
284.	前置詞"把"	把这些猪草切碎。	a. pa⁵³ kʊ⁵⁵ ti⁵ tɕii⁵⁵ tsʰəɯ⁵¹ tʊ³³ nã⁵⁵。　　把果滴猪草剁烂。 b. tã⁵⁵ kʊ⁵⁵ ti⁵ tɕii⁵⁵ tsʰəɯ⁵¹ tʊ³³ nã⁵。　　担果滴猪草剁烂。
285.	前置詞"把"	不要把这套衣服洗了。	a. kʊ⁵³ ɕiei⁵⁵ i⁵⁵ sã⁵⁵ ŋ³⁵ iəɯ³⁵ si⁵³。　　果身衣衫嗯要洗。 b. kʊ⁵³ ɕiei⁵⁵i⁵⁵ sã⁵⁵ mʊ³⁵ tã⁵³ si⁵³ kuɑ²¹ ni¹¹。　　果身衣衫莫担洗刮哩。
286.	前置詞"把"	把那双鞋扔了算了。	pa⁵³ mei⁵³ sũ⁵⁵ ɣa¹¹ ɕye³⁵ kuɑ²¹ sũ³⁵ ni²¹。　　把米双鞋扔刮算哩。
287.	前置詞"把"	我昨天买回来的那双鞋子你把它放在哪儿了？	a. gʊ⁵³ dʑʊ¹¹ ŋ⁵ ma⁵³ tɕʰi²¹ mei⁵ sũ²¹ ɣa¹¹, ŋ⁵³ tã⁵⁵ tɕi⁵³ ɕye³³ təɯ⁵ na⁵³ ni²¹? 　我昨日买起米双鞋，你担己扔到哪里？ b. gʊ⁵³ dʑʊ¹¹ ŋ⁵ ma⁵³ tɕʰi²¹ mei⁵³ sũ²¹ ɣa¹¹, ŋ⁵³ pa⁵³ tɕi⁵³ ɕye³³ təɯ⁵ na⁵³ ni²¹? 　我昨日买起米双鞋，你把己扔到哪里？
288.	前置詞"把"	他一烦起来就把地扫一番。	a. tɕi⁵³ i⁵⁵ vã¹¹ tɕʰi²¹ na¹¹, dʑy¹³ tsʊ⁵⁵ təɯ²¹ vʊ⁵⁵ səɯ³⁵ i⁵⁵ təɯ³⁵。 　己一烦起来，就捉倒屋扫一到。 b. tɕi⁵³ i⁵⁵ vã¹¹ tɕʰi²¹ na¹¹, dʑy¹³ pa⁵³ vʊ⁵⁵ səɯ³⁵ i⁵⁵ təɯ³⁵。 　己一烦起来，就把屋扫一到。 c. tɕi⁵³ i⁵⁵ vã¹¹ tɕʰi²¹ na¹¹, dʑy¹³ tã⁵⁵ vʊ⁵⁵ səɯ³³ i⁵⁵ təɯ³⁵。 　己一烦起来，就担屋扫一到。
289.	前置詞"把"	他心情不好拿我出气。	a. tɕi⁵⁵ i⁵⁵ kʰa¹³ vã¹¹ sei⁵⁵ ŋ³⁵ tie⁵⁵, dʑy¹³ tã⁵⁵ təɯ²¹ gʊ⁵³ tɕʰii⁵⁵ tɕʰi¹³。 　己一概烦心嗯得，就担倒我出气。 b. tɕi⁵⁵ i⁵⁵ kʰa¹³ vã¹¹ sei⁵⁵ ŋ³⁵ tie⁵⁵, dʑy¹³ tsʊ⁵⁵（tsʊ⁵⁵ təɯ²¹）gʊ⁵³ tɕʰii⁵⁵ tɕʰi¹³。 　己一概烦心嗯得，就捉（捉倒）我出气。
290.	前置詞"把"	让我先说，你别说。	tã⁵⁵ gʊ⁵³ sĩ⁵⁵ kaŋ⁵³, ŋ⁵³ mʊ³⁵ kaŋ⁵³。　　担我先讲，你莫讲。
291.	前置詞"把"	别急，让他们先过去。	a. mʊ³⁵ tɕi⁵⁵, tã⁵⁵ tɕi⁵³ tʰa²¹ ŋ²¹ sĩ⁵⁵ kʊ³⁵ tɕʰi¹³。 　莫急，担己摊人先过去。 b. mʊ³⁵ tɕi⁵⁵, pa⁵³（ba¹³,ma³⁵）tɕi⁵³ tʰa²¹ ŋ²¹ sĩ⁵⁵ kʊ³⁵ tɕʰi¹³。 　莫急，把（ba¹³,ma³⁵）己摊人先过去。
292.	前置詞"把"	让你考虑三天时间。	tã⁵⁵ ŋ⁵³ vʊ¹³ sã⁵⁵ ŋ⁵⁵ sã⁵³ iɑ⁵⁵。　　担你悟三日三夜。

番号	調査項目	北京語調查文	蔡橋方言
293.	前置詞"把"	从今天起，你不准乱吃零食了。	a. pa⁵³（ba¹³,ma³⁵）tɕiei⁵⁵ tʰī⁵³, ma⁵⁵ tɕyei⁵³ ŋ⁵³ nũ⁵⁵ tɕʰia⁵⁵nei¹¹ suei⁵。把今天起，没准你乱吃零碎。 b. dzəŋ¹¹ tɕiei⁵⁵ tʰī⁵³, ma⁵⁵ tɕyei⁵³ ŋ⁵³ nũ⁵⁵ tɕʰia⁵⁵nei¹¹ suei⁵。从今天起，没准你乱吃零碎。
294.	前置詞"把"	从那一年起我们两家就不来往了。	a. ŋ³⁵ ɕy⁵⁵ tie⁵ dzəŋ¹¹ na⁵³ i⁵⁵ nĩ¹¹ tɕʰi²¹, gʊ⁵³ ŋ¹¹ niaŋ⁵³ tɕia⁵⁵ dzy¹³ ma⁵⁵ na¹¹ ũ²¹ ni²¹。嗯晓得从哪一年起，我人两家就没来往哩。 b. ŋ³⁵ ɕy⁵⁵ tie⁵ pa⁵³na⁵³ i⁵⁵ nĩ¹¹ tɕʰi²¹, gʊ⁵³ ŋ¹¹ niaŋ⁵³ tɕia⁵⁵ dzy¹³ ma⁵⁵ na¹¹ ũ²¹ ni²¹。嗯晓得把哪一年起，我人两家就没来往哩。
295.	前置詞"把"	这么多好吃的啊！会把我胀死的。	a. kʊ⁵³ tʊ⁵⁵ xəu⁵³ tɕʰia⁵⁵ kʊ³⁵ a²¹, təu³⁵ tɕia⁵⁵ pa⁵³ gʊ⁵³ tã⁵⁵ tiaŋ³⁵ si⁵³。果多好吃个啊，到只把我担胀死。 b. kʊ⁵³ tʊ⁵⁵ xəu⁵³ tɕʰia⁵⁵ kʊ³⁵ a²¹, dəu¹³ tɕi⁵⁵ tã⁵⁵ gʊ⁵³ tã⁵⁵ tiaŋ³⁵ si⁵³。果多好吃个啊，道只担我担胀死。
296.	前置詞"把"	他把那根板凳坐断了。	tɕi⁵³ pa⁵³ mei⁵³ kei⁵⁵ tei³⁵ dzʊ⁵³ dũ⁵³ kua²¹。己把米根凳坐断刮。
297.	前置詞"把"	他没把中学读完就去广州打工了。	tɕi⁵³ tɕiəŋ³⁵ ɕiʊ³⁵ ya¹¹ ma⁵⁵ du¹³ zye¹¹, dzy¹³ təu³⁵ kũ³⁵ tɕy⁵⁵ ta⁵³ kəŋ⁵⁵ tɕʰi¹³ kua²¹。己中学还没读完，就到广州打工去刮。
298.	前置詞"把"	他根本没把我当兄弟。	tɕi⁵³ kei⁵⁵ pei⁵³ ma⁵⁵ pa⁵³ gʊ⁵³ taŋ³⁵ nəu⁵³ ɕiəŋ⁵⁵。己根本没把我当老兄。
299.	前置詞"把"	我没把窗户关好。	gʊ⁵³ ma⁵⁵ pa⁵³ tsʰaŋ⁵⁵ tsɿ⁵³ kũ⁵⁵ xəu⁵³。我没把窗子关好。
300.	前置詞"把"	太丑了，连只鸡都杀不死。	tʰie¹³ tɕʰy⁵³ ni²¹,tã⁵⁵ tɕia⁵⁵ tɕi⁵⁵tɕiəu⁵ sa⁵⁵ ŋ⁵ si⁵³。特丑哩，担只鸡都杀嗯死。
301.	前置詞"把"	他很有钱，却留着不花。	tɕi⁵³ dzi¹¹tɕiəu⁵ vã¹¹ tsʰī⁵⁵,tã⁵⁵ təu²¹ ŋ³⁵ iəŋ⁵⁵。己钱都万千，担倒嗯用。
302.	前置詞"把"	我今天运气真不好，把衣服给弄丢了。	a. gʊ⁵³ tɕiei⁵⁵ ŋ⁵⁵ ba¹³ kua²¹ dʑi¹¹, pa⁵³i⁵⁵ sã⁵⁵ tã⁵⁵ tɕʰiʊ¹³ kua²¹。我今日背刮时，把衣衫担却刮。 b. gʊ⁵³ tɕiei⁵⁵ ŋ⁵⁵ ba¹³ kua²¹ dʑi¹¹,tã⁵⁵ i⁵⁵ sã⁵⁵ tã⁵⁵ tɕʰiʊ¹³ kua²¹。我今日背刮时，担衣衫担却刮。
303.	前置詞"把"	一粒老鼠屎把一锅粥个弄坏了。	i⁵⁵ ni⁵⁵ nəu⁵⁵ ɕi⁵ fei³⁵ nəu⁵⁵ yua¹³ i⁵⁵ kʊ⁵⁵ tʰaŋ⁵⁵。一粒老鼠粪捞坏一锅汤。
304.	前置詞"把"	把水倒掉。	a. pa⁵³ ɕii⁵³ təu³⁵ kua²¹。把水倒刮。 b. pa⁵³ ɕii⁵³ tã⁵⁵ təu³⁵ kua²¹。把水担倒刮。
305.	前置詞"把"	把碗收起来。	pa⁵³ ũ⁵³ tsã⁵³ ɕy⁵⁵ tɕʰi²¹（dʑũ¹¹ tɕʰi²¹）。把碗盏收起（藏起）。
306.	前置詞"把"	他用开水浇花，真不理手。	tʰa⁵⁵ tã⁵⁵ na³⁵ ɕii⁵³ nei¹¹ xua⁵⁵, nəu¹¹ ŋ³⁵ni⁵³ ɕy⁵³。他担㷓水淋花，劳嗯理手。

番号	調査項目	北京語調査文	蔡橋方言
307.	前置詞"把"	我们用黄豆做豆腐。	gʊ⁵³ tʰã²¹ ŋ²¹ iəŋ⁵⁵ dy¹³ tsi²¹ tsʊ⁵⁵ dy¹³vu²¹。 我摊人用豆子捉豆腐。
308.	前置詞"把"	你只管坐着，别管他。	a. ŋ⁵³ tɕia⁵⁵ tã⁵⁵ dʑʊ⁵³ təu²¹, mʊ³⁵ tɕʰi¹³ kũ⁵³ tɕi⁵³。 你只担坐倒，莫去管己。 b. ŋ⁵³ tɕia⁵⁵ dʑʊ⁵³ təu²¹, mʊ³⁵ tɕʰi¹³ kũ⁵³ tɕi⁵³。 你只坐倒，莫去管己。
309.	前置詞"把"	有些地方把太阳叫日头。	a. y⁵³ ti⁵ taŋ³⁵ (taŋ³⁵ xũ⁵⁵), tã⁵⁵ tʰa¹³ iaŋ¹¹ xã⁵³ ŋ⁵⁵ dy¹¹。 有滴当（当方），担太阳喊日头。 b. y⁵³ ti⁵ taŋ³⁵ (taŋ³⁵ xũ⁵⁵), pa⁵³ (ba¹³) tʰa¹³ iaŋ¹¹ xã⁵³ ŋ⁵⁵ dy¹¹。 有滴当（当方），把(ba¹³)太阳喊日头。
310.	前置詞"被"	我今天被你害死了，饭都没赶上。	gʊ⁵³ tɕiei⁵⁵ ŋ⁵ tɕʰiʊ⁵⁵ ŋ⁵³ ɣa¹³ kʊ³⁵ si⁵³, vã¹¹ tɕiəu⁵ ma⁵⁵ kã⁵³ təu²¹。 我今日着你害个死，饭都没赶倒。
311.	前置詞"被"	做点儿好事，别让人说闲话。	tsu³⁵ ti⁵ zi¹³ tsa²¹ xəu⁵³, mʊ³⁵ tie⁵⁵ bie¹¹ ka⁵ kaŋ⁵³ ɣã¹¹ ua²¹。 做滴事崽好，莫得别家讲闲话。
312.	前置詞"被"	他今天一定被他父亲骂了。	tɕi²¹ tɕiei⁵⁵ ŋ⁵⁵ kʰei¹³ dei¹³ tɕʰiʊ⁵⁵ zia¹¹ nəu⁵³ tsi⁵³ ma⁵⁵ i⁵⁵ tsʰã²¹。 己今日肯定着爷老子骂一餐。
313.	前置詞"被"	我被他家的小孩尿湿了一身。	gʊ⁵³ tɕʰiʊ⁵⁵ tɕi⁵³ vu⁵⁵ ki²¹ sa⁵³ ŋ¹¹ tsa²¹ na¹¹ ɕii⁵⁵ i⁵⁵ ɕiei⁵⁵。 我着己屋个小人崽拿湿一身。
314.	前置詞"被"	我被他撕过一本书。	gʊ⁵³ tɕʰiʊ⁵⁵ tɕi⁵³ si⁵⁵ nã⁵⁵ i⁵⁵ pei⁵³ ɕii⁵⁵。 我着己撕烂一本书。
315.	前置詞"被"	我家的禾苗被他家的牛吃了一半。	gʊ⁵³ vu⁵⁵ ni²¹ ki⁵ yʊ¹¹ tɕʰiʊ⁵⁵ tɕi⁵³ vu⁵⁵ ki²¹ niəŋ¹¹ tɕʰia⁵⁵ kua²¹ i⁵⁵ pũ³⁵ tʊ⁵⁵。 我屋里个禾着己屋个牛吃刮一半多。
316.	前置詞"被"	我大概早就被他忘记得一干二净了。	tɕi⁵³ pa⁵³ gʊ⁵³ mũ⁵⁵ tie²¹ kã⁵³ kã³⁵ dʑei¹³ dʑei¹³。gʊ⁵³ tɕʰiʊ⁵⁵ tɕi⁵³ mũ⁵⁵ tie⁵⁵ kã⁵³ kã³⁵ dʑei¹³ dʑei¹³。 己把我忘得干干净净。我着己忘得干干净净。
317.	前置詞"被"	这把刀被他用来切鱼了。	kʊ⁵³ pa⁵³ təu⁵⁵tɕʰiʊ⁵⁵ tɕi⁵³ iəŋ⁵⁵ na¹¹ tsʰie⁵⁵ zii¹¹。 果把刀着己用来切鱼。
318.	前置詞"被"	这双鞋子被他穿烂了。	kʊ⁵³ sũ²¹ ɣa¹¹ tsi²¹ tɕʰiʊ⁵⁵ tɕi⁵³ tɕʰye⁵⁵ sia³⁵ kua²¹。 果双鞋子着己穿泻刮。
319.	前置詞"被"	那些钱被他送人情了。	mei⁵⁵ ti⁵ dʑĩ¹¹ tɕʰiʊ⁵⁵ tɕi⁵³ səŋ³⁵ kua²¹ dʑiei¹¹ dʑei²¹。 米滴钱着己送刮人情。
320.	前置詞"被"	墙上面被他写了很多字。	pia⁵⁵ zaŋ²¹ tɕʰiʊ⁵⁵ tɕi⁵³ sia⁵³ tɕʰi²¹ mã¹¹ mã¹¹ tʊ⁵⁵ ki²¹ zi¹³。 壁上着己写起蛮蛮多个字。
321.	前置詞"被"	房子被他打扫得很干净。	vu⁵⁵ tɕʰiʊ⁵⁵ tɕi⁵³ səu³⁵ tie⁵⁵ kã³⁵ kã³⁵ dʑei¹³ dʑei¹³。 屋着己扫得干干净净。
322.	前置詞"被"	那杯水被我喝光了。	a. mei⁵³ pa⁵⁵ ɕii⁵³ tɕʰiʊ⁵⁵ gʊ⁵³ xʊ⁵⁵ ʐye¹¹ kua²¹。 米杯水着我喝完刮。 b. mei⁵³ pa⁵⁵ ɕii⁵³ tɕʰiʊ⁵⁵ gʊ⁵³ tã⁵⁵xʊ⁵⁵ ʐye¹¹ kua²¹。 米杯水着我担喝完刮。

番号	調查項目	北京語調查文	蔡橋方言
323.	前置詞"被"	那本书被我丢失了。	mei⁵³ pei⁵³ ɕiɨ⁵⁵ tɕʰiʊ⁵⁵ gʊ⁵³ tɕʰiʊ¹³ kua²¹。 米本书着我却刮。
324.	前置詞"被"	那张床烂了，被我扔掉了。	mei⁵³ tɕia⁵⁵ dʑaŋ¹¹ nã⁵⁵ kua²¹, tɕʰiʊ⁵⁵ gʊ⁵³ɕye³⁵ kua²¹。 米只床烂刮，着我扔刮。
325.	前置詞"被"	他那么傻，竟然也考上大学了。	tɕi⁵³ mei⁵³ ka²¹ xa⁵³, tɕʰiʊ⁵⁵ tɕi⁵³ ia⁵³ kʰəu⁵³ dʑiaŋ⁵³ da¹¹ ɕiʊ⁵。 己米嘎傻，着己也考上大学。
326.	前置詞"被"	这本书那么厚，他也竟然读完了。	kʊ⁵³ pei²¹ ɕiɨ⁵⁵ mei⁵³ zy⁵³, tɕʰiʊ⁵⁵ tɕi⁵³ du¹³ zye¹¹ kua²¹。 果本书米厚，着己读完刮。
327.	前置詞"被"	那棵树我没怎么浇水，竟然也活了。	mei⁵³ tɕia²¹ ziɨ¹³ gʊ⁵³ ma⁵³ mʊ⁵³ tsei⁵³ təu²¹ nei¹¹ ɕiɨ⁵³, ia⁵³ tɕʰiʊ⁵⁵ xʊ³⁵ kua²¹ / tɕʰiʊ⁵⁵ ia⁵³ xʊ³⁵ kua²¹。 米只树我没么尽倒淋水，也着活刮 / 着也活刮。
328.	前置詞"被"	这块肉没放冰箱，怎么不坏?	kʊ⁵³ kʰua¹³ niəŋ⁵⁵ i³⁵ ma⁵⁵ xũ¹³ təu³⁵ pei⁵⁵ siaŋ⁵⁵ ni²¹ tɕʰi¹³,tsʊ⁵³ mʊ⁵³ ŋ³⁵ ɣua¹³ kua²¹? 果块肉又没放到冰箱里去，做么嗯坏刮?
329.	前置詞"被"	我去他家做客，他理也不理，我就走了。	gʊ⁵³ tɕʰi¹³ tɕi⁵³ vu⁵⁵ ni²¹ tsu³⁵ kʰa⁵⁵, tɕi⁵³ni⁵³ tɕiəu⁵ pɯ³⁵ ni⁵³ gʊ⁵³, tɕʰiʊ⁵⁵ gʊ⁵³ dʑy¹³ ɣaŋ¹¹ kua²¹。 我去己屋里做客，己理都不理我，着我就行刮。
330.	前置詞"被"	一套高级衣服，被它给长了霉。	i⁵⁵ tʰəu¹³ xəu⁵³i⁵⁵ sã⁵⁵, tɕʰiʊ⁵⁵ tɕi⁵³ tã⁵⁵ ma¹¹ nã⁵⁵ kua²¹。 一套好衣衫，着己担霉烂刮。
331.	前置詞"被"	我都被你笑死了。	gʊ⁵⁵ tɕiəu⁵ tɕʰiʊ⁵⁵ ŋ⁵³ sy³⁵ sɨ⁵³。 我都着你笑死。
332.	前置詞"被"	又要交钱? 我都被你交怕了。	i³³ iəu⁵ tɕiəu⁵⁵ dʑĩ¹¹?gʊ⁵³ tɕiəu⁵ tɕʰiʊ⁵⁵ ŋ⁵³ tɕiəu⁵⁵ pʰa¹³ kua²¹。 又要交钱? 我都着你交怕刮。
333.	前置詞"被"	他就喜欢哭，我都被他哭怕了。	tɕi⁵³ dʑy¹³ ɕi⁵³ xũ²¹ kʰu⁵⁵, gʊ⁵⁵ tɕiəu⁵ tɕʰiʊ⁵⁵ tɕi⁵³ kʰu⁵⁵ pʰa¹³ kua²¹。 己就喜欢哭，我都着己哭怕刮。
334.	前置詞"被"	他打鼾象打雷，我被他吵得该死。	tɕi⁵³ ta⁵³ xã⁵⁵ kʰa⁵³ kʰa⁵³ dʑiaŋ¹³ ta⁵³ nuei¹¹,gʊ⁵⁵ tɕiəu⁵ tɕʰiʊ⁵⁵ tɕi⁵³dʑəu¹¹ tie⁵⁵ iəu³⁵ sɨ⁵³。 己打鼾恰恰象打雷，我都着己嘈得要死。
335.	前置詞"被"	他被那条狗吓了一跳。	tɕi⁵³ tɕʰiʊ⁵⁵ mei⁵³ tɕia⁵⁵ ky⁵³ xa⁵⁵ kua²¹ i⁵⁵ tʰy¹³ da¹³ ki²¹。 己着米只狗吓刮一跳大个。
336.	語气助詞"着"	我先去睡一个小时再说。	gʊ⁵³ sɨ⁵⁵ tɕʰi¹³ kʰuei¹³ i⁵⁵ tĩ⁵³ tɕiəŋ⁵⁵ tɕiəu⁵。我先去睏一点钟着。
337.	語气助詞"着"	——去看戏吧? ——吃了饭再说。	——tɕʰi¹³ kʰã⁵⁵ ɕi³⁵ məu²¹? 去看戏卯? ——tɕʰia⁵⁵ kua²¹ vã¹³ tɕiəu⁵ nei²¹。 吃刮饭着勒。
338.	語气助詞"着"	——什么时候走? ——等明天再走。	——xəu⁵³ tɕy⁵³ ɣaŋ¹¹? 好久行? ——tei⁵³（təu³⁵）mã¹¹ ŋ⁵ tɕiəu⁵。/ mã¹¹ ŋ⁵⁵ tɕiəu⁵。 等（到）明日着。/ 明日着。
339.	語气助詞"着"	——什么时候走? ——等天晴再走。	——xəu⁵³ tɕy⁵³ ɣaŋ¹¹? 好久行? ——dʑiaŋ¹¹ tɕʰi²¹ tɕiəu⁵。 晴起着。

番号	調査項目	北京語調査文	蔡橋方言
340.	語気助詞"着"	想看电视可以，先把作业写完。	siaŋ⁵³ kʰā¹³ dī¹³ zi¹³ iəɯ³⁵ tie²¹，(sī⁵⁵)tā⁵⁵ tsʊ³³ ĩ⁵ ɣũ¹¹ dʑiei¹¹ tɕʰiəɯ⁵。/sia⁵³ zye¹¹ tsʊ³³ ĩ⁵ tɕiəɯ⁵。 想看电视要得，(先)担作业完成着。／写完作业着。
341.	語気助詞"着"	你不听话啊，晚上再教训你。	ŋ⁵³ ŋ³⁵ tʰei¹³ ua⁵⁵ a²¹，(iəɯ³⁵ tie⁵⁵ mā²¹，)ia⁵⁵ ka⁵⁵ tɕiəɯ⁵。 你嗯听话啊，(要得蛮，)夜家着。
342.	語気助詞"着"	还不收拾干净，爸爸回来就糟了。	ɣũ¹¹ ŋ³⁵ ɕy⁵⁵ ɕii³⁵ kā⁵⁵ dʑei⁵，pa⁵³ pa²¹ ɣuei¹¹ na⁵ tɕiəɯ⁵。 还嗯收拾干净，爸爸回来着。
343.	語気助詞"着"	谁说不能吃?吃两口再说!	na⁵⁵ kʊ⁵ kaŋ⁵³ pɯ⁵⁵ nei¹¹ tɕʰia⁵⁵? tɕʰia⁵⁵ niaŋ⁵³ kʰy⁵³ tɕiəɯ⁵。 哪个讲不能吃? 吃两口着!
344.	語気助詞"着"	管他在外边大声嚷嚷，我看一会电视再说。	dʑii¹¹ tɕi⁵³ dza⁵³ mĩ⁵⁵ dĩ¹³ da¹³ ɕiaŋ⁵³ da⁵³ tɕʰi¹³，gʊ⁵³ kʰā¹³ kua²¹ dī¹³ zi¹³ tɕiəɯ⁵。 随己在面前大声大气，我看刮电视着。
345.	語気助詞"着"	这么好的天气，把花生拿出来晒晒。	kʊ⁵³ xəɯ¹³ ti⁵⁵ tʰĩ⁵⁵ tɕʰi¹³，tā⁵⁵ xua⁵⁵ saŋ⁵⁵ sa³⁵ ɣa⁵³ tɕiəɯ⁵。 果好的天气，担花生晒下着。
346.	語気助詞"着"	让我买这么贵的东西，我要是百万富翁倒也成。	iəɯ³⁵ gʊ⁵³ ma⁵³ kʊ⁵³ ka²¹ kuei³⁵ ki²¹ təŋ⁵⁵ sī²¹，gʊ⁵³ ma⁵⁵ zi¹³ pie⁵⁵ vā¹³ fu³⁵ ŋ⁵⁵ tɕia⁵? gʊ⁵³ (iəɯ³⁵) zi¹³ pie⁵⁵ vā¹³ fu³⁵ ŋ⁵⁵ tɕiəɯ⁵ nei²¹。 要我买果嘎贵个东西，我没是百万富翁着呐? 我(要)是百万富翁着呐。
347.	語気助詞"着"	炒这么多菜干什么? 他要是来倒也成。	tsʰəɯ⁵³ kʊ⁵³ tʊ⁵⁵ tsʰa¹³ tsʊ⁵³ mʊ⁵³ kʊ³⁵? tɕi⁵³ iəɯ³⁵ na¹¹ tɕiəɯ⁵ nei²¹。 炒果多菜做个个? 己要来着呐。
348.	語気助詞"着"	洗这么多衣服，天要晴倒也成。	si⁵³ kʊ⁵³ tʊ⁵⁵ i⁵⁵ fu³⁵,iəɯ³³ zi⁵ dʑia¹¹ tɕʰi²¹ tɕiəɯ⁵ nei²¹。 洗果多衣服，要是晴起着呐。
349.	語気助詞"着"	没有什么声音，水恐怕还没有开吧。	ma⁵⁵ tie⁵³ mʊ⁵³ kʊ²¹ ɕiaŋ⁵⁵ tɕʰi⁵,ɕii⁵³ tsi³³ pʰa⁵ ɣa¹¹ ma⁵⁵ kʰa⁵⁵ nei²¹? 没得么果声气，水只怕还没有开呐?
350.	語気助詞"着"	这个菜做得不好，恐怕他不会喜欢吧。	kʊ⁵⁵ kʊ⁵ tsʰa¹³ tsʊ⁵³ tie³⁵ pɯ³⁵ xəɯ⁵,tsi³³ pʰa⁵ tɕi⁵ ŋ⁵⁵ ɕi⁵³ xũ²¹ nei²¹。 果个菜做得不好，只怕己嗯喜欢呐。
351.	語気助詞"着"	(第一次见面)你叫什么名字?	a. ŋ⁵³ kuei³⁵ sei³⁵? 你贵姓? b. ŋ⁵³ ɣəɯ¹³ mʊ⁵³ kʊ⁵³ ɣəɯ¹³ tɕia⁵? 你号么果号着?
352.	語気助詞"着"	(想不起来)你叫什么名字来着?	ŋ⁵³ ɣəɯ¹³ mʊ⁵³ kʊ²¹ ɣəɯ¹³ tɕia⁵⁵ a²¹? 你号么果号着啊?
353.	語気助詞"着"	(想不起来)他叫什么名字来着?	tɕi⁵³ ɣəɯ¹³ mʊ⁵³ kʊ⁵³ ɣəɯ¹³ tɕia⁵⁵ a²¹? 己号么果号着啊?
354.	語気助詞"着"	我是你哥哥，怎么会害你呢?	gʊ⁵⁵ zi⁵ ŋ⁵³ kʊ⁵⁵ kʊ²¹,ɣa¹¹ tie⁵ ɣa¹³ ŋ⁵³ a²¹? ɣʊ¹¹ tie⁵⁵ ɣa¹³ ŋ⁵³ tɕia⁵? 我是你哥哥，还得害你啊? 何得害你着?
355.	語気助詞"着"	你想买单车?现在还不行，等到你读初中再买。	ŋ⁵³ siaŋ⁵³ ma⁵³ tā⁵⁵ tɕie²¹? kye⁵⁵ tsa²¹ ɣa¹¹ ŋ⁵⁵ ziei¹¹，tei⁵⁵ təɯ⁵ ŋ⁵³ du¹³ tsʰu⁵⁵ tɕiəŋ⁵ tɕiəɯ⁵。 ŋ⁵³ du¹³ tsʰu⁵⁵ tɕiəŋ⁵ tɕiəɯ⁵。 你想买单车?□崽还不行，等到你读初中着。／你读初中着。
356.	語気助詞"着"	别急，吃了饭再说。	mʊ³⁵ tɕi⁵⁵，tɕʰia⁵⁵ kua²¹ vā¹³ tɕiəɯ⁵。 莫急，吃刮饭着。
357.	語気助詞"着"	请你坐一会，我马上找他来。	ŋ⁵³ dzʊ⁵³ ɣa²¹ tɕiəɯ⁵，gʊ⁵³ xā⁵³ tɕi⁵³ na¹¹ tɕiəɯ⁵。 你坐下着，我喊己来着。
358.	語気助詞"着"	先做完作业，电视晚上才能看。	sī⁵⁵ tā⁵⁵ tsʊ³³ ĩ⁵ tsʊ³⁵ zye¹¹ tɕiəɯ⁵，dī¹³ zi¹³ ia⁵⁵ ka⁵ dza¹¹ nei¹¹ kʰā¹¹。 先担作业做完着，电视夜家才能看。

あとがき

　本書は2010年3月に鹿児島大学大学院人文社会科学研究科へ提出した博士学位論文を加筆、修正したものです。

　筆者は鹿児島大学大学院人文社会科学研究科在学中、鹿児島大学法文学部教授（現在国立国語研究所副所長）木部暢子先生に師事し、言語学や方言調査に関する多くの知識を学ばせていただきました。木部先生は言語学の道にお導き、研究に専念できる環境を提供してくださいました。なかなか研究がまとまらない筆者に終始暖かい激励と懇切なる御指導を賜りました。心より深く感謝申し上げます。

　博士学位論文の審査において、鹿児島大学法文学部教授三輪伸春先生、鹿児島大学法文学部教授高津孝先生、青山学院大学経済学部教授遠藤光暁先生、鹿児島大学法文学部准教授三木夏華先生には副査として本書の細部にわたり貴重な御助言や有意義な御批評をいただきました。ここに深謝の意を表します。

　本書データの採取に際して、2007年夏、王三定氏のお宅に1週間泊まらせていただき、酷暑の中で長時間にわたり調査を協力していただきました。方言調査に辛抱強く御協力いただいた蔡橋郷の皆様に厚く御礼申し上げます。

　留学前から鹿児島大学工学部教授河南勝先生御夫妻に多大なる御支援を賜りましたことを心より感謝申し上げます。博士課程在学中、木部ゼミの皆様には日頃より有益な御助言をいただきました。ここに深く感謝の意を表します。

　筆者が勤務する立命館アジア太平洋大学の学長是永駿先生、言語教育センター長西川孝次先生からは暖かいお言葉をたくさんいただきました。心より感謝申し上げます。

　本書の出版にあたり、お世話になった好文出版尾方敏裕社長に厚く御礼申し上げます。

　最後に、私の学業を全力で応援し、博士学位の取得を心待ちにしながら、2008年1月27日に天国に召された父に本書を捧げます。いつも心の支えになってくれた母、義父母、妻、娘に感謝の言葉を述べさせて、あとがきとします。

2013年1月　　王　振宇

【著者紹介】
王振宇 (Wang Zhenyu)
1977年、中国湖南省生まれ。
湘潭大学外国語学院日本語学部卒業後、鹿児島大学大学院人文社会科学研究科入学。同大学にて博士（学術）取得。
鹿児島大学、鹿児島県立短期大学中国語非常勤講師を経て、現在、立命館アジア太平洋大学中国語講師。
[専門] 言語学、中国語学

湘語蔡橋方言の研究
The Study of Cai-Qiao Xiang Dialect

2013年3月5日 初版発行

著者	王振宇
発行者	尾方敏裕
発行所	株式会社 好文出版
	〒162-0041 東京都新宿区早稲田鶴巻町 540 林ビル 3F
	Tel. 03-5273-2739　Fax. 03-5273-2740
	http://www.kohbun.co.jp/
印刷/製本	音羽印刷株式会社

Ⓒ 2013 Wang Zhenyu
Printed in Japan　ISBN978-4-87220-163-5
本書の内容をいかなる方法でも無断で複写・転載使用することは法律で禁じられています。
乱丁落丁の際はお取替えいたしますので、直接弊社宛てにお送りください。
定価は表紙に表示されています。